*gli elefanti*

# Axel Munthe

## La storia di San Michele

*Garzanti*

Prima edizione: settembre 1997

Traduzione di
Patrizia Volterra

Titolo originale dell'opera:
*The Story of San Michele*

ISBN 88-11-66826-3

© Garzanti Editore s.p.a., 1940, 1982, 1997
Printed in Italy

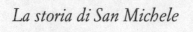

*La storia di San Michele*

A
S.A.R.
la principessa Mafalda di Savoia
Principessa d'Assia

*«Ce n'est rien donner aux hommes*
*que de ne pas se donner soi-même»*

I

Dalla Francia mi ero precipitato a Londra per occuparmi della mia naturalizzazione nel caso che il mio paese fosse stato trascinato in guerra dalla Germania. Henry James, il famoso scrittore americano, doveva essere uno dei miei testimoni. Anch'egli aveva da poco cambiato nazionalità: « Civis britannicus sum, » diceva colla sua voce profonda. Sapeva che avevo cercato di fare quel po' che mi era possibile e non ero riuscito. Conosceva il destino che mi aspettava, sapeva che la mia vista era minacciata. Posandomi una mano sulla spalla, mi domandò che cosa intendevo di fare. Gli dissi che ero sul punto di abbandonare definitivamente la Francia per nascondermi come un disertore nella mia vecchia torre ad Anacapri: l'unico posto cui fossi adatto. Mentre mi diceva addio, mi ricordò che anni prima, quando era mio ospite a San Michele, m'aveva incoraggiato a scrivere un libro su San Michele, che egli aveva chiamato il più bel posto del mondo. Perchè non scrivere la storia di San Michele ora, se le mie condizioni dovessero peggiorare e mi togliessero il coraggio? Chi poteva scrivere di San Michele meglio di me, che lo avevo costruito con le mie stesse mani? Chi poteva descrivere meglio di me questi preziosi frammenti di marmo sparsi nel giardino, dove una volta sorgeva una villa di Tiberio, il vecchio, tetro imperatore che aveva calpestato con piede stanco lo stesso pavimento di mosaico da me riportato alla luce sotto le viti? Che studio affascinante per un uomo come me, appassionato di psicologia! Per un uomo che desiderava dimenticare la sua disgra-

7

zia non c'era di meglio che scrivere un libro; nulla di meglio che scrivere un libro per un uomo che non poteva dormire.

Queste furono le sue ultime parole; non ho mai più riveduto il mio amico.

Ritornai alla mia inutile solitudine nella vecchia torre, umiliato e scoraggiato. Mentre tutti offrivano la vita per il loro paese, io passavo le mie giornate camminando su e giù per la torre buia, inquieto come un animale in gabbia, mentre mi leggevano interminabili notizie di sofferenze e di dolori. Ogni tanto la sera, quando la spietata luce del giorno cessava di torturarmi gli occhi, salivo a San Michele in cerca di notizie. La bandiera della Croce Rossa Britannica sventolava su San Michele, dove uomini, coraggiosi e invalidi, venivano guariti dallo stesso sole che mi aveva scacciato dalla mia amata casa. Ahimè quali notizie! Come era lunga l'attesa per chi poteva solo aspettare!

Ma quanti, fra noi, osano confessare ciò che tanti hanno provato: che il peso del proprio affanno sembra quasi più sopportabile mentre tutti, uomini e donne intorno, sono in lutto; che la ferita del nostro fianco sembra quasi cicatrizzarsi, mentre il sangue sgorga da tante altre ferite? Chi osava lamentarsi del proprio destino, mentre il destino del mondo era in pericolo? Chi osava piagnucolare sul proprio dolore, mentre tutti questi mutilati giacevano sulle brande silenziosi, coi denti serrati?

Finalmente la tempesta si calmò. Nella vecchia torre tutto fu silenzio come prima. Ero solo con la mia paura.

L'uomo fu creato per portare la sua croce, perciò fu dotato di forti spalle. Un uomo può sopportare molto, finchè può sopportare se stesso. Può vivere senza speranza, senza amici, senza libri, anche senza musica, finchè può ascoltare i propri pensieri e il canto di un uccello, fuori della finestra, e la voce lontana del mare. A St. Dunstan [1] mi hanno detto

---

[1] Ricovero per i ciechi di guerra in Inghilterra.

8

che si può vivere anche senza luce, ma coloro che l'hanno affermato sono eroi. Ma un uomo non può vivere senza dormire.

Quando persi il sonno, cominciai a scrivere questo libro, dopo aver inutilmente tentato tutti i rimedi più innocui. Fu un vero successo per me, più di quanto avrei potuto immaginare. Sempre e sempre più ho benedetto Henry James per il suo consiglio. Ultimamente ho dormito molto meglio. È stato anche un piacere scrivere questo libro; non mi domando più perchè ai giorni nostri tanti ne scrivono. Disgraziatamente ho scritto la *Storia di San Michele* fra grandi difficoltà. Già da principio fui interrotto da un intruso inaspettato, che sedette di fronte alla mia scrivania e cominciò a parlare di se stesso e dei suoi affari in maniera molto confusa, come se tutte le sue sciocchezze potessero interessare altri, oltre lui. C'era qualche cosa di assai irritante e poco inglese nel modo in cui continuava a raccontare le sue varie avventure, delle quali egli era sempre l'eroe: troppo Ego nel tuo Cosmos, giovanotto, pensavo. Si dava l'aria di conoscere tutto: arte antica, architettura, psicologia, morte e al di là. La medicina sembrava il suo forte; affermava di essere uno specialista di nervi e si vantava, come tutti fanno, allievo di Charcot. Dio aiuta i suoi malati, pensavo. Mentre pronunciava il nome del maestro della Salpêtrière, credetti per un momento di averlo già conosciuto, molto, molto tempo prima, ma presto abbandonai quest'idea come assurda, perchè sembrava tanto giovane e impetuoso, mentre io mi sentivo così vecchio e avvilito! Le sue incessanti fanfaronate, la sua stessa giovinezza cominciarono ad urtarmi i nervi, e le cose peggiorarono quando ben presto mi accorsi che questo giovanotto continuava a prendermi in giro, come i giovani fanno coi vecchi. Cercò perfino di convincermi che San Michele l'aveva costruito lui e non io. Diceva che amava il luogo e voleva abitarvi sempre. Alla fine gli dissi di lasciarmi in pace a continuare la mia *Storia di San Mi-*

9

*chele* e la descrizione dei miei preziosi frammenti di marmo della villa di Tiberio.

« Povero vecchio, » disse il giovanotto, sorridendo con aria di protezione, « voi dite delle sciocchezze. Temo che non possiate nemmeno leggere la vostra scrittura! Non è di San Michele e dei preziosi frammenti di marmo della villa di Tiberio che scrivete, ma soltanto portate alla luce qualche frammento di argilla della vostra vita infranta! »

1928

## II

Sembra che i critici abbiano trovato considerevoli difficoltà nel classificare la *Storia di San Michele*, e ciò non mi sorprende. Alcuni hanno descritto il libro come un'autobiografia, altri l'hanno chiamato *Le memorie d'un medico*. Per me non è nè una cosa nè l'altra. Certamente non avrei impiegato cinquecento pagine per scrivere la storia della mia vita, anche se non avessi omesso i capitoli più tristi e più densi di avvenimenti. Tutto quel che posso dire è che non ebbi mai l'intenzione di scrivere un libro su me stesso; al contrario, è stata mia costante preoccupazione di cercare di disfarmi di questa vaga personalità. In ogni modo, se questo libro è tuttavia diventato un'autobiografia, comincio a credere, a giudicare dalla sua vendita, che il modo più semplice di scrivere un libro su se stessi consiste nel pensare agli altri; un uomo non deve far altro che sedere tranquillamente su una sedia e guardare verso il passato col proprio occhio cieco. Molto meglio ancora se si sdraia sull'erba senza pensare affatto, ma restando solamente in ascolto. A poco a poco il lontano rombo del mondo si spegne, le foreste e i prati cominciano a cantare con pure voci d'uccelli, buoni animali si avvicinano per raccontare le loro gioie e i loro dolori con suoni e parole che egli potrà capire, e quando tutto sarà in silenzio, anche le cose inanimate che lo circondano cominceranno a sussurrare nel loro sonno.

Chiamare questo libro, come qualcuno ha fatto, *Le memorie d'un medico*, mi sembra ancora meno adatto. La sua semplicità, la sua rude franchezza, la sua stessa lucidità si adattano poco a un sottotitolo così pomposo. Certamente un medico ha, come ogni altro essere umano, il diritto di prendersi in giro, e forse anche di ridere dei suoi colleghi, se è disposto a correrne il rischio. Ma non ha il diritto di ridere dei suoi malati. Piangere con loro è ancora peggio, un medico piagnucoloso è un cattivo medico. Un vecchio dottore dovrebbe per altro pensarci due volte prima di accingersi a scrivere le sue memorie. È meglio che tenga per sè quanto ha visto della vita e della morte. È meglio che non scriva nessuna memoria e che lasci i morti in pace e i vivi alle loro illusioni. Un critico ha chiamato la *Storia di San Michele* una storia della morte. Forse ha ragione, perchè la morte abbandona raramente il mio pensiero. « Non nasce in me pensier che non vi sia dentro scolpita la morte, » scrisse Michelangelo al Vasari. Ho tanto lottato con la mia lugubre collega; sempre sconfitto, l'ho vista uccidere, uno dopo l'altro, tutti quelli che ho cercato di salvare. Ne ho ricordati alcuni in questo libro, come li ho visti vivere, come li ho visti soffrire, come li ho visti morire. Era tutto ciò che potevo fare per loro. Era tutta gente umile, nessuna croce marmorea segna le loro fosse, molti fra loro erano già dimenticati prima che morissero. Adesso stanno tutti bene. La vecchia Maria Portalettere, che per trent'anni ha salito a piedi nudi i settecento e settantasette gradini delle scale fenicie con le mie lettere, porta ora la posta in Cielo, dove il caro vecchio Pacciale fuma la sua pipa in pace, guardando il mare infinito come usava fare dal pergolato di San Michele e dove il mio amico Arcangelo Fusco, lo spazzino del Quartier Montparnasse, spazza sempre la polvere delle stelle dal pavimento d'oro. Giù per il maestoso peristilio di colonne di lapislazzuli si pavoneggia il piccolo Monsieur Alphonse, il decano delle *Petites Sœurs des Pauvres*, nella nuova redingote del milionario di Pittsburg, salutando solennemente con il suo amato cilindro ogni santo che incontra, come faceva con tutti i miei amici quando scarrozzava per il Corso nella mia vettura. John, il fanciullo dagli occhi celesti, che mai sorrideva, ora gioca allegramente con tanti altri bambini felici, nella vecchia stanza dei balocchi del Bambino. Finalmente ha imparato a sorridere. La camera è tutta piena di fiori, uccellini cantano e svolazzano dalle finestre aperte, la Madonna di tanto in tanto dà un'occhiata per vedere se i bambini hanno tutto quel che desiderano. La madre di John, che l'ha curato così teneramente nell'Avenue de Villiers, è sempre quaggiù. L'ho vista l'altro giorno. La povera Flopette, la prostituta, sembra ringiovanita di dieci anni da quando la vidi nel caffè notturno sul boulevard: molto accurata e linda nell'abito bianco, ora fa la seconda cameriera di Maria Maddalena.

In un umile angolo dei Campi Elisi c'è il cimitero dei cani. Tutti i miei amici morti sono lì, i loro corpi sono ancora dove li ho sepolti, sotto i cipressi della mia vecchia torre, ma i loro cuori fedeli son stati trasportati quassù. Il gentile San Rocco, il piccolo santo patrono di tutti i cani, è il custode del loro cimitero, e la buona vecchia Miss Hall ne è l'assidua visitatrice. Anche quel birbante di Billy, il babbuino ubriaco, che ha dato fuoco alla bara del canonico don Crisostomo, è stato ammesso in prova, nell'ultima fila di fosse del cimitero delle scimmie, un po' lontano, dopo un rigoroso esame di San Pietro che si accorse che puzzava di whisky e da principio lo aveva preso per un essere umano. Don Crisostomo stesso, il più ricco prete di Capri, che non aveva mai dato un soldo ai poveri, sta sempre arrostendosi nella sua bara, e l'ex macellaio di Capri, che accecava le quaglie con un ago rovente, è stato a sua volta reso cieco dal diavolo, in un eccesso di gelosia professionale.

Il famoso critico del *Daily News* ha scoperto che « nella *Storia di San Michele* c'è materiale sufficiente a provvedere di trame gli scrittori di storie sensazionali per il resto della loro vita ». Si servano pure di questo materiale, prendendolo per ciò che vale. Io non ne ho bisogno. Avendo dedicato i miei sforzi letterari, vita natural durante, a scrivere ricette, non è probabile che ora, sul declinare mi provi a scrivere delle storie sensazionali. Magari ci avessi pensato prima, oggi non sarei ridotto a quel che sono. Certamente dev'essere più piacevole sedersi comodamente in una poltrona e scrivere delle storie sensazionali che sudar freddo tutta la vita per raccogliere il materiale; più facile descrivere le malattie e la morte, che combatterle; inventare sinistri intrighi, invece di essere da questi travolto senza preavviso! Ma perchè non raccolgono il loro materiale da sè, questi scrittori? Raramente lo fanno. I romanzieri che vogliono a tutti i costi condurre il lettore nei bassifondi, ben di rado ci vanno essi stessi in persona. Quelli specializzati nelle malattie e nella morte raramente si lasciano indurre ad accompagnarvi all'ospedale, dove hanno da poco fatto morire la loro eroina. Poeti e filosofi, che in sonori versi e in prosa, salutano la morte come liberatrice, spesso impallidiscono soltanto a sentire il nome di questa loro ottima amica. È una vecchia storia. Leopardi, il più grande poeta dell'Italia moderna, che invocava la morte in squisite rime da quando era ragazzo, fu il primo a fuggire quando il colera scoppiò a Napoli. Anche il grande Montaigne, le cui serene meditazioni sulla morte sono sufficienti a renderlo immortale, scappò come una lepre quando la peste scoppiò a Bordeaux. Il bisbetico vecchio Schopenhauer, il più grande filosofo dei nostri tempi, che della negazione della vita aveva fatto la chiave del suo sistema, interrompeva sempre tutti i discorsi sulla morte. I più sanguinosi romanzi di guerra sono stati scritti, credo, da pacifici cittadini, lontano dal tiro dei cannoni. Autori che si deliziano a far assistere i loro lettori ad

13

orge sessuali, generalmente sono attori molto indifferenti a tali scene. Personalmente non conosco che un'eccezione a questa regola, Guy de Maupassant, e per tali eccessi l'ho visto morire. Mi rendo conto che in questo libro alcune scene sono poste sul mal definito confine fra il reale e l'irreale, quella pericolosa « No Man's Land », terra di nessuno, fra verità e fantasia, dove tanti scrittori di memorie sono naufragati e dove perfino il grande Goethe ha quasi smarrito la strada nel suo *Dichtung und Wahrheit*. Ho fatto di tutto, usando qualche ben noto trucco tecnico, per far passare alcuni di questi episodi come « storie sensazionali ». Dopo tutto, è soltanto questione di tecnica; sarà un gran conforto per me se vi sono riuscito, non domando di meglio che di non esser creduto. Ad ogni modo Dio solo sa di quanto ho da rispondere! Sarà per me come un complimento non essere creduto, perchè il più grande compilatore di storie sensazionali è la vita. Ma è sempre vera la vita? La vita è la stessa come sempre è stata, indifferente alle gioie e ai dolori dell'uomo, muta, impenetrabile come la Sfinge. Ma la scena dove si svolge l'eterna tragedia viene cambiata costantemente dalla mano maestra del Grande Scenografo per non stancare gli spettatori del monotono melodramma con la sua futile caccia alla felicità e il suo vecchio tema della morte. Il mondo nel quale si viveva ieri non è lo stesso dove viviamo oggi, inesorabilmente avanza nell'infinito verso la sua fine e noi con esso. Nessun uomo si bagna due volte nello stesso fiume, disse Eraclito. Alcuni si trascinano sulle ginocchia, alcuni cavalcano o divorano le strade in automobile, altri sorpassano coi loro aeroplani i piccioni viaggiatori. È inutile darsi tanta fretta, siamo tutti sicuri di raggiungere la meta.

No, il mondo che abitavo quando ero giovane, non è lo stesso di oggi, almeno non mi sembra, nè credo che sembrerà a quelli che leggeranno questo libro di peregrinazioni in cerca di avventure nel passato. Oggi non ci sono più briganti con un bilancio di otto omicidi, che vi offrono di dormire sui loro materassi nella distrutta Messina. Oggi nessuna sfinge di granito si accovaccia sotto le rovine di una villa di Nerone in Calabria. I topi impazziti nei bassifondi colerosi di Napoli, che mi hanno tanto spaventato, si sono da lungo tempo ritirati nelle loro antiche fogne romane. Si può salire sino ad Anacapri in automobile, raggiungere la cima della Jungfrau in treno e arrampicarsi sul Monte Cervino con catene.

Nel mio lontano paese nordico, i pini e gli abeti montano ancora la guardia intorno alla mia infanzia, anch'essi un poco malridotti dagli anni, ma ancora diritti e fieri, grigi vecchi granatieri, con i capelli bianchi di neve e la brina nella barba. Gli anemoni spuntano ancora nei campi gelati, fra i ruscelletti danzanti, quando finalmente arriva la Liberatrice con trilli di uccelli nell'aria e sole e gioia nei cuori umani. Gli elfi danzano ancora tra i fiori addormentati, nel chiarore delle notti estive, ma la canzone popolare, la bella fanciulla dagli occhi blu, è morta. I lapponi con le loro renne trascorrono ancora la loro vita solitaria nelle pianure desolate, dove il sole non tramonta. Nei rigidi inverni, un branco di lupi affamati, con occhi fiammeggianti nel buio, forse galopperà ancora dietro la vostra slitta sul lago gelato, ma l'orso galantuomo che mi sbarrò la strada nella solitaria gola di Suvla è già partito per i felici campi di caccia. Un ponte ferroviario valica lo spumeggiante torrente che traversai a nuoto con Ristin, la ragazza lappone. Un tunnel ha frantumato l'ultima fortezza del terribile orco Stalo. Il Piccolo Popolo, che ho sentito frusciare sotto il pavimento della tenda lappone, non porta più cibo agli orsi addormentati nelle tane invernali e perciò oggi ci sono così pochi orsi in Svezia. I piccoli gnomi, i fedeli amici della mia infanzia, si sono fatti più rari da quando ero bambino. Io ne ho visti parecchi: uno vegliava al mio capezzale, e ad un altro, che abitava nella stalla delle mucche, io portavo

15

molti dolciumi del mio albero di Natale. Ci sono perfino persone che vanno dicendo di non aver mai visto uno di questi piccoli ometti, alti quanto il palmo della mano, colle scarpine di legno, le lunghe barbe grigie e i berretti rossi. Ho davvero pietà di questa gente, essa ha perduto molto. Debbono avere la vista difettosa. Forse si saranno stancati gli occhi per aver troppo letto a scuola. Forse per questo sembrano dei piccoli vecchi e diventano uomini senza pace nell'anima, senza tenerezza nei cuori, senza propri pensieri, senza propri sogni, senza volontà di vivere, senza coraggio di morire.

Gli uomini di oggi perdono troppo tempo ad ascoltare ed a leggere i pensieri degli altri. Sarebbe assai meglio che impiegassero più tempo ad ascoltare i propri pensieri. La sapienza possiamo apprenderla da altri, la saggezza dobbiamo ricercarla in noi stessi. La sorgente della fonte della saggezza sgorga nel nostro proprio suolo, fra i profondi abissi dei nostri solitari pensieri e sogni. L'acqua della fonte è limpida e fredda come la verità, ma il suo sapore è amaro.

1931

Dalla barca a vela di Sorrento saltai sulla piccola spiaggia. Sciami di ragazzi giocavano fra i battelli rovesciati o bagnavano nella schiuma i corpi di lucido bronzo, e vecchi pescatori, con rossi berretti frigi, accomodavano le reti davanti ai capannoni delle barche. In faccia all'approdo stavano una mezza dozzina di asini con la sella sul dorso e mazzi di fiori nella bardatura; intorno chiacchieravano e cantavano altrettante ragazze con gli spilloni d'argento infilati nelle trecce nere e un fazzoletto rosso annodato. L'asinella che mi doveva portare a Capri si chiamava Rosina e il nome della ragazza era Gioia. I suoi occhi neri e lustri brillavano di giovinezza focosa; le labbra erano rosse come la collana di corallo che aveva intorno al collo, i denti forti e bianchi splendevano come un filo di perle nel suo allegro riso. Credeva di avere quindici anni ed io mi sentivo più giovane di quanto fossi mai stato. Ma Rosina era vecchia, « è antica »,[1] diceva Gioia. Scivolai dalla sella e mi avviai lentamente su per il sentiero che serpeggiava verso il villaggio. Davanti a me saltellava Gioia coi piedi nudi, una ghirlanda di fiori intorno alla testa, come una giovane baccante, e dietro arrancava Rosina con i suoi zoccoletti neri, la testa curva e le orecchie cascanti, immersa in profondi pensieri. Io non avevo tempo di pensare, la mia testa era piena di meraviglia estatica, il mio cuore pieno della gioia

---

[1] Tutte le parole chiuse tra virgolette in questo capitolo sono in italiano anche nel testo.

di vivere: il mondo era bello e avevo diciott'anni! Percorrevamo la via tra arboscelli di ginestra e di mirto fioriti e qua e là, fra l'erba profumata, tanti fiorellini, che mai avevo visto nella terra di Linneo, alzavano le corolle, piene di grazia, per guardarci al nostro passare.

« Come si chiama questo fiore? » domandai a Gioia. Prese il fiore dalla mia mano e guardandolo amorosamente disse: « Fiore! »

« E questo qui, come si chiama? » Lo guardò con la stessa tenera attenzione e disse: « Fiore! »

« E questo, come si chiama? »

« Fiore! Bello! Bello! »

Raccolse un mazzo di mirto fragrante, ma non volle darmelo. Disse che i fiori erano per San Costanzo, il protettore di Capri, che era di argento massiccio e aveva fatto tanti miracoli: « San Costanzo, bello! bello! »

Una lunga fila di ragazze con pezzi di tufo sulla testa avanzavano lentamente verso di noi, in solenne processione, come le cariatidi dell'Eretteo. Una delle ragazze, sorridendo, mise un'arancia nella mia mano. Era la sorella di Gioia. È ancora più bella, pensai. Sì, erano otto, sorelle e fratelli, a casa, e due erano in Paradiso. Il padre era lontano a pescare corallo in Barberia; ecco il bel filo di corallo che le aveva proprio allora mandato. « Che bella collana! bella! bella! »

« Anche tu sei bella, Gioia, bella, bella! »

« Sì, » disse.

Il mio piede inciampò in una colonna di marmo spezzata. « Roba di Timberio! »[1] spiegò Gioia. « Timberio cattivo, Timberio malocchio, Timberio camorrista! » e sputò sul marmo.

---

[1] Il vecchio imperatore, che visse gli ultimi undici anni della sua vita nell'isola di Capri e di cui il nome è ancora vivo sulle labbra degli abitanti. Lo chiamano sempre « Timberio ».

« Sì, » dissi, la memoria fresca di Tacito e Svetonio, « Tiberio cattivo! »

Sbucammo sulla strada e arrivammo alla piazza dove una coppia di marinai stava accanto al parapetto che dava sulla Marina; alcuni sonnolenti capresi erano seduti davanti all'osteria di don Antonio e una mezza dozzina di preti stavano sui gradini della chiesa, gesticolando vivacemente in animata conversazione. « Moneta! Moneta! Molta moneta! Niente moneta! » Gioia corse a baciare la mano di don Giacinto che era il suo confessore, un vero santo, per quanto, a guardarlo in faccia, non sembrasse. Andava a confessarsi due volte al mese — e io quante volte andavo?

Mai!

« Cattivo! Cattivo! »

Lo avrebbe detto a don Giacinto che l'avevo baciata sotto le piante di limoni?

Certamente no.

Attraversammo il villaggio e ci fermammo alla Punta Tragara.

« Io voglio arrampicarmi sulla cima di quella roccia, » dissi, indicando il più scosceso dei tre Faraglioni, che brillavano come ametiste ai nostri piedi.

Ma Gioia era sicura che non avrei potuto farlo. Un pescatore che s'era provato ad arrampicarsi lassù, in cerca di uova di gabbiano, era stato gettato in mare da uno spirito maligno, che vi abita, sotto forma di lucertola azzurra — azzurra come la Grotta Azzurra — per fare la guardia al tesoro che Tiberio stesso vi aveva nascosto.

Lo scuro profilo del Monte Solaro si stagliava contro il cielo d'occidente con le sue rupi severe e i suoi inaccessibili scogli, dominando il piccolo villaggio.

« Voglio arrampicarmi su quella montagna, subito, » dissi.

Ma a Gioia non piacque affatto l'idea. Una strada scoscesa, settecentosettantasette gradini, tagliati nella roccia da Tiberio stesso, conduceva lungo il fianco della montagna e a mezza strada, in una caverna buia, abitava il feroce lupo mannaro, che aveva mangiato parecchi cristiani. In cima alle scale stava Anacapri, ma lì abitava soltanto gente di montagna, molto cattiva, nessun forestiero ci andava mai e lei stessa non c'era mai stata. « Sarebbe molto meglio arrampicarsi alla villa di Timberio o alla Grotta Matromania. »

« No, non ho tempo, devo arrampicarmi su quella montagna, subito. »

Ritornammo in piazza, mentre le arrugginite campane del vecchio campanile suonavano mezzogiorno, per annunziare che i maccheroni erano pronti. Non volevo almeno fare colazione sotto la grande palma dell'Albergo Pagano? Tre piatti, vino a volontà, prezzo una lira. No, non avevo tempo; dovevo arrampicarmi sulla montagna, subito. « Addio Gioia bella, bella! Addio Rosina! » « Addio, addio e torni presto! » Ahimè, tornerò io mai?

« È un pazzo inglese », furono le ultime parole che sentii uscire dalle rosse labbra di Gioia, mentre spinto dal destino mi lanciavo su per le scale fenicie verso Anacapri. A mezza strada raggiunsi una vecchia con una grande cesta piena di arance sulla testa. « Buon giorno, signorino. » Posò la cesta e mi offrì un'arancia. Sopra le arance c'era un pacchetto di giornali e lettere, legato con un fazzoletto rosso. Era la vecchia Maria Portalettere che portava la posta due volte la settimana ad Anacapri; più tardi fu mia amica finchè visse; ed io la vidi morire all'età di novantacinque anni. Cercò fra le lettere, scelse la busta più grande e mi pregò di dirle se non era per Nannina la Caprara, che aspettava ansiosamente « la lettera » di suo marito dall'America. No, non era. Forse questa qui? No, questa era per la Signora Desdemona Vacca.

« La signora Desdemona Vacca, » ripetè la vecchia Maria incredula. « Forse vogliono dire la moglie dello Scartelluzzo, » aggiunse meditando. L'altra lettera era per il Signor

Ulisse Desiderio. « Credo che vogliano dire Capolimone, » disse la vecchia Maria, « ha ricevuto una lettera uguale un mese fa. » L'altra lettera era per la Gentilissima Signorina Rosina Mazzarella. Sembrò più difficile rintracciare questa Signora. Era la Caciocavallara? O la Zopparella? O la Capatosta? O la Femmina Antica? O Rosinella Pane Asciutto? O forse la Fesseria? suggerì un'altra donna, che ci aveva raggiunto con un'enorme cesta di pesce sulla testa. Sì, può essere per la Fesseria, se non è per la moglie di Pane e Cipolla. Ma non c'erano lettere per Peppinella 'n coppo u' camposanto o per Mariuccella Caparossa o per Giovannina Ammazzacane che stavano aspettando « la lettera » d'America? No, mi dispiace, ma non ce n'è. I due giornali erano per il reverendo parroco don Antonio Di Giuseppe e il canonico don Natale Di Tommaso, [1] lo sapeva bene, perchè erano gli unici abbonati ai giornali nel villaggio. Il parroco era un uomo molto istruito ed era lui che leggeva sempre l'indirizzo delle lettere, ma oggi è a Sorrento, in visita dall'Arcivescovo, per questo lei aveva domandato a me di leggere le buste.

La vecchia Maria non sapeva quanti anni avesse, ma sapeva che aveva portato la posta da quando ne aveva quindici, quando sua madre dovette smettere. Naturalmente non sapeva leggere. Quando le dissi che ero venuto quella stessa mattina da Sorrento con la barca della posta e non avevo ancora mangiato nulla, mi regalò un'altra arancia, della quale divorai anche la buccia, e l'altra donna mi offrì dalla sua cesta dei frutti di mare, che mi lasciarono una grande sete. C'era una trattoria ad Anacapri? No, ma Annarella, la moglie del sagrestano, potrebbe darmi dell'eccellente vino del vigneto di don Dionisio, suo zio, « un vino meraviglioso ». E c'era la Bella Margherita, che naturalmente dovevo conoscere di nome e dovevo sapere che sua zia aveva sposato

---

[1] Tutti questi nomi sono in italiano anche nel testo.

« un lord inglese ». No, non lo sapevo, ma ero molto ansioso di fare la conoscenza della Bella Margherita.

Arrivammo finalmente in cima ai settecentosettantasette gradini e passammo sotto una volta con i grandi cardini di ferro del suo primo ponte levatoio, sempre attaccato alla roccia. Eravamo in Anacapri. Tutto il Golfo di Napoli era ai nostri piedi, circondato da Ischia, Procida, Posillipo guarnito di pini, la scintillante, bianca linea di Napoli, il Vesuvio con la sua rosea nuvola di fumo, la pianura di Sorrento protetta da Monte Sant'Angelo e più lontano gli Appennini coperti di neve. Subito, sopra le nostre teste, addossate come nidi d'aquila alla roccia scoscesa, c'erano le rovine di una piccola cappella. Il suo soffitto a volta era sfondato, ma le sue mura crollanti sorreggevano ancora enormi blocchi di muratura, che formavano uno strano e traforato disegno simmetrico.

« Roba di Timberio, » spiegò la vecchia Maria.

« Come si chiama la piccola cappella? » domandai premurosamente.

« San Michele. »

« San Michele! San Michele! » ripeteva il mio cuore. Nel vigneto ai piedi della cappella un vecchio stava scavando profondi solchi per le nuove viti. « Buon giorno, mastro Vincenzo! » Il vigneto era suo ed anche la casetta vicina; l'aveva costruita con le sue stesse mani, in massima parte con sassi e mattonelle della roba di Timberio che era sparsa per il giardino. Maria Portalettere gli raccontò tutto quello che sapeva di me, e mastro Vincenzo mi invitò ad accomodarmi nel suo giardino ed a prendere un bicchiere di vino. Guardai la casetta e la cappella. Il mio cuore cominciò a battere così violentemente che parlavo con difficoltà.

« Devo arrampicarmi lassù subito, » dissi a Maria Portalettere. Ma la vecchia Maria mi fece notare che sarebbe stato meglio che prima andassi con lei a prendere qualche cosa da mangiare, altrimenti non avrei trovato più nulla.

Spinto dalla fame e dalla sete decisi, malvolentieri, di seguire il suo consiglio. Salutai mastro Vincenzo e gli dissi che sarei stato presto di ritorno. Camminammo per qualche vicolo deserto e sbucammo in una piazzetta.

« Ecco la Bella Margherita! »

La Bella Margherita mise un fiasco di vino color di rosa e un mazzo di fiori sulla tavola e annunciò che i maccheroni sarebbero stati pronti in cinque minuti. Era bionda come la Flora del Tiziano, la forma del viso squisita, il profilo greco puro. Posò un enorme piatto di maccheroni davanti a me e mi sedete accanto, guardandomi con curiosità sorridente. « Vino del parroco, » annunciava con orgoglio, ogni volta che mi riempiva il bicchiere. Bevvi alla salute del parroco, alla sua salute e a quella della sua sorella dagli occhi neri, la bella Giulia, che si era allora unita alla compagnia con le mani piene di arance che le avevo visto cogliere da un albero del giardino. I loro genitori erano morti e il fratello Andrea era un marinaio, e Dio solo sapeva dov'era; ma la loro zia abitava in una sua villa a Capri; certamente sapevo, che aveva sposato un « lord inglese »? Sì, naturalmente lo sapevo, ma non mi ricordavo il suo nome. « Lady Grantley, » disse la Bella Margherita con orgoglio. Mi ricordai appena in tempo di bere alla sua salute, ma dopo non ricordai altro che il cielo era azzurro come uno zaffiro, che il vino del parroco era rosso come un rubino, che la Bella Margherita era seduta accanto a me, coi capelli d'oro e le labbra sorridenti.

« San Michele! » tutt'a un tratto risuonò ai miei orecchi. « San Michele! » ripeteva dal profondo il mio cuore.

« Addio Bella Margherita! »

« Addio e torni presto! »

Ahimè! Torni presto!

Camminai per i vicoli deserti puntando alla meglio verso la mia meta. Era l'ora sacra della siesta; tutto il piccolo villaggio era addormentato. La piazza, infuocata dal sole, era

23

deserta. La chiesa era chiusa; soltanto dalla porta semiaperta della scuola municipale la voce stentorea del reverendo canonico don Natale risuonava con sonnolenta monotonia nel silenzio: « Io mi ammazzo, tu ti ammazzi, egli si ammazza, noi ci ammazziamo, voi vi ammazzate, essi si ammazzano », e una dozzina di ragazzi colle gambe nude, seduti in circolo per terra, ai piedi del loro maestro, ripetevano ritmicamente in coro.

Più in giù, sulla stradicciuola, trovai una maestosa matrona romana. Era Annarella che mi faceva colla mano amichevole segno d'entrare. Perchè ero andato dalla Bella Margherita invece di venire da lei? Non sapevo che il suo caciocavallo era il miglior formaggio di tutto il villaggio? E il vino, tutti sapevano che quello del parroco non poteva fare concorrenza a quello del reverendo don Dionisio. « Altro che il vino del parroco! » aggiunse con una significativa alzata delle spalle forti. Mentre stavo sotto il pergolato davanti a un fiasco del vino bianco di don Dionisio, cominciai a pensare che forse aveva ragione, ma volevo essere equo e vuotare tutto il fiasco prima di dare il mio parere definitivo. Ma quando Gioconda, sua figlia, mi versò sorridendo un secondo bicchiere del nuovo fiasco, mi decisi. Sì, il vino bianco di don Dionisio era il migliore! Sembrava un raggio di sole liquido, aveva il sapore del nettare degli dei, e Gioconda, mentre riempiva il mio bicchiere vuoto, assomigliava a una giovane Ebe. « Altro che il vino del parroco: non gliel'avevo detto? » rideva Annarella. « È vino miracoloso. » Miracoloso davvero perchè tutt'a un tratto cominciai a parlare un italiano corrente con volubilità vertiginosa, fra scoppi di risa della madre e della figlia. Cominciavo a sentire molta simpatia per don Dionisio; mi piaceva il suo nome, mi piaceva il suo vino, pensavo che mi sarebbe piaciuto fare la sua conoscenza. Nulla era più facile, doveva predicare alle Figlie di Maria quella sera, in chiesa.

« È un uomo molto istruito, » disse Annarella. Sapeva a

memoria tutti i nomi di tutti i martiri e di tutti i santi ed era anche stato a Roma a baciare la mano del Papa. E lei era mai stata a Roma? No. E a Napoli? No. Era stata una volta a Capri, il giorno del suo sposalizio, ma Gioconda non c'era mai stata. Capri era piena di « gente malamente ». Dissi che, naturalmente, conoscevo tutto del loro santo protettore, quanti miracoli aveva fatti e quanto era bello, tutto d'argento massiccio. A questo punto vi fu un silenzio imbarazzante.

« Sì, dicono che il loro San Costanzo è d'argento massiccio, » brontolò Annarella, scrollando con disprezzo le larghe spalle, « ma chi lo sa? » E i suoi miracoli si potrebbero contare sulla punta delle dita, mentre Sant'Antonio, il santo protettore d'Anacapri, ne aveva già fatti più di cento! Altro che San Costanzo! Fui subito tutto per Sant'Antonio, sperando con tutto il cuore che un suo nuovo miracolo mi riportasse il più presto possibile al suo villaggio incantevole. La fiducia della gentile Annarella nel miracoloso potere di Sant'Antonio era così grande che rifiutò assolutamente d'accettare il mio denaro.

« Pagherete un'altra volta. »

« Addio Annarella, addio Gioconda! »

« Arrivederci, ritornate presto. Sant'Antonio vi benedica! La Madonna vi accompagni! »

Il vecchio mastro Vincenzo lavorava ancora nel suo vigneto, scavando per le nuove viti profondi solchi, nella dolce terra profumata. Ogni tanto raccoglieva una lastra di marmo colorato o un pezzo di stucco rosso e lo gettava al di là del muro, « roba di Timberio, » diceva. Sedetti sopra una colonna spezzata di granito rosso, accanto al mio nuovo amico. « È molto duro a rompersi, » disse mastro Vincenzo. Ai miei piedi un galletto razzolava tra le zolle in cerca d'un verme, e proprio sotto il mio naso apparve una moneta. La raccolsi e riconobbi a colpo d'occhio la nobile testa d'Augusto. « Divus Augustus Pater. » Mastro Vincenzo disse che non valeva un *baiocco*. Ce l'ho ancora. Aveva fatto il giardino da solo e aveva piantato tutte le viti e i fichi con le sue proprie mani. « Lavoro duro, » disse mastro Vincenzo, mostrandomi le mani grandi e callose, perchè tutta la terra era piena di roba di Timberio, colonne, capitelli, frammenti di statue e teste di cristiani, e doveva scavare e portar via tutta questa robaccia prima di poter piantare le sue viti. Le colonne le aveva spaccate per farne scale per il giardino e naturalmente aveva potuto utilizzare molti marmi quando aveva costruito la sua casa: gli altri li aveva buttati giù dal precipizio. Era stata una vera fortuna quando, inaspettatamente, aveva scoperto una grande stanza sotterranea proprio sotto la casa, con muri rossi, proprio come quel pezzo lì, sotto quel pesco. Era tutta dipinta con tanti cristiani completamente nudi, « tutti spogliati che ballavano come pazzi », con le mani piene di fiori e di grappoli d'uva. Ci aveva messo parecchi giorni a grattare tutte le pitture e coprire le mura con cemento, ma questo era stato lavoro da poco in confronto a quello che avrebbe dovuto fare se avesse dovuto far saltare la roccia per costruire una nuova cisterna, disse mastro Vincenzo con un sorriso furbo. Adesso stava diventando vecchio e quasi non poteva più occuparsi del suo vigneto, e suo figlio, che era sulla terraferma, con dodici bambini e tre vacche, voleva che vendesse la casa e andasse a vivere con lui.

Di nuovo il mio cuore cominciò a battere. Era sua anche la cappella? No, non apparteneva a nessuno, e la gente diceva che c'erano gli spiriti. Egli stesso, da ragazzo, aveva visto un frate alto che si chinava sul parapetto, e dei marinai, che montavano le scale a tarda notte, avevano sentito le campane suonare nella cappella. La ragione di tutto ciò, mi spiegò mastro Vincenzo, era che quando Timberio ebbe il suo palazzo lassù « fece ammazzare Gesù Cristo », e da allora la sua anima dannata tornava ogni tanto a domandare perdono ai frati che erano sepolti sotto il pavimento della cappella. La gente diceva anche che tornava lì sotto forma di un grande serpente nero. I frati erano stati ammazzati da un brigante che si chiamava Barbarossa, che aveva abbordato l'isola con le sue navi e portato in schiavitù tutte le donne che si erano rifugiate nel castello, che perciò fu chiamato il castello di Barbarossa. Padre Anselmo, l'eremita, che era un uomo istruito e anche suo parente, gli aveva raccontato tutto questo, e anche che gl'Inglesi avevano adoperato la cappella come fortezza e poi a loro volta erano stati « ammazzati » dai Francesi.

« Guardi! » disse mastro Vincenzo, indicando un mucchio di palle presso il muro del giardino. « Guardi! » aggiunse raccogliendo un bottone d'ottone di un soldato inglese. I Francesi, continuò, avevano messo un gran cannone vicino alla cappella e avevano fatto fuoco sul villaggio di Capri tenuto dagli Inglesi. « Ben fatto, » rise, « i capresi son tutta gente cattiva. » Poi i Francesi avevano trasformato la cappella in un magazzino di polvere e perciò si chiamava sempre la polveriera. Ora non era che una rovina, ma era stata di grande vantaggio per lui, perchè ne aveva asportato quasi tutti i sassi per i muri del suo giardino.

Mi arrampicai sopra il muro e camminai per lo stretto viottolo sino alla cappella. Il pavimento era coperto fino ad altezza d'uomo con i resti della volta crollata, i muri erano nascosti da edera e caprifoglio selvatico e centinaia di lucertole giocavano allegramente tra folti arboscelli di mirto e di rosmarino, interrompendo ogni tanto il loro giuoco per guardarmi con gli occhietti lucidi e i petti ansanti. Una civetta si levò con silenziose ali da un angolo buio, e un grande serpente addormentato sull'assolato pavimento di mosaico della terrazza svolse lentamente i suoi neri anelli e si ritirò strisciando dentro la cappella con un ammonitore zittio per l'intruso. Era lo spirito del vecchio, tetro Imperatore che si aggirava sempre fra le rovine, dove una volta sorgeva la sua villa imperiale?

Guardai giù, ai miei piedi, l'incantevole isola. Come poteva abitare un posto così bello ed essere tanto crudele? Com'era possibile che la sua anima fosse così nera, con una luce sì sfolgorante in cielo e in terra? Come potè lasciare questa villa per ritirarsi in quella ancora più inaccessibile, sulla rupe orientale, che porta ancora il suo nome e dove passò gli ultimi tre anni della sua vita?

Vivere in un tal luogo, morire in tal luogo, se mai la morte potesse conquistare l'immortale gioia di una simile vita! Quale audace sogno aveva fatto battere così violentemente il mio cuore un momento prima quando mastro Vincenzo mi aveva detto che diventava vecchio e stanco e che suo figlio voleva che vendesse la casa? Quali insensati pensieri erano balenati nel mio cervello, quando aveva detto che la cappella non apparteneva a nessuno? Perchè non a me? Perchè non comprare la casa di mastro Vincenzo e unire la casa e la cappella con ghirlande di viti e viali di cipressi e bianche logge sostenute da colonne, popolate di marmoree statue di dei e bronzi d'imperatori?... Chiusi gli occhi perchè la bella visione non svanisse, e a poco a poco le cose reali scomparvero nel crepuscolo dei sogni.

Un'altra figura, avvolta in un ricco manto, mi stava accanto.

« Sarà tua, » disse con voce melodiosa, indicando colla mano l'orizzonte. « La cappella, il giardino, la casa, la montagna col suo castello, tutto sarà tuo, se sarai disposto a pagarne il prezzo! »

« Chi sei, fantasma dell'invisibile? »

« Io sono l'immortale spirito di questo luogo. Il tempo per me non ha significato. Duemila anni fa ero dove ora stiamo, a fianco di un altro uomo portato qui dal suo destino come tu sei stato portato qui dal tuo. Non chiedeva la felicità come te, ma chiedeva soltanto l'oblio e la pace che credeva di poter trovare in quest'isola solitaria. Gli dissi il prezzo che avrebbe dovuto pagare: il suo nome immacolato avrebbe portato il marchio d'infamia attraverso tutta l'eternità. Accettò il patto, pagò il prezzo. Per undici anni abitò qui circondato da pochi fedeli amici, uomini integri e d'onore. Due volte si provò a tornare nel suo palazzo sul Palatino. Due volte gli mancò il coraggio. Roma non lo vide mai più. Morì nel suo viaggio di ritorno, nella villa del suo amico Lucullo, su quel promontorio laggiù. Le sue ultime parole furono per chiedere che lo trasportassero con la sua lettiga sulla barca che doveva riportarlo alla dimora sull'isola. »

« Qual è il prezzo che mi domandi? »

« La rinunzia all'ambizione di farti un nome nella tua professione, il sacrificio del tuo avvenire. »

« Allora cosa diventerò? »

« Uno sconfitto della vita. »

« Mi togli ciò per cui vale la pena di vivere. »

« T'inganni, ti do, invece, ciò per cui vale la pena di vivere. »

« Vuoi almeno lasciarmi la pietà? Non posso vivere senza misericordia se devo diventare un medico. »

« Sì, ti lascerò la pietà, ma staresti assai meglio senza. »

« Domandi qualcos'altro? »

« Prima di morire dovrai pagare ancora un altro prezzo, un prezzo enorme. Ma prima che questo prezzo sia dovuto, avrai veduto per molti anni da questo luogo il tramonto di tanti giorni di felicità senza nubi e il sorgere della luna in stellate notti di sogno. »

« Morirò qui? »

« Guardati dal cercare la risposta alla tua domanda; l'uomo non potrebbe sopportare la vita se conoscesse l'ora della sua morte. »

Posò la mano sulla mia spalla: un brivido sottile attraversò il mio corpo.

« Sarò qui con te ancora una volta, domani dopo il tramonto; puoi rifletterci fino ad allora. »

« È inutile pensarci, le mie vacanze sono ormai finite, questa sera stessa devo tornare al mio lavoro quotidiano, lontano da questa bella terra. E poi non sono capace di pensare. Accetto il patto, pagherò il prezzo, qualunque esso sia. Ma come potrò acquistare questa casa, se le mie mani sono vuote? »

« Le tue mani sono vuote, ma sono forti, il tuo cervello è vulcanico, ma chiaro, la tua volontà è sicura: riuscirai. »

« Ma come potrò costruire la casa? Non so nulla di architettura. »

« Ti aiuterò io. Che stile vuoi? Non ti piacerebbe il gotico? A me piace assai per la sua luce attenuata e la sua aria misteriosa. »

« Inventerò io uno stile, tale che nemmeno tu potrai dargli un nome. Nessun'ombra medievale per me! Voglio che la mia casa sia aperta al sole, al vento e alla voce del mare, come un tempio greco, e luce, luce, luce dovunque! »

« Guardati dalla luce! Guardati dalla luce! Troppa luce non è buona per gli occhi dell'uomo mortale. »

« Voglio colonne di marmo prezioso che reggano logge e gallerie, bei ruderi dei tempi passati, sparsi per tutto il mio giardino, la cappella trasformata in silenziosa biblioteca, con stalli di chiostro intorno ai muri e dolci campane che suonino l'Ave Maria alla fine di ogni giorno felice. »

« Non mi piacciono le campane. »

« E qui dove siamo, con questa bell'isola che sorge come una sfinge dal mare ai nostri piedi, qui voglio una sfinge di granito tolta dalla terra dei Faraoni. Ma dove potrò trovare tutto questo? »

« Sei sul terreno di una delle ville di Tiberio. Tesori preziosi dei tempi passati riposano sepolti sotto le viti, sotto la cappella, sotto la casa. Il piede dell'Imperatore ha calpestato le lastre di marmo colorato, che hai visto gettare dal vecchio contadino al di là del muro del suo giardino; gli affreschi rovinati, con i loro fauni danzanti e le baccanti inghir-

30

landate di fiori, adornavano una volta i muri del suo palazzo. Guarda! » disse, indicando la chiara profondità del mare, trecento metri più in basso. « Non ti ha detto il tuo Tacito, a scuola, che quando la notizia della morte dell'Imperatore giunse in quest'isola, i suoi palazzi furono precipitati in mare? »

Volevo subito saltare giù per le rupi scoscese e tuffarmi nel mare in cerca delle mie colonne.

« Non c'è bisogno di tanta fretta, » rise. « Per duemila anni i coralli vi hanno filato intorno i loro tessuti e le onde le hanno sepolte sempre più profondamente nella sabbia. Ti aspetteranno finchè verrà il tuo giorno. »

« E la sfinge? Dove troverò la sfinge? »

« Su una pianura solitaria, lontana dalla vita di oggi, c'era una volta la sontuosa villa di un altro Imperatore, che dalle rive del Nilo aveva portato la sfinge per adornarne il suo giardino. Del palazzo non rimane che un monte di sassi, ma sotto, nelle profondità della terra riposa la sfinge. Cercala e la troverai. Ti costerà quasi la vita per portarla fin qui, ma lo farai. »

« Tu sembri conoscere il futuro quanto il passato. »

« Il passato e il futuro sono eguali per me. Io tutto conosco. »

« Non invidio la tua sapienza. »

« Le tue parole sono più vecchie di te. Da dove hai tolto quella frase? »

« Da quanto ho appreso su quest'isola, oggi, perchè ho imparato che questa affabile gente che non sa leggere nè scrivere, è molto più felice di me, che da bambino ho logorato gli occhi per conquistare la sapienza. E tu pure, lo capisco dalle tue parole. Sei un grande sapiente, sai il tuo Tacito a memoria. »

« Sono un filosofo. »

« Conosci bene il latino? »

« Sono un dottore di teologia dell'Università di Jena. »

31

« Ah! è per questo che mi sembrava di sentire un leggero accento gutturale nella tua voce. Conosci la Germania? »

« Sicuro! » ghignò.

Lo guardai attentamente. Le sue maniere e il suo portamento erano quelli di un signore e mi accorsi per la prima volta che portava una lunga spada sotto il manto rosso e che nella sua voce c'era un suono aspro che mi pareva di aver già udito.

« Scusate, signore, credo che ci siamo già conosciuti nell'Auerbach Keller a Lipsia, il vostro nome non è...? » Mentre pronunziavo queste parole, le campane della chiesa di Capri cominciarono a suonare l'Ave Maria. Volsi la testa per guardarlo. Era scomparso.


## 2  Quartier Latin

Quartier Latin. Una camera all'Hôtel de l'Avenir, pile di libri da per tutto, sui tavoli, sulle sedie, a mucchi per terra, e al muro una sbiadita fotografia di Capri. Mattinate nelle corsie della Salpêtrière, dell'Hôtel-Dieu e La Pitié, passando di letto in letto a leggere capitolo per capitolo nel libro della sofferenza umana, scritto con sangue e lacrime. Pomeriggi nelle camere di anatomia e negli anfiteatri dell'École de Médecine o nei laboratori dell'Istituto Pasteur, guardando nel microscopio, con occhi meravigliati, il mistero del mondo invisibile, gli esseri infinitamente piccoli, arbitri della vita e della morte dell'uomo. Notti di veglia all'Hôtel de l'Avenir, notti di lavoro prezioso per impadronirsi dei difficili problemi, dei segni classici di disordini e malattie, colti e analizzati dagli osservatori di tutti i paesi, così necessari, e così insufficienti, per la formazione di un medico. Lavoro, lavoro, lavoro! Vacanze estive nei vuoti caffè del Boulevard St.-Michel, l'École de Médecine chiusa, laboratori e anfiteatri deserti, cliniche semivuote. Ma nessuna vacanza per la sofferenza, nelle corsie degli ospedali, nessuna vacanza per la Morte. Nessuna vacanza all'Hôtel de l'Avenir. Nessun altro svago che, ogni tanto, una giratina sotto i tigli dei giardini del Lussemburgo o un'ora di ingordo divertimento al Museo del Louvre. Nessun amico. Nessun cane. Nessuna amante. « La vie de Bohème » di Henri Murger era scomparsa, ma la sua Mimì c'era sempre, e come! e sorridente passeggiava nel Boulevard St.-Michel al braccio del suo studente, quando l'ora dell'aperitivo si avvicinava, o rimaneva in soffitta a riparargli la giacca o a lavargli la biancheria, mentre egli si preparava all'esame.

Nessuna Mimì per me! Sì, essi potevano avere la vita facile, questi miei colleghi, e passare le loro serate chiacchierando intorno ai tavoli dei caffè, a ridere, a vivere, ad amare. Il loro sottile cervello latino era molto più svelto del mio e non avevano nessuna sbiadita fotografia di Capri al muro della loro soffitta per spronarli, nessuna colonna di prezioso marmo che li aspettava sotto la sabbia di Palazzo a Mare. Spesso, durante le lunghe notti di veglia, che passavo all'Hôtel de l'Avenir, il capo chino sopra *Maladies du Système nerveux* di Charcot, o su *Clinique de l'Hôtel-Dieu* di Trousseau, un terribile pensiero mi attraversava la mente: mastro Vincenzo è vecchio, se dovesse morire mentre io sono qui o vendere a qualcun altro la piccola casa sulla rupe, che è la chiave della mia futura dimora! Un sudore ghiacciato mi imperlava la fronte, ed il mio cuore si fermava dalla paura. Fissavo la sbiadita fotografia di Capri appesa al muro e temevo di vederla svanire ancora più nell'oscurità, misteriosamente, come una sfinge, fino a che non rimaneva che il profilo d'un sarcofago, entro il quale era sepolto un sogno... Poi, stropicciandomi gli occhi stanchi, mi immergevo ancora nel mio libro, con furia frenetica, come un cavallo da corsa spronato a sangue verso il traguardo. Sì, diventò una corsa, una corsa per premi e trofei. I miei

33

colleghi cominciarono a scommettere su di me come su un facile vincitore, e anche il Maestro dalla testa d'un Cesare e l'occhio di un'aquila mi scambiò per un uomo d'avvenire — l'unica errata diagnosi, che io sappia, del professor Charcot, durante anni di accurata osservazione col suo infallibile giudizio nelle corsie della Salpêtrière o nelle stanze di consultazione del Boulevard St.-Germain, affollate da ammalati di ogni parte del mondo. Questo suo errore mi è costato caro. Mi è costato il sonno, e mi è quasi costato la luce degli occhi. Ma ciò non è ancora sicuro. Tale era la mia fiducia nell'infallibilità di Charcot, che conosceva meglio di qualunque altro uomo vivente il cervello umano, che per un certo tempo credetti che egli avesse ragione. Spronato dall'ambizione a realizzare la sua profezia, insensibile alla fatica, al sonno e anche alla fame, forzai ogni fibra della mia mente e del mio corpo fino allo sfinimento, per vincere ad ogni costo. Non più passeggiate sotto i tigli dei giardini del Lussemburgo, non più visite al Louvre. Dalla mattina alla sera i miei polmoni respiravano l'aria impura delle corsie degli ospedali e degli anfiteatri, dalla sera alla mattina il fumo continuo delle sigarette nella mia soffocante camera all'Hôtel de l'Avenir. Esame dopo esame in rapida successione, troppo rapida per avere un valore. Lavoro, lavoro, lavoro! Dovevo essere laureato in primavera. La mia mano toccava la fortuna in tutto, fortuna sorprendente e quasi magica. Aveva già imparato a conoscere la struttura della meravigliosa macchina che è il corpo umano, l'armonica azione di tutte le parti quando è sano, i suoi disordini nella malattia e il disfacimento finale nella morte. Mi erano già divenute familiari quasi tutte le affezioni che incatenano i sofferenti ai loro letti negli ospedali. Avevo già imparato ad adoperare le affilate armi della chirurgia, a combattere in più adeguata maniera la implacabile nemica, che con la falce in mano faceva il suo giro per le corsie, sempre pronta ad uccidere, sempre presente in qualunque ora del giorno e della notte. Infatti sembrava che la morte avesse preso dimora stabile nel vecchio, tetro ospedale, che per secoli aveva protetto tanta sofferenza e tanto dolore. A volte veniva correndo per la corsia, colpendo a destra e a sinistra, giovani e vecchi, con cieco furore come una pazza, strozzando una vittima con una lenta stretta della sua mano, e strappando ad un'altra la fascia dalla ferita aperta finchè l'ultima goccia di sangue fosse sgorgata. A volte veniva in punta di piedi, quieta e silenziosa, per chiudere con un gentile tocco delle sue dita gli occhi d'un altro sofferente che restava quasi con un sorriso, dopo la sua partenza. Spesso, io che ero lì per impedire il suo avvicinarsi, non sospettavo nemmeno che dovesse venire. Soltanto i bimbi al petto delle loro madri sentivano la sua presenza e si agitavano nel sonno con un grido d'angoscia, mentre lei passava. E più spesso che no, qualcuna delle vecchie monache, che avevano trascorso la vita nelle corsie, la vedeva venire in tempo per posare un Crocefisso sul letto. In principio, quando la morte era vittoriosa da un lato del letto, ed io, impotente, dall'altro, poco mi curavo di lei. Allora la vita era tutto per me, sapevo che la mia missione terminava quando la sua cominciava, e soltanto distoglievo lo sguardo dalla mia sinistra collega, sdegnato per la mia sconfitta. Ma quando mi diventò più familiare, cominciai a guardarla con crescente attenzione, e più la vedevo, più volevo conoscerla. Cominciai a pensare che essa aveva la sua parte di lavoro, com'io la mia; la sua missione da compiere, com'io la mia; che dopo tutto eravamo colleghi e che quando la lotta attorno a una vita era terminata, e lei era vittoriosa, era assai meglio guardarsi in viso senza tema ed essere amici. Più tardi, venne anche un tempo che la credetti mia unica amica, la desiderai e quasi l'amai, mentre sembrava ch'essa non si accorgesse di me. Cosa non potrebbe insegnarmi, se soltanto potessi leggere nel suo impenetrabile volto! Quante lacune della mia misera scienza sulla sofferenza umana potrebbe colmare, lei che sola ha letto l'ultimo capitolo, che manca nei miei libri di medicina, dove tutto è spiegato, la soluzione di ogni enigma offerta e la risposta ad ogni domanda data!

Ma come poteva essere così crudele, lei che poteva anche essere così dolce? Come poteva con una mano togliere tanta giovinezza e vita, mentre con l'altra poteva dare tanta pace e felicità? Perchè la stretta della sua mano intorno alla gola di una delle sue vittime era così lenta e il colpo per un'altra così rapido? Perchè combatteva tanto con la vita di un bambino, mentre permetteva che la vita dei vecchi si spegnesse in un placido sonno? La sua missione era di punire come d'uccidere? Era lei il giudice e l'esecutore? Cosa faceva di quelli che aveva ucciso? Avevano cessato di esistere o dormivano soltanto? Dove li portava? Era il reggitore supremo del regno della morte o soltanto un vassallo, un semplice strumento nelle mani di un sovrano assai più potente, il re della vita? Oggi aveva vinto, ma la sua vittoria era definitiva? Chi sarebbe vittorioso alla fine, lei o la vita?

Ma finiva veramente la mia missione quando la sua cominciava? Dovevo io essere un passivo spettatore dell'ultima ineguale battaglia e rimanere impassibile ed insensibile, mentre lei compiva la sua opera di distruzione? Dovevo distogliere lo sguardo da quegli occhi che imploravano il mio soccorso, quando già da molto tempo la lotta era perduta? Dovevo svincolare la mano da quelle dita tremanti che stringevano le mie, come un uomo che affoga si afferra anche a una paglia? Ero sconfitto, ma non disarmato, avevo sempre in pugno un'arma potente. Lei possedeva il suo eterno narcotico, ma io pure avevo il mio, affidatomi dalla benevola madre natura. Quando essa era troppo lenta a somministrare il suo rimedio, perchè non dovevo io somministrare il mio, che aveva il pietoso potere di mutare l'angoscia in pace, l'agonia in sonno? Non era mia missione aiutare a morire quelli che non potevo aiutare a vivere?

La vecchia monaca m'aveva detto che commettevo un

36

terribile peccato, che Dio onnipotente, nella sua imperscrutabile sapienza, così aveva voluto, che più profonda era la sofferenza che Egli infliggeva nell'ora della morte, più clemente sarebbe stato il perdono nel giorno del Giudizio. Anche la dolce Sœur Philomène mi aveva guardato con disapprovazione quando, solo fra i miei colleghi, venivo con la siringa della morfina, quando il vecchio sacerdote si era allontanato dal letto dopo aver amministrato l'ultimo Sacramento.

In tutti gli ospedali di Parigi vi erano ancora le buone, altruiste suore di San Vincenzo di Paola, con le loro grandi bianche cuffie. Il Crocefisso pendeva ancora sul muro di ogni corsia, il sacerdote leggeva ancora la messa ogni mattina davanti al piccolo altare nella Salle S.te-Claire. La Madre Superiora, « ma mère », come tutti la chiamavano, girava ancora di letto in letto ogni sera, dopo che l'Ave Maria era suonata.

La *Laïcisation des Hôpitaux* non era ancora diventata la scottante richiesta del giorno, il grido di « Via i preti! Via il Crocefisso! Á la porte les sœurs! » non era ancora sorto. Ahimè! Più tardi li ho visti tutti partire e fu un peccato. Forse avevano i loro torti, queste suore. Forse avevano più confidenza con i loro rosari che con lo spazzolino per le unghie, forse erano più abituate ad immergere le loro dita nell'acqua santa che nella soluzione di acido fenico, che era allora l'onnipotente disinfettante delle nostre corsie chirurgiche, e che venne poi sostituito da un altro. Ma i loro pensieri erano così candidi, i loro cuori così puri, la loro vita così completamente dedita al lavoro : esse non domandavano altra ricompensa che il permesso di pregare per quelli che erano ad esse affidati! Neanche i loro peggiori nemici osavano disconoscere la loro abnegazione nè la loro infinita pazienza. La gente diceva che le suore compivano la loro missione con volti tristi e cupi, che i loro pensieri erano rivolti più alla salvezza dell'anima che a quella del corpo, che avevano sulle labbra più parole di rassegnazione che di speranza. In verità sbagliavano assai. Al contrario, queste suore, giovani e vecchie, erano invariabilmente allegre e felici, quasi gaie e piene di scherzi e risa infantili, ed era meraviglioso vedere come sapevano comunicare la loro felicità agli altri. Erano anche tolleranti. Credenti ed atei erano tutti eguali per loro. Sembravano quasi più ansiose di aiutare questi ultimi, perchè sentivano tanta pietà per loro e non mostravano nessun segno di risentimento per le loro bestemmie e le loro maledizioni. Con me erano tutte squisitamente gentili ed amichevoli. Sapevano bene che non appartenevo alla loro religione, che non mi confessavo e che non facevo il segno della croce quando passavo dinanzi al piccolo altare. In principio la Madre Superiora aveva fatto qualche timido tentativo per convertirmi alla fede che le aveva fatto sacrificare la sua vita per gli altri, ma aveva presto abbandonato l'idea, scuotendo con compassione la sua vecchia testa. Anche il caro, vecchio padre aveva perso ogni speranza di salvare l'anima mia, da quando gli avevo detto che ero contento di discutere con lui sulla possibilità d'un purgatorio, ma che rifiutavo assolutamente di credere nell'inferno, e che in ogni caso ero deciso ad iniettare la morfina in dosi intere ai morenti, quando la loro agonia era troppo crudele e troppo lunga. Il vecchio sacerdote era un santo, ma le discussioni non erano il suo forte, e presto abbandonammo completamente questi argomenti di controversia. Conosceva la vita di tutti i santi e fu lui che, per la prima volta, mi raccontò la dolce leggenda di Santa Chiara, che aveva dato il suo nome alla corsia. Fu lui che mi fece osservare, per la prima volta, i meravigliosi lineamenti del suo prediletto San Francesco d'Assisi, l'amico di tutti gli umili, di tutte le creature del cielo e della terra, che doveva poi diventare l'amico della mia vita. Ma fu Sœur Philomène, così giovane e bella nel suo bianco abito di novizia di suora di Sant'Agostino, che mi insegnò ancora di più, per-

38

chè mi insegnò ad amare la sua Madonna, della quale aveva i lineamenti. Dolce Sœur Philomène! L'ho vista morire di colera un paio d'anni più tardi a Napoli. Nemmeno la morte osò sfigurarla. Se ne andò in cielo così com'era.

Frère Antoine, che veniva all'ospedale ogni domenica a suonare l'organo nella piccola cappella, era un mio amico particolare. Era l'unica occasione che avevo in quei giorni di sentire della musica, e non me la lasciavo sfuggire quasi mai, io che amo tanto la musica! Benchè non potessi vedere le suore che cantavano vicino all'altare, pure riconoscevo bene la voce chiara e pura di Sœur Philomène. Proprio la vigilia di Natale Frère Antoine prese un brutto raffreddore e, in grande segreto, si sussurrava di letto in letto nella Salle S.te-Claire che, dopo un lungo consulto fra la Madre Superiora e il vecchio padre, io avrei avuto il permesso di prendere il suo posto all'organo, per salvare la situazione.

Avevo un'altra occasione di sentire la musica in quei giorni: quando il povero vecchio don Gaetano veniva a suonare per me, due volte la settimana, il suo logoro organetto, sotto il balcone all'Hôtel de l'Avenir. Il « Miserere » del *Trovatore* era il suo pezzo forte, e la vecchia aria melanconica si adattava bene, a lui e alla sua scimmietta mezzo gelata, che si accovacciava sopra l'organetto vestita della sua giubba rosso-Garibaldi:

*Ah che la morte ognora*
*È tarda nel venir!*

Egualmente bene si adattava al povero vecchio Monsieur Alfredo che girava per le strade coperte di neve nella frusta redingote, col manoscritto della sua ultima tragedia sotto il braccio. Egualmente bene ai miei amici del povero quartiere italiano, che si accoccolavano intorno al loro braciere quasi spento, senza denaro per potersi comperare un mezzo soldo di carbone per riscaldarsi. Venivano giorni in cui la triste melodia pareva l'opportuno accompagnamento anche dei miei pensieri, quando davanti ai miei libri all'Hôtel de l'Avenir mi mancava il coraggio di affrontare un nuovo giorno; quando tutto mi sembrava così nero e senza speranza, e la vecchia sbiadita fotografia di Capri pareva così lontana. Allora mi buttavo sul letto e chiudevo gli occhi stanchi, e presto Sant'Antonio cominciava a fare un altro miracolo. Veleggiavo, lontano da tutte le mie preoccupazioni, verso l'incantevole isola dei miei sogni. Gioconda, sorridente, mi porgeva un bicchiere del vino di don Dionisio, e nuovamente il sangue ricominciava a fluire, ricco e gagliardo, nel mio cervello. Il mondo era bello ed io ero giovane, pronto a combattere, sicuro di vincere. Mastro Vincenzo, sempre a lavorare fra le sue viti, mi salutava con la mano mentre salivo la stradicciola dietro al suo giardino, diretto alla cappella. Mi sedevo un poco sulla terrazza e guardavo giù, affascinato, l'isola bella ai miei piedi, chiedendomi come mai avrei potuto issare la mia sfinge di granito rosso in cima alla rupe. Davvero, il lavoro sarebbe stato difficile, ma naturalmente l'avrei fatto con abbastanza facilità, tutto da solo! « Addio bella Gioconda! Addio e presto ritorno! » Sì, naturalmente tornerò presto, molto presto, nel mio prossimo sogno. Veniva il nuovo giorno e guardava il sognatore attraverso la finestra. Aprivo gli occhi e balzavo in piedi, salutando il nuovo arrivato con un sorriso; sedevo ancora al mio tavolo, col libro in mano.

Poi venne la primavera e si affacciò al mio balcone il primo ramo di fiori di castagno dagli alberi in germoglio del viale. Era il segnale. Detti il mio esame e lasciai l'Hôtel de l'Avenir con il mio diploma in tasca, il più giovane medico di Francia.

Avenue de Villiers - Dr. Munthe - Dalle 14 alle 15

Il campanello della porta squillava giorno e notte e messi giungevano con lettere urgenti e chiamate. Il telefono, arma mortale in mano alle donne disoccupate, non aveva ancora cominciato la sua torturante campagna contro ogni ora di ben guadagnato riposo. La sala di consultazione si riempiva rapidamente di ammalati di ogni sorta e aspetto, per lo più nervosi, in maggioranza del sesso debole. Molti erano ammalati, gravemente ammalati. Ascoltavo pazientemente quello che avevano da dire e li visitavo più accuratamente che potevo, sicuro di poterli aiutare, qualunque cosa avessero. Non mi sento incline a parlare qui di questi casi. Forse un giorno avrò qualche cosa da dire su di essi.

Molti non erano ammalati affatto e non lo sarebbero forse mai divenuti, se non mi avessero consultato. Molti immaginavano di essere ammalati. Essi avevano lunghe storie da raccontare, parlavano della nonna, della zia o della suocera o tiravan fuori dalle loro tasche un foglietto di carta e cominciavano a leggere una lista interminabile di sintomi e disturbi — « le malade au petit papier » diceva Charcot. Tutto questo era nuovo per me, che non avevo nessuna esperienza fuori degli ospedali, dove non c'era tempo da perdere in sciocchezze, e commettevo molti errori. Più tardi, quando cominciai a conoscere meglio la natura umana, imparai a trattare con più tatto questi ammalati, ma non andammo mai molto bene d'accordo. Si mostravano quasi offesi quando dicevo che avevano un bell'aspetto e che il loro colorito era sano, ma reagivano pure immediatamente se aggiungevo che la loro lingua sembrava piuttosto brutta — ciò che generalmente era. La mia diagnosi, nella maggior parte di questi casi, era che mangiavano troppo, troppi pasticcini e dolciumi durante il giorno, e pranzi troppo abbondanti la sera. Probabilmente era la diagnosi più giusta che facevo in quei giorni, ma non incontrava alcun successo. Nessuno voleva saperne, non piaceva a nessuno. La diagnosi che piaceva a tutti era quella di appendicite. Le appendiciti erano, allora, di moda fra la gente della migliore società in cerca di una malattia. Tutte le signore l'avevano nel cervello se non nell'addome e ci prosperavano sopra, e così pure i loro medici. Così fui in balìa delle appendiciti e curai un gran numero di casi con risultati diversi. Ma quando cominciò a circolare la voce che i chirurghi americani avevano iniziato una campagna per tagliare tutte le appendici degli Stati Uniti, i miei casi cominciarono a diminuire in maniera impressionante. Costernazione?

« Asportare l'appendice! la mia appendice! » dicevano le signore alla moda, aggrappandosi disperatamente al loro *processus vermicularis,* come una madre al proprio bambino. « Cosa farei senza? »

« Asportare le appendici! le mie appendici? » dicevano i medici, consultando mestamente la lista dei loro ammalati. « Non ho mai sentito una tale stupidaggine! Ma se non c'è nulla nelle loro appendici, dovrei saperlo io, che devo esaminarle due volte la settimana. Sono contrario assolutamente. »

Ben presto fu evidente che le appendiciti stavano per scomparire e che si doveva scoprire una nuova malattia per soddisfare le richieste generali. La Facoltà fu all'altezza, una nuova malattia fu gettata sul mercato, una nuova parola coniata, una vera moneta d'oro: la COLITE! Era una malattia conveniente, al sicuro dal coltello del chirurgo, adattabile al gusto di tutti. Nessuno sapeva quando veniva, nessuno sapeva quando se ne andava. Ma io sapevo che parecchi miei previdenti colleghi l'avevano già diagnosticata sui loro ammalati con grande successo, ma finora la fortuna a me era stata contraria.[1]

---

[1] La colite, nel significato che ha ora assunto il termine, non era conosciuta in quei giorni. Molti peccati sono stati commessi

Uno dei miei ultimi casi di appendicite fu, credo, la contessa che venne a consultarmi dietro raccomandazione di Charcot, come essa disse. Egli mi mandava ogni tanto degli ammalati, ed io naturalmente ero molto ansioso di fare del mio meglio per lei, anche se non fosse stata così bella come era. Guardava il giovane oracolo con mal dissimulata disillusione nei suoi grandi occhi e diceva che voleva parlare a « Monsieur le docteur lui-même » e non al suo assistente — questo era il primo saluto che ero abituato a ricevere da ogni nuovo ammalato. In principio lei non sapeva se avesse un'appendicite e nemmeno « Monsieur le docteur lui-même », ma presto lei fu sicura di averla ed io ero sicuro che non l'aveva. Quando glielo dissi con malaccorta durezza, si agitò molto. Il professor Charcot le aveva detto che certamente io avrei scoperto cosa avesse e che l'avrei aiutata, invece... scoppiò in lacrime ed io ne fui dispiacentissimo.

« Che cos'ho? » singhiozzò, stendendo le mani vuote verso di me, con un gesto di disperazione.

« Ve lo dirò, se mi promettete di essere calma. »

Smise di piangere istantaneamente. Asciugandosi l'ultima lacrima dei suoi grandi occhi, disse con coraggio:

« Posso sopportare qualunque cosa, ho già tanto sopportato, non abbiate paura, non piangerò più. Che cosa ho? »

« Colite. »

I suoi grandi occhi divennero ancora più grandi, ciò che non avrei creduto possibile.

« Colite! Questo è esattamente ciò che ho sempre pensato. Sono sicura che avete ragione! Colite! Ditemi, cos'è la colite? »

Stavo molto attento ad evitare quella domanda, perchè non lo sapevo neppure io, nessuno lo sapeva in quei giorni. Ma le dissi che sarebbe durata a lungo e che era difficile

da medici e da ammalati col nome di colite durante i primi tempi della sua brillante carriera. Anche oggi c'è spesso qualcosa di vago e poco soddisfacente in questa diagnosi.

a curarsi, e fin lì avevo ragione. La contessa mi sorrideva amabilmente. E suo marito che diceva che erano soltanto nervi! Disse che non c'era tempo da perdere e voleva cominciare la cura subito, così fissammo che sarebbe venuta all'Avenue de Villiers due volte la settimana. Ritornò esattamente il giorno dopo ed io, che cominciavo ad abituarmi ai cambiamenti improvvisi dei miei ammalati, fui colpito dalla sua allegra apparenza e dalla sua faccia brillante, tanto che le domandai quanti anni avesse.

Aveva appena venticinque anni. Era venuta soltanto a domandarmi se la colite era infettiva.

« Sì, molto. »

La parola era appena uscita dalle mie labbra, che scoprii che questa giovane donna era assai più intelligente di me.

Non avrei potuto dire al conte che era più prudente non dormisse nella stessa camera?

L'assicurai che non sarebbe stato affatto più prudente, perchè, sebbene non avessi l'onore di conoscere Monsieur le Comte, ero sicuro che non l'avrebbe contagiato. Era soltanto infettiva per le persone impressionabili e ipersensibili come lei.

Certamente non la dovevo giudicare ipersensibile, obiettava, mentre i suoi grandi occhi vagabondavano inquieti attorno alla stanza.

Sì, decisamente.

Non potevo guarirla di questo?

No.


Mia carissima Anna,

Immagina, mia cara, ho la colite! Sono così contenta... così contenta che tu mi abbia raccomandato questo *suédois* — o è stato Charcot? — In ogni modo gli ho detto che è stato Charcot, per essere sicura che mi dedicasse più tempo e attenzione. Hai ragione, è molto intelligente, sebbene non sembri. Sto già raccomandandolo a tutti i miei amici, sono

44

sicura che potrà fare molto per mia cognata, che è sempre in letto dopo la brutta caduta fatta al tuo cotillon; sono sicura che ha la colite. Mi dispiace, mia cara, che non ci vedremo domani al pranzo di Joséphine; le ho già scritto che ho la colite e che non posso andare assolutamente. Vorrei che potesse rimandarlo a dopodomani.

Tua affezionata                             JULIETTE

P.S. Ho pensato che lo *suédois* dovrebbe vedere tua suocera che è tanto preoccupata per la sua sordità. Naturalmente so che la marchesa non vuol più vedere dottori — e chi li vuole? — ma non si potrebbe fare in modo che egli la incontrasse come per caso? Non sarei sorpresa che la colite fosse la causa di tutto.

P.S. Non mi dispiacerebbe d'invitare il dottore a pranzo un giorno, se tu potessi persuadere la marchesa a pranzare qui, *en petit comité,* naturalmente. Sai che ha scoperto che io avevo la colite soltanto guardandomi attraverso i suoi occhiali? Inoltre, voglio che mio marito faccia la sua conoscenza; benchè i dottori non gli piacciano più che a tua suocera, sono certa che questo gli piacerà.

Una settimana più tardi ho avuto l'inaspettato onore di essere invitato a pranzo al palazzo della contessa nel Faubourg St.-Germain e di sedermi accanto alla marchesa Douairière. La guardavo rispettosamente, col mio occhio di aquila, mentre divorava un enorme piatto di *pâté de foie gras* in maestoso silenzio. Non mi diceva nemmeno una parola, e i miei timidi tentativi per cominciare una conversazione si arrestarono, quando scoprii che era completamente sorda. Dopo il pranzo, Monsieur le Comte mi accompagnò nel *fumoir.* Era un ometto cortesissimo, molto grasso, con una faccia placida, quasi timida: aveva almeno il doppio d'età di sua moglie; perfetto signore in tutto. Offrendomi una sigaretta mi disse con grande effusione:

« Non posso ringraziarvi abbastanza per aver curato mia moglie dall'appendicite — il solo termine mi è odioso. Confesso francamente che ho preso molto in antipatia i medici. Ne ho visti tanti e fin ora nessuno sembra aver potuto fare alcun bene a mia moglie, ma devo confessare che lei non ha mai lasciato a nessuno il tempo di farlo, perchè si recava subito da un altro. È meglio vi avverta, sono sicuro che succederà lo stesso con voi. »

« Io non ne sono così sicuro. »

« Tanto meglio. Essa ha evidentemente grande fiducia in voi e ciò rappresenta un gran vantaggio. »

« È tutto. »

« Per quanto mi concerne, ammetto francamente di non aver avuto molta simpatia per voi in principio, ma ora, da quando ci siamo conosciuti, sono ansioso di correggere la mia prima impressione, e, » aggiunse cortesemente, « credo che siamo sulla buona strada. A proposito, cos'è la colite? »

Mi tolse d'imbarazzo soggiungendo bonariamente:

« Qualunque cosa sia, non può essere peggio dell'appendicite e, credetemi, presto ne saprò quanto voi. »

Non domandava troppo. Mi piacquero tanto le sue maniere franche e cortesi che osai fargli una domanda.

« No, » rispose con un leggero imbarazzo nella voce. « Volesse Dio che ne avessimo! Ci siamo sposati da cinque anni e per ora nessun segno. Volesse Dio che ne avessimo! Sapete che sono nato in questa vecchia casa e mio padre pure e il mio castello in Turenna ci appartiene da tre secoli; sono l'ultimo della mia famiglia e ciò è molto triste e — non si può fare nulla per questi terribili nervi? Avete nulla da suggerire? »

« Sono sicuro che questa snervante aria di Parigi non è buona per la contessa; perchè non andate, per cambiare, al vostro castello in Turenna? »

La sua faccia s'illuminò:

« Siete proprio l'uomo che fa per me, » disse il conte,

tendendomi la mano. « Non domando di meglio. Lì ho la mia caccia e le mie grandi terre da sorvegliare, mi piace starci, ma la contessa vi si annoia a morte e certamente il luogo è un po' isolato per lei, che ama vedere le sue amiche ogni giorno e andare alle feste o al teatro ogni sera.

« Ma non so capire come possa avere la forza di continuare così per mesi e mesi, lei che dice che è sempre stanca. Io ne morrei addirittura. Ora dice che deve rimanere a Parigi per la sua colite; prima era per l'appendicite. Ma non voglio che voi la crediate egoista; al contrario, ella pensa sempre a me e vorrebbe pure che andassi a Château Rameaux solo, perchè sa quanto sono felice laggiù. Ma come posso lasciarla a Parigi? È così giovane e senza esperienza. »

« Quanti anni ha la contessa? »

« Soltanto ventinove. Sembra anche più giovane. »

« Sì, sembra quasi una signorina. »

Rimase silenzioso un momento. « A proposito, quando andrete in vacanza? »

« Non ho fatto una vacanza da tre anni. »

« Ragione di più per prenderne quest'anno. Siete un buon tiratore? »

« Non uccido gli animali, se posso farne a meno. Perchè mi avete fatto questa domanda? »

« Perchè abbiamo della caccia eccellente, a Château Rameaux, e sono sicuro che una settimana di riposo completo vi farebbe molto bene. Così almeno pensa mia moglie, dice che voi lavorate troppo, e lo si vede anche. »

« Siete molto gentile, Monsieur le Comte, ma sto bene. Non ho nulla, soltanto non riesco a dormire. »

« Dormire! Vorrei potervi dare un po' del mio sonno. Ne ho quanto me ne occorre e ancora di più. Sapete che ho appena il tempo di mettere la testa sul guanciale, che mi addormento profondamente e nulla può svegliarmi? Mia moglie è mattiniera, ma neppure una volta l'ho sentita alzarsi ed il mio cameriere, che mi porta il caffè alle nove, deve scuotermi prima che mi svegli. Vi compiango davvero. A proposito, conoscete per caso un rimedio per non russare? »

Il caso era chiaro.

Raggiungemmo le signore in salotto. Mi fecero prendere posto accanto alla venerabile marchesa per la consultazione non-ufficiale, così abilmente combinata dalla contessa. Dopo un altro tentativo per cominciare una conversazione con la vecchia signora, le urlai nel suo cornetto acustico che non aveva colite, ma che ero sicuro che l'avrebbe presa se non avesse rinunciato al suo *pâté de foie gras*.

« Te l'ho detto, » sussurrava la contessa; « non è bravo? »

La marchesa voleva conoscere subito tutti i sintomi della colite e sorrideva allegramente, mentre lasciavo cadere l'astuto veleno nel suo cornetto acustico. Quando mi alzai per andarmene, avevo perso la voce ma avevo trovato una nuova ammalata.

Una settimana dopo, un elegante coupé si arrestò all'Avenue de Villiers e un lacchè si precipitò su per le scale con un biglietto, frettolosamente scarabocchiato dalla contessa. Mi pregava di andare immediatamente dalla marchesa, che si era sentita male durante la notte, con tutti i sintomi della colite.

Avevo fatto il mio ingresso nella società parigina.

La colite si spargeva come fuoco divoratore per tutta Parigi. La mia sala d'aspetto fu ben presto così piena di gente, che dovetti adattare la sala da pranzo ad una specie di sala d'aspetto supplementare. Fu sempre un mistero per me come tutta questa gente potesse avere il tempo e la pazienza di sedersi e aspettare tanto, a volte per delle ore. La contessa veniva regolarmente due volte la settimana, ma ogni tanto si sentiva poco bene e doveva venire anche in altri giorni. Era evidente che la colite le si adattava molto meglio dell'appendicite; il suo volto aveva perso il languido pallore e i suoi grandi occhi brillavano di giovinezza.

Un giorno, mentre uscivo dal palazzo della marchesa, che

ero andato a salutare poichè partiva per la campagna, trovai la contessa accanto alla mia carrozza in amichevole conversazione con Tom, che se ne stava sopra un enorme pacco, mezzo nascosto sotto la coperta della vettura. La contessa era diretta ai Magazzini del Louvre per comprare un piccolo regalo per la marchesa di cui ricorreva la festa l'indomani, e non sapeva affatto che cosa scegliere.

Suggerii un cane.

« Un cane! Che buon'idea! »

Si ricordò che quando era bambina e la portavano a salutare la marchesa, la trovava sempre con un cane sulle ginocchia, un cane tanto grasso che poteva appena camminare e che russava così tremendamente, che si sentiva per tutta la casa. La zia aveva pianto per delle settimane, quando era morto. Una buona idea davvero! Camminammo per la strada fino all'angolo di Rue Cambon, dove era il negozio di un noto venditore di cani. Lì, fra una mezza dozzina di bastardi di tutte le specie, stava proprio il cane che volevo; un piccolo cane aristocratico, che ci annusava disperatamente per attirare la nostra attenzione sul suo triste destino e ci implorava con gli occhi iniettati di sangue di portarlo via da quella società mista, nella quale era stato gettato puramente per disgrazia e non per colpa sua. Quasi soffocava dall'emozione quando si rese conto della sua fortuna. Fu messo in una vettura e mandato al palazzo in Faubourg St.-Germain. La contessa doveva recarsi egualmente ai Magazzini del Louvre per provarsi un nuovo cappello. Disse che desiderava andare a piedi; poi che voleva una vettura, e io le offrii la mia. Esitò un momento — cosa diranno se mi vedono in giro nella sua carrozza? — poi accettò con buona grazia. Ma non deviavo dalla mia strada per condurla al Louvre? Affatto, non avevo niente da fare in quel momento.

« Che cosa c'è in quel pacco? » domandò la contessa con curiosità femminile.

Stavo per dirle un'altra bugia quando Tom, avendo terminato la sua missione di unico guardiano del prezioso pacco, balzò al suo abituale posto sul sedile al mio fianco. Il pacco si aprì e ne uscì fuori la testa di una bambola.

« Come mai andate in giro con delle bambole? Per chi sono? »

« Per i bambini. »

Non sapeva che io avessi dei bambini e sembrava quasi offesa della mia riservatezza sui miei affari privati. Quanti bambini avevo? Una dozzina?

Non c'era modo di eludere la domanda; tutto doveva essere rivelato.

« Venite con me, » dissi coraggiosamente, « e al ritorno vi porterò a vedere il mio amico Jack, il gorilla del Jardin des Plantes. È sulla nostra strada. »

La contessa, che evidentemente era quel giorno di ottimo umore e pronta a tutto, si dichiarò felicissima. Oltrepassata la Gare Montparnasse cominciò a perdere l'orientamento e poco dopo non sapeva affatto dove si trovasse. Attraversammo alcuni vicoli oscuri e maleodoranti. Dozzine di bambini cenciosi giocavano nei rigagnoli colmi di sporcizie e di rifiuti di ogni specie, e quasi davanti a ogni porta stava una donna con un bambino al petto e altri piccoli accanto, stretti intorno al braciere.

« È questa Parigi? » domandò la contessa con un'espressione quasi di paura negli occhi.

« Sì, questa è Parigi, la Ville Lumière! E questo è l'Impasse Rousselle, » risposi mentre ci fermavamo all'ingresso di un vicolo cieco, umido e buio come il fondo d'un pozzo. La moglie di Salvatore sedeva sull'unica sedia della famiglia con Petruccio, il bimbo del dolore, in grembo, e rimestava la polenta per il pranzo familiare, fissata avidamente dalle due figlie maggiori. Il bimbo minore si trascinava sul pavimento alla caccia d'un gattino.

Dissi alla moglie di Salvatore che avevo portato con me una gentile signora, che voleva fare un regalo ai bambini.

Avevo capito dalla sua timidezza che era la prima volta che la contessa entrava in casa di povera gente. Arrossì visibilmente mentre dava la prima bambola alla madre di Petruccio, perchè questi non poteva afferrare nulla con la mano atrofizzata; era paralitico fin dalla nascita. Petruccio non mostrò alcun segno di gioia; perchè il suo cervello era torpido come le sue membra, ma la mamma era sicura che la bambola gli piaceva molto. Le sorelle ricevettero a loro volta una bambola per ciascuna e corsero via felici a nascondersi dietro il letto, per giocare alle mammine.

Quando credevo che Salvatore sarebbe uscito dall'ospedale? Erano quasi sei settimane che era caduto dall'impalcatura e si era rotto una gamba.

Sì, l'avevo visto poco prima, all'ospedale Lariboisière, stava abbastanza bene e speravo che presto sarebbe uscito.

E lei come si trovava col suo nuovo padrone di casa?

Grazie a Dio, molto bene, era molto gentile. Aveva anche promesso di mettere un caminetto per l'inverno venturo. E non era stato gentile ad aprire quel finestrino sotto il soffitto? Non mi ricordavo come era buia la camera prima?

« Guardi come è allegra e ridente ora, siamo in Paradiso, » disse la moglie di Salvatore.

Era vero quanto Arcangelo Fusco le aveva raccontato, che io avevo detto al vecchio padrone di casa, il giorno in cui l'aveva scacciata nella strada, prendendole tutto quanto possedeva, che Dio lo avrebbe punito per la sua crudeltà verso i poveri e che l'avevo tanto maledetto che qualche ora più tardi si era impiccato?

Sì, era perfettamente vero e non me ne pentivo.

Mentre andavamo via, il mio amico Arcangelo Fusco, che divideva la camera con la famiglia di Salvatore, ritornava dal lavoro giornaliero con la sua grande scopa sulla spalla. Il suo mestiere era quello di spazzino (in quei tempi quasi tutti gli spazzini di Parigi erano italiani). Fui felice di presentarlo alla contessa: era il meno che potessi fare in cambio del prezioso servigio che mi aveva reso quando era venuto con me in Questura per convalidare la mia testimonianza sulla morte del vecchio padrone di casa. Dio sa in quale imbroglio sarei stato coinvolto se non ci fosse stato Arcangelo Fusco. In ogni modo l'avevo passata liscia. Mi avevano quasi arrestato per omicidio.[1]

Arcangelo Fusco, che aveva una rosa infilata dietro l'orecchio, alla moda italiana, la offrì con galanteria meridionale alla contessa, che la prese, come se non avesse mai ricevuto un più grazioso omaggio alla sua bella giovinezza.

Era già tardi per andare al Jardin des Plantes, e perciò riaccompagnai subito la contessa al suo palazzo. Era molto silenziosa ed io cercai di rallegrarla raccontandole la buffa storia della gentile signora, che per caso, avendo letto una mia storiella di bambole nel *Blackwood's Magazine*, si era messa a fabbricarne dozzine per i bambini poveri di cui parlavo. Non aveva osservato come erano ben vestite alcune bambole? Sì, l'aveva notato. Era bella la signora? Sì, molto. Era a Parigi? No, avevo dovuto farla smettere di costruire bambole, perchè alla fine avevo più bambole che ammalati e l'avevo spedita a St. Moritz perchè cambiasse aria. Salutando la contessa davanti casa sua, le espressi il mio rincrescimento per non aver avuto il tempo di fare una visita al gorilla del Jardin des Plantes; in ogni modo speravo che non le fosse dispiaciuto di avermi accompagnato.

« Non mi dispiace, sono così riconoscente, ma, ma, ma... ho tanta vergogna, » singhiozzò mentre varcava a precipizio il cancello del suo palazzo.

---

[1] Ho raccontato altrove questo strano episodio.

Avevo l'invito permanente di pranzare al palazzo in **Faubourg St.-Germain** ogni domenica. Il conte aveva da lungo tempo rinunziato alla sua antipatia per i medici; infatti era gentilissimo con me. Pranzo in famiglia, solamente M. l'abbé e ogni tanto il cugino della contessa, vicomte Maurice, che mi trattava con una noncuranza quasi insolente. Fin dalla prima volta che l'avevo visto non mi era piaciuto, e presto scoprii che non ero il solo. Era evidente che il conte e lui avevano poco da dirsi. M. l'abbé era un prete della vecchia scuola e un uomo di mondo che conosceva molto meglio di me la vita e la natura umana. In principio fu molto riservato con me, e spesso, quando mi accorgevo che il suo sguardo acuto mi fissava, sentivo come se conoscesse la colite meglio di me. Provavo quasi vergogna davanti a questo vecchio e avrei desiderato di parlar chiaro con lui e di mettere le mie carte in tavola. Ma non si presentò mai l'occasione, non ebbi mai l'opportunità di vederlo da solo. Un giorno, entrando in sala da pranzo per fare una rapida colazione prima di cominciare le consultazioni, fui sorpreso di trovarlo lì ad aspettarmi. Mi disse che era venuto spontaneamente nella sua qualità di vecchio amico di famiglia, e che desiderava non parlassi della sua visita.

« Voi avete avuto un notevole successo colla contessa, » cominciò, « e vi siamo tutti molto grati. Devo anche complimentarvi per la marchesa. Vengo ora proprio da lei, sono il suo confessore, e devo dire che mi meraviglio di vedere quanto sia migliorata sotto ogni aspetto. Ma oggi sono venuto a parlarvi del conte. Sono molto in pensiero per lui, sono sicuro che " il file un mauvais coton ". Non lascia la casa quasi mai, passa la maggior parte delle giornate nella sua camera fumando grossi sigari, dorme per delle ore dopo colazione e spesso lo trovo, in qualunque momento del giorno, addormentato in poltrona col sigaro in bocca. In campagna è un altro uomo; fa ogni giorno la sua cavalcata mattutina dopo la messa, è attivo, allegro e si interessa molto alla direzione dei suoi vasti terreni. Suo unico desiderio è di andare al suo castello in Turenna e se non riesce a persuadere la contessa a lasciare Parigi, come credo sia necessario, sono venuto con riluttanza alla conclusione che ci dovrebbe andar solo. Egli ha gran fiducia in voi e se gli direte che è necessario per la sua salute lasciare Parigi, lo farà. Sono venuto proprio per chiedervi questo favore. »

« Mi dispiace, M. l'abbé, ma non posso. »

Mi guardò con vera sorpresa, quasi sospettoso.

« Posso domandarvi la ragione del vostro rifiuto? »

« La contessa non può lasciare Parigi ora, mentre è perfettamente naturale che ella dovrebbe accompagnare il conte. »

« Perchè non può essere curata della sua colite in campagna? C'è un medico molto bravo e sicuro al castello, che l'ha curata prima, quando soffriva di appendicite. »

« Con che risultato? »

Non rispose.

« Posso, in cambio, » dissi, « farvi una domanda? Supponendo che la contessa possa essere guarita istantaneamente della sua colite, potrete persuaderla a lasciare Parigi? »

« Parlando onestamente, no. Ma perchè questa supposizione, quando mi rendo conto che questa malattia è di lunga durata e difficile a curarsi? »

« Potrei guarire la contessa della sua colite in un giorno. »

Mi guardò stupefatto.

« Allora perchè, in nome di tutti i santi, non lo fate? Vi assumete una responsabilità enorme. »

« Non ho paura della responsabilità, non sarei qui se così fosse. Ora parliamo chiaro. Sì, potrei guarire in un giorno la contessa, che non ha la colite più di me e di voi, e non ha mai avuto l'appendicite. È tutto nella sua testa, nei suoi nervi. Se le togliessi la colite troppo rapidamente, potrebbe perdere del tutto il suo equilibrio mentale, o cercare qualche cosa di peggio, per esempio la morfina o un amante. Che io possa essere utile alla contessa è ancor dubbio. Ordinarle di lasciare Parigi ora sarebbe un errore psicologico. Probabilmente rifiuterebbe e se una volta osasse disubbidirmi, la sua fiducia in me sarebbe finita. Datemi quindici giorni e lascerà Parigi di sua volontà, o almeno così crederà. È questione di tattica. Obbligare il conte ad andar solo sarebbe un errore d'altro genere, e voi, Monsieur l'abbé, lo sapete quanto me. »

Mi guardò attentamente, ma non disse nulla.

« Adesso parliamo della marchesa. Siete stato troppo gentile a complimentarmi per quello che ho fatto per lei, e accetto il complimento. Come medico non ho fatto niente, e nessun altro potrebbe far niente. Le persone sorde soffrono terribilmente del loro forzato isolamento, specialmente quelle che non hanno in se stesse risorse spirituali, e sono la maggioranza. Deviare l'attenzione dalla loro disgrazia è la sola cosa che si può fare per esse. I pensieri della marchesa sono occupati dalla colite invece che dalla sordità e voi avete visto con che risultato. Io stesso comincio ad averne abbastanza di colite, ed ora che la marchesa va in campagna, sto sostituendogliela con un cagnolino, più adatto alla vita di campagna. »

Mentre stava per andar via, l'abate si voltò sulla soglia e mi guardò attentamente.

« Quanti anni avete? »

« Ventisei. »

« *Vous irez loin, mon fils! Vous irez loin!* »

« Sì, » pensai. « Vado lontano, molto lontano da questa vita umiliante di ciarlataneria e d'inganno, da tutta questa gente artificiale, torno all'isola incantevole, torno alla vecchia Maria Portalettere, a mastro Vincenzo e a Gioconda, a purificare la mia anima nella casetta bianca in cima alla rupe. Per quanto ancora dovrò perdere il mio tempo in questa orribile città? Quando farà il suo nuovo miracolo San t'Antonio? »

Sul mio tavolo c'era una lettera d'addio, non d'addio ma di arrivederci della marchesa, piena di riconoscenza e lodi. Conteneva un grosso biglietto di banca. Guardai la sbiadita fotografia di Capri nell'angolo della mia camera e misi il denaro in tasca. Che cosa è successo di tutto il denaro che ho guadagnato in quei giorni di prosperità e di fortuna? Avrei dovuto risparmiarlo tutto per la casa di mastro Vincenzo, ma il fatto vero è che non avevo mai denari da risparmiare. Mercedi di peccato? Forse, ma se così fosse stato, tutta la facoltà avrebbe dovuto fallire, perchè eravamo tutti nelle stesse condizioni, i professori come i miei colleghi, con un tipo di clientela uguale alla mia. Fortunatamente per me avevo anche degli altri ammalati, molti e abbastanza per impedirmi di diventare completamente ciarlatano. C'erano in quei giorni molto meno specialisti d'ora. Io dovevo conoscere tutto, anche la chirurgia. Mi ci erano voluti due anni per rendermi conto che non ero adàtto ad essere chirurgo, ma temo che ce ne siano voluti meno per i miei ammalati. Sebbene fossi un neurologo ho fatto tutto quello che si può chiedere a un medico di fare, anche ostetricia, e Dio aiutava madre e figlio. Infatti era sorprendente come la maggioranza dei miei malati sopportassero bene la cura. Quando l'occhio d'aquila di Napoleone scorreva la lista degli ufficiali proposti per la promozione a generale, scarabocchiava in margine ad un nome: « Ha fortuna? » Io avevo fortuna, sorprendente, quasi magica, fortuna in qualunque cosa mettessi le mani e con ogni malato che vedevo. Non ero un buon medico, i miei studi erano stati troppo rapidi, il mio tirocinio d'ospedale troppo breve, ma non c'era il minimo dubbio che fossi un medico riuscito. Qual è il segreto del successo? Ispirare fiducia. Che cosa è la fiducia? Da dove viene? Dal cervello o dal cuore? Deriva dagli strati superficiali della nostra mentalità, o è un potente albero della sapienza del bene e del male con radici che partono dalle profondità del nostro essere? Attraverso quali canali comunica con gli altri? È visibile all'occhio, esprimibile in parole? Non lo so, so soltanto che non si può acquistare leggendo libri, nè a fianco dei letti dei nostri ammalati. È un dono magico dato ad un uomo per diritto di primogenitura e negato ad un altro. Il dottore che ha questo dono può quasi fare risuscitare i morti, quello che non lo ha, dovrà sottomettersi a veder chiamare a consulto un collega perfino per un caso di morbillo. Presto scoprii che questo inestimabile dono mi era stato accordato senza nessun merito mio. Lo scoprii appena in tempo, perchè cominciavo ad essere molto vanitoso e soddisfatto di me. Questa scoperta mi ha fatto capire quanto poco sapevo e mi ha fatto rivolgere per consiglio ed aiuto ancora più a madre Natura, la vecchia, saggia nutrice. Forse mi avrebbe fatto diventare alla fine anche un buon medico se mi fossi attaccato al mio lavoro d'ospedale ed ai miei ammalati poveri. Ma persi tutte le occasioni, perchè invece diventai un dottore alla moda. Se vi incontrate con un dottore alla moda, osservatelo attentamente da una prudente distanza, prima di affidarvi a lui. Forse sarà un buon dottore, ma in molti casi non lo è. Primo, perchè generalmente troppo occupato ad ascoltare con pazienza la vostra lunga storia. Secondo, perchè inevitabilmente soggetto a diventare uno snob, se non lo è già, a lasciar passare la contessa prima di voi, ad esaminare il fegato del conte con più riguardo di quello del suo cameriere, ad andar al Garden Party all'Ambasciata Britannica invece che a visitare il vostro ultimo nato la cui tosse convulsa si aggrava. Terzo, se non ha il cuore molto a posto, presto dimostrerà indubbi segni di un indurimento precoce, diventerà indifferente ed insensibile alle sofferenze degli altri, come la gente che gli sta intorno in cerca di piacere. Non si può essere un buon medico senza pietà.

Spesso, quando il lungo lavoro di una giornata era finito, io, che mi sono sempre interessato di psicologia, mi domandavo perchè tutta questa stupida gente stesse ad aspettarmi per ore intere nella mia sala di consultazione. Perchè mi ubbidivano tutti, perchè potevo spesso farli star meglio, anche con un semplice tocco della mia mano? Perchè, dopo aver perso la parola e con gli occhi stralunati dal terrore della morte, diventavano poi così tranquilli, se posavo la mano sulla loro fronte? Perchè i pazzi nell'asilo Sant'Anna, schiumanti di rabbia e urlanti come bestie selvagge, diventavano calmi e docili quando scioglievo loro la camicia di forza e tenevo la loro mano nella mia? Era una mia bravura abituale, tutti i guardiani e molti miei compagni lo sapevano e anche il professore diceva: *Ce garçon-là a le diable au corps!* Ho sempre avuto una segreta simpatia per i pazzi, giravo indifferente nel reparto agitati come fra amici. M'avevano avvertito più di una volta che sarebbe finita male, ma ero sicuro di saperne più di loro. Un giorno uno dei miei migliori amici mi colpì alla nuca con un martello del quale si era impadronito non si sa in che modo, e venni trasportato svenuto all'infermeria. Era stato un colpo terribile; il mio caro amico era un ex fabbro che conosceva il suo mestiere. In principio credevano che avessi una frattura del cranio. Ma no! Fu soltanto una commozione cerebrale e la mia disavventura mi procurò un lusinghiero complimento del direttore della clinica: « *Ce sacré suédois a le crâne d'un ours, faut voir s'il n'a pas cassé le marteau!* »

« Dopo tutto, può essere nella testa e non nella mano, » dissi a me stesso quando le mie funzioni cerebrali ricominciarono a lavorare dopo il riposo di ventiquattr'ore. Durante l'intera settimana in cui giacqui all'infermeria, una intera settimana con una vescica di ghiaccio sulla mia « testa d'orso », senza nè visite nè libri per tenermi compagnia, riflettei a lungo sull'argomento, giacchè nemmeno il martello del fabbro poteva farmi abbandonare la mia teoria: che il potere era tutto nella mano.

Perchè potevo introdurre la mia mano fra le sbarre della gabbia della pantera nera, alla Ménagerie Pezon e, se nessuno si avvicinava ad irritarla, obbligare il grosso gatto a rotolarsi sulla schiena, facendomi amabilmente le fusa, con la mia mano fra le zampe e sbadigliando con la grande bocca spalancata? Perchè potevo incidere l'ascesso nel piede di Leonia ed estrarne la scheggia di legno che aveva fatto zoppicare senza requie la grande leonessa per più di una settimana, con spasimante dolore? L'anestesia locale era stata un fiasco e la povera Leonia gemeva come una bambina quando strizzai il pus dalla sua zampa. Solo quando disinfettai la ferita, diventò piuttosto impaziente, ma non v'era collera nel tono sommesso della sua voce, soltanto disillusione perchè non le era permesso di leccarsi con l'affilata lingua. Quando l'operazione fu terminata e stavo per lasciare il serraglio con sotto il braccio il giovane babbuino, che M. Pezon m'aveva offerto come onorario, il famoso domatore di leoni mi disse: « *Monsieur le docteur, vous avez manqué votre profession, vous auriez dû être dompteur d'animaux.* »

E Ivan, il grande orso polare del Jardin des Plantes, non si inerpicava fuori della vasca appena mi vedeva, per avvicinarsi alle sbarre della sua prigione, e, stando ritto sulle zampe posteriori, metteva il suo naso proprio davanti al mio e prendeva il pesce dalla mia mano, nella maniera più gentile? Il custode diceva che non lo faceva con nessun altro; senza dubbio riconosceva in me una specie di compatriota. Non dite che era il pesce e non la mano, perchè quando non avevo nulla da offrirgli, si metteva nella medesima posizione, finchè avevo tempo di restare, guardandomi costantemente con i suoi occhi neri e brillanti sotto le ciglia bianche e annusandomi la mano. Naturalmente parlavamo sempre svedese, con una specie d'accento polare che avevo acquistato da lui. Sono sicuro che capiva ogni mia parola, quando gli dicevo con voce bassa e monotona come soffrissi per lui e gli raccontavo che, ragazzo, avevo visto due suoi parenti, che nuotavano vicino alla nostra barca fra iceberg galleggianti, nella nostra terra nativa.

E il povero Jack, il famoso gorilla del giardino zoologico, finora l'unico della sua tribù preso prigioniero e portato nel paese senza sole dei suoi nemici? Non metteva confidenzialmente la sua mano callosa nella mia, appena mi vedeva? Non gli piaceva forse che io lo accarezzassi gentilmente sulla schiena? Sarebbe rimasto completamente immobile per dei minuti stringendo la mia mano senza dir niente. Spesso ne guardava il palmo con grande attenzione come se conoscesse qualche cosa della chiromanzia, piegando le mie dita una dopo l'altra quasi per vedere come funzionavano le giunture. Lasciava poi cadere la mia mano e guardava colla stessa attenzione la sua, come per dire che non vedeva nessuna grande differenza fra le due, e in questo aveva ragione.

La maggior parte del tempo rimaneva fermo maneggiando una cannuccia nell'angolo della sua gabbia dove i suoi visitatori non potevano scorgerlo; raramente adoperava l'altalena messa per lui, nella ingenua speranza che la scambiasse per un ramo dondolante di sicomoro, su cui faceva la siesta al tempo della sua libertà. Dormiva sopra un basso divano, fatto di bambù come un *sêrir* degli arabi, ma si alzava presto e non lo vidi mai a letto fino al giorno in cui si ammalò. Il suo guardiano gli aveva insegnato a prendere il pasto di mezzogiorno seduto davanti a una tavola bassa, con un tovagliolo legato intorno al collo. Era stato provvisto di coltello e forchetta di legno duro, ma non li adoperava mai, preferiva mangiare con le dita come facevano i nostri antenati sino a un paio di centinaia d'anni fa e come preferisce sempre la maggioranza della razza umana. Ma beveva di gusto il latte della sua tazza ed anche il caffè mattutino con molto zucchero. È vero che si soffiava il naso con le dita, ma lo facevano anche la Laura del Petrarca, Maria Stuarda e il Re Sole. Povevo Jack! La nostra amicizia durò sino alla fine. Cominciò ad ammalarsi verso Natale, il suo colorito diventò grigio cenere, le guance incavate e gli occhi infossati, sempre più profondamente nelle orbite. Diventò inquieto ed afflitto, dimagrava rapidamente e ben presto si manifestò una secca, sinistra tosse. Gli misurai la temperatura diverse volte ma dovevo stare molto attento perchè, come i bambini, spezzava facilmente il termometro per vedere che cosa vi si muoveva dentro. Un giorno, mentre stava sulle mie ginocchia tenendomi la mano, ebbe un violento attacco di tosse, che gli provocò una leggera emorragia polmonare. La vista del sangue l'atterriva, come succede alla maggior parte delle persone. Notai spesso durante la guerra come anche i soldati più coraggiosi, che guardavano indifferentemente le loro ferite aperte, impallidivano alla vista di qualche goccia di sangue fresco. Perdette sempre più l'appetito e soltanto con grande difficoltà si riusciva a persuaderlo a mangiare una banana o un fico. Una mattina lo trovai sdraiato sul letto colla coperta di lana tirata sopra la testa, proprio come stavano gli ammalati nella Salle S.te-Claire, quando erano stanchi a morte e seccati di tutto. Dovette sentirmi arrivare, perchè stese la mano di sotto la coperta e prese la mia. Non volevo disturbarlo e rimasi seduto a lungo con la sua mano nella mia, ascoltando la respirazione irregolare e laboriosa e il rantolo che gli gorgogliava in gola. Poi un acuto attacco di tosse scosse tutto il suo corpo. Sedette sul letto e portò le mani alle tempie con un gesto di disperazione. Tutta l'espressione della faccia era trasformata. Aveva abbandonata la sua maschera di animale ed era diventato un essere umano che moriva. Si era tanto avvicinato a me, che aveva finito coll'esser privato dell'unico privilegio concesso da Dio Onnipotente alle bestie, in compenso delle sofferenze inflitte

61

loro dall'uomo: quello d'una facile morte. La sua agonia fu terribile, morì lentamente, strozzato dal medesimo carnefice che avevo visto così spesso al lavoro nella Salle S.te-Claire. Lo riconoscevo bene per la lenta stretta della sua mano.

E dopo? Che cosa è successo del mio povero amico Jack? So bene che il suo corpo consunto venne mandato all'Istituto Anatomico e che il suo scheletro col grande cranio è conservato al Museo Dupuytren. Ma questo è tutto?

## 5  *Ammalati*

Sentivo molto la mancanza dei pranzi domenicali al Faubourg St.-Germain. Una quindicina di giorni dopo il mio colloquio con l'abate, la contessa, col suo temperamento impulsivo, aveva sentito improvvisamente il bisogno d'un cambiamento d'aria e si era decisa ad accompagnare il conte al loro castello in Turenna. Fu come una sorpresa per noi tutti; soltanto l'abate doveva esserselo immaginato, perchè l'ultima domenica che pranzai laggiù scorsi un lampo di malizia nei suoi occhi furbi. La contessa ebbe la gentilezza di mandarmi un rapporto settimanale, per informarmi come procedevano le cose, e avevo ogni tanto notizie anche dell'abate. Tutto andava bene. Il conte faceva la sua cavalcata ogni mattina, non dormiva mai durante il giorno e fumava molto meno. La contessa si era rimessa alla sua musica, si occupava assiduamente dei poveri del villaggio e non si lamentava mai della colite. L'abate mi dava anche notizie della marchesa, che aveva la villa distante meno d'un'ora dal castello. Stava molto bene. Invece di sedere nella sua poltrona, in mesto isolamento tutto il giorno, a lamentarsi della sua sordità, faceva ora una lunga passeggiata due volte al giorno nel giardino, per amore del suo prediletto Loulou, che diventava grasso e aveva molto bisogno di moto.

« È un piccolo mostro orribile, » scriveva l'abate, « che le sta in grembo e ringhia e brontola a tutti; ha anche morso la cameriera due volte. Tutti lo odiano, ma la marchesa l'adora e si affanna tutto il giorno intorno a lui. Ieri, durante la confessione, vomitò improvvisamente sul bellissimo abito della padrona, la quale divenne così agitata che dovetti interrompere la funzione. Ora la marchesa vuol che vi domandi se credete che questo disturbo potrebbe eventualmente trasformarsi in colite e vi chiede di aver la gentilezza di prescrivergli qualche cosa; è sicura che voi capirete il suo caso meglio di chiunque altro. »

La marchesa in questo non era lontana dalla verità, perchè cominciavo già ad essere conosciuto per un buon dottore di cani, benchè non fossi ancora arrivato alla eminente posizione che occupai più tardi nella mia vita, quando divenni medico consulente per i cani, famoso fra tutti i miei clienti che ne erano appassionati. Riconosco che le opinioni sulla mia abilità come dottore dei miei simili sono state piuttosto varie, ma oso affermare che la mia reputazione come medico di fiducia per i cani non è mai stata discussa. Non sono abbastanza presuntuoso per voler negare che questo in parte forse dipende dall'assenza di gelosia di mestiere che incontrai nell'esercizio di questo ramo della mia professione — ne ho avuta invece abbastanza negli altri rami, vi assicuro.

Per diventare un buon medico per i cani è necessario amarli, ma è anche necessario capirli — è lo stesso per gli uomini, con la differenza che è più facile capire un cane che un uomo, ed è più facile amarlo. Non dimenticate mai che la mentalità d'un cane è completamente diversa da quella di un altro. L'acuto spirito che brilla nel vivace occhio d'un fox-terrier, per esempio, riflette un'attività mentale completamente diversa dalla serena sapienza che risplende nell'occhio calmo d'un San Bernardo o di un vecchio cane da pastore. L'intelligenza dei cani è proverbiale, ma vi sono grandi differenze di grado, già visibili nei cuccioli appena aprono gli occhi. Ci sono anche cani stupidi, ma la percentuale è molto minore che nell'uomo. È facile capire il cane e imparare a leggerne i pensieri. Il cane non può dissimulare, non può ingannare, non può mentire, perchè non può parlare. Il cane è un santo. È sincero ed onesto per natura. Se in casi eccezionali appare in un cane qualche stigma di peccato ereditario, rintracciabile nei suoi selvaggi antenati, che dovevano affidarsi alla furberia nella lotta per l'esistenza, queste stimmate scompariranno appena la sua esperienza gli avrà insegnato che può fidarsi dei trattamenti onesti e giusti da parte nostra. Se un cane ben trattato conserva queste stimmate (questi casi sono estremamente rari) non è normale, soffre cioè di insanità morale e gli dovrebbe essere data una morte senza dolore. Un cane ammette volentieri la superiorità che il padrone ha sopra di lui, accetta le sue decisioni come definitive, ma contrariamente a quanto molti appassionati credono, non si considera uno schiavo, la sua sottomissione è volontaria e desidera che i suoi piccoli diritti siano rispettati. Guarda il padrone come il suo re, quasi il suo dio, si aspetta che il suo dio sia severo se ce n'è bisogno, ma anche che sia giusto. Sa che il suo dio può leggere i suoi pensieri e sa che è inutile provare a nasconderli. Può leggere lui i pensieri del suo dio? Certamente può. La Società di Ricerche Psicologiche può dire quello che vuole, ma la telepatia fra uomo e uomo finora non è stata provata, mentre la telepatia fra cane e uomo è stata dimostrata più e più volte. Il cane può leggere i pensieri del suo padrone, può capire i suoi cambiamenti di umore, può prevedere le sue decisioni. Sa per istinto quando non è desiderato, sta accucciato perfettamente immobile per ore quando il suo re è molto occupato, come i re sono spesso o almeno dovrebbero essere. Ma quando il suo re è triste, sa che il suo momento è arrivato, si avanza lentamente e pone la sua testa sulle ginocchia di lui Non essere triste! Non importa se ti abbandonano tutti, io sono qui per sostituire tutti i tuoi amici e per combattere tutti i tuoi nemici! Vieni! Andiamo a fare una passeggiata e dimentichiamo tutto.

È strano e molto patetico vedere come si comporta un cane quando il padrone è ammalato. Il cane, avvertito dal suo infallibile istinto, ha paura della malattia e ha paura della morte. Un cane abituato da anni a dormire sul letto del padrone, è riluttante a restarvi quando egli si ammala.

Anche nelle rare eccezioni a questa regola, lascia il suo padrone all'approssimarsi della morte. Che cosa sa lui della morte? Almeno quanto noi, probabilmente assai di più. Mentre sto scrivendo, mi rammento di una povera donna d'Anacapri, una straniera del villaggio, che moriva lentamente di etisia; così lentamente, che una dopo l'altra le poche comari che andavano a vederla si stancarono e l'abbandonarono al suo destino. Suo unico amico era un cane bastardo che, per un'eccezione alla regola che ora ho menzionato, non lasciò mai il suo posto ai piedi del letto. Era inoltre l'unico posto per sdraiarsi all'infuori dell'umido pavimento di terra del miserabile buco dove la povera donna viveva e moriva. Un giorno, mentre passavo per caso, vi trovai Don Salvatore, l'unico dei dodici preti del nostro piccolo villaggio che prendesse un po' d'interesse ai poveri e agli ammalati. Don Salvatore mi domandò se non credevo che fosse l'ora di somministrarle gli ultimi Sacramenti. La donna aveva il solito aspetto, il suo polso non era peggiorato, e diceva anche di sentirsi un po' meglio in quegli ultimi giorni: «il miglioramento della morte,» disse Don Salvatore. Mi ero spesso meravigliato della straordinaria tenacia con cui si attaccava alla vita e dicevo al prete che credevo potesse durare benissimo un'altra settimana o due. Così fummo d'accordo di aspettare per gli ultimi Sacramenti.

Mentre stavamo per lasciare l'abituro, il cane saltò giù dal letto con un grido di disperazione e si accucciò in un angolo della camera, guaendo pietosamente. Non vedevo nessun cambiamento nell'aspetto della donna, ma constatai con sorpresa che il suo polso era diventato quasi impercettibile. Fece uno sforzo disperato per parlare, ma non riuscii a capire in principio che cosa volesse dire. Mi guardò con occhi spalancati e alzò parecchie volte le sue scarne braccia, indicando il cane. Questa volta capii e credo che anch'ella mi capisse, quando mi chinai per dirle che avrei avuto cura del cane. Fece un cenno di soddisfazione col capo, i suoi occhi si chiusero e sul suo volto si distese la pace della morte. Trasse un profondo respiro, qualche goccia di sangue stillò dalle sue labbra e tutto fu finito. La causa della subitanea morte di questa donna fu evidentemente un'emorragia interna. Come poteva saperlo il cane prima di me? Quando vennero la sera a portarla via, il cane seguì la sua padrona al camposanto: era l'unico addolorato. Il giorno seguente il vecchio Pacciale, il becchino, che allora era già mio amico particolare, mi disse che il cane era ancora presso la tomba. Piovve a torrenti tutto il giorno e la notte seguente, ma la mattina il cane era sempre lì. Alla sera mandai Pacciale con un guinzaglio per cercare di persuaderlo a venir via e di portarlo a San Michele, ma il cane ringhiava ferocemente e rifiutava di muoversi. Il terzo giorno andai io stesso al cimitero e benchè mi conoscesse molto bene, soltanto con grande difficoltà riuscii a farmi seguire fino a casa. C'erano otto cani a San Michele in quei giorni, e mi sentivo molto inquieto per l'accoglienza che il nuovo arrivato avrebbe ricevuto. Ma tutto andò bene, grazie a Billy, il babbuino, perchè esso, per un motivo inesplicabile, prese fin dal primo momento in grande simpatia lo straniero, che una volta riavutosi dallo stupore, ne diventò in breve amico inseparabile. Tutti i miei cani odiavano e temevano la grande scimmia, che regnava sovrana nel giardino di San Michele, e presto anche Barbarossa, il feroce cane maremmano, cessò di ringhiare contro il nuovo arrivato. Il quale visse tranquillamente per due anni ed ora è sepolto lì sotto l'edera assieme agli altri miei cani.

Ad un cane si può insegnare quasi ogni cosa, con gentile incoraggiamento, pazienza e un biscotto per quando ha imparato la sua lezione con buona volontà. Non perdete mai la calma nè adoperate violenza di alcuna specie. La punizione corporale inflitta ad un cane intelligente è un'indegnità, che si riflette sul padrone. È anche un errore psicologico. Avendo detto questo, lasciate che aggiunga che ai cuccioli cattivi, come ai bambini, prima dell'età della ragione, ma non dopo, è ben dato qualche sculaccione ogni tanto, quando sono troppo recalcitranti ad imparare le regole fondamentali delle buone maniere. Personalmente, non ho mai insegnato ai miei cani nessun esercizio; però ammetto che molti, una volta imparata la lezione, si divertono assai a mostrare la loro abilità. Esibirsi in un circo è tutt'altra cosa: è una degradazione per qualunque cane intelligente. In ogni modo, questi cani ammaestrati sono generalmente ben tenuti per il guadagno che procurano e sono in condizioni infinitamente migliori dei loro disgraziati camerati selvaggi del serraglio. Quando un cane è ammalato si sottomette quasi a qualunque cosa, anche ad un'operazione dolorosa, se gli è spiegato con voce gentile ma risoluta che dev'essere fatta e perchè dev'esser fatta. Non forzate mai un cane ammalato a mangiare, spesso lo fa solo per contentarvi, anche se l'istinto gli dice di astenersi dal cibo, ciò che spesso è la sua salvezza. Non preoccupatevi, i cani, come i bambini molto piccoli, possono restar digiuni parecchi giorni senza inconvenienti. Un cane può sopportare il dolore con grande coraggio, ma naturalmente gli piace che gli diciate quanto soffrite per lui. Forse sarà un conforto per chi ama i cani sentire che per molti di essi, credo, la sensibilità al dolore è meno acuta di quanto supponiamo. Non disturbate mai un cane ammalato quando non è assolutamente necessario. È facile che il vostro intervento intempestivo distragga la natura nel suo sforzo per aiutarlo a guarire. Tutti gli animali desiderano essere lasciati soli quando sono ammalati ed anche quando stanno per morire. Ahimè, la vita d'un cane è così breve, che non c'è nessuno fra noi che non sia stato in lutto per un tale amico perduto. Il vostro primo impulso e le vostre prime parole dopo che l'avete messo a riposare sotto un albero nel parco, sono che non vorrete mai, mai più averne un altro; nessun altro cane potrebbe mai rimpiazzarlo, nessun altro cane potrebbe mai essere per voi quello che esso è stato. Vi sbagliate. Non è *un* cane che amiamo, è *il* cane. Sono tutti press'a poco lo stesso, son tutti pronti ad amarvi e ad essere amati. Sono tutti i rappresentanti della più amabile e, in senso morale, più perfetta creazione di Dio. Se amavate il vostro amico morto non potete fare a meno d'averne un altro. Ahimè, anch'esso dovrà lasciarvi, perchè coloro che sono amati dagli dei muoiono giovani. Ricordatevi, quando verrà la sua ora, quanto sto per dirvi adesso. Non mandatelo nella camera mortuaria, non domandate al vostro misericordioso dottore di interessarsi perchè riceva una morte senza dolore con un anestetico. Non è una morte senza dolore, è una morte penosa. I cani spesso resistono all'effetto di questi gas e droghe in una maniera commovente. La dose che ucciderebbe un uomo adulto lascia spesso un cane vivo per lunghi minuti di sofferenza mentale e fisica. Sono stato presente diverse volte a questi massacri nelle camere mortuarie e ho personalmente ucciso molti cani con anestetici, e so quello che dico. Non lo farò mai più. Domandate a qualunque uomo nel quale abbiate fiducia e che voglia bene ai cani (questo è necessario) di portare il vostro vecchio cane nel parco e di dargli un osso e mentre lo sta mangiando di sparargli un colpo di rivoltella nell'orecchio. È una morte senza dolore e istantanea: la vita viene estinta come la candela che spegnete con un soffio. Molti dei miei cani vecchi

68

sono morti così di mia mano. Sono tutti sepolti sotto i cipressi di Materita, e sopra le loro tombe sta una colonna di marmo antico. Vi giace anche un cane, che fu per dodici anni l'amico fedele d'una gentile signora, la quale, malgrado fosse la madre di tutto un paese, del mio paese, aveva abbastanza posto nel cuore per ricordarsi di portare un mazzo di fiori alla sua fossa ogni volta che veniva a Capri.

Il destino ha voluto che il più adorabile di tutti gli animali sia apportatore della più terribile di tutte le malattie: l'idrofobia. Ho assistito all'Istituto Pasteur ai primi passi della lunga battaglia fra la scienza e il temuto nemico e assistei anche alla vittoria finale. Fu vinta a caro prezzo. Ecatombi di cani sono state necessarie, ed anche, forse, qualche vita umana. Visitavo gli animali condannati per dare loro quel poco di conforto che potevo, ma divenne per me così penoso, che per qualche tempo dovetti completamente abbandonare l'Istituto Pasteur. Ma non pensai mai che ciò non fosse giusto, che quanto si faceva non dovesse esser fatto. Fui presente a molti tentativi falliti, vidi molte persone morire prima e dopo il trattamento col nuovo metodo. Pasteur era attaccato violentemente non soltanto da ogni sorta d'ignoranti, per quanto caritatevoli appassionati di cani, ma anche da molti dei suoi stessi colleghi; fu anche accusato di aver causato col suo siero la morte di parecchi suoi ammalati. Egli però proseguiva il suo cammino, non turbato dalla sconfitta, ma quelli che lo videro in quei giorni sapevano bene quanto soffrisse per le torture che doveva infliggere ai cani, perchè egli stesso li amava tanto! Era il più buono fra gli uomini! Una volta, l'ho sentito dire che non avrebbe mai avuto il coraggio di ammazzare un uccello. Tutto quello che era possibile fare per diminuire le sofferenze dei cani del laboratorio, veniva fatto: anche il guardiano dei canili a Villeneuve de l'Etang, un ex gendarme che si chiamava Pernier, fu scelto per quel posto da Pasteur stesso, perchè era noto che voleva tanto bene ai cani. Questi canili ne contenevano sessanta, inoculati con siero e portati regolarmente al canile del vecchio Liceo Rollin per morsi di prova. In questo canile erano tenuti quaranta cani idrofobi. La cura di questi cani, tutti schiumanti di rabbia, era molto pericolosa e spesso mi meravigliavo del coraggio dimostrato da tutti. Pasteur non aveva assolutamente nessun timore. Ansioso di assicurarsi un campione di saliva direttamente dalla mascella d'un cane rabbioso, lo vidi una volta con la pipetta di vetro stretta fra le labbra, aspirare qualche goccia della schiuma mortale dalla bocca di un bulldog rabbioso, tenuto sulla tavola da due assistenti con le mani protette da guanti di cuoio. La maggior parte di questi cani del laboratorio erano randagi, senza casa, raccolti dalla polizia per le strade di Parigi, ma molti pareva avessero conosciuto giorni migliori. Qui soffrivano e morivano in oscurità, militi ignoti nella battaglia del cervello umano contro la malattia e la morte. Lì accanto, a La Bagatelle, nell'elegante cimitero dei cani, fondato da Sir Richard Wallace, centinaia di cagnolini e cani da salotto erano sepolti, col ricordo della loro inutile e molle vita inciso da tenere mani sulle croci di marmo delle loro tombe.

In quel tempo avvenne il terribile episodio dei sei contadini russi morsi da un branco di lupi impazziti e mandati all'Istituto Pasteur a spese dello zar. Erano tutti terribilmente malconci nel viso e nelle mani e le probabilità di guarigione furono quasi nulle fin da principio. In più, era noto già d'allora che l'idrofobia dei lupi era assai più pericolosa di quella dei cani e che con quei morsi sulla faccia era quasi sicuro che sarebbero morti. Pasteur sapeva questo meglio d'ogni altro e se non fosse stato l'uomo che era, avrebbe senza dubbio rifiutato di prenderli in cura. Furono messi in una corsia separata all'Hôtel Dieu, sotto la cura del professor Tillaux, il più eminente e umano chirurgo di Parigi di allora, convinto sostenitore e grande amico di Pasteur. Pasteur stesso veniva ogni mattina con Tillaux a far loro le

70

iniezioni, osservandoli ansiosamente giorno per giorno. Nessuno poteva capire una parola di ciò che dicevano. Un pomeriggio (era il nono giorno), cercavo di versare una goccia di latte nella gola lacerata di uno dei mugik, un gigante, la cui faccia era stata quasi completamente dilaniata, quando ad un tratto qualche cosa di selvaggio e di sinistro lampeggiò nei suoi occhi, i muscoli degli zigomi si contrassero, le mascelle si aprirono con secco rumore, e un urlo spaventoso che non avevo mai sentito prima nè da un uomo nè da una bestia, uscì dalla sua bocca bavosa. Fece un violento sforzo per saltare dal letto e quasi mi gettò in terra, mentre cercavo di trattenerlo. Le sue braccia, forti come le zampe d'un orso, mi chiusero in un abbraccio, stringendomi come in una morsa. Sentivo l'alito fetido della sua bocca bavosa vicina alla mia e la saliva avvelenata che gocciolava sulla mia faccia. Lo afferrai alla gola, la fasciatura scivolò dalla sua orrenda ferita e quando ritirai le mani dalle sue mascelle digrignanti, erano rosse di sangue. Un tremito convulso passò per tutto il corpo, le sue braccia allentarono la morsa e caddero inerti lungo i fianchi. Barcollai verso la porta in cerca del più forte disinfettante che potessi trovare. Nel corridoio sedeva Sœur Marthe, bevendo il suo caffè pomeridiano. Mi guardò atterrita, mentre inghiottivo la sua tazza di caffè nel momento che stavo per svenire. Per grazia di Dio, non c'era neppure un graffio nè sulla mia faccia nè sulle mani. Sœur Marthe era una grande amica mia. Essa mantenne la sua parola: per quanto io sappia il segreto non venne mai svelato. Avevo buone ragioni per tenerlo nascosto: ordini severi erano stati dati di non avvicinare questi uomini se non fosse stato assolutamente necessario e in tal caso soltanto con le mani protette da grossi guanti. Lo raccontai più tardi al professore stesso ed egli, a ragione, si arrabbiò molto, ma aveva un debole nascosto per me e presto mi perdonò, come già aveva altre volte fatto per diverse mancanze.

« *Sacré suédois,* » borbottò, « *tu es aussi enragé que le moujik!* » La sera il mugik, legato mani e piedi alle sbarre di ferro del letto, venne portato in un padiglione separato, isolato dagli altri. Andai a trovarlo la mattina seguente con Sœur Marthe. La camera era quasi buia. La fasciatura copriva tutta la sua faccia e non si potevano vedere che gli occhi. Non dimenticherò mai l'espressione di quegli occhi, mi ossessionarono ancora per anni e anni! Il suo respiro era corto e irregolare, con intervalli periodici, come nella respirazione Cheyne-Stokes, il ben conosciuto sintomo precursore della morte. Parlava con rapidità vertiginosa e con voce fioca ogni tanto interrotta da un grido selvaggio di angoscia o da un gemito quasi abbaiato che mi faceva rabbrividire. Ascoltai per un po' il fiotto di parole sconnesse semiaffogate dallo sgorgare della saliva e ben presto mi parve di percepire la stessa parola ripetuta incessantemente con un accento quasi disperato:

« Crestitsa! Crestitsa! Crestitsa! » Guardai attentamente i suoi occhi, occhi buoni, umili, imploranti.

« È cosciente, » sussurrai a Sœur Marthe, « vuole qualche cosa. Vorrei tanto sapere che cosa. Ascoltate! »

« Crestitsa! Crestitsa! Crestitsa! » chiamava incessantemente.

« Correte a prendere un Crocefisso, » dissi alla suora.

Appoggiammo il Crocefisso sul letto. Il fiotto di parole cessò istantaneamente. Se ne stava lì perfettamente silenzioso, con gli occhi fissi sul Crocefisso. Il suo respiro divenne sempre più debole. Ad un tratto i muscoli del suo gigantesco corpo si irrigidirono nell'ultima violenta contrazione, e il cuore si arrestò.

Il giorno seguente un altro mugik mostrò indiscutibili segni di idrofobia, e poco dopo un altro, e tre giorni più tardi erano tutti pazzi furiosi. Si potevano sentire le loro grida e gli urli per tutto l'Hôtel Dieu e, si diceva, anche giù nella Piazza di Notre-Dame. Tutto l'ospedale fu in agitazione.

Nessuno voleva avvicinarsi alla corsia, anche le coraggiose suore fuggivano terrorizzate. Rivedo anche ora il bianco volto di Pasteur mentre passava in silenzio di letto in letto, guardando gli uomini condannati, con infinita compassione negli occhi. Lo rivedo accasciato su una sedia, con la testa fra le mani. Abituato come ero a vederlo ogni giorno, non mi ero accorto fin allora che pareva ammalato e consunto, mentre avevo capito da una quasi impercettibile esitazione della parola e da un leggero imbarazzo nella stretta della mano che aveva allora già ricevuto il primo avvertimento del destino che l'attendeva di lì a poco. Tillaux, che era stato chiamato mentre operava, irruppe nella corsia col camice macchiato di sangue. Si avvicinò a Pasteur e gli pose la mano sulla spalla. I due uomini si guardarono in silenzio. I buoni occhi celesti del grande chirurgo, che avevano visto tanto orrore e tante sofferenze, guardarono intorno alla corsia e il suo viso divenne bianco come un lenzuolo.

« Non posso sopportarlo, » disse con voce spezzata, e si precipitò fuori della sala.

La stessa sera un consulto ebbe luogo fra questi due uomini. Solo pochi sanno la decisione alla quale arrivarono, ma fu la sola giusta e onorevole per ambedue. L'indomani mattina tutto era silenzioso nella corsia. Durante la notte quegli uomini condannati erano stati aiutati a morire dolcemente.

L'impressione in Parigi fu enorme. Tutti i giornali erano pieni delle più orrende descrizioni della morte dei mugik russi e per molti giorni non si parlò d'altro.

Una sera della settimana seguente, un noto pittore norvegese d'animali venne di corsa all'Avenue de Villiers in un terribile stato d'agitazione. Era stato morso alla mano dal suo amato bulldog, un cane d'aspetto feroce, ma fin allora molto amabile e grande amico mio, il cui ritratto, dipinto dal padrone, era anche stato esposto al Salon l'anno precedente. Andammo subito allo studio nell'Avenue des Termes. Il cane era rinchiuso nella camera da letto e il padrone voleva che lo uccidessi subito, diceva che non aveva il coraggio di farlo lui stesso. Il cane correva in qua e in là, ogni tanto nascondendosi sotto il letto con un ringhio feroce. La camera era così buia, che misi la chiave in tasca e decisi d'aspettare il mattino seguente. Disinfettai e fasciai la ferita del norvegese e gli diedi un narcotico per la notte. L'indomani mattina guardai attentamente il cane e decisi di rimandarne l'uccisione al giorno successivo, poichè non ero certissimo che avesse l'idrofobia, nonostante le apparenze. Gli errori di diagnosi nelle prime fasi sono molto comuni. Non ci si può fidare nemmeno del classico sintomo che ha dato il nome alla temuta malattia : idrofobia significa orrore dell'acqua. Il cane rabbioso non aborre sempre l'acqua. Ho visto spesso un cane rabbioso bere con avidità in una catinella d'acqua, che avevo messo nella sua gabbia. Soltanto per gli esseri umani affetti da idrofobia questo sintomo ha valore. Un gran numero, se non la maggioranza dei cani uccisi, sospetti di idrofobia, soffrono di altre più o meno innocue malattie. Ma anche se questo può essere dimostrato con un esame post-mortem — non uno fra dodici medici o veterinari ha la competenza di farlo — in generale è difficilissimo convincere la persona che è stata morsa. Il timore della terribile malattia rimane, ed essere ossessionato dalla paura dell'idrofobia è pericoloso quanto la malattia stessa. La sola cosa da fare è di rinchiudere al sicuro il cane sospetto e provvederlo di cibo e di acqua. Se è vivo dopo dieci giorni certamente non è rabbioso e tutto va bene.

L'indomani mattina quando guardai il cane attraverso la porta semiaperta, dimenò il codino con un'espressione quasi festosa negli occhi sanguigni. Ma quando stesi la mano per accarezzarlo, si ritirò sotto il letto ringhiando. In ogni modo dissi al padrone che non lo credevo rabbioso. Non ne voleva sapere e mi implorava di ucciderlo subito. Rifiutai e proposi di aspettare ancora un giorno. Il pittore aveva passato la notte camminando su e giù per lo studio, e sulla tavola c'era un libro di medicina con tutti i passaggi dei sintomi dell'idrofobia nell'uomo e nel cane, sottolineati a matita. Gettai il libro nel fuoco. La sera il suo vicino, uno scultore russo, che mi aveva promesso di restare con lui tutta la notte, mi raccontò che aveva rifiutato di mangiare e di bere, che si asciugava continuamente la saliva dalle labbra e che non parlava che di idrofobia. Insistei che bevesse una tazza di caffè. Mi guardò disperatamente e disse che non poteva inghiottire e mentre gli mettevo in mano la tazza fui impressionato nel vedere le sue mascelle irrigidirsi in un crampo convulso; tutto il corpo cominciò a tremare e si accasciò su una sedia con un terribile grido d'angoscia. Gli feci una forte puntura di morfina e gli dissi che ero perfettamente sicuro che il cane stava bene e che sarei stato contento d'entrare in camera un'altra volta; ma non credo che avrei avuto il coraggio di farlo. La morfina cominciò ad agire e lo lasciai mezzo addormentato sulla sua seggiola. Quando ritornai tardi nella notte, lo scultore russo mi raccontò che tutta la casa era in agitazione; che il proprietario aveva mandato il portiere a dire che il cane doveva essere ammazzato subito e che gli aveva sparato proprio allora attraverso la finestra. Il cane si era trascinato fino alla porta, dove lo aveva finito un altro proiettile. Era per terra in una pozza di sangue. Il padrone stava sulla sedia con gli occhi fissi davanti a sè senza dire una parola. Non mi piaceva l'espressione dei suoi occhi; presi la sua rivoltella dalla tavola e la misi in tasca: c'era ancora un proiettile. Accesi la candela e domandai allo scultore russo di aiutarmi a mettere il cane morto nella mia carrozza, volevo portarlo subito all'Istituto Pasteur per l'autopsia. C'era una grande pozza di sangue presso la porta, ma il cane non c'era.

« Chiudete la porta, » gridò lo scultore dietro di me, mentre il cane mi balzava addosso da sotto il letto, con un orribile ringhio e la bocca spalancata che colava sangue. La candela mi cascò di mano. Sparai a caso nel buio e il cane cadde morto proprio ai miei piedi. Lo mettemmo nella mia carrozza e andai all'Istituto Pasteur. Il dottor Roux, che era la mano destra di Pasteur e più tardi è stato il suo successore, mi disse che il fatto gli sembrava assai sospetto, e promise di fare un post-mortem immediatamente e di farmi avere notizie al più presto. Quando arrivai all'Avenue des Termes, il giorno seguente, trovai il russo fuori dalla porta dello studio. Aveva passato la notte col suo amico che aveva camminato su e giù in grande agitazione, finchè finalmente si era addormentato sulla sua seggiola un'ora prima. Il russo era andato in camera sua a lavarsi, e ritornando un momento prima aveva trovato la porta dello studio chiusa a chiave dall'interno.

« Ascoltate, » disse, quasi per scusarsi per aver disubbidito ai miei ordini di non lasciarlo neppure per un secondo, « va bene, è addormentato, non sentite che russa? »

« Aiutatemi a forzare la porta, » gridai, « non russa, questo è il respiro rantoloso di... »

La porta cedette e ci precipitammo nello studio. Il pittore era sdraiato sul divano e respirava faticosamente con una rivoltella stretta in mano. Si era sparato nell'occhio. Lo portammo giù nella mia carrozza e lo condussi in fretta all'Hôpital Beaujon, dove venne operato immediatamente dal professore Labbé. La rivoltella che aveva adoperato per suicidarsi era d'un calibro più piccolo di quella che gli avevo tolto. La palla fu estratta. Era sempre incosciente quando me ne andai. La stessa sera una lettera del dottor Roux mi comunicava che il risultato dell'esame post-mortem era negativo, il cane non aveva idrofobia. Andai subito all'Hôpital Beaujon. Il norvegese delirava. « *Prognosi pessima*, » disse il famoso chirurgo. Non morì, lasciò l'ospedale, un mese più tardi, cieco. L'ultima notizia che ebbi di lui fu che era ricoverato in un manicomio in Norvegia.

La mia parte in questo deplorevole affare non fu soddisfacente. Avevo fatto del mio meglio, ma non abbastanza.

Se tutto ciò fosse successo un paio d'anni più tardi, quest'uomo non si sarebbe sparato. Avrei saputo dominare la sua paura e sarei stato il più forte dei due come lo sono stato negli anni seguenti, quando ho arrestato, più di una volta, la mano armata di rivoltella di chi aveva paura della vita.

Quando gli oppositori della vivisezione si renderanno conto che chiedendo la totale proibizione degli esperimenti su animali viventi, domandano cosa impossibile ad accordarsi? Il vaccino Pasteur contro la rabbia ha ridotto notevolmente la mortalità per questa terribile malattia e il siero antidifterico di Behring salva la vita a più di centomila bambini ogni anno. Non bastano solo questi due fatti per far comprendere a questi caritatevoli amanti di animali che i ricercatori di nuovi mondi, come Pasteur, di nuovi rimedi contro malattie prima incurabili, come Koch, Ehrlich e Behring, devono essere lasciati liberi nelle loro ricerche senza ostacolanti restrizioni e senza essere disturbati dall'intervento di profani? E poi, quelli che devono avere ampia libertà sono così pochi che si possono contare sulle dita. Per gli altri, senza dubbio, si dovrebbe insistere per le più severe restrizioni, forse anche per una totale proibizione. Ma dirò ancora di più. Uno degli argomenti più convincenti contro questi esperimenti su animali vivi è che il loro valore pratico è assai ridotto, a causa della differenza fondamentale dal punto di vista patologico e fisiologico fra il corpo degli uomini e quello degli animali. Ma perchè questi esperimenti dovrebbero essere limitati al corpo degli animali, perchè non potrebbero essere messi in pratica anche sul corpo dell'uomo vivente? Perchè ai delinquenti nati, ai malfattori cronici, condannati a consumare il resto della loro vita in carcere, inutili e spesso pericolosi per gli altri e per se stessi, perchè a questi inveterati violatori delle nostre leggi non si potrebbe offrire una riduzione della pena, se acconsentissero a sottomettersi, anestetizzati, a certi esperimenti sul

77

loro corpo vivente, per il beneficio dell'umanità? Se il giudice prima di mettersi il berretto nero,[1] avesse il potere di offrire all'assassino l'alternativa fra la forca e una condanna penale per un certo numero d'anni, certamente non mancherebbero i candidati. Perchè il dottor Voronoff, quale che sia il valore pratico della sua scoperta, non dovrebbe poter aprire un ufficio d'arruolamento nelle carceri per quelli che volessero prestarsi come sostituti delle sue miserabili scimmie? Perchè tutti questi caritatevoli protettori d'animali non cominciano col concentrare i loro sforzi per porre un freno alle esibizioni di animali selvaggi nei circhi e serragli? Finchè questo scandalo sarà tollerato dalle nostre leggi, c'è poca speranza per noi di essere considerati come civili da una futura generazione. Se volete rendervi conto quale razza di barbari veramente noi siamo, dovete soltanto entrare nella tenda d'un serraglio ambulante. La crudele bestia feroce non è dietro le sbarre della gabbia, ma davanti!

A proposito di scimmie e serragli, oso, con la dovuta modestia, vantarmi di essere stato, nei giorni della mia forza, anche un buon medico di scimmie. Questa è una specialità estremamente difficile, ostacolata da inaspettate complicazioni e trabocchetti e dove grande rapidità di decisione e profonda conoscenza della natura umana sono condizioni essenziali per il successo. È una vera sciocchezza dire che, come per i bambini, la maggiore difficoltà sta nel fatto che l'ammalato non può parlare. Le scimmie possono parlare abbastanza bene, se vogliono. La maggiore difficoltà è che sono troppo intelligenti per i nostri lenti cervelli. Potete ingannare un uomo ammalato — l'inganno, purtroppo, forma una parte necessaria della nostra professione, la verità è spesso troppo triste per poter essere comunicata. Potete ingannare un cane che crede ciecamente qualunque cosa voi

[1] In Inghilterra il giudice, prima di pronunziare la sentenza di morte, si copre il capo con un berretto nero.

diciate, ma non potete ingannare una scimmia, perchè vi capirebbe subito. La scimmia vi può ingannare quando vuole e le piace farlo, spesso per puro scherzo. Il mio amico Jules, il vecchio babbuino del Jardin des Plantes, mette le mani sulla pancia con una pietosa aria di abbattimento e mi mostra la lingua (è molto più facile farsi mostrare la lingua da una scimmia che da un bambino), dice che ha completamente perso l'appetito e ha mangiato la mela soltanto per farmi piacere. Prima che abbia il tempo di aprire bocca per dirgli quanto ne sono dispiacente, mi ha già strappato la mia ultima banana, l'ha mangiata e mi ha gettato la buccia dalla cima della gabbia.

« Per favore, guardate questa macchia rossa sulla mia schiena, » dice Edoardo. « In principio avevo pensato che fosse soltanto un morso di pulce, ma ora mi brucia come una vescichetta. Non posso più sopportarlo, non potete darmi qualche cosa per calmare il dolore? No, non lì, più in su, accostatevi, so che avete la vista piuttosto corta, lasciate che vi mostri il punto preciso! » Nello stesso istante balza sul suo trapezio, sogghignando maliziosamente verso di me attraverso i miei occhiali, prima di romperli a pezzi per presentarli come ricordo ai camerati in ammirazione. Le scimmie amano canzonarci. Ma il più piccolo sospetto che noi vogliamo prenderci gioco di loro, le irrita profondamente. Non dovete mai ridere di una scimmia, non può sopportarlo. Tutto il loro sistema nervoso è straordinariamente sensibile. Una paura improvvisa può portarle quasi all'isterismo, le convulsioni non sono molto rare fra loro, ho anche curato una scimmia che soffriva d'epilessia. Un rumore improvviso può farle impallidire. Arrossiscono molto facilmente, non per pudore, perchè lo sa Iddio che non hanno pudore, ma per rabbia. Per osservare questo fenomeno però, non dovete guardare soltanto il viso della scimmia, perchè spesso essa arrossisce in un altro, inaspettato posto. Perchè il loro Creatore, per ragioni sue, abbia scelto proprio questo posto per una carnagione così ricca e sensibile, un insieme così prodigo di vivi colori, cremisi, celeste ed arancione, resta un mistero ai nostri occhi ignoranti. Molti spettatori impressionati non esitano nemmeno a dichiararlo a prima vista molto brutto. Ma non dobbiamo dimenticare che le opinioni su ciò che è bello o brutto variano assai nei diversi secoli e paesi. I Greci, arbitri di bellezza se mai ce ne furono, dipingevano i capelli della loro Afrodite in azzurro; vi piacciono i capelli azzurri? Fra le stesse scimmie questa carnagione è evidentemente un segno di bellezza, irresistibile, per gli occhi d'una signora, e il felice proprietario di un tale splendore di colori « a posteriori » si vede spesso con la coda alzata, rivolgere la schiena agli spettatori, in modo da essere ammirato. Le scimmie sono madri eccellenti, ma dovete cercare di non avere mai niente a che fare con i loro piccoli, perchè, come le donne arabe o come le napoletane, credono che abbiate il malocchio. Il sesso forte è piuttosto incline a flirtare, e terribili « drames passionnels » sono costantemente recitati nella grande casa delle scimmie al giardino zoologico, dove anche il più piccolo uistiti diventa un Otello infuriato pronto a battersi col più grande babbuino. Le signore osservano il torneo con sguardi di simpatia per i loro vari campioni e discutono furiosamente fra loro. Le scimmie imprigionate, finchè hanno compagnia, vivono, per lo più, una vita sopportabile. Sono così occupate a scoprire tutto quello che succede dentro e fuori della loro gabbia, così piena d'intrighi e di chiacchiere, che quasi non hanno il tempo di essere infelici. La vita d'una scimmia antropoide, gorilla, scimpanzè o orang-outang è naturalmente la vita d'un martire, pura e semplice. Cadono tutte in profonda ipocondria, se la tubercolosi è troppo lenta ad ucciderle. L'etisia, come tutti sanno, è la causa principale di morte per le scimmie imprigionate, grandi e piccole. Inizio, evoluzione e fine della malattia, sono precisamente come per noi. Non è l'aria fredda, ma la mancanza di aria che dà principio alla malattia. La maggior parte delle scimmie sopportano il freddo in modo sorprendente, se sono provviste ampiamente di attrezzi per esercizi e di comodi quartieri per passarvi la notte insieme con un coniglio come compagno di letto che le riscaldi. Appena comincia l'autunno la provvida Madre Natura, che veglia sopra le scimmie quanto sopra di noi, si mette all'opera per fornire ai loro corpi trementi mantelli di pelliccia in più, adatti agli inverni del Nord. Questo si riferisce a quasi tutti gli animali dei tropici, imprigionati in climi nordici, i quali vivrebbero tutti assai più a lungo se fosse loro permesso di vivere all'aria aperta. Quasi tutti i giardini zoologici ignorano questo fatto. È forse meglio. Se sia desiderabile che la vita di questi infelici animali sia prolungata, lascio decidere a voi. La mia risposta è negativa. La morte è più misericordiosa di noi.

## 6  *Château Rameaux*

Parigi durante l'estate è un luogo piacevolissimo per chi appartiene alla « Paris qui s'amuse », ma se vi capita di appartenere alla « Paris qui travaille », la cosa cambia aspetto. Specialmente se avete da lottare con un'epidemia di tifo alla Villette, fra centinaia di operai scandinavi, o un'epidemia di difterite nel Quartier Montparnasse, fra i vostri amici italiani e i loro innumerevoli bambini. Veramente non c'era scarsità di bambini scandinavi nemmeno alla Villette, e le poche famiglie che non ne avevano sembrava avessero scelto proprio questo momento per metterne al mondo: frequentemente, senz'altro aiuto, levatrice compresa, che il mio. La maggior parte dei bambini, troppo piccoli per ammalarsi di tifo, cominciavano con la scarlattina e altri con la tosse convulsa. Naturalmente non c'era denaro per pagare un medico francese, così toccava a me di curarli meglio che potevo. Non era uno scherzo, c'erano più di trenta casi di tifo solo fra gli operai scandinavi alla Villette. Tuttavia, riuscivo ad andare alla chiesa svedese nel Boulevard Ornanot ogni domenica, per far piacere al mio amico il cappellano svedese, il quale diceva che ciò serviva di buon esempio agli altri. La congregazione era ridotta alla metà del suo numero abituale, l'altra metà era a letto o assisteva qualcuno a letto. Il cappellano era in piedi dalla mattina alla sera assistendo e aiutando i poveri e gli ammalati; non ho mai visto un uomo più buono, ed era in miseria anche lui. L'unica ricompensa che ebbe, fu di portare l'infezione in casa sua. I due maggiori dei suoi otto bambini presero il tifo, cinque la scarlattina e l'ultimo nato inghiottì un pezzo da due franchi e quasi morì per occlusione intestinale. Poi il console svedese, un omino tranquillo e pacifico, diventò ad un tratto pazzo furioso, e mancò poco non mi uccidesse, ma vi racconterò questa storia un'altra volta.

Nel Quartier Montparnasse era anche più grave, mentre per molte ragioni sembrava un lavoro quasi più facile per me. Mi vergogno a dire che andavo molto più d'accordo con questi poveri italiani, che con i miei compatrioti, che erano spesso difficili a trattarsi, torvi, malcontenti e piuttosto esigenti ed egoisti. Gli italiani, invece, che non avevano portato nient'altro dal proprio paese che i loro pochi beni, l'interminabile pazienza, l'allegria e le maniere gentili, erano sempre soddisfatti e riconoscenti e si aiutavano straordinariamente a vicenda. Quando la difterite scoppiò nella famiglia di Salvatore, Arcangelo Fusco, lo spazzino, abbandonò subito il lavoro e divenne il devoto infermiere di tutti. Le tre ragazzine presero la difterite; la maggiore morì e il giorno dopo la madre, sfinita, s'ammalò anch'essa. Soltanto il bimbo del dolore, Petruccio, l'idiota impotente, fu risparmiato per l'imperscrutabile volontà di Dio Onnipotente. Tutta l'Impasse Rousselle diventò infetta, c'era la difterite in ogni casa e non una famiglia che non avesse parecchi bambini piccoli. Ambedue gli ospedali per i bambini erano affollati. Anche se ci fosse stato un letto libero, la possibilità di ottenere una ammissione per questi piccoli forestieri sarebbe stata quasi nulla. Sicchè dovevano essere curati da Arcangelo Fusco e da me, e quelli che non avevamo tempo di vedere, e ce n'erano parecchi, dovevano vivere o morire meglio che potevano. Nessun medico, che sia passato attraverso la prova di combattere da solo un'epidemia di difterite fra i poverissimi, senza nessun mezzo di disinfezione nè per gli altri nè per se stesso, per quanto indurito sia, può ricordare una tale esperienza senza un brivido. Dovevo stare lì per delle ore, spennellando e raschiando la gola d'un bambino dopo l'altro; c'era poco altro da fare, in quei giorni. E poi, quando non si potevano più staccare le membrane velenose che ostruivano il passaggio dell'aria, quando il bambino diventava livido e sul punto di soffocare, l'urgente necessità per la tracheotomia si presentava con rapidità fulminea! Dovevo operare subito, senza nemmeno un tavolo per distendervi il bambino, su un letto basso o in grembo alla madre, alla luce di una fioca lampada ad olio e senz'altro assistente che uno spazzino? Non potevo aspettare fino a domani, per cercare qualcuno che fosse più chirurgo di me? Posso aspettare, oso aspettare? Ahimè! ho aspettato fino all'indomani quando era troppo tardi e ho visto il bambino morire sotto i miei occhi. Ho anche operato subito e senza dubbio salvato la vita d'un bambino ma ho anche operato subito e visto il bambino morire sotto il mio coltello. Il mio caso era ancora peggiore di quello di molti altri medici in simili frangenti, perchè io stesso avevo una paura mortale della difterite, una paura che non ho mai potuto vincere. Ma Arcangelo Fusco non aveva paura. Conosceva il pericolo quanto me, perchè aveva visto la terribile infezione propagarsi dall'uno all'altro; ma non ha mai avuto un solo pensiero per la sua salvezza, pensava soltanto agli altri.

Quando tutto fu terminato, mi complimentarono a destra e a sinistra, anche da parte dell'Assistenza Pubblica, ma nessuno disse mai una parola ad Arcangelo Fusco, che aveva venduto i suoi abiti domenicali per pagare l'impresario delle pompe funebri che aveva portato via il corpo della piccola fanciulla.

Sì, venne il tempo in cui tutto terminò, e Arcangelo Fusco tornò a fare lo spazzino ed io ai miei ammalati mondani. Mentre passavo i miei giorni alla Villette e a Montparnasse, i parigini erano stati occupati a preparare i bauli per partire per i loro castelli o per i loro favoriti luoghi di mare o di cura. I boulevard erano affollati di forestieri in cerca di divertimento, che si erano riversati a Parigi da tutte le parti del mondo civile e incivile per spendere il loro denaro superfluo. Molti stavano nella mia sala d'aspetto, leggendo con impazienza i Baedekers, sempre insistendo di passare prima e raramente per domandare più di un ricostituente, ad un uomo che ne aveva assai più bisogno di loro. Altri, sdraiati confortabilmente nelle loro poltrone, con i più eleganti abiti da pomeriggio, *dernière création* Worth, mandavano a cercarmi dagli alberghi di moda nelle ore più scomode del giorno e della notte, pretendendo ch'io li rimettessi in buono stato per il ballo mascherato dell'Opéra dell'indomani. Non mandavano a cercarmi due volte e non ne ero sorpreso.

Che perdita di tempo! pensavo mentre tornavo a casa, trascinando le mie gambe stanche sull'asfalto scottante dei boulevard, sotto gl'impolverati castagni boccheggianti, con le foglie che anelavano un soffio d'aria fresca.

« Io so che cosa abbiamo voi ed io, » dicevo ai castagni, « abbiamo bisogno d'un cambiamento d'aria, di uscire dall'atmosfera della grande città. Ma come possiamo andar via da questo inferno, voi con le vostre radici dolenti, imprigionate sotto l'asfalto e con quel gran cerchio di ferro intorno ai piedi, ed io con tutti questi ricchi americani nella mia sala d'aspetto e con molti altri ammalati nei loro letti? E se dovessi andar via, chi si curerebbe delle scimmie del Jardin des Plantes? Chi porterebbe un po' d'allegria all'ansimante orso polare, ora che il suo peggiore periodo sta per giungere? Non capirà una sola parola di quanto le altre gentili persone gli diranno, lui che capisce solo lo svedese! E che avverrebbe al Quartier Montparnasse? » Montparnasse! Rabbrividivo mentre la parola volava attraverso il mio cervello: vedevo il volto livido d'un bimbo nella vaga luce d'una lampada ad olio, vedevo il sangue sgorgare dal taglio che avevo appena fatto nella sua gola e sentivo il grido di terrore della madre. Che cosa direbbe la contessa? La contessa! No, dovevo proprio aver qualche cosa; era ora che io curassi i miei nervi, invece dei nervi degli altri, se simili cose potevano essere vedute e udite nel boulevard Malesherbes? E che diavolo avevo da fare con la contessa? Stava splendidamente nel suo Castello in Turenna, secondo l'ultima lettera di Monsieur l'abbé, ed io stavo splendidamente a Parigi, la più bella città del mondo. Non avevo bisogno che di un po' di sonno. Ma che cosa direbbe il conte se gli scrivessi una lettera stasera, dicendogli che accettavo volentieri il suo invito e che sarei partito l'indomani? Se potessi almeno dormire stanotte! Perchè non dovevo prendere io stesso uno di quegli eccellenti sonniferi che prescrivevo ai miei ammalati, un forte narcotico che mi addormentasse per ventiquattro ore e mi facesse dimenticare ogni cosa: Montparnasse, il Castello in Turenna, la contessa e tutto il resto? Mi sdraiai sul letto senza nemmeno spogliarmi, tanto ero stanco. Ma non presi il narcotico, « *les cuisiniers n'ont pas faim* », come dicono a Parigi. Entrando nella mia sala di consultazione la mattina dopo, trovai una lettera sul tavolo. Era di Monsieur l'abbé con un *P. S.* di mano del conte. « Avete detto che vi piace la canzone dell'allodola più di tutte. Canta sempre, ma non sarà per molto, sicchè dovete venir presto. »

L'allodola! E io che per due anni non avevo sentito nessun altro uccello all'infuori dei passerotti nei giardini delle Tuileries!

I cavalli che mi portarono dalla stazione erano bellissimi, il castello che risaliva al tempo di Richelieu, col suo vasto parco di tigli secolari, era bellissimo, i mobili Luigi XVI nella mia camera sontuosa erano bellissimi, il grande cane di San Bernardo, che mi seguì di sopra, era bellissimo... tutto era bellissimo; anche la contessa nel suo semplice abito bianco, con una sola rosa La France alla cintura. Pensai che i suoi occhi erano divenuti ancora più grandi. Il conte era tutto un altro uomo, con le gote di rosa e gli occhi svegli. Il suo gentile benvenuto mi tolse subito ogni timidezza; ero sempre un barbaro dell'ultima Thule, non ero mai stato ancora in ambienti così sontuosi. Monsieur l'abbé mi salutò come un vecchio amico. Il conte diceva che c'era appena il tempo di fare una passeggiata in giardino prima del tè, o forse avrei preferito dare un'occhiata alle scuderie? Mi dettero un paniere di carote, perchè ne offrissi ad ognuno dei dodici magnifici cavalli che erano lì, coi mantelli ben governati, allineati negli stalli di lucida quercia.

« Sarà meglio che gli diate una carota extra, per fare subito amicizia, » disse il conte. « È vostro finchè siete qui, e questo è il vostro scudiere, » aggiunse, indicando un ragazzo inglese che portava la mano al berretto per salutarmi.

Sì, la contessa stava benissimo, diceva il conte mentre tornavamo lentamente attraverso il giardino. Non parlava quasi mai della sua colite, andava a visitare i suoi poveri ogni mattina nel villaggio e stava discutendo col medico condotto per trasformare una vecchia fattoria in un'infermeria per bambini ammalati. Il giorno della sua festa tutti i bambini poveri del villaggio erano stati invitati al castello a prendere caffè e dolci e prima che partissero ella aveva regalato una bambola ad ognuno. Non era un'idea carina, la sua?

« Se vi parla delle sue bambole, non dimenticate di dirle qualche cosa di gentile. »

« No, non dimenticherò, *je ne demande pas mieux.* »

Il tè fu servito sotto un grande tiglio, davanti alla casa.

« Qui c'è un amico tuo, mia cara Anna, » disse la contessa alla signora seduta al suo fianco, mentre ci avvicinavamo alla tavola. « Mi rincresce dirti che sembra preferire la compagnia dei cavalli alla nostra: finora non ha avuto il tempo di rivolgermi una sola parola, ma è stato a chiacchierare per una mezz'ora con i cavalli nelle scuderie. »

« E sembrava che la conversazione piacesse a loro immensamente, » rideva il conte. « Anche il mio vecchio cavallo da caccia, tu sai come è di cattivo umore con gli estranei, ha posato il suo naso sulla faccia del dottore e l'ha annusata nella maniera più cordiale. »

La baronessa Anna disse che era felice di vedermi e mi dette eccellenti notizie di sua suocera, la marchesa Douairière.

« Crede perfino di udir meglio, ma di ciò non sono sicura, perchè non può udire il russare di Loulou e diventa proprio rabbiosa quando mio marito dice che lo sente giù nel *fumoir*. In ogni modo, il suo beneamato Loulou è stato una benedizione per noi tutti; prima non poteva sopportare la solitudine, ed era così faticoso parlare continuamente attraverso il cornetto acustico! Ora sta sola per delle ore con il suo Loulou in grembo. Se la vedeste trottare per il giardino la mattina per far fare un po' di moto a Loulou, non credereste ai vostri occhi, lei che non lasciava mai la sua poltrona! Ricordo quando diceste che avrebbe dovuto camminare un poco ogni giorno e come sembravate arrabbiato quando rispose che non ne aveva la forza. È davvero un cambiamento meraviglioso. Naturalmente voi direte che è tutto merito delle cattive medicine che le avete dato, ma io dico che è Loulou, che Dio lo benedica, e che russi quanto vuole! »

« Guardate Leo, » disse il conte cambiando discorso.

« Guardatelo con la testa sulle ginocchia del dottore, come se lo conoscesse da quando è nato. Ha perfino dimenticato di venire a chiedermi il suo biscotto. »

« Che cosa hai, Leo? » disse la contessa. « Sarà meglio che tu stia attento, vecchio, o il dottore ti ipnotizzerà. Ha studiato con Charcot alla Salpêtrière e può obbligare le persone a fare quello che vuole soltanto guardandole. Perchè non fate che Leo parli svedese con voi? »

« Certamente no, non c'è nessuna lingua più simpatica alle mie orecchie che il suo silenzio. Non sono ipnotizzatore, sono soltanto grande amico delle bestie e tutte lo capiscono a volo e mi amano a loro volta. »

« Suppongo che vi stiate provando a magnetizzare quello scoiattolo sul ramo sopra la vostra testa, » disse la baronessa. « Avete continuato a fissarlo senza prestare a noi la minima attenzione. Perchè non fate che scenda dal suo albero e si metta sulle vostre ginocchia accanto a Leo? »

« Se mi date una noce e andate tutti via, credo di riuscire a farlo scendere per prenderla dalla mia mano. »

« Siete proprio cortese, monsieur le Suédois, » rideva la contessa. « Vieni, Anna cara, vuole che andiamo tutti via per restare solo con il suo scoiattolo. »

« Non prendetemi in giro, sono l'ultimo a volervi mandar via; sono così contento di rivedervi. »

« Vous êtes très galant, monsieur le docteur; è il primo complimento che mi fate e mi piacciono i complimenti. »

« Non sono un medico qui, sono il vostro ospite. »

« E il vostro medico non può farvi un complimento? »

« No, se l'ammalato ha il vostro aspetto e il dottore è più giovane di vostro padre; neanche se ne ha molta voglia. »

« Ebbene, tutto quanto posso dire è che, se mai lo aveste voluto, avete saputo resistere molto bene alla tentazione. M'avete intimidita quasi ogni volta che vi ho visto. La prima volta foste così scortese che stavo per andarmene, non ricordate? Anna cara, sai cosa mi disse? Mi guardò severamente e mi disse con il suo più feroce accento svedese: "Madame la comtesse, lei ha più bisogno di disciplina che di medicina!" Disciplina! È così che un dottore svedese parla a una giovane signora la prima volta che va a consultarlo? »

« Non sono un medico svedese, ho preso il diploma a Parigi. »

« Ebbene, io ho consultato dozzine di dottori parigini, ma nessuno ha mai osato parlarmi di disciplina. »

« È precisamente questa la ragione per cui avete dovuto consultarne tanti. »

« Sai che cosa disse a mia suocera? » aggiungeva la baronessa. « Disse, con tono arrabbiatissimo, che se non l'ubbidiva, sarebbe andato via e non sarebbe mai tornato, anche se le fosse venuta la colite. L'ho sentito io stesso dal salotto e quando mi precipitai dentro pensavo che la marchesa stesse per avere una crisi. Sapete che vi raccomando a tutti i miei amici, ma non offendetevi se vi dico che gli Svedesi sono troppo rudi per noi latini. Più di uno dei vostri ammalati mi ha raccontato che il vostro contegno verso di loro è deplorevole. Non siamo abituati ad essere comandati come i bambini a scuola. »

« Perchè non provate ad essere un poco più amabile? » sorrideva la contessa, divertendosi immensamente allo scherzo.

« Mi ci proverò. »

« Raccontateci una storia, » disse la baronessa, mentre sedevamo in salotto, dopo pranzo. « Voi dottori vi incontrate con tanta gente curiosa e vi trovate in mezzo a tante strane situazioni. Conoscete più di chiunque altro la vita, e sono sicura che avreste molto da dirci, se voleste. »

« Forse avete ragione, ma non dobbiamo parlare dei nostri ammalati, e in quanto alla vita, temo di esser troppo giovane per conoscerla molto. »

« Diteci almeno quello che sapete, » insisteva la baronessa.

« So che la vita è bella, ma so anche che spesso ne facciamo un pasticcio e la trasformiamo o in stupida farsa o in commovente tragedia, o in ambedue le cose, tanto che alla fine non si sa se è meglio piangere o ridere. È più facile piangere, ma è molto meglio ridere, finchè si ride sommessamente. »

« Raccontateci una storia d'animali, » disse la contessa per portarmi su un terreno più sicuro. « Dicono che il vostro paese sia pieno d'orsi, raccontateci qualche cosa di loro, raccontateci una storia di orsi! »

C'era una volta una signora che abitava una vecchia casa feudale, alle soglie d'una grande foresta molto al nord. Questa signora aveva un orso addomesticato cui voleva molto bene. Era stato trovato nella foresta quasi morto di fame, così piccolo e debole che dovette essere allevato col biberon dalla signora e dalla vecchia cuoca. Questo era avvenuto parecchi anni prima ed ora era diventato grande; così grande che se avesse voluto, avrebbe potuto ammazzare una mucca e portarsela via fra le zampe. Ma non voleva; era un orso così amabile che non si sognava di far del male a nessuno, uomo o bestia. Restava seduto fuori della sua cuccia ad osservare amichevolmente con i suoi occhietti intelligenti il bestiame al pascolo nel prato vicino. Era ben conosciuto dai tre pelosi cavallini montagnoli e non li disturbava affatto quando gironzolava per la scuderia con la padrona. Le bambine gli montavano sulla schiena ed erano state trovate più di una volta addormentate nella cuccia fra le sue zampe. I tre cani di Lapponia amavano giocare ogni specie di giochi con lui, tirargli le orecchie e il moncone di coda e pigliarlo in giro in tutti i modi, ma a lui non importava affatto. Non aveva mai assaggiato la carne, mangiava lo stesso cibo dei cani e spesso nel medesimo piatto;

pane, *porridge*,[1] patate, cavoli, rape. Aveva buon appetito, e la sua amica, la cuoca, stava attenta che ricevesse cibo a sufficienza. Gli orsi sono vegetariani se ne hanno l'opportunità, la frutta è ciò che piace loro di più. Nell'autunno stava a guardare con occhi cupidi le mele che maturavano nel frutteto e da giovane talvolta non aveva saputo resistere alla tentazione di arrampicarsi sull'albero e di prenderne qualcuna. Gli orsi sembrano goffi e lenti nei loro movimenti, ma metteteli vicino a un albero di mele e vi accorgerete subito che possono battere facilmente qualunque scolaretto. Ora aveva imparato che non doveva farlo, ma teneva gli occhietti spalancati, attento a qualunque mela che cadesse in terra. Era stato anche tentato dagli alveari; ma ne era stato punito e messo a catena per due giorni con il naso sanguinante; non ci si provò più. Non lo legavano alla catena se non di notte e ciò era giusto, perchè un orso, come un cane, diviene facilmente di cattivo umore se è tenuto legato, e non c'è da sorprendersene. Era anche messo alla catena la domenica quando la padrona andava a passare il pomeriggio con la sorella maritata, che abitava una casa solitaria dall'altra parte del lago alpestre, un'ora buona di cammino attraverso la densa foresta. Pensavano che non fosse bene che egli girasse nella foresta così piena di tentazioni; era meglio tenerlo al sicuro. Soffriva anche di mal di mare, e una volta si spaventò a un improvviso colpo di vento che aveva rovesciato la barca, e lui e la padrona avevano dovuto nuotare fino a riva. Ora sapeva benissimo che significava quando la domenica la sua padrona lo metteva alla catena, dandogli un buffetto sulla testa e la promessa d'una mela al ritorno, se fosse stato buono durante la sua assenza. Era triste ma rassegnato, come un buon cane quando la padrona gli dice che non può portarlo a passeggio.

Una domenica, la signora l'aveva incatenato come al so-

[1] Pastone di farina d'orzo.

lito ed era già a mezza strada nella foresta quando le parve ad un tratto di udire dietro di sè lo scricchiolio d'un ramo d'albero sul serpeggiante sentiero. Si volse e fu molto sorpresa vedendo l'orso avvicinarsi a piena velocità. Sembra che gli orsi si muovano piuttosto lentamente, ma corrono assai più rapidamente di un cavallo al trotto. In un minuto l'aveva raggiunta, ansimando e fiutando, per riprendere il posto abituale, come un cane, alle sue calcagna. La signora era molto arrabbiata, era già in ritardo per la colazione, non c'era tempo per ricondurlo a casa, non voleva portarlo con sè, e poi era stato molto indisciplinato a disubbidirle e a staccarsi dalla catena. Gli ordinò con la voce più severa di tornare subito indietro, minacciandolo col parasole. Egli si arrestò un momento e la guardò con gli occhi furbi, ma non voleva tornare indietro e continuava ad annusarla. Quando la signora vide che aveva anche perso il suo collare nuovo, s'arrabbiò ancora di più e lo colpì sul naso col parasole così forte che questo si ruppe in due. L'orso si arrestò di nuovo, scosse la testa e aprì la grande bocca diverse volte come se volesse dire qualche cosa. Poi si voltò e cominciò ad avviarsi dondolandosi per il sentiero da cui era venuto, fermandosi ogni tanto a guardare la signora, finchè lei lo perse di vista. Quando la signora ritornò, la sera, era al suo posto abituale, fuori dal suo casotto e sembrava molto avvilito. La signora era sempre assai arrabbiata, e gli andò vicino e cominciò a sgridarlo severamente, dicendogli che non avrebbe avuto nè mela, nè cena e per di più sarebbe rimasto incatenato per due giorni. La vecchia cuoca, che amava l'orso come un figlio, si precipitò dalla cucina molto incollerita.

« Di che cosa lo sgridate, signora? » disse la cuoca. « È stato buono come il pane tutto il giorno, che Dio lo benedica! È stato qui fermo a sedere, buono come un angelo, guardando il cancello continuamente, aspettando il vostro ritorno. »

Era un altro orso.

L'orologio della torre suonò le undici.

« È ora di coricarsi, » disse il conte. « Ho ordinato i nostri cavalli per le sette, domattina. »

« Dormite bene, e fate bei sogni, » disse la contessa mentre salivo in camera mia.

Non dormii molto, ma sognai tanto!

L'indomani alle sei Leo raspò alla mia porta, e alle sette il conte ed io cavalcavamo per il viale di splendidi vecchi tigli, che conduceva ai boschi. Presto ci trovammo in una vera foresta di olmi e faggi, con qua e là una magnifica quercia. Il bosco era silenzioso, si sentiva solo di tanto in tanto il ritmico colpo del picchio, il tubare di un colombo selvatico, o il melodioso contralto d'un merlo, che gorgheggiava le ultime strofe della sua ballata. Poco dopo uscimmo su una vasta estensione di campi e prati, in pieno sole. Ed ecco l'amata allodola, fremente sulle ali invisibili, alta nello spazio, che lancia il suo cuore al cielo ed alla terra, vibrando per la gioia di vivere. Guardai il piccolo uccello e lo benedissi ancora, come spesso avevo fatto nel Nord gelato, quando come un ragazzo stavo ad osservare con occhi riconoscenti il piccolo messaggero grigio dell'estate, sicuro che alfine il lungo inverno era finito.

« È il suo ultimo concerto, » disse il conte. « Il suo tempo è alla fine; presto dovrà cominciar a lavorare per dare da mangiare ai suoi piccoli e non avrà più tempo per cantare. Avete ragione, è il più grande artista di tutti, canta proprio col cuore. »

« E pensare che ci sono degli uomini capaci di uccidere questo piccolo innocente canterino! Non avete che andare a Les Halles e ne troverete centinaia e centinaia in vendita, per altri uomini che hanno il coraggio di mangiarli. Le loro voci riempiono tutto il cielo di gioia, ma i loro poveri corpicini morti sono così minuscoli che un bimbo può afferrarli nel palmo della mano! Eppure li divoriamo con ghiottoneria come se non ci fosse altro da mangiare. Rabbrividiamo alla sola parola cannibalismo e impicchiamo il selvaggio che vuol seguire questa abitudine dei suoi antenati, ma chi uccide e mangia gli uccellini rimane impunito! »

« Siete un idealista, mio caro dottore. »

« No, la chiamano sentimentalità e la motteggiano. La motteggino quanto vogliono, a me non importa. Ma ricordatevi quanto vi dico! Verrà un tempo in cui smetteranno di canzonare, quando capiranno che il mondo delle bestie è stato messo dal Creatore sotto la nostra protezione, e non alla nostra mercè: quando capiranno che le bestie hanno diritto di vivere quanto noi, e che il nostro diritto di disporre delle loro vite è strettamente limitato al nostro diritto di difesa e al nostro diritto di esistenza. Verrà un tempo in cui il semplice piacere d'uccidere si spegnerà nell'uomo. Finchè questo piacere esiste, l'uomo non ha nessun diritto di chiamarsi civile, è un semplice barbaro, un anello mancante fra i suoi antenati selvaggi, che si uccidevano con scuri di pietra per un pezzo di carne cruda, e l'uomo dell'avvenire. La necessità di uccidere gli animali feroci è indiscutibile, ma i loro carnefici, gli orgogliosi cacciatori d'oggi, saranno abbassati al medesimo livello dei beccai degli animali domestici. »

« Forse avete ragione, » disse il conte guardando ancora su nel cielo, mentre dirigevamo le nostre cavalcature verso il castello.

Durante la colazione un cameriere portò un telegramma alla contessa. Lei lo passò al conte che lo lesse senza dire una parola. « Credo che abbiate già conosciuto mio cugino Maurice, » disse la contessa. « Sarà qui per il pranzo, se fa in tempo a prendere il treno delle quattro; è di guarnigione a Tours. »

Sì, il vicomte Maurice fu con noi per il pranzo; e come!

Era un bel giovanotto, alto, con la fronte stretta e sfuggente, le orecchie enormi, una mascella crudele e i baffi à la général Gallifet.

« Quel plaisir inattendu, monsieur le Suédois, d'incontrarvi qui, molto inaspettato davvero! »

Questa volta si degnò di darmi la mano, una mano piccola e floscia, con una stretta particolarmente sgradevole, che mi facilitava la classificazione dell'uomo. Mi mancava soltanto di sentirlo ridere, e non tardò ad offrirmi quest'opportunità. Il suo monotono sogghigno echeggiò per la sala durante tutto il pranzo. Cominciò subito a raccontare alla contessa una storiella molto equivoca circa la brutta avventura capitata poco tempo prima ad uno dei suoi compagni, che aveva trovato la sua amante nel letto dell'attendente. Monsieur l'abbé appariva assai imbarazzato, quando il conte interruppe il visconte, raccontando alla moglie la nostra cavalcata mattinale, del grano che era in eccellenti condizioni, del trifoglio abbondante e dell'allodola ritardataria che avevamo sentito cantare la sua ultima canzone.

« Che stupidaggine, » disse il visconte. « Se ne vedono volare in quantità. Io ho tirato a una ieri, e un più bel tiro non ho mai fatto, la bestiola non sembrava più grande di una farfalla. »

Diventai rosso in viso sino alla radice dei capelli, ma monsieur l'abbé mi fermò a tempo mettendomi una mano sul ginocchio.

« Sei brutale, Maurice, » disse la contessa, « a uccidere un'allodola. »

« E perchè non dovrei tirare ad un'allodola? Ce ne sono tante e sono inoltre un bersaglio eccellente per esercitarsi, non ne conosco migliore, escluse le rondini. Sai, mia cara Juliette, io sono il miglior tiratore del mio reggimento, e se non mi tengo in esercizio finirò per arrugginirmi. Fortunatamente c'è una tale abbondanza di rondini intorno alle nostre caserme. Centinaia e centinaia nidificano sotto le gronde della scuderia. Ora sono occupate a dar da mangiare ai loro piccoli e volano di continuo davanti alla mia finestra. È molto divertente, io ne prendo di mira diverse ogni mattina, senza nemmeno lasciare la mia camera. Ieri ho scommesso mille franchi con Gaston che ne avrei colpite sei su dieci e, non mi crederete, ne ho colpite otto! Non conosco un bersaglio migliore come esercizio quotidiano! Dico sempre che dovrebbero renderlo obbligatorio in tutte le scuole di tiro. »

Si arrestò un momento per contare accuratamente le gocce che versava nel suo bicchiere di vino da una bottiglietta di medicina.

« Via, cara Juliette, non far la stupida, vieni a Parigi con me domani, hai bisogno di un po' di svago, dopo essere rimasta così sola per delle settimane in questo posto solitario. Sarà uno splendido spettacolo, il più bel torneo che ci sia mai stato, ci saranno tutti i più bravi tiratori di Francia e, come è vero che mi chiamo Maurice, vedrai consegnare a tuo cugino la medaglia d'oro offerta dal Presidente della Repubblica. Avremo un bel pranzo al Café Anglais e poi ti condurrò al Palais-Royal a vedere *Une nuit de noces*. È un'incantevole commedia, molto *rigolo* davvero. L'ho già vista quattro volte, ma mi piacerebbe tanto vederla un'altra volta con te al mio fianco. Il letto è in mezzo al palcoscenico, con l'amante nascosto sotto, e lo sposo, che è un vecchio... »

Il conte, visibilmente annoiato, fece un segno alla contessa e ci alzammo da tavola.

« Io non potrei mai uccidere un'allodola, » disse il conte seccamente.

« No, mio caro Roberto, » urlò il visconte. « So che non potresti, falliresti il colpo. »

Salii in camera quasi in lagrime, per la rabbia repressa e per la vergogna di averla repressa. Mentre facevo la mia valigia, l'abate entrò. Lo pregai di dire al conte che ero stato richiamato a Parigi ed ero obbligato a prendere il treno di mezzanotte.

« Non voglio più vedere questo bruto sfegatato o farò saltare quell'insolente monocolo dalla sua faccia di scemo! »

« Sarà meglio che non tentiate niente di tutto ciò o addirittura vi ucciderebbe. È vero che è un famoso tiratore, non so quanti duelli abbia avuto. Litiga sempre con qualcuno, ha una brutta lingua. Quel che vi domando è di frenare i vostri nervi per trentasei ore. Parte domani per il torneo a Parigi, e lasciate che vi dica, entre nous, che sarò felice quanto voi di vederlo partire. »

« Perchè? »

L'abate rimase silenzioso.

« Va bene, monsieur l'abbé, vi dirò io perchè. È innamorato di sua cugina, a voi dispiace e ne diffidate. »

« Giacchè avete indovinato la verità, e Dio sa come, è meglio che ve lo dica: la voleva sposare, ma lei ha rifiutato. Fortunatamente non le piace. »

« Ma lo teme, ciò che è quasi peggio. »

« Al conte non piace affatto la sua amicizia con la contessa, e perciò non voleva che restasse a Parigi sola, dove sarebbe stata accompagnata continuamente da lui alle feste e ai teatri. »

« Non credo che parta domani. »

« Andrà certamente, è troppo entusiasta all'idea di conquistare la medaglia d'oro come probabilmente farà. Senza dubbio è un bravo tiratore. »

« Vorrei esserlo io, mi piacerebbe fucilare questo mascalzone per vendicare le rondini! Sapete nulla dei suoi genitori? Lì ci dev'essere qualcosa, ne sono sicuro. »

« Sua madre era una contessa tedesca molto bella, — ha preso da lei la bellezza, — ma ho sentito che fu un matrimonio molto infelice. Suo padre era un forte bevitore ed era conosciuto per uomo irascibile e strano. Diventò quasi pazzo alla fine. C'è chi afferma che si sia suicidato. »

« Spero sinceramente che suo figlio ne seguirà l'esempio, e speriamo che lo faccia presto. Per esser pazzo, poi, non gli manca molto. »

« Avete ragione, è vero, il visconte è assai strano in molte cose. Per esempio, egli che, come potete vedere, è forte come un cavallo, è continuamente preoccupato della sua salute e ha la costante paura di ammalarsi. L'ultima volta che era qui, il figlio del giardiniere prese il tifo ed egli partì subito. Prende sempre droghe, forse avete notato che anche durante il pranzo ha preso una medicina. »

« Sì, fu l'unico momento che stette zitto. »

« Consulta sempre nuovi medici; è un peccato che non abbia simpatia per voi, altrimenti sono sicuro che avreste un nuovo malato... Di che cosa mai ridete? »

« Rido di qualche cosa molto buffa che mi è passata per la mente. Non c'è niente di meglio che una buona risata per un uomo arrabbiato. Avete visto in che stato ero, quando siete entrato in camera? Sarete contento di sapere che ora sto bene di nuovo e che sono di ottimo umore. Ho cambiato idea, non parto più stasera. Andiamo giù a raggiungere gli altri nel *fumoir*. Vi prometto di comportarmi benissimo. »

Il visconte, rosso in viso, stava in piedi davanti a un grande specchio, arricciandosi nervosamente i baffi à la général Gallifet. Il conte stava seduto presso la finestra, leggendo il *Figaro*.

« Quel plaisir inattendu, incontrarvi qui, monsieur le Suédois! » sogghignò il visconte, accomodandosi il monocolo, come se volesse vedere meglio quanto avrei resistito. « Spero che non vi abbiano portato nessun nuovo caso di colite qui. »

« No, sinora, ma non si sa mai. »

« Vedo che vi specializzate in colite; che peccato che nessun altro sembra conoscere questa interessante malattia: evidentemente la tenete tutta per voi. Mi farete il favore di dirmi che cos'è la colite? È contagiosa? »

98

« No, nel senso comune della parola. »

« È pericolosa? »

« No, se è diagnosticata in tempo e curata bene. »

« Da voi suppongo. »

« Io non sono un medico qui; il conte è stato tanto gentile da invitarmi come suo ospite. »

« Veramente? Ma che cosa succederà a tutti i vostri ammalati a Parigi mentre siete via? »

« M'immagino che guariranno. »

« Ne sono certo, » urlò il visconte.

Dovetti andare a mettermi a sedere con un giornale, accanto all'abate per dominarmi. Il visconte guardò nervosamente l'orologio sopra il camino.

« Vado su a prendere Juliette per fare un giro nel parco, è un peccato che resti rinchiusa con questo bel chiaro di luna. »

« Mia moglie è andata a letto, » disse il conte seccamente dalla sua seggiola. « Non si sentiva troppo bene. »

« E perchè, diavolo, non me l'hai detto? » ribattè il visconte con rabbia, servendosi un altro bicchiere di brandy e seltz.

L'abate leggeva il *Journal des Débats*, ma notai che i suoi vecchi occhi furbi non cessavano di guardarci.

« Notizie, monsieur l'abbé? »

« Stavo leggendo del torneo della Società Francese di Tiro che avverrà dopo domani e che il Presidente ha offerto una medaglia d'oro al vincitore. »

« Scommetto mille franchi che sarà mia, » gridò il visconte, battendosi col pugno il largo petto, « se non succede un disastro al rapido per Parigi di domani notte o, » aggiunse con una smorfia maliziosa verso di me, « se non prendo la colite! »

« Finiscila con quel brandy, Maurice, » disse il conte dal suo angolo, « ne hai avuto più che a sufficienza, tu es saoul comme un Polonais! »

« Su allegro, dottor Colite, » sogghignò il visconte. « Non siate così abbattuto. Prendete un brandy e seltz, forse c'è sempre una speranza per voi. Mi dispiace di non poter contentarvi, ma perchè non provate con l'abate che si lagna sempre del suo fegato e della digestione? Monsieur l'abbé, non farete il favore al dottor Colite, non vedete che muore dal desiderio di vedere la vostra lingua? »

L'abate continuò a leggere il suo *Journal des Débats* in silenzio.

« Non lo farete? Forse tu Roberto? Sembravi abbastanza bisbetico durante il pranzo. Perchè non fai vedere la tua lingua allo svedese? Sono sicuro che hai la colite! Non accontenterai il dottore? No? Beh, dottor Colite, non avete fortuna. Ma per mettervi di migliore umore, vi mostrerò la mia, guardatela bene. »

Mise fuori la lingua per me, con una smorfia diabolica. Sembrava una di quelle teste di grifoni che si vedono a Notre-Dame.

« Avete una brutta lingua, » dissi gravemente, dopo un momento di silenzio. « Una lingua molto brutta! » Si rigirò immediatamente per esaminarsi la lingua allo specchio... la lingua sporca del fumatore inveterato. Gli presi la mano e gli tastai il polso, frustato a una velocità febbrile da una bottiglia di champagne e tre brandy e seltz.

« Il vostro polso è molto agitato, » dissi.

Posai la mano sulla fronte sfuggente.

« Mal di testa? »

« No. »

« L'avrete quando vi sveglierete domattina, senza dubbio. »

L'abate lasciò cadere il suo *Journal des Débats*.

« Sbottonatevi i pantaloni, » dissi severamente.

Ubbidiva automaticamente, docile come un agnello.

Gli detti un colpo rapido sul diaframma, che dette principio a un singhiozzo.

« Oh! » dissi. Guardandolo fisso negli occhi pronunziai lentamente : « Grazie, questo basta. »

Il conte lasciò cadere il *Figaro*.

L'abate alzò le braccia al cielo con la bocca spalancata.

Il visconte stava muto davanti a me.

« Abbottonatevi i pantaloni, » comandai, « e prendete un brandy e seltz, ne avrete bisogno. » Si allacciò i pantaloni, meccanicamente, e inghiottì il brandy e seltz che gli porgevo

« Alla vostra salute, monsieur le vicomte, » dissi, portando il bicchiere alle labbra. « Alla vostra salute! »

Si asciugò il sudore dalla fronte e si voltò un'altra volta a guardarsi la lingua nello specchio. Fece uno sforzo disperato per ridere, ma non vi riuscì.

« Volete dire che, credete, volete dire... »

« Non voglio dire nulla, non ho detto nulla, non sono il vostro medico. »

« Ma che cosa devo fare? » balbettò.

« Dovete andare a letto, al più presto possibile, se no vi ci dovranno portare. »

Andai al camino e suonai il campanello.

« Conducete monsieur le vicomte in camera sua, » dissi al cameriere, « e dite al suo servitore di metterlo subito a letto. »

Appoggiandosi pesantemente al braccio del cameriere, il visconte si avviò barcollando alla porta.

Andai a fare una bellissima cavalcata solo soletto, la mattina seguente, e c'era sempre l'allodola che cantava, alta nell'azzurro, il suo inno mattinale al sole.

« Ho vendicato l'assassinio dei tuoi fratelli, » dicevo all'allodola. « Vedremo più tardi per le rondini. »

Mentre ero in camera mia, facendo colazione con Leo, sentii un colpo alla porta ed entrò un ometto di timida apparenza, che mi salutò con gentilezza. Era il medico condotto, che mi disse di essere venuto a salutare il suo collega parigino. Fui molto lusingato e lo pregai di accomodarsi e di fumare una sigaretta. Mi raccontò di alcuni casi interessanti che aveva avuto negli ultimi tempi, poi la conversazione cominciò a languire e si alzò per andarsene.

« A proposito, mi hanno chiamato stanotte per il visconte Maurice, e sono stato a visitarlo anche ora. »

Dissi che mi dispiaceva di sentire che il visconte era indisposto, ma speravo che non fosse nulla di grave, avevo avuto il piacere di vederlo la sera prima a pranzo in piena salute e di umore ottimo.

« Non so, » disse il dottore. « Il caso è piuttosto oscuro, credo che sarà più prudente rimandare a più tardi un'opinione definitiva. »

« Siete un uomo intelligente, caro collega, naturalmente lo terrete a letto? »

« Naturalmente. È un peccato. Il visconte doveva partire oggi per Parigi, ma di ciò non si discute neppure. »

« Naturalmente. È lucido di mente? »

« Piuttosto. »

« Quanto si può pretendere da lui, suppongo! »

« A dir la verità, in principio mi sembrò imbarazzo gastrico, ma si è svegliato con un violento mal di capo e adesso è cominciato un singhiozzo persistente. Sembra molto abbattuto: è convinto di aver la colite. Confesso che non ho mai avuto sotto mano un caso di colite, volevo dargli una dose di olio di ricino, perchè ha la lingua molto brutta, ma se la colite assomiglia all'appendicite, suppongo sia meglio astenersi dall'olio di ricino. Cosa ne pensate? Si tasta sempre il polso, quando non sta a guardarsi la lingua. Strano a dirsi, ha molta fame, era furioso quando non gli ho permesso di far colazione. »

« Avete ragione, sarà meglio siate severo e prudente, nient'altro che acqua per le prossime quarantotto ore. »

« Già. »

« Non sta a me darvi un consiglio, è evidente che conoscete la vostra professione, ma non sono d'accordo con la vostra indecisione nel somministrare l'olio di ricino. Se fossi in voi, gliene darei una buona dose; è inutile far le cose a metà, tre cucchiai da tavola gli farebbero molto bene. »

« Avete proprio detto tre cucchiai da tavola? »

« Sì, almeno, e soprattutto nessun cibo, acqua soltanto. »

« Sicuro. »

Mi piacque molto il dottore del villaggio e ci lasciammo grandi amici.

Nel pomeriggio la contessa mi condusse a ossequiare la marchesa Douairière. Una bellissima scarrozzata per ombrosi sentieri, pieni di gorgheggi di uccellini e ronzii d'insetti. La contessa si era stancata di canzonarmi, ma era di buonissimo umore e non sembrava affatto preoccupata per l'improvvisa indisposizione del cugino. Disse che la marchesa continuava a stare splendidamente, ma era stata tanto agitata la settimana prima per l'improvvisa scomparsa di Loulou; tutti nella casa erano rimasti alzati durante la notte per cercarlo. La marchesa non aveva chiuso occhio ed era sempre distesa sul letto, quando Loulou era riapparso nel pomeriggio con un orecchio quasi spaccato in due e un occhio mezzo fuori dell'orbita. La sua padrona aveva telegrafato subito per il veterinario di Tours, e Loulou stava di nuovo bene. Loulou ed io fummo formalmente presentati dalla marchesa. Avevo mai visto un cane così bello? No, mai.

« Come mai, » ringhiò Loulou verso di me, con rimprovero, « voi che pretendete voler tanto bene ai cani, volete proprio dire che non mi riconoscete? Non vi ricordate quando mi portaste via da quel terribile negozio di cani in... »

Ansioso di cambiare discorso, invitai Loulou ad annusarmi la mano. Si fermò ad annusare un dito dopo l'altro.

« Sì, naturalmente, posso riconoscere perfettamente il vostro odore particolare. Lo ricordo benissimo dall'ultima volta che l'ho sentito nel negozio dei cani; infatti mi piace assai il vostro odore... Ah! » annusò ardentemente. « Per San Rocco, nostro protettore, io sento un osso, un grande osso! Dove è l'osso? Perchè non me lo date? Questi stupidi non mi danno mai un osso. Credono che faccia male a un piccolo cane. Non sono stupidi? A chi avete dato l'osso? » Saltò con un balzo sulle mie ginocchia annusando furiosamente. « Dio buono! Un altro cane! È soltanto la testa d'un cane! Un gran cane! Un cane enorme, con la saliva che cola dagli angoli della bocca! Può essere un San Bernardo? Io sono un piccolo cane e soffro un po' di asma, ma il mio cuore è a posto, non ho paura, e sarà meglio diciate a questo vostro elefante di pensare a sè e di non avvicinarsi alla mia padrona, se no lo mangio vivo! » Annusò con disprezzo. « I biscotti di Spratt. È questo che hai avuto per pranzo ieri sera, brutto volgare che non sei altro; soltanto l'odore di quei disgustosi biscotti inglesi, che m'hanno forzato a mangiare nel negozio dei cani, mi fa sentire male! Niente biscotti di Spratt per me, grazie! Preferisco i biscotti d'Albert o i *ginger nuts*, o una grande fetta di quel dolce di mandorle che è sulla tavola. Biscotti di Spratt! » Si accucciò di nuovo in grembo alla padrona, svelto quanto le sue gambe piccole e tozze permettevano.

« Venite un'altra volta prima di ritornare a Parigi, » diceva la gentile marchesa.

« Sì, ritornate, » grugnì Loulou. « Non siete un tipo troppo antipatico, dopo tutto! Sentite, » mi segnalò mentre mi alzavo per andar via, « ci sarà luna piena domani, non mi dispiacerebbe una piccola scappatina. » Mi ammiccò con furberia. « Sapete, per caso, se c'è qualche piccola cagnolina nei dintorni? Non raccontatelo alla mia padrona, lei non capisce nulla di queste cose... Sentite, non importa la misura; alla peggio, comunque sia, andrà bene!... »

Sì, Loulou aveva ragione, era luna piena. A me non piace la luna. La misteriosa straniera ha tolto troppo sonno ai miei occhi e sussurrato troppi sogni ai miei orecchi. Il sole non ha misteri: il radioso dio del giorno, che ha portato la vita e la luce nel nostro mondo oscuro, che ci guarda sempre col suo lucente occhio, mentre tutti gli altri dei, quelli seduti sulle rive del Nilo, quelli dell'Olimpo e quelli del Walhalla, sono scomparsi nelle tenebre. Ma nessuno sa nulla della luna, la pallida vagabonda notturna, circondata dalle stelle, che sempre ci fissa da lontano con i suoi occhi insonni, freddi, raggianti e con il suo sorriso canzonatore!

Al conte non dispiaceva la luna, finchè gli era permesso di sedersi in pace nel suo *fumoir* col sigaro pomeridiano e il suo *Figaro*. La contessa amava la luna. Amava la sua misteriosa luce crepuscolare, amava i suoi sogni da incubo. Amava sdraiarsi silenziosa nella barca, mentre io remavo lentamente, attraverso il lago luminoso. Amava girare fra i vecchi tigli nel parco, ora inondati di luce argentea ora immersi in un buio così profondo, che doveva prendere il mio braccio per trovare la strada. Amava sedersi su una panchina solitaria e scrutare con i grandi occhi nella notte silenziosa. Ogni tanto parlava, ma di rado e mi piaceva il suo silenzio quanto le sue parole.

« Perchè non vi piace la luna? »

« Non so. Credo di averne paura. »

« Di che avete paura? »

« Non so. Risplende tanto da permettermi di vedere i vostri occhi, simili a due stelle luminose, eppure è così buio che ho paura di smarrire la mia strada. Sono uno straniero in questa terra di sogni. »

« Datemi la vostra mano e io vi mostrerò la strada. Credevo che la vostra mano fosse così forte. Perchè trema tanto? Sì, avete ragione, è soltanto un sogno, non parlate o volerà via! Ascoltate! Sentite, è l'usignolo. »

« No, è il gorgheggiatore del giardino. »

« Sono sicura che è l'usignolo, non parlate! Ascoltate! Ascoltate! Ascoltate! »

Juliette cantava con la sua tenera voce, carezzevole come il vento notturno fra le foglie:

*Non, non, ce n'est pas le jour,*
*Ce n'est pas l'alouette,*
*Dont les chants ont frappé ton oreille inquiète.*
*C'est le rossignol*
*Messager de l'amour.*

« Non parlate! Non parlate! »

Una civetta gridò il suo sinistro ammonimento fra i rami, sopra le nostre teste. Ella balzò in piedi, con un grido di paura.

Rientrammo silenziosamente.

« Buona notte, » mi disse nel lasciarmi nell'atrio. « Domani è luna piena. À demain. »

Leo dormiva in camera mia; era un grande segreto e ci sentivamo ambedue un po' colpevoli.

« Dove sei stato, e perchè sei così pallido? » domandò Leo mentre salivamo la scala furtivamente. « Tutte le luci del castello sono spente e tutti i cani del villaggio sono silenziosi. Dev'essere molto tardi. »

« Sono stato lontano, in una strana terra piena di mistero e di sogno; ho quasi smarrito la strada. »

« Stavo per addormentarmi nella mia cuccia, quando una civetta mi ha svegliato a tempo, per potermi trovare nell'atrio al tuo arrivo. »

« Ha svegliato anche me in tempo, Leo caro. Ti piace la civetta? »

« No, » disse Leo, « preferisco un giovane fagiano, ne ho mangiato uno ora, l'ho visto correre nel chiaro di luna proprio sotto il mio naso. So che è contro la legge, ma non potevo resistere alla tentazione. Non mi denunzierai al guardacaccia, vero? »

« No, amico mio, e tu non dirai al cameriere che siamo rientrati così tardi? »

« No, naturalmente. »

« Leo, sei pentito, almeno, d'aver rubato quel giovane fagiano? »

« Cerco di pentirmi. »

« Ma non è facile? » dissi.

« No, » mormorò Leo, leccandosi le labbra.

« Leo, sei un ladro, però non sei l'unico, e sei un cattivo cane da guardia. Tu che sei qui per tener lontani i ladri perchè non svegli subito il padrone con quel tuo vocione, invece di star qui a guardarmi con occhi tanto dolci? »

« Non posso farne a meno. Mi piaci. »

« Leo, amico mio, è tutta colpa del sonnolento guardiano della notte lassù nel cielo. Perchè non ha acceso la sua lanterna in tutti gli angoli oscuri del parco, dove c'è una panchina sotto un vecchio tiglio, invece di calare la sua coltre di nubi sopra la sua vecchia testa calva e addormentarsi, cedendo il suo lavoro di guardiano alla sua amica civetta? O forse quel furbo, vecchio peccatore, decrepito don Giovanni, che si pavoneggia tra le stelle come *le vieux marcheur* sui boulevard, fingeva di dormire e ci guardava invece con la coda dell'occhio maligno, troppo decrepito per fare lui stesso all'amore, ma sempre lieto di guardare gli altri perdere la testa? »

« Qualcuno pretende che la luna sia una signora giovane e bella, » disse Leo.

« Non ci credere, amico mio! La luna è una vecchia zitella rinsecchita che spia da lontano con occhi traditori l'immortale tragedia del mortale amore. »

« La luna è uno spettro, » disse Leo.

« Uno spettro? Chi te l'ha detto? »

« Un mio antenato l'ha saputo molto tempo fa, al passo di San Bernardo, da un vecchio orso, che l'aveva saputo da Atta Trol, che l'aveva saputo dal Grande Orso stesso che regna su tutti gli orsi. Sai, hanno tutti paura della luna lassù in cielo. Non c'è da meravigliarsi che noi altri cani ne abbiamo paura e che le abbaiamo quando anche la luccicante Sirio, la stella Cane che regna su tutti noi, impallidisce, allorchè sbuca dalla sua tomba e leva il suo sinistro viso dall'oscurità. Credi di esser l'unico, quaggiù sulla nostra terra, che non può dormire quando c'è la luna! Sai, tutti gli animali selvatici e tutte le creature striscianti e rampicanti nelle foreste e nei prati, lasciano le loro tane e vagano, paurose dei suoi raggi maligni. Davvero dovevi essere occupato a guardar qualcun altro stasera, nel parco, altrimenti ti saresti accorto che un fantasma ti osservava di continuo. A lei piace strisciar sotto i tigli in un vecchio parco, frequentar le rovine d'un castello o di una chiesa, vagare in un vecchio cimitero e chinarsi sopra ogni tomba per leggere il nome del morto. Ama stare a guardare per ore con occhi d'acciaio la desolazione dei campi di neve, che come un sudario copre la terra morta, e occhieggiare attraverso la finestra d'una camera da letto per impaurire il dormiente con un sogno sinistro. »

« Basta, Leo, non parliamo più della luna, o non chiuderemo occhio stanotte, mi fai rabbrividire! Dammi la buona notte, amico mio, e andiamo a letto. »

« Ma chiuderai le persiane, non è vero? » disse Leo.

« Sì, le chiudo sempre quando c'è la luna. »

Mentre l'indomani facevamo colazione, dissi a Leo che dovevo tornare subito a Parigi, era più prudente, perchè oggi era luna piena ed io avevo ventisei anni e la sua padrona venticinque... o ventinove. Leo m'aveva visto fare la valigia e tutti i cani sanno cosa questo significhi. Andai giù da monsieur l'abbé e gli raccontai la solita bugia : che ero chiamato per un consulto importante e che dovevo lasciare il castello con il treno del mattino. Mi disse che gli dispiaceva. Anche il conte, mostrò il suo rammarico; naturalmente era impossibile disturbare la contessa così di buon'ora. Anzi, dovevo tornare molto presto.

Mentre andavo alla stazione, incontrai il mio amico, il medico condotto, che ritornava nel suo calessino dalla sua visita mattutina al visconte. L'ammalato si sentiva molto abbattuto e chiedeva il cibo, ma il dottore era stato incrollabile nel suo rifiuto, nulla, assolutamente nient'altro che acqua. Il cataplasma sullo stomaco e la borsa di ghiaccio sulla testa erano stati cambiati continuamente durante la notte, interrompendo il sonno dell'ammalato. Avevo nulla da suggerire io?

No, mi sentivo sicuro che era in buone mani. Forse, se le condizioni fossero rimaste stazionarie, avrebbe potuto provare, come cambiamento, a mettere la borsa di ghiaccio sullo stomaco e il cataplasma sulla testa!

Quanto tempo credevo, se non interveniva nessuna complicazione, che l'ammalato dovesse essere tenuto a letto?

Almeno una settimana, finchè non c'era più luna.

Il giorno era stato lungo. Ero felice d'essere di nuovo nell'Avenue de Villiers. Andai subito a letto. Non mi sentivo molto bene, e mi domandai se non avessi un poco di febbre, ma i medici non capiscono mai se hanno la febbre o no. Mi addormentai subito, mi sentivo tanto stanco. Non so da quanto dormivo, allorchè ad un tratto mi accorsi che non ero solo nella camera. Aprii gli occhi e vidi una faccia livida alla finestra che mi fissava con occhi bianchi e vuoti... una volta tanto avevo dimenticato di chiudere le persiane. Lentamente e silenziosamente qualche cosa strisciò nella camera e stese un lungo braccio diafano, come il tentacolo d'un enorme polipo, attraverso il pavimento, verso il letto.

« Sicchè vuoi ritornare al castello, dopo tutto! » sogghignava con la sua bocca sdentata e le labbra esangui. « Era bello e piacevole ieri sera sotto i tigli, non è vero, con me quale primo testimonio e un coro di usignoli che cantavano intorno a voi? Usignoli in agosto! Davvero dovevate essere molto lontani, in un remoto paese, voi due! Ed ora vuoi tornare lì stasera, non è vero? Allora vestiti e arrampicati

sopra questo mio bianco raggio di luna, che tanto cortesemente hai chiamato tentacolo di polipo, ed io ti ripor-
terò sotto i tigli in meno di un minuto. La mia luce viaggia
veloce quanto i tuoi sogni. »

« Non sogno più, sono ben sveglio e non voglio tornare,
fantasma di Satana! »

« Sicchè sogni che sei sveglio eh! Non hai ancora esaurito il tuo vocabolario di stupidi insulti! Fantasma di Satana!
Mi hai già chiamato *vieux marcheur*, don Giovanni e zitella che spia! Sì, ti ho spiato ieri sera nel parco e vorrei sapere chi di noi due era truccato da don Giovanni, se non
vuoi che ti chiami Romeo? Per Giove, non gli somigli! Il
tuo vero nome è Cieco Pazzo, chè non puoi nemmeno vedere ciò che quella bestia del tuo cane vedeva, che io non
ho nessuna età, nessun sesso, nessuna vita: che sono un
fantasma. »

« Il fantasma di che? »

« Il fantasma di un mondo morto. Guardati dai fantasmi.
Sarà meglio che tu smetta i tuoi insulti, o ti renderò cieco,
con un lampo dei miei abili raggi, molto più nocivi per
gli occhi umani della freccia d'oro del Dio Sole stesso!
L'alba già si avvicina nell'Oriente. Devo tornare alla mia
tomba o non troverò più la mia strada. Son vecchio e stanco. Credi sia un mestiere facile, quello di girare dalla sera
alla mattina, quando tutto è in riposo? Mi chiami tetra e
sinistra, credi che sia facile essere allegra, quando si deve
vivere in una tomba, se questo può chiamarsi vivere, come
alcuni di voi mortali lo chiamano? Andrai nella tomba un
giorno, tu stesso ed anche la terra dove ora abiti è destinata
a morire. »

Guardai il fantasma e vidi per la prima volta quanto
sembrava vecchio e stanco; forse ne avrei avuto pietà, se la
sua minaccia di accecarmi non avesse di nuovo risvegliato
la mia rabbia.

« Via di qua, tetro impresario di pompe funebri, » gridai,

« qui non c'è probabilità di lavoro per te, sono pieno di vita. »

« Sai, » sogghignò, strisciando sul letto e mettendo il suo lungo braccio bianco sulla mia spalla, « sai perchè hai messo quel pazzo visconte a letto, con una borsa di ghiaccio sullo stomaco? Per vendicare le rondini? Io so di più. Sei uno spaccone, Otello. Era per impedirgli di girare al chiaro di luna con la... »

« Ritira quel tuo artiglio, ragno velenoso, o balzerò dal letto e mi batterò con te. »

Feci uno sforzo per sollevare le membra addormentate, e mi svegliai madido di sudore.

La camera era piena di delicata, argentea luce. Ad un tratto il velo cadde dai miei occhi stregati e vidi attraverso la finestra aperta, la luna piena, bella e serena che mi guardava da un cielo senza nubi.

« Vergine dea luna! Puoi sentirmi attraverso la calma della notte? Sembri così mite, ma sembri anche così triste, puoi tu capire la tristezza? Puoi perdonare? Puoi cicatrizzare le ferite col balsamo della tua luce pura? Puoi insegnare l'oblìo? Vieni, dolce sorella, a sederti al mio fianco; sono così stanco. Posa la tua fresca mano sulla mia fronte ardente, e calma i miei tumultuosi pensieri! Sussurra al mio orecchio che cosa devo fare e dove devo andare per dimenticare le sirene! »

Andai alla finestra e rimasi per lungo tempo a guardare la regina della notte, che percorreva il suo cammino fra le stelle. Le conoscevo bene, per le molte notti insonni e una dopo l'altra le chiamavo per nome: fiammeggiante Sirio, Castore e Polluce, amate dagli antichi naviganti! Arcturus, Aldebaran, Capella, Vega, Cassiopea! Che nome aveva quella luminosa stella, proprio sopra il mio capo, che mi chiamava con la sua fida, perenne luce? La conoscevo bene. Molte notti avevo condotto la mia barca per mari agitati, guidato dalla sua luce, molte sere mi aveva mostrato la via,

attraverso foreste e campi di neve nella mia terra natia.
Stella polaris! La stella polare! Questa è la via, segui la mia
luce e sarai salvo!

*

Le docteur sera absent pendant un mois.
Prière s'adresser à dr. Norstrom, Boulevard Haussmann, 66.

## 7  *Lapponia*

Il sole era già tramontato dietro il Vassojarvi, ma era
sempre giorno chiaro, di una luce color fiamma che lentamente sfumava in arancione e rubino. Una nebbia dorata
scendeva su le montagne azzurre, scintillanti di chiazze purpuree di neve e dell'argenteo splendore delle betulle luccicanti nella prima rugiada.

Il lavoro diuturno era finito. Gli uomini tornavano dal
campo con i *lazos* gettati sulle spalle, le donne con le grandi
secchie di betulla colme di latte fresco. Il gregge di mille
renne, circondato da cani vigilanti, stava riunito intorno al
campo, al sicuro per la notte dal lupo e dalla lince. Gl'incess-
santi muggiti dei vitelli e il calpestio degli zoccoli svani-
vano gradatamente: tutto era silenzio, rotto di tanto in
tanto dal latrato di un cane, dall'acuto grido d'un barba-
gianni o dal forte ululo del gufo dalle montagne lontane. Io
ero seduto al posto d'onore accanto al vecchio Turi nella
tenda piena di fumo. Ellekare, sua moglie, gettò una fetta
di formaggio di renna nel calderotto sospeso sul fuoco e
passò a turno prima agli uomini, poi alle donne e ai bambini, la scodella di minestra, che mangiammo in silenzio.
Quello che avanzò nel calderotto fu diviso fra i cani che
non erano di guardia, i quali ad uno ad uno erano sguscia-

ti dentro e stavano accovacciati intorno al fuoco. Poi bevemmo, a turno, una tazza di eccellente caffè nelle due tazze della casa, e tutti trassero le corte pipe dalle saccocce di cuoio e cominciammo a fumare beatamente. Gli uomini si tolsero le scarpe di renna e stesero i ciuffi d'erba davanti al fuoco per farli asciugare: i lapponi non portano calze. Ammirai ancora una volta la forma perfetta dei loro piccoli piedi, dall'arco elastico e dal tallone forte e sporgente. Alcune donne tiravano fuori i bambini addormentati dalle culle di scorza di betulla, piene di morbido muschio e sospese ai pali della tenda, per allattarli. Altre esploravano tra i capelli dei figli più grandicelli, stesi bocconi sul loro grembo.

« Mi dispiace che ci lasci così presto, » disse il vecchio Turi, « è stata una bella visita; mi piaci tu. »

Turi parlava svedese. Era stato molti anni prima a Lulea, per sottoporre le lagnanze dei lapponi contro i nuovi colonizzatori al governatore della provincia, che era un mio zio, grande difensore della loro causa perduta. Turi era un uomo potente, capo incontestato del suo campo con cinque tende, nelle quali stavano i suoi cinque figli sposati con le mogli e i bambini, tutti occupati dalla mattina alla sera a sorvegliare il suo gregge di mille renne.

« Presto dovremo levare le tende anche noi, » cominciò Turi. « Sono sicuro che avremo un inverno precoce. La neve presso le betulle sarà tra breve troppo dura perchè le renne possano giungere alla borraccina, dovremo spostarci in giù verso la pineta prima che il mese sia finito. Dal modo che abbaiano i cani posso capire che sentono già il lupo. Non hai detto di aver visto la traccia del vecchio orso, quando ieri hai attraversato la gola di Sulmo? » domandò a un giovane lappone, che era appena entrato nella tenda e si era accoccolato accanto al fuoco.

Sì, l'aveva vista, e anche abbondanti tracce di lupi.

Io dissi che ero felicissimo di sentire che c'erano sempre degli orsi, mi avevano detto che ne erano rimasti ben pochi da quelle parti. Turi mi dette ragione. Questo era un vecchio orso che abitava lì da molti anni, era stato visto spesso gironzolare per la gola. Tre volte l'avevano circondato durante l'inverno, mentre dormiva, ma era sempre riuscito a scappare; era un vecchio orso molto furbo. Turi gli aveva anche sparato, ma aveva solo scosso la testa, guardandolo con i suoi occhietti furbi: sapeva bene che nessuna palla comune avrebbe potuto ucciderlo perchè era protetto dagli Uldra.

« Gli Uldra? »

Sì, non conoscevo gli Uldra, il piccolo popolo che vive sotto terra? Quando l'orso si addormenta durante l'inverno, gli Uldra gli portano il cibo di notte; naturalmente nessun animale potrebbe dormire tutto l'inverno senza nutrirsi, affermava sorridendo Turi. È legge che l'orso non debba uccidere l'uomo. Se infrange la legge, gli Uldra non gli portano più cibo, e d'inverno non può più dormire. L'orso non è furbo e traditore come il lupo. L'orso ha la forza di dodici uomini e la furberia di uno. Il lupo ha la furberia di dodici uomini e la forza di uno. L'orso è galantuomo, ama la lotta leale. Se incontra un uomo che gli dice: « Vieni, combattiamo, non ho paura di te », l'orso lo butta a terra soltanto e se ne trotterella via senza fargli alcun male. L'orso non attacca mai una donna; tutto ciò che ella deve fare è di mostrargli che è femmina.

Domandai a Turi se avesse mai visto gli Uldra.

No, non li aveva mai veduti, ma sua moglie e i bambini li vedevano spesso. Ma li aveva sentiti muovere sotto terra. Gli Uldra si muovono durante la notte, dormono durante il giorno perchè non possono vedere con la luce. Talvolta quando accade che i Lapponi piantino le tende in un luogo abitato dagli Uldra, questi li avvertono di trasportarle più lontano. Gli Uldra sono piuttosto affabili, finchè sono lasciati tranquilli. Se sono disturbati, spargono sulla borraccina una polvere che uccide le renne a dozzine. È anche successo che hanno portato via un bimbo lappone, sostituendolo nella culla con uno dei loro. I loro bimbi hanno la faccia coperta di pelo nero e lunghi denti appuntiti in bocca. Qualcuno dice che si deve battere il loro bimbo con una bacchetta di betulla accesa, finchè la mamma, non potendo più sopportare le grida del piccolo, non abbia riportato il vostro bimbo e ripreso il suo. Altri dicono che si deve trattare il loro bambino come se fosse vostro : allora la mamma uldra, per riconoscenza, ve lo renderebbe. Mentre Turi parlava, una viva discussione su quale dei due metodi fosse il migliore avveniva fra le donne, che stringevano i loro bambini con espressione inquieta. Il lupo è il peggiore nemico dei Lapponi. Non osa attaccare un gregge di renne, ma sta perfettamente fermo lasciando che il vento porti loro il suo odore. Appena le renne odorano il lupo, si disperdono dalla paura : allora il lupo si avvicina e le uccide a una a una, spesso una dozzina in una sola notte. Dio ha creato tutti gli animali, eccetto il lupo, che è stato generato dal diavolo. Se un uomo ha sulla coscienza il sangue d'un altro uomo e non confessa il suo peccato, il diavolo spesso lo trasforma in lupo. Il lupo può addormentare i Lapponi, che sorvegliano il gregge durante la notte, semplicemente guardandoli attraverso il buio con i suoi occhi infuocati. Non si può uccidere un lupo con una palla usuale, se non si è tenuta in tasca e portata per due domeniche in chiesa. Il modo migliore è di raggiungerlo con gli sci sulla neve morbida e colpirlo col bastone sulla punta del naso. Allora ruzzolerebbe e morrebbe subito. Turi stesso aveva ucciso dozzine di lupi in quella maniera, soltanto una volta aveva mancato la mira, e il lupo l'aveva morso alla gamba; mi mostrò la brutta cicatrice mentre parlava. L'inverno prima un lappone era stato morso da un lupo mentre rotolava moribondo. Il lappone aveva perso tanto sangue, che era caduto addormentato sulla neve : lo trovarono il giorno dopo assiderato, a fianco del lupo morto. C'è anche il ghiottone, che azzanna la gola della renna vicino alla grande arteria e vi resta appeso per miglia, finchè la renna perde tanto sangue che si abbatte morta. C'è anche l'aquila reale, che afferra coi suoi artigli i nati delle renne, se sono lasciati anche un sol momento dalle madri. Poi c'è la lince che si trascina furtiva, come un gatto, per assalire la renna che si è allontanata e ha smarrito la strada.

Turi diceva che non poteva capire come i Lapponi fossero riusciti a tenere uniti i loro greggi, prima d'associarsi con i cani. Nei tempi passati il cane cacciava la renna in compagnia del lupo. Ma il cane, che è il più intelligente degli animali, si era in breve accorto che si sarebbe trovato meglio a lavorare con i Lapponi che con i lupi. Così si offrì al loro servizio, a condizione di essere trattato come un amico per tutta la vita e di essere impiccato, quando stesse per morire. Per questo anche oggi i Lapponi impiccano i loro cani quando sono troppo vecchi per lavorare; perfino i cuccioli, che devono essere soppressi per mancanza di cibo, sono sempre impiccati. I cani persero il dono della parola quando questa fu data all'uomo, ma possono capire ogni cosa che si dica loro. Nei tempi passati tutti gli animali parlavano, e i fiori, gli alberi, le pietre e tutte le cose inanimate erano state create dallo stesso Dio che aveva creato l'uomo, il quale doveva essere gentile con gli animali e trattare le cose inanimate come se sentissero e capissero. Il giorno del Giudizio, gli animali sarebbero chiamati primi da Dio per testimoniare sull'uomo morto. Solamente dopo che gli animali si fossero pronunziati, sarebbero chiamati a testimoniare i suoi simili.

Domandai a Turi se c'erano gli Stalo nelle vicinanze, ne avevo sentito parlare nella mia infanzia, e avrei dato qualunque cosa per incontrare uno di quei grandi orchi.

« Dio ce ne liberi, » disse Turi inquieto. « Sai, il fiume che dovrai guadare domani è ancora chiamato Stalo, perchè il vecchio orco vi abitava nei tempi passati con quella strega di sua moglie. Avevano un solo occhio in due, sicchè si picchiavano e discutevano sempre quale dei due avrebbe dovuto avere l'occhio per vedere. Mangiavano sempre i loro bambini, ma mangiavano anche molti bambini lapponi quando se ne presentava l'opportunità. Stalo diceva che gli piacevano di più i bimbi lapponi, i suoi avevano troppo sapore di zolfo. Una volta, mentre attraversava il lago in una slitta tirata da dodici lupi, cominciarono, come il solito, a litigare per l'occhio; e Stalo divenne così furibondo che fece un buco nel fondo del lago, tutti i pesci scapparono e non ne tornò più nemmeno uno. E perciò si chiama ancora Lago Siva. Lo attraverserai domani e vedrai da te stesso che non c'è rimasto nemmeno un pesce. »

Domandai a Turi che cosa avveniva quando i Lapponi si ammalavano e come potevano cavarsela senza che il medico li visitasse. Disse che erano raramente malati, specialmente d'inverno, salvo in quelli molto rigidi, quando non era raro che un neonato morisse assiderato. Il dottore veniva a vederli due volte l'anno, per ordine del re, e Turi pensava che questo bastava. Doveva cavalcare attraverso i pantani per due giorni, ne impiegava un altro per attraversare la montagna, e l'ultima volta che aveva guadato il fiume era stato sul punto di affogare. Fortunatamente ci sono molti santoni fra di loro che possono curare la maggior parte dei loro mali molto meglio del medico del re. I santoni sono protetti dagli Uldra, che hanno insegnato loro la propria arte. Alcuni di questi santoni possono togliere il male semplicemente posando le mani sulla parte dolente. Nella maggior parte dei mali quello che più aiuta è il salasso e il massaggio. Mercurio e zolfo sono molto utili ed anche un cucchiaino di tabacco da naso in una tazza di caffè. Due ranocchi cotti nel latte per due ore sono buoni per la tosse. Se si può acchiappare un grosso rospo è ancora meglio. I rospi vengono dalle nuvole; ne cascano a centinaia sulla neve, quando le nuvole sono basse. Non si può spiegare altrimenti, perchè se ne trovano sui più desolati campi, dove non c'è nessuna traccia di cosa vivente. Dieci pidocchi bolliti nel latte con abbondante sale, presi a digiuno, sono una cura sicura dell'itterizia, male frequente fra i Lapponi in primavera. I morsi dei cani sono curati strofinando la ferita col sangue del medesimo cane. Fregando la parte con un po' di lana di agnello si toglie il dolore subito, perchè Gesù Cristo ha spesso parlato dell'agnello. Quando qualcuno sta per morire, si è sempre avvertiti prima da un corvo o cornacchia che viene ad appollaiarsi sopra il palo della tenda. Non si deve parlare o fare nessun rumore, per paura di cacciar via la vita, e il moribondo potrebbe essere condannato a vivere fra due mondi per una settimana. Se l'odore d'un morto entra nelle vostre narici potreste morire voi stesso.

Domandai a Turi se c'era uno di questi santoni nelle vicinanze, chè mi sarebbe piaciuto molto parlargli.

No, il più vicino è un vecchio lappone chiamato Mirko, che abita dall'altra parte della montagna. È molto vecchio, Turi lo conosceva da quando era ragazzo. È un vero santone, molto caro agli Uldra. Tutti gli animali lo avvicinano senza paura, nessun animale gli farebbe mai male perchè gli animali riconoscono subito quelli che sono protetti dagli Uldra. Può togliere il vostro dolore con un semplice tocco della mano. Si può sempre riconoscere un santone dalla forma della sua mano. Se si mette un uccello ferito all'ala nella mano del santone, l'uccello sta fermo perchè capisce che quello è un santone.

Porsi la mia mano a Turi, che non sapeva che io fossi medico. La guardò attentamente, senza dire una parola, piegò le dita, una dopo l'altra, con attenzione, misurò la distanza fra il pollice e l'indice e borbottò qualcosa alla moglie, che a sua volta mi prese la mano nel suo piccolo e bruno artiglio, con un'espressione inquieta negli occhi a mandorla.

« Ti ha detto tua madre che sei nato con la camicia? Perchè non ti ha dato il suo latte? Chi ti ha allattato? Che lingua parlava la tua balia? Ha mai messo il sangue d'un corvo nel tuo latte? Ha mai appeso al tuo collo la zampa d'un lupo? Ti ha fatto mai toccare un teschio, quando eri bambino? Hai mai visto gli Uldra? Hai mai sentito i campanelli delle loro renne bianche, lontano, nella foresta? »

« È un santone, è un santone! » disse la moglie di Turi, guardandomi di sfuggita, quasi con inquietudine.

« È protetto dagli Uldra, » ripetevano tutti con gli occhi intimoriti.

Avevo quasi timore io stesso, quando ritirai la mano.

Turi disse che era l'ora di dormire, il giorno era stato lungo e dovevo partire all'alba.

Ci sdraiammo tutti intorno al fuoco quasi spento.

Presto fu buio nella tenda piena di fumo. Vedevo soltanto la stella polare che brillava sopra di me, attraverso il foro della tenda. Pur fra il sonno, sentivo il caldo peso d'un cane sopra il mio petto e il morbido contatto del suo naso sulla mia mano.

All'alba fummo in piedi, l'intero campo era in moto per vedermi partire. Distribuii fra i miei amici regalini di tabacco e dolci molto apprezzati, e tutti mi augurarono buon viaggio. Se ogni cosa andava bene, sarei dovuto arrivare il giorno seguente a Forsstugan, la più vicina abitazione umana nel deserto delle paludi, torrenti, laghi e foreste che era la dimora dei Lapponi senza tetto. Ristin, la sedicenne nipotina di Turi, doveva essere la mia guida. Conosceva poche parole di svedese, era stata una volta a Forsstugan, doveva proseguire da lì per il più vicino villaggio che possedeva una chiesa, per raggiungere di nuovo la scuola lappone.

Ristin camminava davanti a me, nella sua lunga tunica di renna bianca e col berretto di lana rossa. Intorno alla vita portava una larga cintura di cuoio, ricamata di filo azzurro e giallo, tempestata di fibbie quadrate d'argento massiccio. Sospesi alla cintura pendevano il coltello, la borsa di tabacco e la sua ciotola. Notai anche, infilata nella cintura, una piccola ascia per tagliare il legno. Portava i gambali di morbida pelle di renna bianca, attaccati ai larghi pantaloni di pelle. I suoi piccoli piedi erano calzati con delicate scarpe pure di renna bianca, nitidamente ornate con filo azzurro. Sulla schiena portava la sua *laukos*, uno zaino di corteccia di betulla contenente quanto le apparteneva e le nostre provvigioni. Era grande il doppio del mio saccapane, ma sembrava che non le pesasse affatto. Camminava per il ripido pendio col passo rapido e silenzioso d'un animale, saltava, come una lepre, un tronco d'albero e uno stagno d'acqua. Ogni tanto si slanciava, agile come una capra, su un'erta roccia, guardandosi d'attorno in ogni direzione. Ai piedi della collina ci trovammo davanti a un largo torrente; ebbi appena il tempo di domandarmi come avremmo potuto attraversarlo, che lei vi era già entrata fino ai fianchi. Non mi restò che seguirla nell'acqua gelata. Ben presto mi riscaldai di nuovo, mentre salivamo la ripida erta opposta a una velocità incredibile. Non parlava quasi mai e poco me ne importava, perchè era molto difficile capire quello che diceva. Il suo svedese era cattivo quanto il mio lappone. Sedemmo sul morbido muschio e facemmo un'eccellente colazione di biscotti di segale, burro fresco, formaggio, lingua di renna affumicata e acqua deliziosa e fresca del ruscello di montagna, bevuta nella ciotola di Ristin. Accendemmo le nostre pipe e cercammo di capirci.

« Sai il nome di quell'uccello? » domandai.

« *Lahol,* » sorrise Ristin riconoscendo subito il dolce fischio del piviere, simile al flauto, che divide con i Lapponi la solitudine e che ad essi è tanto caro.

Da un arboscello di salice veniva il meraviglioso canto della cutrettola.

« *Jilow! Jilow!* » rideva Ristin.

I Lapponi dicono che la cutrettola ha un campanello in gola e che può cantare cento canzoni differenti. Alta sopra le nostre teste pendeva una croce nera, sospesa nel cielo azzurro. Era l'aquila reale, che sorvegliava con ali immobili il suo regno desolato. Dal lago di montagna veniva il fatidico richiamo del marangone.

« *Ro, ro, raik,* » ripeteva Ristin fedelmente. Diceva che significava: « Bel tempo oggi, bel tempo oggi! » E quando il marangone diceva: « *Var luk, var luk, luk, luk* », voleva dire: « Sta per piovere ancora, sta per piovere ancora. » Io me ne stavo lungo disteso sul morbido muschio, fumando la mia pipa e guardando Ristin che ordinava con cura i suoi oggetti nella *laukos*: un piccolo scialle di lana blu, un altro paio di candide scarpine di renna, un bellissimo paio di guanti rossi, finemente ricamati, da portarsi in chiesa, una bibbia. Fui ancora colpito dalla forma raffinata delle sue piccole mani, comuni a tutti i Lapponi. Le domandai che cosa c'era nella piccola scatola intagliata da una radice di betulla. Siccome non potevo capire una parola della sua lunga spiegazione, nella sua lingua mista di svedese, finlandese e lappone, mi alzai e aprii la scatola. Ciò che conteneva sembrava una manciata di terra. Che cosa ne avrebbe fatto? Fece ancora del suo meglio per spiegarmi, ma non potei capirla. Scosse la testa con impazienza: sono sicuro che mi credette molto stupido. Ad un tratto si distese sul muschio e rimase perfettamente immobile e rigida con gli occhi chiusi. Poi si alzò, scavò nel muschio e prese una manciata di terra, che mi porse con gran serietà. Così capii cosa c'era nella scatola di betulla: un po' di terra della fossa di un lappone seppellito l'inverno prima nella solitudine sotto la neve. Ristin doveva portarla al prete che doveva recitarvi sopra il Pater noster e spargerla nel cimitero.

Ci caricammo dei nostri zaini e riprendemmo il cammino. Mentre scendevamo il pendio, il paesaggio mutava aspetto grado a grado. Gironzolammo per l'immensa steppa, coperta d'erba di carex, chiazzata qua e là dal giallo vivo dei lamponi di montagna, che passando raccoglievamo per mangiare. Alle solitarie *betulae nanae* delle altitudini, succedevano boschetti di betulle argentee, miste con tremuli frassini, arboscelli di salici, sambuco, ciliegi selvatici e ribes selvatico. Poco dopo entrammo in una fitta foresta di pini superbi. Un paio d'ore più tardi camminavamo in una profonda gola, fiancheggiata da rocce scoscese, coperte di muschio. Sopra le nostre teste il cielo era ancora illuminato dal sole del tramonto, ma nel burrone era già quasi buio. Ristin si guardò d'attorno inquieta; si capiva che aveva fretta di uscire dal burrone prima di notte. Ad un tratto si fermò. Sentii il rumore d'un ramo spezzato e vidi una massa scura apparire davanti a me alla distanza di venti metri.

« Scappa, » sussurrò Ristin, pallida in viso, stringendo con la mano l'ascia nella cintura.

Sarei stato contento di scappare, se lo avessi potuto. Ma in realtà restavo fermo, immobilizzato da un violento crampo al polpaccio. Ora potevo vederlo benissimo. Un boschetto di mirtilli lo copriva fino ai ginocchi, un ramoscello carico delle sue bacche favorite gli usciva dalla bocca : evidentemente l'avevamo interrotto nel mezzo della sua cena. Era d'una grandezza non comune e apparentemente molto vecchio, per quanto poteva dedursi dalla sua pelliccia : era senza dubbio lo stesso orso di cui Turi mi aveva parlato.

« Scappa, » sussurrai a mia volta a Ristin colla galante intenzione di comportarmi da uomo e coprire la sua fuga. Il valore morale di questa intenzione era però diminuito dal fatto che ero sempre completamente incapace di muovermi. Ristin non scappò. Invece di scappare, mi rese testimonio d'una scena indimenticabile, sufficiente a ricompensare un viaggio da Parigi in Lapponia. Siete liberi di non credere quello che sto per raccontarvi; a me importa poco. Ristin, una mano all'ascia, avanzò di qualche passo verso l'orso. Con l'altra, alzando la sua tunica indicò le larghe brache che portano le donne lapponi. L'orso lasciò cadere il suo ramoscello di mirtilli, soffiò un paio di volte e si allontanò dondolando fra i fitti pini.

« Gli piacciono più i mirtilli di me, » disse Ristin mentre ci rimettevamo in cammino il più velocemente possibile.

Ristin mi raccontò che quando sua madre l'aveva riaccompagnata a casa dalla scuola lappone in primavera, si erano incontrate quasi nello stesso punto, in mezzo alla gola col vecchio orso, ma si era dileguato appena sua madre gli aveva fatto vedere che era una donna.

Presto sbucammo dalla gola ed errammo per la buia foresta su un tappeto di muschio grigio-argento, morbido come velluto e intrecciato con mazzi di linnaea e pyrola. Non era nè chiaro nè scuro, era il meraviglioso crepuscolo della notte estiva del Nord. Come Ristin potesse trovare la strada per la foresta senza sentieri, era incomprensibile al mio stupido cervello. Ad un tratto ritrovammo il nostro amico ruscello: mi ero appena chinato a baciare la sua fresca faccia notturna, quando Ristin annunciò che era l'ora di cena. Con incredibile rapidità spaccò della legna con l'ascia e accese fra due massi un fuoco da campo. Mangiammo la nostra cena, fumammo le nostre pipe e fummo presto profondamente addormentati con i nostri saccapani sotto le teste. Fui svegliato da Ristin, che mi porgeva il suo berretto rosso colmo di mirtilli; non c'era da meravigliarsi che al vecchio orso piacessero i mirtilli: non ho mai gustato una colazione migliore. Si proseguì. Ed ecco di nuovo il nostro amico, il ruscello, che danzava gaiamente sopra i monticelli e i ciottoli e cantava alle nostre orecchie che sarebbe meglio che scendessimo con lui, al lago di montagna, per non perdere la strada nell'oscurità; e così facemmo. Ogni tanto lo perdevamo di vista, ma lo sentivamo sempre cantare. Di tanto in tanto si soffermava ad aspettarci, vicino ad una roccia scoscesa o presso un albero caduto, per proseguire poi in fretta e riguadagnare il tempo perduto. Un momento più tardi non c'era più timore di perdere la strada nell'oscurità, perchè la notte era già fuggita coi leggeri piedi da fantasma, nelle profondità della foresta. Una fiamma di luce dorata tremolava sulle cime degli alberi.

« *Piavi!* » disse Ristin. « Il sole si alza! »

Attraverso la nebbia della vallata, ai nostri piedi un lago di montagna sollevò le sue palpebre.

Mi avvicinavo al lago coll'inquieto presentimento d'un altro bagno gelato. Fortunatamente mi sbagliavo. Ristin si fermò davanti a una piccola *eka*, una barca col fondo piatto, mezzo nascosta sotto un pino caduto. Era di nessuno e di tutti. Veniva adoperata dai Lapponi in occasione delle rare visite al più vicino villaggio, per cambiare le loro pelli di renna con caffè, zucchero e tabacco, tre lussi della loro vita.

L'acqua del lago era celeste cobalto, ancora più bello dell'azzurro zaffiro della grotta di Capri. Era così trasparente che mi pareva quasi di poter vedere il buco che il terribile Stalo aveva fatto nel suo fondo. A metà della traversata del lago incontrammo due nobili viaggiatori che nuotavano fianco a fianco, con le loro superbe corna alte sull'acqua. Fortunatamente mi scambiarono per un lappone, così che potemmo avvicinarli in modo da vedere i loro occhi belli e dolci che ci guardavano senza paura. C'è qualcosa di molto strano negli occhi di un'alce come in quelli d'una renna; sembra che vi guardino sempre diritto nelle pupille, da qualunque punto voi li vediate. Ci arrampicammo rapidamente sulla ripida riva e vagammo ancora una volta sopra un immenso piano paludoso, con nessun'altra guida che il sole. I miei tentativi per spiegare a Ristin l'uso della bussola da tasca avevano incontrato così poco successo, che tralasciai di guardarla io stesso, ponendo la mia fiducia nell'istinto di Ristin, istinto di animale semiselvaggio. Si capiva che aveva una gran fretta. Ogni tanto correva più rapidamente in una direzione, si fermava di scatto aspirando il vento con le narici frementi, poi ripartiva in un'altra direzione per ripetere la stessa manovra. Di tanto in tanto si chinava ad annusare la terra, come un cane.

« *Rog,* » disse ad un tratto indicando una bassa nuvola,

che ci veniva incontro con straordinaria rapidità attraverso la palude.

Nebbia davvero! In un minuto fummo avviluppati da una densa nebbia impenetrabile come quella di novembre a Londra. Dovemmo tenerci per mano per non perderci di vista. Procedemmo con difficoltà per un'altra ora o due, immersi fino ai ginocchi nell'acqua gelata. Infine Ristin disse che aveva perso la direzione e dovevamo aspettare finchè la nebbia fosse passata. Quanto tempo sarebbe durata?

Non sapeva; forse un giorno e una notte, forse un'ora; tutto dipendeva dal vento. Fu una delle peggiori prove che io abbia attraversato. Sapevo bene che, col nostro scarso equipaggiamento, la nebbia sulle immense paludi era molto più pericolosa dell'incontro con l'orso nella foresta. Sapevo anche che non c'era nient'altro da fare che aspettare dove eravamo. Rimanemmo seduti per delle ore sui nostri zaini, mentre la nebbia formava sulla nostra pelle come una lastra di ghiaccio. La mia disperazione raggiunse il colmo quando, volendo accendere la pipa, trovai la tasca del gilet piena d'acqua. Mentre fissavo abbattuto la mia scatola di fiammiferi fradicia, Ristin aveva già fatto fuoco coll'esca e aveva acceso la sua pipa. Un'altra sconfitta alla civiltà fu quando volli calzare un paio di calze asciutte e mi accorsi che il mio tascapane impermeabile della miglior marca londinese era inzuppato completamente e che tutti gli oggetti di Ristin nella sua *laukos* fatta in casa di scorza di betulla erano asciutti come fieno. Stavamo aspettando che l'acqua bollisse, avevamo tanto bisogno d'una tazza di caffè, quando un improvviso soffio di vento spense la fiamma della mia piccola lampada a spirito. Ristin si alzò veloce correndo verso il vento e ritornò subito per ordinarmi di rimettermi lo zaino immediatamente. In meno d'un minuto un vento forte e costante, soffiando sulle nostre facce, sollevò rapidamente la cortina di nebbia al disopra delle nostre teste. Laggiù nella vallata, ai nostri piedi, vedemmo un grande fiume che scintillava al sole come una spada. Sulla riva opposta, a perdita d'occhio, si stendeva una scura foresta di pini. Ristin alzò la mano e indicò una sottile colonna di fumo che si alzava sopra le cime degli alberi.

« Forsstugan, » disse.

Si lanciò giù per il pendio e senza un attimo d'esitazione si tuffò nel fiume fino alle spalle; io la seguii. In breve non toccammo più il fondo e nuotammo attraverso il fiume come le alci avevano nuotato attraverso il lago di montagna. Dopo una mezz'ora di cammino per la foresta, dall'altra parte del fiume, giungemmo ad uno spiazzo evidentemente fatto dalla mano dell'uomo. Un cane lappone si precipitò incontro a noi a grande velocità, abbaiando ferocemente. Dopo averci annusato a lungo, si mostrò contento di vederci e proseguì per indicarci la strada dimenando la coda.

Davanti alla sua casa dipinta in rosso, stava Lars Anders di Forsstugan, alto due metri, con gli zoccoli e con la lunga casacca di pecora.

« Benvenuto nella foresta! » disse Lars Anders. « Donde vieni? Perchè non hai lasciato che la ragazza lappone venisse a nuoto da sola a prendere la mia barca per te? Metti un altro tronco sul fuoco, Kerstin, » gridò alla moglie dentro la casa. « Ha attraversato il fiume a nuoto con la ragazza lappone, devono asciugare i loro abiti. »

Ristin ed io ci sedemmo su una bassa panca davanti al fuoco.

« È fradicio come una lontra, » disse madre Kerstin aiutandomi a togliere le calze, i calzoncini, la maglia e la camicia di flanella dal mio corpo bagnato, e appendendoli ad asciugare su una corda attraverso il soffitto. Ristin si era già tolta la casacca di renna, i gambali, le brache e la maglia di lana, la camicia non l'aveva. Stavamo a fianco a fianco, sulla panca di legno, dinanzi al fuoco fiammeggiante, completamente nudi come il Creatore ci aveva fatto. I due vec-

126

chi pensavano che non ci fosse nessun male, e infatti non ce n'era.

Un'ora più tardi, esaminai il mio nuovo alloggio, coperto dalla lunga nera casacca domenicale di zio Lars fatta di stoffa casalinga e calzato di zoccoli, mentre Ristin se ne stava seduta vicino al forno in cucina, dove madre Kerstin infornava il pane. Lo straniero, che era venuto il giorno prima con un lappone finlandese, aveva mangiato tutto il pane che c'era in casa. Il figlio era lontano, a tagliare legna dall'altra parte del lago. Io avrei dormito nella sua camerina, sopra la stalla delle mucche. Speravano che non mi dispiacesse l'odore delle mucche. Affatto, anzi mi piaceva. Lo zio Lars disse che andava allo *herbre* a prendere una pelle di montone per il mio letto; era sicuro che ne avrei avuto bisogno, perchè le notti erano già fresche. Lo *herbre* stava sopra quattro robusti pali di legno, ad altezza d'uomo, per difenderlo dai visitatori a quattro zampe e dalla neve alta dell'inverno. Il magazzino era pieno di vestiti e di pellicce appese con simmetria su corna di cervi inchiodate al muro: la pelliccia di lupo di zio Lars, le pellicce d'inverno di sua moglie, una mezza dozzina di pelli di lupo. Sul pavimento c'era una coperta da slitta di splendida pelle d'orso. Su un altro attaccapanni, l'abito nuziale di madre Kerstin: il giubbetto di seta a vivaci colori finemente ricamato con filo d'argento, la lunga sottana di lana verde, il boa di petitgris, il cappellino guarnito di trina vera, la cintura di cuoio rosso con fibbie d'argento massiccio. Mentre si scendeva la scala dello *herbre*, dissi allo zio Lars che aveva dimenticato di chiudere la porta a chiave. Rispose che non importava, i lupi, le volpi e le donnole non potevano portar via i loro abiti e non c'era nulla da mangiare nello *herbre*. Dopo un giro nella foresta, mi sedetti sotto il grande pino accanto alla porta di cucina, davanti a una splendida cena: trota di Lapponia, la migliore del mondo, pane fatto in casa, appena sfornato, formaggio fresco e birrone pure fatto in casa. Volevo che Ristin dividesse con me la mia cena, ma evidentemente era contro l'etichetta. Essa doveva cenare in cucina con le nipotine. I due vecchi stavano seduti al mio fianco a guardarmi, mentre mangiavo.

« Hai visto il re? »

No, non l'avevo visto, non ero venuto da Stoccolma, ero venuto direttamente da un'altra terra, da un'altra città, molte volte più grande di Stoccolma. Zio Lars non sapeva che ci fosse una città più grande di Stoccolma. Dissi a madre Kerstin quanto avessi ammirato il suo bell'abito nuziale. Sorrise e rispose che sua madre l'aveva indossato prima di lei per il matrimonio, Dio solo sapeva quanti anni prima.

« Ma davvero lasciate aperto lo *herbre* durante la notte? » domandai.

« Perchè no? » disse lo zio Lars. « Non c'è nulla da mangiare nello *herbre*; ti ho detto che non è facile che i lupi e le volpi portino via i nostri vestiti. »

« Ma qualcun altro potrebbe portarli via; lo *herbre* è isolato nel bosco, lontano più di cento metri dalla casa. Soltanto quella coperta di pelle d'orso ha gran valore. Qualunque antiquario di Stoccolma sarebbe felice di pagare qualche centinaio di *riksdaler* per l'abito nuziale di vostra moglie. »

I due vecchi mi guardarono con evidente sorpresa.

« Ma non hai sentito quando ti ho detto che ho ucciso quell'orso da solo e tutti i lupi anche? Non capisci che è l'abito nuziale di mia moglie e che l'ha avuto dalla sua stessa madre? Non capisci che tutto ci appartiene, finchè saremo vivi, e quando morremo andrà a nostro figlio? Chi dovrebbe portarcelo via? Cosa vuoi dire? »

Lo zio Lars e madre Kerstin mi guardarono, sembravano quasi contrariati dalla mia osservazione. Ad un tratto zio Lars si grattò la testa con un'espressione di furberia nei suoi vecchi occhi.

« Ora capisco a cosa vuol alludere, » disse alla moglie ridendo, « a quella gente che essi chiamano ladri! »

Domandai a Lars Anders del lago di Siva, se era vero quel che m'aveva detto Turi, che il grande Stalo aveva fatto un buco nel fondo e fatto scappar via tutti i pesci. Sì, era perfettamente vero, non c'era un solo pesce nel lago, mentre tutti gli altri laghi di montagna ne erano pieni, ma se il male era stato fatto da Stalo non poteva dirlo. I Lapponi erano superstiziosi e ignoranti. Non erano nemmeno cristiani, nessuno sapeva da dove venissero e parlavano una lingua che non somigliava a nessun'altra.

C'erano Orchi o Troll [1] da questa parte del fiume?

Nei tempi passati c'erano certamente, disse lo zio Lars. Quando era ragazzo aveva sentito molto parlare del grande Troll, che abitava nella montagna, laggiù. Troll era molto ricco, aveva centinaia di brutti nani che facevano la guardia al suo oro sotto la montagna e una grande quantità di renne tutte bianche come la neve, con campanelli d'argento intorno al collo. Ora, dacchè il re aveva cominciato a far saltar le rocce per scavare il ferro grezzo e cominciato a costruire una ferrovia, non aveva più sentito parlare di Troll. Naturalmente c'era sempre la *Skogsra*, la strega della foresta, che cercava ancora di trascinare la gente nel più profondo dei boschi, per farle smarrire la strada. Qualche volta chiamava con un gorgheggio d'uccello, qualche volta con dolce voce di donna. Molti dicevano che era una vera donna, molto cattiva e molto bella. Se si incontrava nella foresta, si doveva scappare via subito; se si voltava la testa una sola volta a guardarla, si era perduti. Non ci si doveva mai sedere sotto un albero nella foresta quando la luna era piena. Altrimenti sarebbe venuta a sedersi al vostro fianco e vi avrebbe gettato le braccia intorno al collo, come una donna quando vuol essere amata. Lei non voleva altro che succhiarvi il sangue dal cuore.

[1] Essere sovrannaturale della mitologia scandinava.

« Ha degli occhi molto grandi e scuri? » domandai con inquietudine.

Lars Anders non sapeva, non l'aveva mai vista, ma il fratello di sua moglie l'aveva incontrata una volta di notte, al chiaro di luna, nei boschi. Da allora aveva perso il sonno e la serenità mentale!

C'erano degli gnomi in quei paraggi?

Sì, ce n'erano molti che giravano furtivamente nelle tenebre. C'era un piccolo gnomo che abitava la stalla delle mucche, i nipotini lo vedevano spesso. Era perfettamente inoffensivo finchè era lasciato in pace e trovava la sua scodella di polenta di farina d'orzo nel suo angolo abituale. Non bisognava canzonarlo. Una volta un ingegnere della ferrovia, che costruiva un ponte sopra il fiume, aveva passato la notte nella Forsstugan. Si ubriacò e sputò nella scodella di polenta e disse che avrebbe voluto essere dannato se esisteva uno gnomo. La sera, al ritorno, mentre attraversava il lago ghiacciato, il suo cavallo sdrucciolò, cadde sul ghiaccio e fu divorato da un branco di lupi. Egli fu trovato la mattina da gente che tornava dalla chiesa, seduto nella slitta, morto assiderato. Aveva ammazzato due lupi col fucile: se non avesse avuto il fucile, avrebbero mangiato anche lui.

Che distanza c'era da Forsstugan alla più vicina abitazione?

Otto ore di cavalcata attraverso la foresta, su un buon cavallino.

« Ho sentito il suono di campanelle, mentre giravo nei boschi, un'ora fa, ci devono essere molte mandrie qui intorno. »

Lars Anders sputò il tabacco e disse bruscamente che mi ero sbagliato, non c'era nessun capo di bestiame nei boschi vicini, a meno di cento miglia; le sue quattro mucche erano nella stalla.

Ripetei a Lars Anders che ero sicuro di aver sentito campanelli lontani nella foresta, avevano un suono molto bello, come se fossero d'argento.

Lars Anders e madre Kerstin si guardarono inquieti, ma senza parlare.

Augurai loro la buona notte e andai in camera mia, sopra la stalla delle mucche. Fuori della finestra c'era il bosco, silenzioso e scuro. Accesi una candela di sego sul tavolo e mi sdraiai sulla pelle di montone, stanco del lungo viaggio. Ascoltai per un po' il ruminare delle mucche mentre dormivano. Mi parve di sentire il grido di un gufo, lontano nella foresta. Guardai la candela di sego che ardeva debolmente sulla tavola; mi faceva bene vederla, non avevo visto una candela di sego da quando ero bambino nella mia vecchia casa. Fra le palpebre socchiuse mi parve di vedere un ragazzetto, che in una grigia mattinata d'inverno andava verso la scuola, camminando a fatica nella neve profonda, con un pacco di libri legato con una cinghia sulla schiena ed una candela di sego in mano. Perchè ogni ragazzo doveva portare la sua candela per accenderla sul banco, in classe. Qualche ragazzo ne portava una grossa, altri ne portavano una sottile; sottile come quella che ardeva sul tavolo. Io ero un ragazzo ricco, sul mio banco ardeva una grossa candela. Sul banco accanto al mio ardeva la più sottile candela di tutta la classe, perchè la madre del ragazzo, che mi era vicino, era molto povera. Ma io fui bocciato all'esame di Natale e quello passò primo della classe, perchè aveva più luce nel cervello.

Mi parve di sentire un rumore sul tavolo. Dovevo essermi addormentato per un poco, perchè la candela stava per spegnersi. Ma potevo vedere distintamente un ometto, non più grande del palmo della mia mano, seduto a gambe incrociate sulla tavola, che tirava la catena e chinava la vecchia testa grigia da un lato per ascoltare il tic-tac del mio orologio. Era così interessato, che non si accorse che mi ero seduto sul letto e lo guardavo. Ad un tratto mi vide, lasciò cadere la catena dell'orologio, scivolò giù da una gamba del tavolo, agile come un marinaio e balzò verso la porta, veloce quanto le sue gambine lo permettevano.

« Non avere paura, piccolo gnomo, » dissi. « Sono soltanto io. Non scappare, ti farò vedere cosa c'è dentro quella scatola d'oro, che t'interessa tanto. Può suonare una campana, come in chiesa la domenica. »

Si fermò di scatto e mi guardò coi suoi occhietti.

« Non posso capire, » disse lo gnomo. « Mi pareva di sentire l'odore di un bambino in questa camera, altrimenti non sarei mai entrato, e tu sembri un uomo. Per davvero... » esclamò, arrampicandosi sopra la seggiola vicino al letto. « Per davvero non mi sarei mai immaginato d'aver la fortuna di trovarti qui, in questo posto lontano. Sei proprio lo stesso bambino di quando ti vidi l'ultima volta nella camera dei bambini della tua vecchia casa, altrimenti non avresti mai potuto vedermi stasera seduto sulla tavola. Non mi riconosci? Ero io che venivo ogni notte nella tua camera quando tutta la casa dormiva, a mettere le cose in ordine per te e a calmare i pensieri della tua giornata. A me tu portavi sempre una fetta del dolce che ti regalavano per il tuo compleanno e tutte quelle noci e uva secca e dolci dell'albero di Natale e non dimenticavi mai di portarmi la mia scodella di polenta. Perchè hai lasciato la tua vecchia casa in mezzo alla grande foresta? Sorridevi sempre, allora; perchè sembri così triste adesso? »

« Perchè il mio cervello non ha mai riposo, non posso fermarmi in nessun luogo, non posso dimenticare, non posso dormire. »

« In questo sei uguale a tuo padre. Quante volte l'ho visto girare tutta la notte su e giù per la camera! »

« Raccontami qualche cosa di mio padre, ricordo così poco di lui. »

« Tuo padre era un uomo strano, tetro e silenzioso. Era buono con tutti i poveri e con gli animali, ma spesso sembrava duro con chi gli viveva vicino. Ti frustava molto, ma è vero che eri un ragazzo difficile. Non ubbidivi a nessuno, sembrava che non volessi bene nè a tuo padre nè a tua madre nè a tua sorella nè a tuo fratello, a nessuno. Sì, credo che tu volessi bene a Lena, la tua balia. Non ti ricordi di lei? A nessun altro ella piaceva, tutti ne avevano paura. Era stata presa come balia tua, per pura necessità, perchè tua madre non poteva allattarti. Nessuno sapeva di dove venisse. La sua pelle era scura, come la pelle della fanciulla lappone che ti ha condotto qui ieri; ma era molto alta. Ti cantava in una lingua sconosciuta mentre ti dava il latte, e continuò ad allattarti fino a due anni. Nessuno, nemmeno tua madre, osava avvicinarla, grugniva come una lupa arrabbiata se qualcuno voleva toglierti dalle sue braccia. Finalmente la mandarono via, ma tornò di notte e cercò di rapirti. Tua madre ne fu tanto spaventata che dovette riprenderla. Ti portava, per giocare, tutte le specie di animali: pipistrelli, ricci, scoiattoli, talpe, serpenti, civette, corvi. Una volta l'ho vista coi miei occhi tagliare la gola ad un corvo e mettere qualche goccia del suo sangue nel tuo latte. Un giorno, avevi quattro anni, fu portata via, ammanettata, dalla polizia. Sentii dire che si sospettava che avesse fatto morire il suo bambino. Tutta la casa ne fu felicissima, ma tu fosti in delirio per qualche giorno.

« La maggior parte delle tue preoccupazioni erano causate dai tuoi animali. In camera tua ce n'era di ogni specie e perfino dormivi con loro nel letto. Non ti ricordi come ti frustarono spietatamente per esserti sdraiato sulle uova? Tutte le uova d'uccelli che potevi trovare, cercavi di covarle nel tuo letto. Naturalmente un bambino non può stare sveglio, e ogni mattina il letto era tutto sporco di uova schiacciate, e ogni mattina ti frustavano, ma non serviva a nulla. Non ti ricordi la sera che i tuoi genitori tornarono tardi da una festa e trovarono tua sorella in camicia da notte seduta sul tavolo sotto un ombrello, che gridava terrorizzata? Tutti gli animali erano scappati dalla tua camera, un pipistrello si era aggrappato con gli artigli ai suoi capelli, tutti i tuoi serpenti, rospi e talpe strisciavano sul pavimento e nel tuo letto trovarono una nidiata di topi. Tuo padre ti dette una tremenda frustata e tu gli balzasti addosso e gli desti un morso alla mano.

« All'alba del giorno seguente scappasti di casa, dopo aver forzata la dispensa durante la notte, per riempirti il saccapane di tutto ciò che potevi trovare da mangiare. Rompesti il salvadanaio di tua sorella e rubasti i suoi risparmi; tu non avevi mai risparmi tuoi. Per tutto il giorno e tutta la notte i domestici ti cercarono invano. Finalmente tuo padre, che aveva galoppato fino al villaggio per parlare con le guardie, ti trovò addormentato nella neve, sul ciglio della strada, perchè il tuo cane aveva abbaiato mentre egli passava. Sentii il suo cavallo da caccia che raccontava agli altri nella scuderia, come tuo padre ti avesse deposto sulla sella senza dire una parola e portato a casa dove ti chiuse a chiave in una stanza buia per due giorni e due notti, a pane ed acqua. Il terzo giorno ti condusse in camera sua e ti domandò perchè eri scappato di casa. Rispondesti che non eri compreso da nessuno in casa e che volevi emigrare in America. Ti domandò se ti dispiaceva d'averlo morso alla mano e gli dicesti di no. Il giorno dopo ti mandarono in un collegio in città, col permesso di tornare a casa soltanto per le vacanze di Natale.

« Il giorno di Natale andaste tutti in chiesa, per la messa delle quattro. Un intero branco di lupi galoppava dietro la slitta mentre attraversavate il lago gelato : l'inverno era molto rigido e i lupi erano affamati. La chiesa era tutta un bagliore di luci, con due grandi alberi di Natale davanti all'altare maggiore. Tutta la congregazione si alzò per cantare l'inno di Natale. Quando ebbero finito l'inno, tu dicesti a tuo padre che ti dispiaceva d'avergli morso la mano ed egli ti accarezzò la testa. Al ritorno, attraversando il lago, ti provasti a saltare dalla slitta, dicevi che volevi seguire le tracce dei lupi per vedere dove erano andati. Nel pomeriggio mancasti di nuovo, tutti ti cercarono invano durante l'intera notte. Il guardacaccia ti trovò la mattina nella foresta, addormentato sotto un gran pino. C'erano le tracce dei lupi intorno all'albero, egli disse che era stato un miracolo che non ti avessero divorato. Ma il peggio accadde durante le vacanze estive, quando la serva trovò un teschio umano sotto il tuo letto: un teschio con un ciuffo di capelli rossi ancora attaccati alla nuca. Tutta la casa fu sottosopra. Tua madre svenne e tuo padre ti dette la più severa frustata che fin allora avessi ricevuto e fosti nuovamente rinchiuso in una stanza buia, a pane ed acqua. Fu scoperto che la notte prima eri andato col tuo pony al cimitero del paese, avevi forzato l'ossario e rubato il teschio da un gruppo di ossa depositate nel colombario. Il parroco, che era il direttore d'una scuola di ragazzi, disse a tuo padre che non si era mai sentito che un ragazzo di dieci anni avesse commesso un peccato così atroce contro Dio e contro l'uomo. Tua madre, che era molto pia, non si rimise più. Sembrava avesse quasi paura di te, e non era la sola. Diceva che non poteva persuadersi di aver messo al mondo un tale mostro. Tuo padre affermava che sicuramente non eri stato concepito da lui, ma dal diavolo stesso. La vecchia massaia dava tutta la colpa alla tua balia, che ti aveva stregato con qualche cosa messa nel tuo latte e ti aveva appeso al collo la zampa d'un lupo.»

«Ma è proprio vero tutto questo che mi racconti della mia infanzia? Devo essere stato uno strano bambino.»

«Ogni parola di quanto ti ho raccontato è vera,» rispose lo gnomo. «Di ciò che racconterai agli altri io non sono responsabile. Sembra che tu confonda sempre la realtà con i sogni, come fanno tutti i ragazzi.»

«Non sono più un ragazzo, avrò ventisette anni il mese prossimo.»

«Eppure sei un grande ragazzo, altrimenti non mi avresti visto; soltanto i bambini possono vederci.»

«E quanti anni hai, piccolo uomo?»

« Seicento anni. Lo so, perchè nacqui lo stesso anno del vecchio pino che sta fuori della finestra della tua camera, dove la grande civetta aveva il suo nido. Tuo padre diceva sempre che era il più bel vecchio albero di tutta la foresta. Non ricordi la grande civetta, non ricordi come apriva e chiudeva i suoi rotondi occhi verso di te, attraverso la finestra? »

« Sei sposato? »

« No, sono scapolo, » disse lo gnomo. « E tu? »

« No, per ora, ma... »

« Non ti sposare! Mio padre ci diceva sempre che il matrimonio è un'impresa molto rischiosa, e che è molto savio il detto che non si può mai aver abbastanza cura nella scelta della propria suocera. »

« Seicento anni! Davvero? Non li dimostri. Non l'avrei mai creduto dal modo come sei sdrucciolato giù dalla gamba del tavolo e da come hai attraversato correndo il pavimento, quando mi hai visto seduto sul letto. »

« Le mie gambe vanno bene, grazie, soltanto i miei occhi cominciano a diventare piuttosto stanchi, non posso vedere quasi nulla di giorno. Ho anche degli strani rumori negli orecchi, da quando voialtri uomini avete cominciato quelle terribili esplosioni nelle montagne intorno a noi. Qualche gnomo dice che volete rubare ai Troll il loro oro ed il loro ferro. Altri, che volete fare un buco per quell'enorme serpente giallo con due strisce nere sulla schiena che serpeggia tra campi e foreste e attraversa i fiumi e vomita fuoco e fumo dalla bocca. Abbiamo tutti paura di lui, tutti gli animali, nelle foreste e nei prati, tutti gli uccelli nel cielo, tutti i pesci nei fiumi e nei laghi : anche i Troll sotto le montagne fuggono terrorizzati verso il nord, al suo approssimarsi. Cosa succederà di noi poveri gnomi? Cosa succederà a tutti i bambini, quando noi non entreremo più nelle loro camere per farli dormire con le nostre fiabe e per vegliare sui loro sogni? Chi baderà ai cavalli nelle scuderie, chi starà attento che non sdrucciolino sul ghiaccio e si rompano le gambe? Chi sveglierà le mucche e le aiuterà a sorvegliare i vitelli neonati? Ti dico, i tempi sono duri, nel tuo mondo c'è qualche cosa di sbagliato, non c'è più pace da nessuna parte. Tutto questo incessante disordine e frastuono mi dà ai nervi. Non oso più restare con te. Le civette hanno di già sonno, tutti gli animali striscianti della foresta stanno per andare a letto, gli scoiattoli già schiacciano le loro pigne, fra poco il gallo canterà e le terribili esplosioni attraverso il lago presto cominceranno ancora. Ti dico che non posso più sopportarlo. È la mia ultima notte qui, debbo lasciarti. Bisogna che io sia a Kabnekajse prima che il sole si alzi. »[1]

« Kabnekajse! Kabnekajse è centinaia di miglia più a nord. Come farai ad andare fin lì con le tue gambine corte? »

« Forse una gru o un'oca selvatica mi porterà; si riuniscono tutte lì, adesso, per il lungo volo verso la terra dove non c'è inverno. Nella peggiore ipotesi, farò una parte del cammino sul dorso d'un orso o d'un lupo, sono tutti amici di noi gnomi. Debbo partire. »

« Non andar via, resta ancora un po' con me e ti farò vedere che cosa c'è nella piccola scatola d'oro che ti interessava tanto. »

« Che cosa ci tieni nella scatola d'oro? È un animale? Mi pareva di sentire il battito del suo cuore. »

« È il cuore del tempo che hai sentito battere. »

« Cos'è il tempo? » domandò lo gnomo.

« Non posso dirtelo, nè alcun altro può dirti cosa significa tempo. Dicono che è composto di tre cose diverse: il passato, il presente e il futuro. »

« Lo porti sempre con te, in quella scatola d'oro? »

« Sì, non riposa mai, non dorme mai, non cessa mai di ripetere ai miei orecchi le stesse parole. »

« Capisci cosa dice? »

[1] La più alta montagna della Svezia.

« Ahimè, troppo bene. Mi dice ogni secondo, ogni minuto, ogni ora del giorno e della notte che divento sempre più vecchio e che morrò. Prima di partire dimmi, piccolo uomo, hai paura della morte? »

« Paura di che? »

« Paura del giorno in cui il battito del tuo cuore cesserà, gli ingranaggi e le ruote di tutto il meccanismo cadranno in pezzi, i tuoi pensieri si arresteranno e la tua vita si spegnerà come la luce di questa candela che è sul tavolo. »

« Chi ti ha messo tutte queste assurdità per il capo? Non ascoltare la voce della scatola d'oro col suo stupido passato, presente e futuro, non capisci che è sempre la stessa cosa? Non capisci che dentro quella scatola c'è qualcuno che ti prende in giro? Se fossi in te, la butterei nel fiume, la tua scatola d'oro, e affogherei il cattivo spirito chiuso lì dentro. Non credere una parola di quello che ti dice, non sono altro che bugie! Resterai sempre bambino, non diventerai mai vecchio, non morrai mai. Sdraiati e dormi un po'! Fra poco sorgerà il sole sopra le cime dei pini, fra poco il nuovo giorno guarderà attraverso la finestra; fra poco vedrai molto più chiaro di come mai hai visto con la luce di quella candela di sego. Devo scappare. Addio, sognatore, son lieto di averti rivisto. »

« Lieto di averti rivisto, piccolo gnomo. »

Scivolò giù dalla seggiola che era accanto al letto e trotterellò verso la porta con le sue scarpine di legno. Mentre si frugava in tasca per cercare il suo chiavino, scoppiò d'improvviso in una tale risata che dovette reggersi la pancia con le mani.

« La morte! » rise. « È incredibile! Supera qualunque altra cosa che abbia mai sentito dire! Come sono stupide e cieche, queste grandi scimmie, al confronto di noi piccoli gnomi. Non ho mai sentito una scempiaggine più grossa! »

Quando mi svegliai e guardai fuori della finestra, la terra era bianca di neve fresca. Alto nel cielo udii un battito d'ali e il richiamo d'uno stormo di oche selvatiche. Che Dio ti accompagni, piccolo gnomo!

Mi sedetti per far colazione. Una scodella di polenta, latte fresco della mucca e una tazza di caffè eccellente. Lo zio Lars mi raccontò che si era alzato due volte durante la notte. Il cane lappone aveva continuato a ringhiare, come se vedesse o sentisse qualche cosa. Egli stesso credeva d'aver visto una forma scura, che avrebbe potuto essere quella di un lupo, girare furtivamente intorno alla casa. Una volta gli parve di sentire un suono di voci che veniva dalla stalla delle mucche; fu rassicurato quando si accorse che ero io che parlavo nel sonno. I polli chiocciavano ed erano stati irrequieti tutta la notte.

« Guarda qui, » disse zio Lars indicando nella neve fresca una traccia che conduceva alla mia finestra. « Ce ne saranno stati almeno tre. Ho vissuto qui per trent'anni e non ho mai visto le tracce d'un lupo così vicino alla casa. Hai visto qui? » disse indicando un'altra traccia grande come un'impronta d'uomo. « Da principio, quando l'ho veduta, credevo di sognare. Com'è vero che mi chiamo Lars Anders, l'orso è stato qui stanotte, e queste sono le tracce del suo cucciolo. Sono dieci anni dacchè ne ho ammazzato uno in questa foresta. Senti quel borbottio dentro al grande pino che è accanto alla stalla delle mucche? Ci devono essere almeno un paio di dozzine di scoiattoli; in vita mia non ne ho mai visti tanti in un solo albero. Hai sentito il grido della civetta nella foresta e il richiamo dello smergo del lago, tutta la notte? Hai sentito il nottolone filare intorno alla casa all'alba? Non posso spiegarmelo. Di solito tutta la foresta dopo il tramonto è silenziosa come una tomba. Perchè stanotte sono venuti qui tutti questi animali? Nè Kerstin nè io abbiamo chiuso occhio. Kerstin crede che sia la fanciulla lappone che ha stregato la casa, ma lei dice che è stata battezzata a Rukne l'estate scorsa. Ma non si sa mai con questi Lapponi, son tutti pieni di stregonerie e intrighi del diavolo. In ogni modo l'ho mandata via all'alba, cammina veloce, e prima del tramonto sarà alla scuola lappone a Rukne. Tu, quando vai via? »

Risposi che non avevo nessuna fretta; mi sarebbe piaciuto di restare qualche giorno, mi piaceva molto Forsstugan.

Lo zio Lars disse che la sera stessa suo figlio sarebbe stato di ritorno dal taglio della legna, non sarebbe rimasta nessuna camera dove avrei potuto dormire. Dissi che non mi importava di dormire nel granaio, mi piaceva l'odore del fieno. Nè zio Lars nè madre Kerstin sembravano gradire quest'idea. Non potei fare a meno di accorgermi che volevano liberarsi di me, quasi non mi rivolgevano la parola, sembrava mi temessero.

Domandai allo zio Lars dello straniero che era venuto a Forsstugan due giorni prima e che aveva mangiato tutto il pane. Non parlava una parola di svedese, disse Lars Anders, e il lappone finlandese che portava gli attrezzi da pesca e le lenze diceva che avevano smarrito la strada. Erano quasi morti di fame, quando arrivarono e mangiarono tutto quello che c'era in casa. Zio Lars mi mostrò la moneta che aveva voluto dare ai nipotini : era possibile che fosse oro vero?

Era un *sovereign* inglese. Sul pavimento presso la finestra c'era un *Times* indirizzato a sir John Scott. Lo aprii e lessi a grandi lettere :

Terribile colera a Napoli
più di mille casi al giorno

Un'ora più tardi Pelle, il nipotino dello zio Lars, stava davanti alla casa col peloso cavallino norvegese. Lo zio Lars rimase sbalordito quando volli pagargli almeno le provvigioni del mio zaino; diceva che non aveva mai sentito una cosa simile. Diceva ancora che non dovevo avere preoccupazioni. Pelle conosceva bene la strada. Era un viaggio piuttosto facile e comodo in questa stagione. Otto ore di cavallo attraverso la foresta fino a Rukne, seguendo la corrente, tre ore nella barca di Liss Jocum, sei ore a piedi attraverso la montagna fino al primo villaggio con chiesa, due ore attraverso il lago a Losso Jarvi e di qui otto ore di facile scorrazzata fino alla nuova stazione ferroviaria. Ancora nessun treno per viaggiatori, ma l'ingegnere certamente mi avrebbe lasciato salire sulla locomotiva per duecento miglia, finchè avessi potuto prendere il treno merci.

Lo zio Lars aveva ragione, fu un viaggio facile e comodo, almeno così mi sembrò allora. Come mi sembrerebbe oggi? Ugualmente facile e comodo fu il viaggio attraverso l'Europa centrale, nei miserabili treni di quei tempi, quasi senza dormire. Dalla Lapponia a Napoli: guardate la carta geografica!

## 8  *Napoli*

Se qualcuno desiderasse sapere del mio soggiorno a Napoli, dovrebbe cercare le *Lettere da una città dolente*, se gli sarà possibile trovarne una copia, poichè il piccolo libro è da molto tempo esaurito e dimenticato. Ho riletto da poco con molto interesse queste *Lettere da Napoli*, come erano chiamate nell'originale svedese.[1] Oggi non riuscirei a scrivere un libro simile, neanche a costo della vita. C'è molta esuberanza giovanile in queste lettere, c'è anche molta vanità. Evidentemente ero piuttosto soddisfatto di me stesso per essermi precipitato dalla Lapponia a Napoli proprio quando tutti l'avevano abbandonata. Mi vantavo assai di girare giorno e notte nei quartieri poveri infetti, coperto di pidocchi, nutrendomi di frutta marcia, dormendo in una sporca

[1] Il libro fu pubblicato in italiano per iniziativa di Pasquale Villari e con una sua prefazione.

locanda. Tutto questo è assolutamente vero, non ho nulla da ritrarre; la mia descrizione di Napoli durante il periodo del colera corrisponde esattamente alla visione della città come apparve ai miei occhi di entusiasta.

Ma la descrizione di me stesso è molto meno esatta. Ho avuto la sfacciataggine di scrivere che non avevo paura del colera, che non avevo paura della morte. Ho mentito. Ebbi una tremenda paura di ambedue, dal principio alla fine. Nella prima lettera descrivevo come, mezzo svenuto dal fetore di acido fenico nel treno vuoto, uscissi sulla piazza deserta, a sera tarda; come nelle strade sorpassassi lunghe file di carrette e di omnibus carichi di cadaveri, diretti al cimitero dei colerosi; e come trascorressi l'intera notte fra i moribondi nei miserabili fondaci dei quartieri bassi. Ma non c'è nessuna descrizione di come un paio d'ore dopo il mio arrivo tornassi alla stazione, a chiedere ansiosamente informazioni sul treno per Roma, per la Calabria, per gli Abruzzi, per qualunque posto, il più lontano possibile, soltanto per uscire da quell'inferno. Se ci fosse stato il treno, le *Lettere da una città dolente* non ci sarebbero state. Ma invece non c'era nessun treno sino al mezzogiorno dell'indomani, poichè le comunicazioni colla città infetta erano molto ridotte. Non mi restava altro che andare a fare un bagno a Santa Lucia all'alba e tornare nei bassifondi con la testa rinfrescata, ma sempre tremante di paura. Nel pomeriggio la mia offerta di far parte del corpo medico nell'ospedale dei colerosi di Santa Maddalena fu accettata. Due giorni dopo scomparivo dall'ospedale avendo scoperto che il mio posto non era fra i moribondi dell'ospedale, ma fra quelli dei bassifondi.

Quanto più facile sarebbe per loro e per me, pensavo, se almeno la loro agonia non fosse così lunga, così terribile! Stavano lì, sdraiati per delle ore, per dei giorni, in *stadium algidum*, freddi come cadaveri, con gli occhi e le bocche spalancati, con tutte le apparenze della morte, eppure ancora vivi! Per quei pochi che potevano ancora inghiottire, un cucchiaino di laudano, che uno dei volontari della Croce Bianca si affrettava a versare nelle loro bocche, quanto era meglio! Almeno questo poteva finirli prima che i soldati e i beccamorti semiubriachi venissero la sera per gettarli a mucchi nell'immensa fossa del camposanto dei colerosi. Quanti ve ne furono gettati vivi? Sembravano tutti assolutamente uguali; spesso io stesso non potevo dire se fossero morti o vivi. Non c'era tempo da perdere, ce n'erano a dozzine in ogni vicoletto, gli ordini erano severi, dovevano essere tutti sepolti durante la notte.

Quando l'epidemia si avvicinò al suo massimo sviluppo, non ebbi più nessuna ragione di lagnarmi che la loro agonia fosse così lunga. Ben presto cominciarono a cadere per la strada come fulminati, per essere poi raccolti dalla polizia e trasportati all'ospedale dei colerosi per morirvi qualche ora più tardi. Il vetturino che allegramente mi portò una mattina alla prigione dei forzati del Granatello presso Portici, e che doveva riportarmi a Napoli, era disteso morto nella sua carrozza quando tornai a cercarlo la sera stessa. Nessuno volle interessarsi di lui a Portici, nessuno volle aiutarmi a toglierlo dalla vettura. Dovetti montare a cassetta e riportarlo io stesso a Napoli. Anche lì nessuno volle interessarsene e alla fine dovetti condurlo al cimitero dei colerosi per potermene sbarazzare.

Spesso la sera, quando tornavo alla locanda, ero così stanco che mi buttavo sul letto senza spogliarmi, senza nemmeno lavarmi. Cosa importava che mi lavassi con quell'acqua sudicia, cosa importava che mi disinfettassi, quando tutti e tutto intorno a me era infetto, il cibo che mangiavo, l'acqua che bevevo, il letto dove dormivo, l'aria stessa che respiravo? Spesso avevo troppa paura di coricarmi, troppa paura di stare solo. Dovevo correre di nuovo in strada, per passare il resto della notte in qualche chiesa. Santa Maria del Carmine era il mio quartiere notturno preferito. Sopra una pan-

143

ca della navata sinistra di quell'antica chiesa ho gustato i
miei migliori sonni. C'erano molte chiese dove potevo dormire quando non osavo tornare a casa. Tutte le centinaia
di chiese e cappelle di Napoli erano aperte l'intera notte,
sfolgoranti di ceri votivi e stipate di gente. Tutte le loro centinaia di Madonne e santi erano al lavoro, giorno e notte,
per visitare i moribondi nei rispettivi quartieri. Guai a loro
se osavano apparire nel quartiere di uno dei loro rivali! Perfino la venerabile Madonna del Colera, che aveva salvato la
città nella terribile epidemia del 1834, era stata fischiata
qualche giorno prima ai Banchi Nuovi.

Ma non era soltanto del colera che avevo paura. Dal principio alla fine fui terrorizzato anche dai topi. Sembravano
ugualmente in casa loro nei fondaci, nei « bassi » e nei sot-
terranei dei quartieri poveri, quanto i disgraziati esseri umani che lì vivevano e morivano. Per essere giusti erano, in
massima parte, topi inoffensivi e ben educati, almeno con i
vivi, occupati nel loro lavoro di raccoglitori di rifiuti, a loro
abbandonati fin dal tempo dei Romani. Erano gli unici abitanti dei quartieri poveri sicuri di saziarsi. Erano mansueti
come gatti e quasi altrettanto grossi. Una volta trovai una
vecchia, ridotta pelle ed ossa, quasi nuda, sdraiata su un
materasso di paglia marcia, in una grotta quasi buia. Era la
*vavona*, la nonna. Paralizzata e completamente cieca, giaceva lì da anni. Sul sudicio pavimento della caverna stavano
una mezza dozzina di topi enormi seduti in cerchio, intorno
al loro indescrivibile pasto mattutino, guardandomi con interesse, quasi con simpatia, senza muoversi. La vecchia stendeva il suo braccio scheletrico e strillava con voce rauca:
« Pane! pane! »

Ma quando la commissione sanitaria iniziò il suo vano
tentativo di disinfettare le fogne, la situazione cambiò, la
mia paura divenne terrore. Milioni di topi, che vivevano indisturbati nelle fogne dal tempo dei Romani, invasero la
parte bassa della città. Intossicati dalle esalazioni di zolfo

e di acido fenico, si precipitavano nei quartieri bassi come cani arrabbiati. Non ne avevo mai visto di simili. Erano completamente calvi, con la coda straordinariamente lunga e rossa, occhi feroci, iniettati di sangue e denti neri e appuntiti, lunghi come quelli d'un furetto. Se si colpivano con un bastone, si rivoltavano e addentavano il bastone come un cane bulldog. Mai in vita mia ho avuto tanta paura di un altro animale come di quei topi impazziti; perchè sono sicuro che erano pazzi. Tutto il quartiere Basso Porto era in terrore. Dozzine di uomini, donne e bambini gravemente morsi furono portati all'ospedale dei Pellegrini proprio il primo giorno dell'invasione. Alcuni bambini furono letteralmente divorati.

Non dimenticherò mai una notte in un fondaco, in vicolo della Duchessa. La camera, o meglio l'antro, era quasi buio, illuminato soltanto da una piccola lampada a olio davanti alla Madonna. Il padre era morto da due giorni, ma il corpo era ancora lì, sotto un mucchio di cenci. La famiglia era riuscita a nasconderlo alla polizia, che cercava i morti per portarli al cimitero. Questa era un'abitudine, nei bassifondi. Ero seduto per terra accanto alla figlia, colpendo i topi con il mio bastone. Lei era già completamente algida ma sempre cosciente. Potevo udire i topi che rodevano ininterrottamente il corpo del padre. A un certo punto questo mi rese così nervoso, che dovetti alzarlo in un angolo come una pendola. Ma dopo poco i topi cominciarono di nuovo a rodergli voracemente le gambe e i piedi. Non potevo più sopportarlo. Quasi svenuto dalla paura, corsi via.

La farmacia di San Gennaro era anche un mio rifugio favorito, quando temevo d'esser solo. Era aperta giorno e notte. Don Bartolo stava sempre in piedi, manipolando le sue varie misture e rimedi miracolosi tolti dalla sua serie di vasi di Faenza del Settecento, con le iscrizioni delle droghe in latino, per la maggior parte a me sconosciute. Un paio di grandi bottiglie di vetro con un serpente e un feto sotto spirito adornavano la credenza. Davanti al reliquiario di San Gennaro, il patrono di Napoli, ardeva la lampada sacra e fra le tele di ragno del soffitto pendeva un gatto imbalsamato con due teste. La specialità della farmacia era la famosa mistura anticolerica di don Bartolo, con impressa l'effigie di San Gennaro da una parte, e un teschio dall'altra, con sotto le parole « Morte al colera ». La sua composizione era un segreto di famiglia, tramandato di padre in figlio dall'epidemia del 1834, quando, in collaborazione con San Gennaro, aveva salvato la città. Un'altra specialità della farmacia era una misteriosa bottiglia con impresso un cuore trafitto dalla freccia di Cupido: un filtro d'amore. Anche la composizione di questo era un segreto di famiglia; capivo che era molto richiesto. I clienti di don Bartolo provenivano per lo più dalle varie chiese e conventi prossimi alla sua strada. C'era sempre una coppia di preti o frati seduti nelle seggiole davanti al banco, in animata discussione sugli eventi del giorno, sugli ultimi miracoli compiuti da questo o quel santo e sulla potenza delle diverse Madonne: la Madonna del Carmine, la Madonna dell'Aiuto, la Madonna della Buona Morte, la Madonna del Colera, l'Addolorata, la Madonna Egiziaca. Raramente, molto raramente, ho sentito menzionare il nome di Dio: il nome di Suo Figlio mai. Una volta osai esprimere la mia sorpresa per questa omissione di Cristo nelle loro discussioni a un vecchio frate cencioso che mi era particolarmente amico. Il vecchio frate non mi nascose la sua opinione personale: Cristo doveva la sua reputazione unicamente al fatto d'aver avuto la Madonna per madre. Per quanto egli ne sapesse, Cristo non aveva mai salvato nessuno dal colera. La sua santa Madre aveva consumato i suoi occhi piangendo per Lui. E Lui come l'aveva ricompensata? Ha detto: « Che v'è fra me e te, o donna? »

« Perciò è finito male. »

Quando il sabato si avvicinava, i nomi dei diversi santi e madonne sparivano gradatamente dalla conversazione. Il venerdì notte la farmacia era piena di gente gesticolante in animata discussione per le probabilità della vincita al lotto dell'indomani.

Trentaquattro, sessantanove, quarantatrè, diciassette!

Don Antonio aveva sognato che sua zia era morta improvvisamente e gli aveva lasciato cinquemila lire; morte improvvisa: 49, denaro: 70! Don Onorato aveva consultato il gobbo di via Forcella, era sicuro del suo terno: 9, 39, 20! La gatta di don Bartolo aveva partorito sette gattini durante la notte: numeri 7, 16, 64! Don Dionisio aveva appena letto nel *Pungolo* che un camorrista aveva accoltellato un barbiere all'Immacolatella: barbiere 21, coltello 41! Don Pasquale aveva preso i suoi numeri dal custode del cimitero che li aveva uditi chiaramente da una tomba: il morto che parla: 48!

Proprio nella farmacia di San Gennaro incontrai per la prima volta il dottore Villari. Don Bartolo mi aveva raccontato che era venuto a Napoli due anni prima come assistente del vecchio dottor Rispù, il medico ben conosciuto di tutti i conventi e congregazioni del quartiere, che alla sua morte aveva passato la numerosa clientela al suo giovane assistente. Ero sempre felice d'incontrare un mio collega; presi per lui una grande simpatia fin dal primo momento. Era un uomo singolarmente bello, di maniere gentili e tranquille, molto diverso dal comune tipo napoletano. Veniva dagli Abruzzi. Sentii parlare per la prima volta da lui del convento delle Sepolte Vive, la cupa e vecchia costruzione all'angolo della strada, con le piccole finestre gotiche e i grandi, solidi cancelli di ferro, tetra e silenziosa come una tomba. Era vero che le monache entravano da questi cancelli avvolte nel sudario dei morti e stese in una bara, e che non potevano più uscire finchè vivevano?

Sì, era perfettamente vero, le monache non avevano nessuna comunicazione col mondo esterno. Egli stesso, durante le sue rare visite professionali al convento, era preceduto da una vecchia monaca che suonava un campanello, per avvertire le altre di rinchiudersi nelle loro celle.

Era vero quanto avevo sentito dire da padre Anselmo, il loro confessore, che il giardino del chiostro era pieno di marmi antichi? Sì. Egli aveva notato molti frammenti sparsi qua e là: gli avevano detto che il convento si trovava sopra le rovine d'un tempio greco.

Sembrava che il mio collega trovasse piacere a parlare con me, diceva di non avere nessun amico a Napoli. Come tutti i suoi compaesani odiava e detestava i napoletani. Ciò che aveva visto da quando era scoppiato il colera glieli rendeva ancora più odiosi. Era difficile non credere che la collera di Dio fosse caduta sulla loro depravata città! Sodoma e Gomorra non erano niente in confronto di Napoli. Non vedevo io quanto succedeva nei quartieri poveri, per le strade, nelle case infette, anche nelle chiese, mentre pregavano un santo e ne maledicevano un altro? Una frenesia di desiderio travolgeva Napoli, immoralità e vizio dovunque, proprio di fronte alla morte. Gli assalti alle donne erano divenuti così frequenti che nessuna donna per bene osava lasciare la propria casa.

Non sembrava che avesse paura del colera, diceva che si sentiva completamente sicuro sotto la protezione della Madonna. Come invidiavo la sua fede! Mi mostrava le due immagini che sua moglie aveva appeso intorno al suo collo il giorno che il colera era scoppiato. Una era la Madonna del Carmine, l'altra era santa Lucia, la santa patrona di sua moglie, che si chiamava Lucia. Essa le aveva portate in un piccolo medaglione da quando era bambina. Io dicevo che conoscevo bene santa Lucia, sapevo che era la protettrice degli occhi. Avevo spesso desiderato accendere una candela davanti al suo reliquiario, io che avevo vissuto tanti anni con la paura di perdere la vista. Mi disse che avrebbe detto a sua moglie di ricordarmi nelle sue preghiere alla santa, che aveva perso gli occhi, ma che aveva ridato la vista a tanti altri. Mi raccontò che dal momento in cui lasciava la casa, al mattino, sua moglie stava accanto alla finestra aspettando il suo ritorno. Non aveva che lui al mondo, l'aveva sposato contro la volontà dei suoi genitori. Avrebbe voluto mandarla lontano dalla città infetta, ma si era rifiutata di lasciarlo. Gli domandai se non avesse paura della morte. Disse: non per se stesso, ma per sua moglie. Se almeno la morte per colera non fosse così ripugnante! Meglio essere portato subito al cimitero, che essere visto dagli occhi che vi amavano!

« Sono sicuro che tutto vi andrà bene, » dissi. « Avete almeno qualcuno che prega per voi. Io non ho nessuno. »

Un'ombra passò sul suo bel viso.

« Promettetemi che se... »

« Non parliamo della morte, » l'interruppi con un brivido.

La piccola osteria dell'Allegria, dietro la piazza del mercato, era il mio abituale luogo di riposo. Il cibo era abominevole, ma il vino eccellente, sei soldi al litro; ne avevo in abbondanza. Spesso vi passavo metà della notte, quando non osavo tornare a casa. Cesare, il cameriere notturno, divenne in breve mio grande amico. Dopo il terzo caso di colera nella mia locanda finii per traslocarmi in una camera della casa dove abitava lui. I miei nuovi quartieri erano sudici quanto la locanda, ma Cesare aveva ragione, era molto meglio essere in compagnia. Sua moglie era morta, ma Mariuccia, sua figlia, era viva, e come! Credeva di aver quindici anni, ma era completamente sbocciata; con gli occhi neri e le labbra rosse assomigliava alla piccola Venere del Museo Capitolino. Lavava la mia biancheria, mi cuoceva i maccheroni e mi rifaceva il letto quando non se ne dimenticava. Non aveva mai visto nessun forestiero prima di me. Veniva spesso in camera mia con un grappolo d'uva, una fetta di cocomero o un piatto di fichi. Quando non aveva altro da offrirmi, toglieva la rosa dai suoi riccioli neri e me la presentava col suo incantevole sorriso di sirena, e una domanda scintillava nei suoi occhi : non mi sarebbe piaciuto d'avere anche le sue labbra rosse? Tutto il giorno cantava in cucina con la sua voce stridula :

« Amore! Amore! »

Di notte la sentivo rigirarsi nel suo letto dall'altra parte del tramezzo. Diceva che non poteva dormire, diceva che aveva paura di star sola la notte, aveva paura di dormire sola. E io non avevo paura a dormire solo?

« Dormite, signorino? » sussurrava dal suo letto.

No, non dormivo, ero sveglissimo. Non piaceva neppure a me « dormire solo ».

Che nuova paura faceva batter il mio cuore tanto tumultuosamente e mi faceva scorrere il sangue nelle vene con velocità febbrile? Perchè quando stavo mezzo addormentato nella navata laterale di Santa Maria del Carmine, non mi ero accorto di tutte queste bellissime ragazze dagli scialli neri, che stavano al mio fianco in ginocchio sul pavimento di marmo, che mi sorridevano di nascosto, distogliendosi dalla preghiera e dal raccoglimento? Come avrei potuto passare ogni giorno, per settimane, davanti alla fruttivendola dell'angolo della strada, senza fermarmi a chiacchierare con Nannina, la sua bella figliola, che aveva sulle guance lo stesso colore delle pesche che vendeva? Perchè non mi ero accorto prima che la fioraia di piazza del Mercato aveva lo stesso incantevole sorriso della *Primavera* di Botticelli? Come avrei potuto passare tante serate all'osteria dell'Allegria senza accorgermi che era il brio degli occhi di Carmela e non il vino di Gragnano che mi montava alla testa? Come era possibile che avessi sentito soltanto il gemito dei moribondi e il rintocco delle campane, mentre ogni strada echeggiava di risa e canzoni d'amore? Quando sotto ogni portico stava una ragazza che sussurrava al suo amoroso?

> « *Oi Marì, oi Marì,*
> *quanto suonno aggio*

*perso pe' te:*
*Famme dormì*
*abbracciato 'na notte ccu te* » [1]

cantava un giovanotto sotto la finestra di Mariuccia.

« *O Carmè! O Carmè!* » cantava un altro fuori dell'osteria.

« *Vorrei baciar i tuoi capelli neri*, » risuonava una voce da piazza Mercato.

« *Vorrei baciar i tuoi capelli neri*, » echeggiava alle mie orecchie, mentre stavo a letto ascoltando il respiro del sonno di Mariuccia dall'altra parte del tramezzo.

Cosa mi era successo? Ero stregato? Una di queste ragazze aveva forse versato qualche goccia del filtro d'amore di don Bartolo nel mio vino? Cosa era accaduto a tutta quella gente intorno a me? Erano tutti ubriachi del vino nuovo, o erano diventati pazzi di voluttà, in faccia alla morte?

« *Morte al colera! evviva la gioia!* »

Ero seduto al mio tavolo abituale, nell'osteria deserta, davanti ad una bottiglia di vino. Era già mezzanotte passata e pensavo che era meglio restare dove mi trovavo e ritornare a casa con Cesare, quando avrebbe finito il suo lavoro. Un ragazzo si avvicinò correndo al mio tavolo e mi porse un pezzo di carta.

« Venite », c'era sopra scarabocchiato in lettere quasi illeggibili.

Cinque minuti più tardi ci arrestammo davanti ai grandi cancelli di ferro del convento delle Sepolte Vive. Venni introdotto da una vecchia suora, che mi precedeva, attraverso un giardino del chiostro, suonando un campanello. Passammo per un immenso corridoio deserto: un'altra suora

---

[1] In italiano nel testo sia le parole della canzone, sia i corsivi che seguono.

151

alzò una lanterna al mio viso e aprì la porta di una camera fiocamente illuminata. Per terra un materasso: sopra, disteso, il dottor Villari. Dapprima quasi non lo riconobbi. Padre Anselmo gli stava somministrando gli ultimi Sacramenti. Era già in *stadium algidum*; il corpo era freddo ma vedevo dai suoi occhi che era ancora cosciente. Guardai il suo volto con un brivido. Non era il mio amico che guardavo, era la morte, la terribile, ripugnante morte. Alzò le sue mani più volte, indicandomi. La sua faccia stravolta si contraeva in uno sforzo disperato per parlare. Dalle labbra trementi uscì distintamente la parola « specchio! » Una suora portò, dopo un po' di attesa, un piccolo specchio. Lo tenni davanti ai suoi occhi semichiusi. Scosse la testa diverse volte. Fu il suo ultimo segno di vita. Un'ora dopo il suo cuore si arrestò.

La carretta era davanti al cancello per portare via i cadaveri delle due monache morte durante il giorno. Sapevo che stava a me decidere se farlo portare via nello stesso tempo o lasciarlo dov'era fino alla sera seguente. Mi avrebbero creduto se avessi detto che era sempre vivo; aveva conservato lo stesso aspetto di quando ero arrivato. Non dissi nulla. Due ore dopo fu gettato con centinaia di altri corpi nella fossa comune del cimitero dei colerosi. Avevo capito perchè aveva alzato la mano indicandomi, e perchè aveva scosso la testa quando avevo tenuto lo specchio davanti ai suoi occhi. Non voleva che sua moglie vedesse quello che aveva visto lui nello specchio, e voleva che io andassi da lei a comunicarglielo quando tutto fosse finito.

Mentre sostavo davanti alla sua casa, vidi una bianca faccia di donna, quasi una fanciulla, alla finestra. Barcollò all'indietro con gli occhi pieni di terrore mentre aprivo la porta.

« Voi siete il dottore forestiero di cui lui mi ha tanto parlato? Non è tornato, sono stata alla finestra tutta la notte. Dov'è? »

Si gettò uno scialle sul dorso e si precipitò verso la porta. « Portatemi subito da lui, devo vederlo subito! »

La trattenni, dicendole che prima dovevo parlarle. Le raccontai che si era sentito male al convento delle Sepolte Vive, che il luogo era tutto infetto e che lei non poteva andarci, doveva pensare al bambino che stava per mettere al mondo.

« Aiutatemi a scendere, aiutatemi a scendere! Devo andare da lui subito, perchè non mi aiutate? » singhiozzò.

Ad un tratto gettò un grido acuto e si abbattè sulla sedia quasi svenuta.

« Non è vero, non è morto, perchè non parlate? Siete un bugiardo, non può essere morto senza che io lo abbia visto. »

Si slanciò di nuovo verso la porta.

Ancora una volta la trattenni.

« Non potete vederlo, non è più lì, è... »

Si slanciò su di me come un animale ferito.

« Non avevate nessun diritto di farlo portar via finchè non l'avessi visto, » gridò, pazza di rabbia. « Era la luce dei miei occhi, mi avete tolto la luce degli occhi! Siete un bugiardo, un assassino! Santa Lucia, togliete la luce dagli occhi suoi, come lui ha tolto la luce dagli occhi miei. Strappategli gli occhi come vi siete strappati i vostri! »

Una vecchia si precipitò nella stanza e si slanciò su di me con le mani alzate, come se volesse graffiarmi il viso.

« Santa Lucia, toglietegli la vista. Ciecatelo! » urlò ad alta voce. « *Potess'essere cecato, potess'essere cecato!* » gridava sempre dal pianerottolo, mentre fuggivo barcollando per le scale.

La terribile maledizione, la più terribile che mai avrebbero potuto scagliare contro di me, rintronò nei miei orecchi tutta la notte. Non osavo tornare a casa, avevo paura del buio. Passai il resto della notte in Santa Maria del Carmine, mi pareva che il giorno non venisse mai.

La mattina entrai barcollando nella farmacia di San Gennaro per prendere il mio abituale ricostituente, un'altra specialità di don Bartolo, di straordinaria efficacia. Padre Anselmo aveva allora lasciato un messaggio per me perchè andassi subito al convento.

Tutto il convento era in agitazione, c'erano tre nuovi casi di colera. Padre Anselmo mi raccontò che, dopo una lunga conversazione fra lui e la badessa, avevano deciso di domandarmi di sostituire il mio collega morto, finchè non si trovasse un altro medico. Alcune suore, colpite dal panico, correvano di qua e di là per i corridoi; altre pregavano o cantavano i salmi propiziatori nella cappella. Le tre monache erano sdraiate su materassi di paglia nelle loro celle. Una morì nella serata. Al mattino la vecchia suora che mi aiutava fu colpita a sua volta. Venne sostituita da una giovane di cui mi ero già accorto durante la mia prima visita; sarebbe stato difficile non notarla perchè era molto giovane e di una bellezza straordinaria. Non mi disse mai una parola. Non mi rispose nemmeno quando le domandai il suo nome, ma seppi da padre Anselmo che era suora Orsola. Più tardi, nella giornata chiesi di parlare alla badessa e suora Orsola mi condusse alla sua cella. La vecchia badessa mi guardò coi suoi freddi occhi penetranti severi e scrutatori come quelli d'un giudice. Il volto era rigido e inanimato come se fosse scolpito nel marmo; le labbra sottili sembrava che non si fossero mai schiuse ad un sorriso. Le dissi che tutto il convento era infetto, che le condizioni sanitarie erano spaventose, l'acqua nel pozzo del giardino era inquinata, tutto il convento avrebbe dovuto essere sgombrato o tutti sarebbero morti di colera.

Mi rispose che era impossibile, ch'era contro le regole del loro ordine, che nessuna monaca, una volta entrata nel convento, l'aveva mai lasciato da viva. Dovevano tutte restare dove erano: erano nelle mani della Madonna e di San Gennaro.

Ad eccezione di una rapida visita alla farmacia, per una

sempre crescente dose del miracoloso ricostituente di don Bartolo, non lasciai mai il convento per parecchi indimenticabili giorni di terrore. Dovetti dire a padre Anselmo che avevo bisogno di vino, e presto ne ebbi in abbondanza, probabilmente troppo. Sonno non ne avevo quasi punto, non mi sembrava di averne bisogno. Non credo che avrei potuto dormire, anche se ne avessi avuto l'opportunità; la paura e le innumerevoli tazze di caffè nero avevano messo tutta la mia attività cerebrale in uno stato di eccitazione straordinaria che non mi faceva sentire la fatica. Il mio solo riposo era quando potevo recarmi furtivamente nel giardino del chiostro, dove fumavo infinite sigarette, seduto su una vecchia panca di marmo ch'era sotto i cipressi. Frammenti di marmo antico erano sparsi per tutto il giardino; anche la balaustra del pozzo era stata una volta un cippo, un altare romano. Ora è nel cortile di San Michele. Ai miei piedi c'era un fauno mutilato, di rosso antico, e seminascosto fra i cipressi stava un piccolo Eros, ancora eretto sopra la sua colonna di marmo africano. Un paio di volte avevo trovato suora Orsola seduta sulla panca: diceva che era dovuta uscire per prendere una boccata d'aria fresca, altrimenti sarebbe svenuta per il fetore che c'era in tutto il convento. Una volta mi portò una tazza di caffè e stava davanti a me, aspettando la tazza, mentre lo sorbivo più lentamente possibile per farla restare un poco più a lungo. Mi pareva che fosse diventata un po' meno timida, e che non le dispiacesse che impiegassi tanto tempo a restituirle la tazza vuota. Guardarla, sembrava un riposo ai miei occhi stanchi. Presto diventò la mia gioia, perchè era molto bella. Capiva quanto le diceva il mio sguardo, ma le mie labbra non osavano dire, che io ero giovane e lei bella? C'erano dei momenti in cui quasi lo credevo.

Le domandai perchè era venuta a seppellire la sua giovinezza nel convento delle Sepolte Vive. Non sapeva che fuori da questo posto di terrore e di morte il mondo era bello come prima, che la vita era piena di gioia e non soltanto di tristezza?

« Sapete chi è questo ragazzo? » dissi indicando il piccolo Eros sotto i cipressi.

Credeva che fosse un *angelo*.

No, è un dio, il più grande di tutti gli dei e forse il più vecchio. Regnava già sull'Olimpo e oggi ancora regna sopra il nostro mondo.

« Il vostro convento sta sopra le rovine d'un tempio antico, le cui mura sono crollate in polvere, distrutte dal tempo e dall'uomo. Solo questo piccolo ragazzo è rimasto al suo posto, con la faretra di frecce in mano, pronto ad alzare il suo arco. Egli è indistruttibile, perchè è immortale. Gli antichi lo chiamavano Eros, egli è il dio dell'amore. »

Mentre dicevo la parola sacrilega, la campana della cappella chiamava le suore alle preghiere serali. Si fece il segno della croce e abbandonò frettolosamente il giardino.

Un momento dopo un'altra suora arrivò correndo per condurmi dalla badessa. Era svenuta nella cappella, l'avevano appena portata nella sua cella. La badessa mi guardò con i suoi occhi terribili. Alzò la mano e mi indicò il Crocefisso sul muro, le portarono gli ultimi Sacramenti. Non si riprese, precipitò rapidamente. Rimase tutto il giorno con il Crocefisso sul petto, il rosario nelle mani, gli occhi chiusi, mentre il corpo si raffreddava lentamente. Una volta o due mi parve di sentire un leggero battito del cuore, poi, non percepii più nulla. Guardai la rigida faccia crudele della vecchia badessa, che neanche la morte aveva potuto addolcire. Era quasi un sollievo per me che i suoi occhi fossero chiusi per sempre; c'era qualcosa in quegli occhi che mi aveva spaventato. Guardai la giovane monaca al mio fianco.

« Non posso restare qui più a lungo, » dissi. « Non ho dormito da quando sono venuto, la testa mi gira, non mi sento in me, non so quello che fo, ho paura di me stesso, ho paura di voi, ho paura di... »

Non ebbi il tempo di finire la parola, lei non ebbe il tempo di tirarsi indietro, le mie braccia l'avevano circondata, sentivo il battito tumultuoso del suo cuore vicino al mio.

« Pietà! » mormorò.

Ad un tratto indicò il letto e fuggì dalla camera con un grido di terrore. Gli occhi della badessa erano spalancati e mi fissavano, terribili e minacciosi. Mi chinai sopra di lei, mi parve di sentire un leggero fremito del cuore. Era morta o viva? Potevano vedere quei terribili occhi, avevano visto? Parlerebbero mai più quelle labbra? Non osavo guardarli, quegli occhi, tirai il lenzuolo sopra il suo viso e fuggii dalla cella, dal convento delle Sepolte Vive, per non tornarvi mai. più.

Il giorno seguente svenni nella strada Piliero. Quando ripresi coscienza ero sdraiato in una carrozza con una guardia terrorizzata seduta sul sedile davanti a me. Andavamo verso Santa Maddalena, l'ospedale dei colerosi.

Ho descritto altrove come finì quella passeggiata, come tre settimane più tardi il mio soggiorno a Napoli terminò con una gloriosa traversata della baia di Sorrento nella migliore barca a vela insieme a una dozzina di pescatori capresi e come restammo bloccati per tutta un'indimenticabile giornata davanti alla Marina di Capri, impossibilitati a sbarcare per causa della quarantena.

Nelle *Lettere da una città dolente*, mi guardai bene dal descrivere quanto era avvenuto al convento delle Sepolte Vive. Non ho mai osato raccontarlo a nessuno, nemmeno al mio fedele amico dottor Norstrom, che conosceva la maggior parte delle mie scappate giovanili. Il ricordo della mia vergognosa condotta mi tormentò per anni. Più ci pensavo, più mi sembrava incomprensibile. Cosa mi era successo? Quale forza misteriosa mi aveva fatto perdere il controllo dei miei sensi, forti, ma fin allora meno forti della mia volontà? Non ero un nuovo arrivato a Napoli; avevo già chiacchierato e riso con quelle ardenti ragazze del Mezzogiorno. Avevo ballato con loro la tarantella in molte serate estive a Capri. Tutt'al più avrò loro rubato un bacio o due, ma avevo sempre conservato il comando della nave, perfettamente capace di reprimere qualunque segno di insubordinazione della ciurma. Al Quartier Latin, durante la mia vita studentesca, mi ero quasi innamorato di Sœur Philomène, la giovane e bella suora della Salle S.te-Claire : tutto quello che osai fare, fu di stenderle timidamente la mano per dirle addio il giorno che lasciai per sempre l'ospedale, e lei non la prese nemmeno. Ora, a Napoli, avrei desiderato abbracciare ogni ragazza che vedevo, e senza dubbio l'avrei fatto, se non fossi svenuto per la strada Piliero il giorno che baciai una monaca, al letto di morte di una badessa! Tornando col pensiero ai miei giorni napoletani, dopo un intervallo di tanti anni, non posso scusare la mia condotta oggi più di quanto lo potevo allora; ma forse posso, fino ad un certo punto, spiegarla.

Durante tutti questi anni non ho assistito al duello fra la vita e la morte senza riuscire a conoscere meglio i due combattenti. Da principio, quando ho visto la morte al lavoro nelle corsie dell'ospedale, si trattava di una semplice lotta fra i due, un giuoco da ragazzi in confronto di quanto vidi più tardi. A Napoli l'ho vista uccidere più di mille persone al giorno davanti ai miei stessi occhi. A Messina l'ho vista seppellire, in un sol minuto, più di centomila uomini, donne e bambini, sotto le case che crollavano. Più tardi, a Verdun, l'ho vista, le braccia rosse di sangue fino al gomito, trucidare 400.000 uomini e mietere il fiore di tutta un'armata nelle pianure di Fiandra e della Somme. Soltanto da quando l'ho vista operare su vasta scala, ho cominciato a capire qualche cosa della sua tattica di guerra. È uno studio affascinante, pieno di mistero e di contraddizioni. In principio sembra tutto un caos sbalorditivo, una cieca strage senza significato, piena di confusione e di errori. Ad un certo punto la vita, brandendo una nuova arma, si avanza vittoriosa, ma soltanto per ritirarsi un momento dopo, sconfitta dalla morte trionfante. Non è così. La battaglia è regolata nei suoi più minuti particolari da una immutabile legge di equilibrio fra la vita e la morte. Appena questo equilibrio viene turbato da una causa accidentale, sia pestilenza, terremoto o guerra, la vigile natura si pone subito al lavoro per ristabilire il pareggio, e chiama nuovi esseri a prendere il posto dei caduti. Costretti dalla irresistibile forza di una legge naturale, uomini e donne cadono nelle braccia l'un dell'altra, gli occhi accecati dal desiderio, senza rendersi conto che la morte presiede alla loro unione col suo afrodisiaco in una mano, il suo narcotico nell'altra. Morte, datrice di vita, distruttrice di vita, principio e fine.

## 9 *Ritorno a Parigi*

Ero stato assente tre mesi invece di uno. Ero sicuro che molti dei miei ammalati sarebbero rimasti fedeli al mio amico, dottor Norstrom, che li aveva assistiti durante la mia assenza. Mi sbagliai: tornarono tutti da me, alcuni migliorati, altri peggiorati; tutti avevano parole molto gentili per il mio collega, ma egualmente gentili per me. Non mi sarebbe dispiaciuto affatto se fossero rimasti con lui, io ne avevo anche troppi e sapevo che la sua clientela diminuiva sempre più e che era stato costretto ad abbandonare il boulevard Haussmann per un appartamento più modesto in i.. Pigalle. Norstrom era sempre stato un amico leale e mi aveva aiutato a uscire da molte difficoltà al principio della mia carriera, quando facevo anche della chirurgia; era sempre pronto a dividere la responsabilità dei miei numerosi errori. Ricordo bene, per esempio, il caso del barone B. Credo di dovervi raccontare questa storia, per farvi capire che tipo d'uomo fosse il mio amico. Il barone B., uno dei più vecchi membri della colonia svedese, sempre cagionevole di salute, era stato curato da Norstrom per anni. Un giorno Norstrom, con la sua fatale timidezza, gli suggerì di chiamarmi a consulto. Il barone sentì molta simpatia per me. Un nuovo medico è sempre creduto un buon medico, finchè non sia stato provato il contrario. Norstrom voleva un'immediata operazione, io ero contrario. Il barone mi scrisse che era stanco della malinconica faccia di Norstrom e mi pregava di prenderlo in cura. Naturalmente rifiutai, ma Norstrom insistette nel ritirarsi affinchè io assumessi la cura dell'ammalato. Le condizioni generali del barone migliorarono rapidamente: ricevetti congratulazioni da ogni parte. Un mese più tardi mi risultò chiaro che la diagnosi di Norstrom era giusta, ma ormai era troppo tardi per un'operazione; l'uomo era condannato. Scrissi a suo nipote, a Stoccolma, di venire a prenderlo affinchè morisse nel suo paese. Soltanto con grande difficoltà riuscii a persuadere il vecchio signore. Non voleva lasciarmi, io ero l'unico dottore che capisse il suo male. Un paio di mesi più tardi suo nipote mi scrisse che lo zio mi aveva lasciato nel testamento un orologio d'oro a ripetizione, di gran valore, in ricordo di quanto avevo fatto per lui. Spesso lo carico perchè, suonando le ore, mi ricordi che cosa possa formare la fama di un medico.

Da ultimo le relazioni fra me e Norstrom mutarono assai. Ero chiamato sempre più spesso a consulto dai suoi malati, anche troppo spesso. Proprio quel pomeriggio ne avevo visto uno morire inaspettatamente: una vera disgrazia per Norstrom, perchè il paziente era tra i più conosciuti membri della colonia. Norstrom se ne turbò assai. Lo condussi a pranzare con me al Café de la Régence per rallegrarlo un po'.

« Vorrei che tu potessi spiegarmi il segreto del tuo successo e della mia sconfitta, » disse Norstrom, guardandomi mestamente attraverso la bottiglia di St.-Julien.

« È soprattutto questione di forma, » dissi. « C'è poi una diversità di temperamento fra te e me, che mi rende facile afferrare la fortuna per i capelli, mentre tu la lasci sfuggire, restando impassibile, con le mani in tasca. Sono convinto che tu conosci meglio di me il corpo umano, sia sano che malato; eppure, sebbene tu abbia il doppio della mia età, io conosco meglio la mentalità umana. Perchè a quel professore russo, dal quale ti mandai, dicesti che aveva l'angina pectoris? Perchè gli spiegasti tutti i sintomi della sua fatale malattia? »

« Egli insistette per sapere la verità e dovetti dirgliela, altrimenti non mi avrebbe ubbidito. »

« Io non gli avevo detto nulla e mi aveva ubbidito lo stesso. Egli mentiva quando ti diceva che voleva sapere tutto e che non aveva paura della morte. Nessuno vuol sapere quanto sia ammalato, tutti hanno paura della morte e per una buona ragione. Quest'uomo ora sta molto peggio. La sua esistenza è tormentata dalla paura. E tutto per colpa tua. »

« Tu parli sempre dei nervi e della psiche, come se il nostro corpo non fosse fatto d'altro. La causa dell'angina pectoris è nella sclerosi delle arterie coronarie. »

« Domanda al professor Huchard cosa accadde nella sua clinica la settimana scorsa, mentre ci presentava un caso di angina pectoris! La donna ad un tratto ebbe un terribile attacco del male, che il professore stesso temeva potesse esserle fatale. Gli domandai il permesso di provarmi ad arrestare la crisi con la cura psichica: rispose che era inutile, ma acconsentì. Posai la mia mano sulla sua fronte e le dissi che la crisi sarebbe passata subito. Un minuto dopo il terrore scompariva dai suoi occhi, respirò profondamente e affermò di sentirsi meglio. Naturalmente tu dirai che era un caso di pseudo-angina, posso invece provarti il contrario: quattro giorni più tardi ella ebbe ancora un attacco, simile nell'apparenza, ma in meno di cinque minuti ne morì. Tu cerchi sempre di spiegare ai tuoi malati quello che non puoi spiegare a te stesso. Dimentichi che ci troviamo di fronte ad una questione di fede, non di sapienza, come la fiducia in Dio. La Chiesa cattolica non spiega mai nulla e rimane la forza più potente del mondo; la Chiesa protestante cerca di spiegare tutto e sta crollando in frantumi. Meno i tuoi malati sapranno la verità, meglio sarà per loro. Non è stato mai detto che il lavorio degli organi del nostro corpo deve essere vigilato dalla mente; obbligare i tuoi ammalati a pensare alle loro malattie significa farli immischiare nelle leggi della natura. Devi dir loro di fare questo o quello, di prendere il tale o il tal altro rimedio per guarire e che se non hanno l'intenzione di ubbidirvi vadano da un altro. Non andare a visitarli che quando hanno assoluto bisogno di te; non parlar loro troppo, altrimenti presto scopriranno quanto poco sappiamo. I medici, come i re, dovrebbero tenersi in disparte il più possibile o il loro prestigio ne soffrirà; noi tutti guadagnamo a mostrarci in una luce alquanto velata. Guarda la famiglia stessa del medico, che preferisce sempre consultarne un altro. Io sto curando, di nascosto, la moglie di uno dei più celebri medici di Parigi. Non più tardi di oggi mi ha mostrato l'ultima ricetta del marito, per domandarmi se le avrebbe fatto bene. »

« Tu hai sempre delle donne intorno a te. Vorrei piacere alle donne quanto te: perfino la mia vecchia cuoca è innamorata di te, da quando l'hai curata del fuoco di sant'Antonio. »

« Vorrei tanto non piacere ad esse e ti cederei volentieri tutte queste femmine nevrotiche. So che fino ad un certo punto debbo loro la mia reputazione come dottore alla moda, ma lasciami confessare che sono una gran noia, spesso perfino un pericolo. Dici che vuoi piacere alle donne; ebbene non dirlo, non dar loro troppa importanza, non lasciarti comandare come vorrebbero. Alle donne, malgrado non ne sembrino consapevoli, piace molto più ubbidire che

162

essere ubbidite. Pretendono di essere pari a noi, ma sanno assai bene che non lo sono — fortunatamente per loro, — perchè se lo fossero ci piacerebbero molto meno. In generale credo le donne migliori degli uomini, ma non vado certo a dirlo loro. Hanno molto più coraggio, affrontano le malattie e la morte molto meglio di noi, hanno più pietà e sono meno vanitose. Il loro istinto è, nella maggior parte dei casi, una guida nella vita più sicura della nostra intelligenza; ed esse non fanno così spesso delle pazzie come noi. L'amore significa per una donna molto più che per un uomo: è tutto. È meno questione di sensi di quanto l'uomo generalmente immagina. Una donna può innamorarsi di un uomo brutto, anche di un vecchio che sappia svegliarne l'immaginazione. Un uomo non può innamorarsi di una donna se essa non sveglia il suo istinto sessuale, che, contrariamente all'intenzione della natura, nell'uomo moderno sopravvive alla virilità. Quindi non c'è nessun limite d'età per innamorarsi. Richelieu era irresistibile all'età di ottant'anni quando si reggeva appena in piedi, e Goethe ne aveva settanta quando perdette la testa per Ulrica von Levetzow.

« L'amore stesso è di corta durata, come un fiore. Nell'uomo muore di morte naturale col matrimonio, nella donna sopravvive sino alla fine, trasformato in pura tenerezza materna per l'eroe caduto dei suoi sogni. Le donne non possono capire che l'uomo sia poligamo. Egli può assoggettarsi al nostro recente codice di morale sociale, ma il suo irriducibile istinto è soltanto assopito. Resta il medesimo animale, come il Creatore lo ha fatto, pronto a tutto, senza inutili intervalli di riposo!

« Le donne non sono meno intelligenti degli uomini, forse di solito lo sono di più. Ma la loro intelligenza è di qualità differente. È indiscutibile che il peso del cervello dell'uomo è superiore a quello della donna. Le circonvoluzioni cerebrali, già visibili nel neonato, sono completamente diverse nei due cervelli. Le differenze anatomiche diventano ancora più evidenti quando si paragona il lobo occipitale: è precisamente alla pseudo-atrofia di questo lobo nel cervello della donna che Husche attribuisce grande importanza psichica. La differenziazione fra i sessi è legge immutabile della natura, che attraversa tutta la creazione per diventare sempre più accentuata col maggior sviluppo dei tipi. Ci dicono che tutto può essere spiegato dal fatto che abbiamo tenuto per noi la cultura come un monopolio del sesso e che le donne non hanno mai avuto una adeguata opportunità di studiare. Non è vero. Ad Atene la situazione delle donne non era inferiore a quella degli uomini, ogni ramo di cultura era a loro disposizione. Le razze ioniche e doriche hanno sempre riconosciuto la loro libertà, e i Lacedemoni furono anche troppo larghi. Durante tutto l'impero romano, quattrocento anni di alta cultura, le donne hanno goduto grande libertà: basta ricordare che disponevano interamente della loro proprietà. Durante il Medio Evo l'istruzione delle donne era molto superiore a quella degli uomini. I cavalieri sapevano maneggiare più la spada che la penna, i frati erano colti, ma c'erano anche numerosi conventi di monache che offrivano uguale opportunità di studio alle loro abitatrici. Guarda la nostra professione, dove le donne non sono certo delle nuove arrivate! Ci sono già professoresse alla scuola di Salerno. Louise Bourgeois, che fu medico di Maria de' Medici, moglie di Enrico IV, ha scritto un cattivo libro sull'ostetricia; Margherita La Marche era levatrice capo all'Hôtel Dieu nel 1677; Madame La Chapelle e Madame Boivin hanno scritto interminabili libri sulle malattie delle donne, tutta roba assai mediocre. Durante il diciassettesimo e diciottesimo secolo c'erano diverse professoresse nelle famose università italiane di Bologna, Pavia, Ferrara e Napoli. Ma non hanno mai fatto progredire la scienza che coltivavano. Per il semplice fatto che l'ostetricia e la ginecologia erano lasciate nelle mani delle donne, questi due rami della nostra professione sono rimasti per tanto tempo in un ristagno senza rimedio. Il progresso cominciò soltanto quando furono affidati agli uomini. Anche oggi nessuna donna, quando la sua vita o quella del suo bambino fosse in pericolo, si affiderebbe a un medico del suo sesso.

« Guarda la musica. Tutte le signore del Rinascimento suonavano il liuto e più tardi l'arpa e il clavicembalo. Da un secolo tutte le ragazze della migliore società studiano il pianoforte, ma sinora non conosco nessuna composizione di valore di una donna, nè conosco donna che possa eseguire a mio gusto l'adagio sostenuto dell'opera 106 di Beethoven. Ci sono non poche giovani signorine che si occupano di pittura, ma, che io sappia, nessuna galleria in Europa contiene un quadro di prim'ordine firmato da una donna, eccetto, forse, Rosa Bonheur, che ha dovuto radersi il mento e vestirsi da uomo.

« Uno dei più grandi poeti dei tempi antichi era una donna. Della ghirlanda, che circondava la fronte dell'incantatrice, non rimangono che pochi petali di rosa, fragranti d'eterna primavera. Che gioia immortale e che immortale tristezza rievoca ai nostri orecchi quella lontana canzone della costa dell'Ellade! Bellissima Saffo, potrò mai udire la tua voce? Forse 'tu canti ancora in qualche perduto frammento di antologia, intatto sotto la lava di Ercolano! »

« Non voglio sentire più nulla della tua Saffo, » brontolò Norstrom; « quanto so di lei e delle sue adoratrici è più che sufficiente per me. Non voglio sentir più nulla delle donne. Hai bevuto più vino di quanto dovevi, e hai detto un monte di sciocchezze: torniamo a casa! »

A metà strada sul boulevard il mio amico volle della birra, e così ci sedemmo a un tavolino fuori di un caffè.

« *Bonsoir, chéri,* » disse la signora del tavolo accanto, al mio amico. « Non mi vuoi offrire una birra? Non ho cenato. »

Norstrom, con voce irritata, le disse di lasciarlo in pace.

« *Bonsoir, Chloé,* » dissi. « Come va Flopette? »

« Sta facendo le strade secondarie, non è buona a nulla sui boulevard fin dopo mezzanotte. »

Mentre parlava, Flopette apparve e prese posto accanto alla compagna.

« Ti sei data ancora al bere, Flopette, » dissi. « Vuoi andare proprio all'inferno? »

« Sì, » mi rispose con voce rauca. « Peggio di qui non può essere! »

« Non sei molto schizzinoso nella scelta delle tue conoscenze, » brontolò Norstrom, guardando con orrore le due prostitute.

« Ho avuto peggiori conoscenze di queste due, » dissi. « E del resto sono il loro medico. Hanno ambedue la sifilide, e l'assenzio farà il resto; finiranno a St.-Lazare, se non nei fossi. In fondo non pretendono d'essere altro che quello che sono; e di questo, non dimenticarlo, devono ringraziare un uomo, e un altro uomo aspetta all'angolo della strada di fronte che gli consegnino il denaro che noi diamo loro. Non sono così disprezzabili come credi, queste prostitute, rimangono donne sino alla fine, con tutti i loro difetti, ma anche con qualche buona qualità che sopravvive alla loro degradazione. Sembra strano, ma sono anche capaci di innamorarsi nel senso più alto della parola e non puoi immaginare cosa più patetica. Ci fu una prostituta innamorata di me; diventò timida come una ragazza, poteva anche arrossire sotto l'abbondante belletto. Anche questa ripugnante creatura che sta alla tavola accanto, forse sarebbe stata una donna per bene se ne avesse avuto l'opportunità. Lascia che ti racconti la sua storia. Ti ricordi, » dissi, mentre lentamente scendevamo a braccetto il boulevard, « ti ricordi la scuola delle ragazze a Passy, tenuta dalle suore di Santa Teresa, dove mi portasti l'anno scorso per vedere una ragazza svedese che morì di tifo? Poco dopo ci fu un altro caso nella stessa scuola, curato da me: una bellissima ragazza francese di circa quindici anni. Una sera, mentre lasciavo la scuola, fui avvicinato nel solito modo da una donna, che faceva la ronda sul marciapiede di fronte. Mentre le dicevo bruscamente di lasciarmi stare, mi supplicò con voce umile di ascoltare poche parole. Ogni giorno, durante una settimana, mi aveva osservato quando uscivo dalla scuola. Non aveva avuto il coraggio di parlarmi perchè era ancora giorno. Si indirizzava a me come "monsieur le docteur" e mi domandò con voce tremante come stava la ragazza che aveva il tifo e se c'era pericolo.

« "Bisogna che la veda prima che muoia," singhiozzò, mentre le lacrime le scendevano sulle gote dipinte. "Bisogna che la veda, sono la sua mamma."

« Le monache non lo sapevano, la bambina era lì da quando aveva tre anni, il denaro veniva pagato per mezzo della banca. Lei stessa non aveva più visto la fanciulla se non quando la spiava, ogni giovedì, quando le ragazze venivano condotte fuori per la passeggiata pomeridiana. Le dissi che stavo molto in pena per la fanciulla, che l'avrei avvertita se fosse peggiorata. Non volle darmi il suo indirizzo, mi supplicò che la lasciassi aspettare ogni sera per la strada per aver notizie. Per tutta una settimana la trovai lì, tremante d'ansia. Dovetti dirle che la fanciulla peggiorava. Sapevo bene che non era possibile far vedere a questa povera prostituta la sua bambina moribonda. Non potevo far altro che prometterle di avvertirla, quando la fine fosse vicina, e solo per questa ragione acconsentì a darmi il suo indirizzo.

« La sera dopo, andai da lei in una strada malfamata, dietro l'Opéra Comique. Il cocchiere sogghignò e propose di tornare a prendermi un'ora dopo. Gli dissi che un quarto d'ora sarebbe bastato. Dopo un rapido esame della matrona dello stabilimento, fui ammesso alla presenza di una mezza dozzina di donne seminude, con delle corte tuniche di mussolina rossa, gialla o verde. Farei la mia scelta? Dissi che la mia scelta era fatta, volevo mademoiselle Flopette. La matrona era molto dispiacente, mademoiselle Flopette non era ancora scesa, in questi ultimi tempi era stata molto negligente nei suoi doveri, era ancora in camera a vestirsi. Domandai d'esservi introdotto subito. Bisognava pagare venti franchi in anticipo e una mancia a piacere per Flopette, se ne fossi stato soddisfatto, come lo sarei stato certamente. Era "une fille charmante, prête à tout et très rigolo". Mi sarebbe piaciuto che mi si portasse in camera una bottiglia di champagne?

« Flopette stava davanti allo specchio imbellettandosi affannosamente di rosso. Scattò dalla seggiola, afferrò uno scialle per nascondere la sua trasparente uniforme e mi guardò con la faccia di un pagliaccio, con macchie di rosso sulle gote, un occhio nero di Kohl e l'altro rosso di lacrime.

« "No, non è morta, ma sta molto male. La suora di notte è esausta, le ho detto che avrei portato una delle mie infermiere per stanotte. Togliti dalla faccia quell'orribile rossetto, aggiustati i capelli con dell'olio o della vaselina o con quello che vuoi, levati quell'orribile vestito di mussolina e mettiti l'uniforme d'infermiera che troverai in questo pacco. Me la son fatta prestare da una delle mie infermiere, credo che ti andrà bene, sei press'a poco della medesima statura. Tornerò a prenderti fra una mezz'ora."

« Mi fissò senza parlare mentre scendevo le scale.

« "Di già," disse la padrona molto sorpresa. Le dissi che volevo che mademoiselle Flopette passasse la notte con me, sarei ritornato a prenderla.

« Una mezz'ora più tardi, mentre arrivavo davanti alla porta, Flopette apparve nel vano nel lungo mantello d'infermiera, circondata da tutte le dame nelle loro uniformi di mussolina fatte di nulla.

« "Come sei fortunata, Flopette," ridevano in coro; "essere portata al ballo mascherato l'ultima sera di carnevale, sei molto chic e sembri quasi per bene. Vorrei che il tuo *monsieur* ci portasse tutte! "

« " *Amusez-vous, mes enfants,* " sorrideva la padrona, accompagnando Flopette alla mia carrozza. " Ci sono cinquanta franchi da pagare in anticipo! "

« C'era poco da fare. La bambina declinava rapidamente, era completamente incosciente, si capiva che la fine era prossima. La madre rimase tutta la notte seduta a fianco del letto fissando, tra le lacrime, la sua bambina moribonda.

« " Dalle un bacio d'addio, " le dissi mentre l'agonia cominciava, " non aver paura è completamente incosciente. "

« Si chinò sopra la bambina, ma improvvisamente si tirò indietro.

« " Non oso baciarla, " singhiozzò. " Sa che sono proprio marcia? "

« La prima volta che rividi Flopette era completamente ubriaca. Una settimana più tardi si buttò nella Senna. Fu ripescata viva. Cercai di farla ammettere a St.-Lazare, ma non c'era nemmeno un letto disponibile. Un mese dopo bevve una bottiglia di laudano; era già mezzo morta, quando arrivai io. Non mi sono mai perdonato di averle lavato lo stomaco per asportarne il veleno. In mano stringeva la scarpetta di una piccola bambina e nella scarpetta c'era un ciuffo di capelli. Poi si dette all'assenzio, un veleno sicuro come qualunque altro ma, disgraziatamente, più lento. In ogni modo presto finirà nei fossi che, per annegarsi, son più sicuri della Senna. »

Ci arrestammo davanti alla casa di Norstrom, rue Pigalle.

« Buona notte, » disse il mio amico. « Grazie della piacevole serata. »

« Grazie a te, » risposi.

Forse, del viaggio che feci in Svezia quell'estate, meno ne parlo meglio è. Norstrom, il placido raccoglitore di quasi tutte le mie avventure giovanili, diceva che era la peggiore storia che gli avessi raccontato. Oggi non può nuocere a nessuno, all'infuori che a me: posso quindi bene inserirla qui.

Mi fu chiesto dal professor Bruzelius, allora il più celebre medico di Svezia, di andare a San Remo e di ricondurre in patria un suo malato, un ragazzo di diciotto anni, che aveva passato lì tutto l'inverno in avanzato stato di etisia. Recentemente aveva avuto parecchie emottisi. Le sue condizioni erano così gravi, che acconsentii a riportarlo in patria soltanto a patto che fosse accompagnato anche da un membro della sua famiglia, o almeno da un'esperta infermiera svedese. Bisognava considerare la possibilità che morisse in viaggio. Quattro giorni più tardi sua madre arrivò a San Remo. Dovevamo interrompere il nostro viaggio a Basilea e a Heidelberg e prendere il piroscafo svedese da Lubecca a Stoccolma. Arrivammo la notte a Basilea, dopo un viaggio molto penoso. Durante la notte la madre ebbe un attacco cardiaco, che fu per ucciderla. Lo specialista, che la mattina mandai a chiamare, era d'accordo con me che non sarebbe stata in condizioni di viaggiare per un paio di settimane. Restava a decidere se lasciar morire il ragazzo a Basilea o continuare il viaggio con lui solo. Come tutti quelli che stanno per morire, desiderava ardentemente di tornare in patria. Bene o male, decisi di continuare il viaggio con lui per la Svezia. Il giorno dopo il nostro arrivo all'Hotel Victoria ad Heidelberg, egli ebbe una forte emottisi e ogni speranza di continuare il viaggio dovette essere abbandonata. Gli dissi che avremmo dovuto aspettare sua madre per un paio di giorni. Era molto riluttante a rimandare il viaggio anche di un solo giorno. La sera studiava ansiosamente l'orario ferroviario. Quando andai a vederlo dopo mezzanotte dormiva tranquillamente. La mattina lo trovai morto nel letto, senza dubbio per un'emorragia interna. Telegrafai al mio collega di Basilea di comunicare la notizia alla madre e farmi conoscere le sue istruzioni. Il professore mi telegrafò che le condizioni della madre erano così gravi che non osava darle la notizia. Convinto com'ero che ella avrebbe voluto che suo figlio fosse sepolto in Svezia, mi misi in comunicazione con l'impresario delle pompe funebri per gli accordi necessari. Fui informato dall'impresario che, secondo la legge, il corpo doveva essere imbalsamato, prezzo duemila marchi. Sapevo che la famiglia non era ricca. Decisi d'imbalsamarlo io stesso. Non c'era tempo da perdere, era la fine di luglio, il caldo era estremo. Coll'aiuto di un inserviente dell'istituto anatomico, lo imbalsamai sommariamente durante la notte, con una spesa di circa duecento franchi. Fu la prima imbalsamazione che avessi mai fatto e devo confessare ch'era ben lontana dall'essere un successo. La cassa di piombo fu saldata alla mia presenza, la cassa esterna di quercia fu rinchiusa in una cassa comune di abete, secondo i regolamenti ferroviari. Al resto avrebbe pensato l'impresario delle pompe funebri incaricato del trasporto in ferrovia fino a Lubecca e da lì per piroscafo fino a Stoccolma. La somma che avevo ricevuto dalla madre per il viaggio quasi non bastava per pagare il conto dell'albergo. Protestai inutilmente contro il prezzo esorbitante delle masserizie e del tappeto della camera, dov'era morto il ragazzo. Quando tutto fu sistemato mi restava appena il denaro sufficiente per ritornare a Parigi. Non ero mai uscito di casa dal giorno del mio arrivo, di Heidelberg non avevo visto altro che il giardino dell'Hotel de l'Europe sotto le mie finestre. Pensai che avrei almeno potuto dare un'occhiata al famoso antico castello diroccato prima di lasciare la città, dove speravo di non tornare mai più.

Mentre, davanti al parapetto della terrazza del castello,

guardavo la vallata del Neckar ai miei piedi, un cucciolo bassotto si precipitò verso di me, veloce quanto le sue piccole e torte gambe potevano portare il suo corpo lungo e snello, e cominciò a leccarmi la faccia. I suoi occhi furbi avevano subito indovinato il mio segreto. Il mio segreto era che avevo sempre desiderato di possedere proprio un piccolo *Waldmann*, come vengono chiamati nel loro paese d'origine questi cani deliziosi. Sebbene fossi quasi senza denari, comprai subito il Waldmann per cinquanta marchi e tornai trionfante all'Hotel Victoria col Waldmann che trottava alle mie calcagna senza guinzaglio, perfettamente sicuro che il suo padrone ero io e nessun altro. Al mattino c'era un'aggiunta al conto per qualcosa concernente il tappeto in camera mia. La mia pazienza era esaurita, avevo già speso ottocento marchi per tappeti all'Hotel Victoria. Due ore più tardi regalai il tappeto della camera del ragazzo a un vecchio ciabattino che avevo visto accomodare un paio di stivali, fuori della sua povera casa piena di bambini cenciosi. Il direttore dell'albergo era muto dalla rabbia, ma il ciabattino ebbe il suo tappeto. Essendo finita la mia missione a Heidelberg, decisi di prendere il treno della mattina per Parigi. Nella notte cambiai idea e risolsi di andare in Svezia. Del resto, avevo già preso le disposizioni per restare assente da Parigi quindici giorni. Norstrom avrebbe curato i miei malati durante la mia assenza; avevo già telegrafato a mio fratello che sarei andato a passare un paio di giorni con lui nella nostra vecchia casa; certamente l'occasione di una vacanza in Svezia non si sarebbe più presentata. Non pensavo ad altro che ad andarmene dall'Hotel Victoria. Essendo troppo tardi per prendere il treno viaggiatori per Berlino, decisi di prendere il treno merci la sera — quel medesimo che portava la salma del ragazzo a Lubecca — e di continuare con lo stesso piroscafo svedese per Stoccolma. Mentre mi sedevo per cenare nel buffet della stazione il cameriere mi informò che i cani erano *verboten*, proibiti al ristorante. Misi un pezzo da cinque marchi nella sua mano e il Waldmann sotto la tavola; stavo proprio per cominciare a mangiare la mia cena, quando una voce stentorea dalla porta chiamò:

« *Der Leichenbegleiter!* » [1]

Tutti alzarono gli occhi dai piatti scrutandosi a vicenda, ma nessuno si mosse.

« *Der Leichenbegleiter!* »

L'uomo sbatacchiò la porta per ritornare un momento dopo con un altro uomo che riconoscevo per l'impiegato dell'impresa di pompe funebri. Il proprietario della voce stentorea, mi venne incontro e mi urlò sulla faccia:

« *Der Leichenbegleiter!* »

Tutti mi guardarono con interesse. Dissi a quell'uomo di lasciarmi in pace, che volevo cenare. No, dovevo andare subito, il capostazione voleva parlarmi di un affare urgentissimo.

Un gigante, dai baffi irsuti come un porcospino e con gli occhiali cerchiati d'oro, mi passò un mucchio di documenti e mi gridò negli orecchi qualcosa del furgone che doveva esser suggellato e che io dovevo entrarvi a prendere posto subito. Nel miglior tedesco gli dissi che avevo già riservato il mio posto in uno scompartimento di seconda classe. Mi rispose che era *verboten,* che dovevo essere rinchiuso a chiave subito colla bara nel furgone.

« Cosa diavolo volete dire? »

« Non siete *der Leichenbegleiter*? Non sapete che è *verboten* in Germania far viaggiare un cadavere senza il suo *Leichenbegleiter,* e che devono essere rinchiusi insieme? »

Gli mostrai il mio biglietto di seconda classe per Lubecca, gli dissi che ero un viaggiatore indipendente, che andavo in Svezia in vacanza. Non avevo nulla a che fare con la bara.

« Siete o non siete *der Leichenbegleiter*? » urlò con rabbia.

[1] Accompagnatore funebre.

173

« No, non lo sono! Son pronto a fare qualunque mestiere, ma mi rifiuto di fare il *Leichenbegleiter*, non mi piace la parola. »

Il capostazione guardò il suo fascio di carte stupefatto e annunciò che, se il *Leichenbegleiter* non fosse giunto in meno di cinque minuti, il furgone che conteneva la bara per Lubecca verrebbe fatto deviare su un binario morto e resterebbe ad Heidelberg. Mentre parlava, un piccolo gobbo, dallo sguardo irrequieto e dal volto butterato dal vaiuolo, si precipitò alla scrivania del capostazione con una pila di documenti nelle mani.

« *Ich bin der Leichenbegleiter*, » annunciò con dignità decisa.

Quasi quasi l'abbracciavo, ho sempre avuto una simpatia nascosta per i gobbi. Dissi che ero felicissimo di fare la sua conoscenza, andavo a Lubecca con lo stesso treno e avrei preso lo stesso piroscafo per Stoccolma. Dovetti reggermi alla scrivania del capostazione quando il gobbo disse che non andava a Stoccolma, ma a Pietroburgo, col generale russo, e da lì a Nijni-Novgorod.

Il capostazione alzò gli occhi dal mucchio di documenti e i suoi baffi di porcospino si rizzarono dallo sbalordimento.

« *Potzdonnerwetter!* » [1] urlò. « Ci sono due cadaveri che vanno a Lubecca con questo treno e ho soltanto una bara nel furgone; non si possono mettere due cadaveri in una bara, è *verboten*. Dov'è l'altra bara? »

Il gobbo spiegò che stavano proprio allora scaricando la bara del generale russo dalla carretta, per metterla nel furgone, era tutta colpa del falegname che aveva finito appena in tempo la seconda cassa. Chi si sarebbe immaginato che avrebbe dovuto provvedere due casse così enormi, nella stessa giornata?

Il generale russo! Ad un tratto ricordai che m'avevano

[1] Imprecazione equivalente al nostro « tuoni e fulmini ».

detto che un vecchio generale russo era morto, lo stesso giorno del ragazzo, d'un colpo apoplettico, nell'albergo di faccia al nostro. Mi ricordai anche di aver visto dalla mia finestra un vecchio signore dall'aspetto feroce e con una lunga barba grigia, su una sedia a rotelle nei giardini dell'albergo. Il portiere m'aveva detto che era un famoso generale russo, un eroe della guerra di Crimea. Non avevo mai visto un uomo di aspetto più selvaggio.

Mentre il capostazione tornava ad esaminare i suoi complicati documenti, presi il gobbo in disparte e battendogli cordialmente sulla schiena, gli offrii cinquanta marchi in contanti ed altri cinquanta, che pensavo di farmi prestare dal console svedese a Lubecca, se avesse accettato la responsabilità d'essere *Leichenbegleiter* della bara del ragazzo insieme a quella del generale russo. Accettò subito la mia offerta. Il capostazione disse che era un caso senza precedenti, toccava un punto delicato della legge, era sicuro che era *verboten* che due cadaveri viaggiassero con un solo *Leichenbegleiter*. Avrebbe dovuto consultare l'*Oeberliche Eisenbahn Amt Direktion Bureau*, ci sarebbe voluto almeno una settimana per avere una risposta. Fu il Waldmann che salvò la situazione. A più riprese durante la nostra discussione avevo notato, attraverso gli occhiali cerchiati d'oro, uno sguardo amichevole in direzione del cucciolo e più volte un'enorme mano si era stesa per una gentile carezza sulle lunghe, seriche orecchie del Waldmann. Cercai con un ultimo, disperato tentativo di commuovere il suo cuore. Senza dire una parola depositai il Waldmann sulle sue ginocchia. Mentre il cucciolo leccava la sua faccia e cominciava a tirare i suoi baffi di porcospino, i suoi duri lineamenti si addolcirono gradatamente in un largo, onesto sorriso per la nostra impotenza a risolvere la situazione. Cinque minuti più tardi il gobbo aveva firmato una dozzina di documenti come *Leichenbegleiter* delle due bare ed io col Waldmann e la mia valigetta fui spinto in un affollato scompartimento di seconda classe, mentre il treno si metteva in moto. Il Waldmann si offrì di giocare con la grassa signora che ci stava accanto. Questa mi guardò severamente e disse che era *verboten* portare un cane in uno scompartimento di seconda classe, era almeno *stubenrein*? Certamente era *stubenrein*, era nato così. Ora il Waldmann volgeva la sua attenzione al cestino in grembo alla signora grassa, annusò trepidante e cominciò ad abbaiare furiosamente. Abbaiava ancora quando il treno si fermò alla stazione seguente. La signora grassa chiamò la guardia e indicò il pavimento. La guardia disse che era *verboten* viaggiare con un cane senza museruola. Invano aprii la bocca del Waldmann per mostrare alla guardia che aveva appena i denti, invano misi in mano alla guardia il mio ultimo pezzo da cinque marchi; il Waldmann doveva essere portato subito nel vagone riservato ai cani. Spinto dalla vendetta indicai il cestino in grembo alla signora grassa e domandai alla guardia se non era *verboten* viaggiare con un gatto senza biglietto. Sì, era *verboten*. La signora grassa e la guardia si bisticciavano ancora quando scesi sul binario. Il luogo per far viaggiare i cani era in quei giorni vergognosamente insufficiente; una cella buia proprio sopra le ruote, piena del fumo della locomotiva. Come potevo mettere il Waldmann lì? Mi precipitai nel bagagliaio e supplicai la guardia di tenermi il cucciolo; disse che era *verboten*. Gli sportelli scorrevoli del furgone accanto si aprirono cautamente, appena per permettere alla testa del *Leichenbegleiter* di sporgersi con una lunga pipa in bocca. Coll'agilità d'un gatto mi arrampicai dentro il furgone col Waldmann e la valigetta.

Cinquanta marchi pagabili all'arrivo, se avesse nascosto il Waldmann nel suo vagone fino a Lubecca! Prima che avesse avuto tempo di rispondere, gli sportelli vennero chiusi dal di fuori con un paletto, un acuto fischio della locomotiva e il treno cominciò a muoversi. Il grande furgone era vuoto, all'infuori delle due casse contenenti le due bare.

Il caldo era soffocante, ma c'era abbastanza posto per stendere le gambe. Il cucciolo si addormentò subito sul mio soprabito, il *Leichenbegleiter* tirò fuori una bottiglia di birra calda dal suo cestino da viaggio, accendemmo le nostre pipe e ci sedemmo per terra a discutere sulla situazione. Eravamo completamente al sicuro; nessuno mi aveva visto saltar dentro col cane; il mio compagno mi assicurò che nessuna guardia si avvicinava mai al furgone. Quando un po' più tardi il treno rallentò per la fermata seguente, dissi al *Leichenbegleiter* che mi avrebbero allontanato da lui solo con la violenza, intendevo rimanere dove ero finchè fossimo giunti a Lubecca. Le ore passavano in gradevole conversazione, sostenuta più che altro dal *Leichenbegleiter*; io parlo tedesco molto male, benchè lo capisca abbastanza bene. Il mio amico disse che aveva fatto lo stesso viaggio molte volte; sapeva anche il nome di ogni stazione dove ci fermavamo, benchè non potessimo vedere nulla fuori del nostro vagone-prigione. Faceva il *Leichenbegleiter* da più di dieci anni, era un mestiere piacevole e comodo; gli piaceva viaggiare e vedere paesi nuovi. Era stato in Russia già sei volte; gli piacevano i Russi, volevano sempre esser sotterrati nel proprio paese. Un gran numero di Russi venivano ad Heidelberg per consultare i numerosi e celebri professori. Essi erano i migliori clienti. Sua moglie era di professione *Leichenwäscherin*.[1] Quasi nessuna imbalsamazione veniva fatta senza la loro assistenza. Indicando l'altra cassa, disse che si sentiva piuttosto offeso che nè lui nè sua moglie fossero stati chiamati per il signore svedese. Sospettava di essere stato vittima di qualche intrigo, c'era molta gelosia professionale fra lui e i suoi due colleghi. C'era un certo mistero intorno a tutto l'affare, non aveva nemmeno potuto scoprire quale dottore avesse fatto l'imbalsamazione. Non tutti erano ugualmente capaci di farla. L'imbalsamazione era un'operazione

[1] Lavatrice delle salme.

molto delicata e complicata, non si sapeva mai quello che poteva succedere durante un lungo viaggio, in una stagione calda come quella. Avevo assistito a molte imbalsamazioni?

« Soltanto ad una, » dissi con un brivido.

« Vorrei che poteste vedere il generale russo, » disse il *Leichenbegleiter* con entusiasmo, indicando con la pipa l'altra cassa. « È veramente meraviglioso, non credereste mai che sia un cadavere: ha anche gli occhi spalancati. Mi domando perchè il capostazione sia stato tanto meticoloso con voi, » continuò. « È vero che siete piuttosto giovane per essere un *Leichenbegleiter*, ma mi pare che siate abbastanza per bene. Non avete bisogno che di radervi e spazzolarvi; i vostri abiti sono tutti coperti di peli di cane e certo domani non potete presentarvi al console svedese con una barba simile; son sicuro che non vi rasate da una settimana, assomigliate più a un brigante che a un rispettabile *Leichenbegleiter*. Che peccato che non abbia i miei rasoi, vi raderei io stesso alla prossima fermata. »

Aprii la mia valigetta e dissi che gli sarei stato molto riconoscente se mi avesse risparmiato quella funzione, non mi radevo mai da me, se potevo farne a meno. Esaminò i rasoi con l'occhio di un conoscitore, disse che i rasoi svedesi erano i migliori del mondo, egli stesso non ne adoperava altri. Aveva una mano leggera, aveva rasato centinaia di persone e non aveva mai sentito una parola di lagnanza.

In vita mia non ero mai stato rasato meglio e glielo dissi, facendogli i complimenti quando il treno si rimise in moto.

« Non c'è nulla come viaggiare nei paesi stranieri, » dissi, mentre mi levavo il sapone dal viso. « Ogni giorno si impara qualche cosa di nuovo e d'interessante. Più conosco questo paese, più mi rendo conto delle differenze fondamentali fra i Tedeschi e gli altri popoli. I Latini e gli Anglosassoni per farsi rasare invariabilmente si seggono, in Germania si è obbligati a sdraiarsi sulla schiena. È questione di gusto, *chacun tue ses puces à sa façon*, come dicono a Parigi. »

« È una questione di abitudine, » disse il *Leichenbegleiter*, « non si può obbligare un cadavere a mettersi a sedere. Siete il primo uomo vivente che io abbia mai rasato. »

Il mio compagno stese una salvietta pulita sopra la sua cassa e aprì il suo cestino da viaggio. Un profumo misto di salsiccia, formaggio e *Sauerkraut* [1] mi solleticò le narici. Il Waldmann si svegliò istantaneamente: guardammo con occhi da affamati. La mia gioia fu grande quando mi invitò a partecipare alla sua cena: anche il *Sauerkraut* perse il suo orrore per il mio palato. Egli poi conquistò il mio cuore quando presentò al Waldmann una gran fetta di sanguinaccio. L'effetto fu fulmineo e durò fino a Lubecca. Quando la nostra seconda bottiglia di Mosella fu vuota, il mio amico ed io avevamo ancora pochi segreti da rivelarci a vicenda. Sì, conservavo gelosamente un segreto dentro di me: che ero un medico. L'esperienza di molti paesi mi aveva insegnato che qualunque allusione ad una differenza di classe fra il mio ospite e me mi avrebbe privato dell'unica occasione di vedere la vita dal punto di vista di un *Leichenbegleiter*. Quel poco che conosco di psicologia lo debbo ad una certa innata facilità di adattarmi al piano sociale del mio interlocutore. Quando ceno con un duca, mi sento completamente a mio agio e pari suo. Quando ceno con un *Leichenbegleiter*, divento per quanto mi è possibile un *Leichenbegleiter* anch'io.

Quando incominciammo la nostra terza bottiglia di Mosella, mi restava poco per diventare un *Leichenbegleiter* sul serio.

« Su, rallegrati, Fritz, » disse il mio ospite con un allegro luccichio negli occhi, « non esser così abbattuto! So che sei al verde e che qualcosa ti sarà andato male. Non importa, prendi un altro bicchiere di vino e parliamo d'affari. Non sono stato *Leichenbegleiter* per più di dieci anni senza aver

[1] Crauti.

179

imparato con quale razza di gente ho da fare! L'intelligenza non è tutto. Sono sicuro che sei nato sotto buona stella altrimenti non saresti qui, seduto accanto a me. Ecco, qui è la tua fortuna... la fortuna della tua vita! Consegna la tua bara in Svezia, mentre io consegno la mia in Russia, e torna ad Heidelberg col primo treno. Ti farò mio socio. Finchè il professor Friedreich è vivo, ci sarà lavoro per due *Leichenbegleiter*, come è vero che il mio nome è Zaccharias Schweinfuss! La Svezia non è buona per te, non ci sono medici famosi lì, Heidelberg ne è piena, Heidelberg è il posto per te. »

Ringraziai cordialmente il mio nuovo amico e dissi che avrei dato una risposta definitiva la mattina, quando le nostre menti fossero state un po' snebbiate. Pochi minuti dopo eravamo ambedue profondamente addormentati sul pavimento del *Leichenwagen*.[1]

Passai una notte eccellente, il Waldmann un po' meno. Quando il treno entrò nella stazione di Lubecca era giorno pieno. Un impiegato del consolato svedese aspettava sul binario per sorvegliare il trasporto della bara a bordo del piroscafo per Stoccolma. Dopo un cordiale *aufwiedersehen* al *Leichenbegleiter*, andai al consolato svedese. Appena il console vide il cucciolo mi informò che l'importazione era proibita. Ultimamente c'erano stati parecchi casi di idrofobia nel nord della Germania. Avrei potuto provare col capitano, ma egli era sicuro che il Waldmann non sarebbe stato ammesso a bordo.

Trovai il capitano di pessimo umore, tutti i marinai lo sono quando hanno una bara fra il loro carico. Tutte le mie preghiere furono vane. Incoraggiato dal mio successo col capostazione di Heidelberg mi decisi a tentarlo col cucciolo. Il Waldmann leccò invano tutta la sua faccia. Decisi poi di provare parlando di mio fratello.

[1] Carro funebre.

Sì, certamente conosceva bene il comandante Munthe, avevano navigato insieme sul *Vanadis* come guardiamarina, erano grandi amici.

Avrebbe potuto essere così crudele da lasciare il benamato cucciolo di mio fratello fra gente completamente estranea? No, non poteva essere tanto crudele. Cinque minuti più tardi il Waldmann veniva rinchiuso a chiave nella mia cabina, per passare di contrabbando, sotto la mia responsabilità, al nostro arrivo a Stoccolma.

Io amo il mare. Il piroscafo era molto comodo, pranzai alla tavola del capitano; tutti a bordo furono molto cortesi con me. La cameriera sembrò piuttosto bisbetica la mattina quando venne a fare la mia cabina, ma diventò nostra alleata non appena il colpevole cominciò a leccarle il viso. Non aveva mai visto un cucciolo più seducente. Quando il Waldmann apparve fraudolentemente a prua, tutti i marinai cominciarono a giocare con lui e il capitano si voltò dall'altra parte per non vederlo. Era tarda notte quando approdammo alla banchina di Stoccolma; saltai a terra dalla prua della nave col Waldmann in braccio. La mattina andai a far visita al professor Bruzelius, che mi mostrò un telegramma da Basilea che annunziava la madre fuori pericolo e che il funerale del ragazzo sarebbe stato rimandato fino al suo arrivo, circa quindici giorni dopo. Egli sperava che sarei stato ancora in Svezia. La madre certamente avrebbe desiderato sentire da me degli ultimi momenti di suo figlio e naturalmente avrei dovuto assistere al funerale. Gli dissi che sarei andato a far visita a mio fratello prima di rientrare a Parigi: avevo molta fretta di tornare dai miei ammalati.

Non avevo mai perdonato a mio fratello di avermi appioppato quella terribile Mamsell Agata, nostra fatale eredità, della quale parleremo più tardi. In proposito gli avevo scritto una lettera furibonda. Fortunatamente pareva che se ne fosse completamente dimenticato. Disse che era felicissimo di vedermi e sperava, tanto lui che sua moglie, che sarei rimasto almeno quindici giorni nella vecchia casa.

Due giorni dopo il mio arrivo espresse la sua sorpresa che un medico, così occupato come me, potesse lasciare i suoi ammalati per tanto tempo; quale giorno sarei partito? Mia cognata era diventata glaciale. Con le persone che non amano i cani non c'è altro da fare che compatirle e allontanarsene, zaino in spalla, col vostro cucciolo. Non c'è niente di più sano per un cucciolo, che di accampare all'aperto e dormire ai piedi di amichevoli pini, sopra un tappeto di morbido muschio, invece che su un tappeto di Smirne. La mattina della mia partenza mia cognata aveva mal di testa e non scese a colazione. Volevo andare in camera a salutarla. Mio fratello mi consigliò di non farlo. Non volli insistere, dopo che mi ebbe raccontato che la cameriera aveva trovato proprio allora, sotto il mio letto, il nuovo cappello domenicale della moglie, le sue pantofole ricamate, il suo boa di piume, due volumi dell'Enciclopedia Britannica fatti a pezzi, i resti d'un coniglio, la sua amata gattina con la testa quasi staccata da un morso. E poi il tappeto di Smirne nel salotto, le aiuole del giardino e sei anatroccoli dello stagno... Guardai il mio orologio e dissi a mio fratello che preferivo sempre trovarmi di buon'ora alla stazione.

« Olle, » gridò mio fratello al vecchio cocchiere del babbo, mentre ci avviavamo. « Per l'amore del cielo, guarda che il dottore non perda il treno! »

Quindici giorni più tardi ero di nuovo a Stoccolma. Il professor Bruzelius mi disse che la madre era arrivata dal continente proprio quella mattina, il funerale doveva aver luogo l'indomani, e naturalmente dovevo assistervi. Con mio gran terrore aggiunse che la povera madre insisteva per rivedere suo figlio prima che fosse sepolto: la bara doveva essere aperta alla sua presenza l'indomani mattina, di buon'ora. Naturalmente non avrei mai imbalsamato il cadavere io stesso se una simile possibilità mi fosse passata per la mente. Sapevo di avere agito con tutte le buone intenzioni, ma che le cose erano andate male, che con tutta probabilità l'apertura della bara avrebbe mostrato uno spettacolo raccapricciante. Il mio primo pensiero fu di scappare e prendere il treno della notte per Parigi. Il secondo pensiero fu di restare dove ero e giuocare la partita. Non c'era tempo da perdere. Col potente aiuto del professor Bruzelius riuscii, con grande difficoltà, ad avere il permesso d'aprire la bara per procedere ad una sommaria disinfezione dei resti, se fosse stato necessario, convinto che ne era il caso. Poco dopo mezzanotte scesi nella cripta sotto la chiesa, accompagnato dal custode del cimitero e da un operaio che doveva aprire le due casse. Quando il coperchio della cassa interna di piombo venne sollevato, i due uomini si ritirarono in silenziosa riverenza davanti alla solennità della morte. Presi la lanterna del custode e scoprii la faccia. La lanterna mi scappò di mano ed io barcollai, come colpito da una mano invisibile.

Mi sono spesso meravigliato della presenza di spirito che ebbi quella notte: dovevo avere i nervi d'acciaio in quei tempi.

« Va bene, » dissi ricoprendo rapidamente il viso del morto. « Saldate il coperchio, non c'è bisogno di disinfezione, il corpo è in perfetto stato di conservazione. »

Andai la mattina a trovare il professor Bruzelius. Gli dissi che lo spettacolo che avevo visto nella notte avrebbe tormentato la povera madre per tutta la vita, ed egli doveva a tutti i costi impedire l'apertura della bara.

Presenziai al funerale. Da quel giorno non ho mai più voluto assistere a funerali! La bara fu portata alla tomba sulle spalle di sei compagni di scuola del ragazzo. Il pastore, in un commovente discorso, disse che Dio, nella sua imperscrutabile sapienza, aveva voluto che questa giovane vita così piena di promesse e di gioia fosse troncata dalla morte crudele. Per quelli che piangevano intorno alla sua prematura fossa era almeno un conforto pensare che era ritornato a riposare fra la sua gente, nella sua terra natìa : avrebbero saputo almeno dove mettere i loro fiori con tenera memoria e dove pregare. Un coro di studenti di Upsala cantò il tradizionale :

*Integer vitae scelerisque purus.*

Da quel giorno ho odiato questa bella ode di Orazio.

La madre del ragazzo, sostenuta dal vecchio padre, si avanzò verso la fossa aperta e depose una corona di mughetti sopra la bara.

« Era il suo fiore preferito, » singhiozzò.

Ad uno ad uno gli altri afflitti vennero coi loro mazzi di fiori e guardarono nella fossa con occhi pieni di lacrime per l'ultimo addio. Il coro cantò l'abituale vecchio inno : *Riposa in pace, la lotta è finita.*

I becchini cominciarono a gettare la terra sopra la bara; la cerimonia era finita.

Quando tutti se ne furono andati, guardai a mia volta giù nella fossa riempita a metà.

« Sì, riposa in pace, tetro vecchio guerriero, la lotta è finita! Riposa in pace! Non ossessionarmi più con quei tuoi occhi spalancati, o diventerò pazzo! Perchè mi hai fissato con tanta rabbia, quando ho scoperto la tua faccia stanotte, nella cripta della cappella? Credi che io fossi lièto di vederti, quanto lo fossi tu di vedere me? Mi hai preso per un ladro, che avesse forzato la tua bara per rubarti l'icone d'oro che hai sul petto? Hai creduto che fossi stato io a portarti qui? No, non sono stato io. Per quanto ne so, è stato lo stesso Satana, sotto le sembianze d'un gobbo ubriaco, che ha causato la tua venuta qui! Perchè chi altro se non Mefistofele, l'eterno buffone, avrebbe potuto inscenare l'orrenda farsa recitata qui, poco fa? Mi pareva di sentirlo sghignazzare col suo riso canzonatorio attraverso il loro canto sacro: Dio mi perdoni, poco ci mancava che non mi mettessi a ridere quando la tua bara fu calata in questa fossa. Ma cosa importa a te di chi sia questa fossa? Non puoi leggere il nome sulla croce di marmo, che cosa ti importa qual nome sia? Non puoi sentire le voci dei vivi sopra il tuo capo, cosa ti importa quale lingua parlino? Non riposi qui fra stranieri, ma in mezzo ai tuoi pari, così pure il ragazzo svedese che è stato sepolto nel cuore della Russia, mentre i trombettieri del tuo reggimento suonavano il " silenzio " vicino alla tua fossa. Il regno della morte non ha confini, la tomba non ha nazionalità. Siete tutti uguali e dello stesso popolo ora, presto avrete tutti perfino lo stesso aspetto. Ovunque siate messi a riposare, il medesimo destino tocca a tutti: essere dimenticati e ridotti in polvere, perchè tale è la legge della vita. Riposa in pace, la lotta è finita! »

## 11  *Madame Réquin*

Non lontano dall'Avenue de Villiers abitava un medico straniero, uno specialista, credo, in ostetricia e ginecologia.

Era un individuo grossolano e cinico, che m'aveva chiamato a consulto un paio di volte non tanto per essere illuminato dalla mia superiore sapienza, quanto per scaricare un poco della sua responsabilità sulle mie spalle. L'ultima volta che mi aveva chiamato fu per assistere all'agonia di una ragazza che moriva di peritonite, in circostanze molto sospette, tanto che, solo dopo molta esitazione, consentii a mettere il mio nome accanto al suo sotto il certificato di morte. Tornando a casa, una notte, trovai un cocchiere che m'aspettava, con un invito di questo medico ad andare subito alla sua clinica privata in Rue Granet. Avevo deciso di non aver più rapporti con lui, ma il messaggio era così urgente, che pensai fosse meglio andare. Fui introdotto da una grossa donna, di aspetto poco piacevole, che si presentò come madame Réquin, « sage-femme de première classe », e mi condusse in una camera all'ultimo piano, la medesima nella quale era morta la ragazza. Asciugamani, lenzuola e coperte insanguinati erano sparsi da per tutto, e il sangue gocciolava sotto il letto con un suono lugubre. Il dottore, che mi ringraziò calorosamente d'essere venuto in suo soccorso, era in uno stato di grande agitazione. Disse che non c'era tempo da perdere, ed aveva ragione, perchè la donna distesa sul suo *lit de travail* era priva di sensi e pareva più morta che viva. Dopo un rapido esame, gli domandai incollerito perchè non aveva mandato a chiamare un chirurgo o un ostetrico invece di me, giacchè sapeva benissimo che nessuno di noi due era adatto a curare un tale caso. La donna, dopo alcune iniezioni di canfora ed etere, riprese un po' i sensi. Esitai assai prima di somministrarle un po' di cloroformio. Con la mia abituale fortuna, tutto andò passabilmente bene, e dopo una vigorosa respirazione artificiale anche il bambino, che era asfittico, ritornò in vita, con nostra grande sorpresa. La scamparono veramente bella, la madre e il figlio. Non c'era più cotone idrofilo, tela o fasciatura di alcuna specie per arrestare l'emorragia, ma fortunatamente scoprimmo una valigia semiaperta piena di tele fini e biancheria da signora, che strappammo rapidamente in pezzi per tamponare.

« Non ho mai visto della biancheria così bella, » disse il mio collega, sollevando una camicia di lino, « e guardate, » esclamò indicando una corona ricamata in rosso sopra la lettera M: « *Ma foi, mon cher confrère*, siamo nella più alta società! Vi assicuro che è una ragazza molto attraente, benchè nel suo stato presente si veda poco; una ragazza eccezionalmente bella, non mi dispiacerebbe di rinnovare la sua conoscenza se se la cava. »

« *Oh, la jolie broche!* » esclamò raccogliendo una spilla di brillanti, che certamente era caduta mentre frugavamo nella valigia. « *Ma foi!* mi pare che potrebbe compensare il mio conto, se il caso sarà disgraziato! Non si sa mai, con queste signore straniere; potrebbe anche scomparire misteriosamente, così com'è venuta Dio sa da dove. »

« Ancora non siamo a questo, » dissi, strappando la spilla dalle sue mani insanguinate e mettendola in tasca, « secondo la legge francese il conto dell'impresario delle pompe funebri ha la precedenza su quello del dottore; non sappiamo ancora quale dei due conti verrà presentato prima per il pagamento. E per il bambino... »

« Non pensate al bambino, » ghignò. « Nella peggiore ipotesi, ne abbiamo in abbondanza qui e ce n'è d'avanzo per sostituirlo. Madame Réquin spedisce ogni settimana una mezza dozzina di bambini col *train des nourrices* dalla Gare d'Orléans. Ma non posso assolutamente lasciarmi sfuggire la madre: debbo sorvegliare le mie statistiche; in due settimane ho già firmato due certificati di morte in questa clinica. »

La donna era ancora quasi incosciente quando all'alba andai via, ma il polso si era ravvivato e dissi al dottore che credevo sarebbe vissuta. Dovevo essere in un brutto stato anch'io, altrimenti non avrei mai accettato la tazza di caffè nero che, mentre scendevo barcollante le scale, madame Réquin mi offrì di prendere nel suo sinistro salottino.

« *Oh, la jolie broche!* » disse madame Réquin mentre le davo la spilla da custodire. « Credete che le pietre siano vere? » mi domandò, tenendo la spilla vicino alla fiamma del gas.

Era una spilla di brillanti, molto fine, con la lettera « M » sormontata da una corona di rubini. L'acqua delle pietre era chiarissima, ma il bagliore degli avidi occhi di madame Réquin era sospetto.

« No, » dissi io per riparare alla stupidaggine di averle dato la spilla. « Sono sicuro che è falsa. »

Madame Réquin sperava che mi fossi sbagliato, la signora non aveva avuto il tempo di pagare in anticipo, come era regola della clinica: era arrivata appena in tempo, quasi svenuta; non c'era nome sul bagaglio, ma c'era l'etichetta di Londra.

« Basta questo, non preoccupatevi, sarete pagata. »

Madame Réquin espresse la speranza di rivedermi ben presto. Lasciai la casa con un brivido.

Un paio di settimane più tardi ricevetti la notizia dal mio collega che tutto era andato bene, la signora era partita per ignota destinazione appena si era potuta reggere in piedi, tutti i conti erano stati pagati e una grossa somma depositata nelle mani di madame Réquin per l'adozione del bambino presso qualche famiglia rispettabile. Gli rimandai il biglietto di banca con una breve lettera in cui lo pregavo di non chiamarmi più quando stava per uccidere qualcuno. Speravo di non aver mai più l'occasione di rivedere nè lui nè madame Réquin.

Riguardo al dottore la mia speranza si realizzò. Quanto a madame Réquin avrò ancora occasione di parlarvene.


12 *Il gigante*

Con l'andare del tempo mi accorgevo sempre più quanto rapidamente la clientela di Norstrom diminuisse, e che forse un giorno egli avrebbe dovuto chiudere bottega. Presto perfino la numerosa colonia scandinava, ricca e povera, si spostava da Rue Pigalle all'Avenue de Villiers. Cercai invano di arrestare la corrente. Per fortuna Norstrom non dubitò mai della mia lealtà e restammo amici sino alla fine. Lo sa Iddio che questa clientela scandinava non era molto remunerativa. Durante tutta la mia vita di medico a Parigi essa fu per me come una pietra al collo, che mi avrebbe fatto annegare se non avessi avuto la mia solida posizione nella colonia inglese e americana e tra i francesi stessi. Come stavano le cose, essa mi portava via una gran parte del mio tempo, mi metteva in ogni sorta di impicci e riuscì perfino a farmi andare in prigione. È una storia curiosa, che racconto spesso ai miei amici scrittori, come una notevole applicazione della legge delle coincidenze, il ben sfruttato cavallo di battaglia dei romanzieri.

Oltre agli operai scandinavi nel Pantin e la Villette, più di mille, che sempre avevano bisogno d'un medico, c'era la colonia degli artisti di Montmartre e Montparnasse, che avevano sempre bisogno di denaro: centinaia di pittori, scultori, autori di capolavori in prosa e in versi ancora da scrivere, sopravvivenze esotiche della *Vie de Bohème* di Henri Murger. Alcuni di loro erano già alla vigilia del successo come Edelfeld, Carl Larson, Zorn e Strindberg, ma i più campavano soltanto di speranza. Il più grande di statura, ma il più a corto di denaro era il mio amico scultore, il gigante, dalla barba bionda e svolazzante d'un vikingo, dagli occhi celesti e schietti da bambino. Appariva raramente nel Café de l'Hermitage, dove la maggior parte dei suoi compagni passavano le loro serate. Dove prendesse di che riempire il suo corpo, alto due metri, era un mistero per tutti. Abitava in un'enorme glaciale rimessa in Montparnasse, adattata a studio di scultore, dove lavorava, cuoceva il cibo, lavava la sua camicia e sognava i suoi sogni di futura gloria. Aveva bisogno di tutto in grande per se stesso come per le sue statue, tutte di proporzioni sovrumane, mai finite per mancanza di creta.

Un giorno comparve all'Avenue de Villiers, chiedendomi di fargli da testimone la domenica seguente nella chiesa svedese, al suo matrimonio, cui sarebbe seguito un ricevimento d'inaugurazione del nuovo appartamento. La scelta del suo cuore s'era fermata su una fragile piccola svedese, pittrice di miniature, alta la metà di lui. Naturalmente fui felicissimo d'accettare. Finita la cerimonia, il cappellano svedese pronunciò un breve e grazioso discorso per la nuova coppia di sposi seduti fianco a fianco davanti all'altare. Mi ricordavano la colossale statua di Ramses II seduto, nel tempio di Luxor, accanto alla sua piccola regina, che gli arrivava appena al fianco. Un'ora dopo bussammo alla porta del suo studio, pieni d'aspettativa.

Dal gigante stesso fummo introdotti con grande precauzione, attraverso un lillipuziano vestibolo di carta, nel salotto, dove fummo invitati a prendere dei rinfreschi e a sederci a turno sull'unica sedia. Il suo amico Skornberg — di cui forse avrete visto il ritratto a grandezza naturale esposto al Salon di quell'anno, facile a ricordarsi perchè era il più minuscolo gobbo che io abbia mai visto — propose di bere alla salute del nostro ospite. Levando il bicchiere con un gesto energico della mano, avvenne che sfondò il tramezzo, rivelando ai nostri occhi meravigliati la camera col letto nuziale, costruito da abili mani con la cassa d'un grande Bechstein da concerto. Mentre Skornberg finiva il suo discorso, senza altri incidenti, il gigante ricostruiva rapidamente il tramezzo con due *Figaro*; poi sollevò una tenda e, guardando con malizia la sua sposa che arrossì, ci mostrò ancora un'altra stanzetta costruita interamente da una dozzina di *Le Petit Journal*: era la camera per i bambini.

Lasciammo la casa di carta un'ora più tardi, per incontrarci a cena nella brasserie Montmartre. Ma io prima dovetti visitare degli ammalati, sicchè era quasi mezzanotte quando raggiunsi la comitiva. Nel centro del grande salone sedevano i miei amici, accesi in viso, che cantavano a piena voce l'inno nazionale svedese, in coro assordante intramezzato con degli a solo tonanti del gigante dal largo petto e dei tremuli acuti del piccolo gobbo. Mentre mi facevo strada attraverso la sala affollata, una voce gridò: « A la porte les Prussiens! A la porte les Prussiens! » Un bicchiere di birra volò sopra la mia testa e colpì il gigante in piena faccia. Grondando sangue balzò dalla sedia, afferrò un malcapitato francese per il collo e lo gettò come una palla da tennis attraverso il banco, in grembo al proprietario, che urlò ad alta voce: «La polizia! la polizia!» Un secondo bicchiere mi colpì al naso, rompendomi gli occhiali, e un altro gettò Skornberg sotto la tavola.

«Cacciatelo fuori! Cacciatelo fuori!» urlavano tutti nella birreria intorno a noi.

Il gigante, con una seggiola per mano, mieteva i suoi aggressori come grano maturo, e il piccolo gobbo schizzò da sotto la tavola strillando e mordendo come una scimmia infuriata finchè un altro bicchiere lo gettò a terra privo di sensi. Il gigante lo raccolse, accarezzò il suo migliore amico sulla schiena e tenendolo stretto sotto un braccio copriva, meglio che poteva, la nostra inevitabile ritirata verso la porta, dove fummo afferrati da una mezza dozzina di guardie e scortati fino al commissariato in rue Douai. Date le nostre generalità, fummo rinchiusi in una stanza con inferriate alle finestre: eravamo in guardina. Dopo due ore di meditazione, fummo condotti in presenza del brigadiere che, rivolgendosi a me con voce brusca, mi domandò se ero il dottor Munthe dell'Avenue de Villiers. Gli dissi di sì. Guardando il mio naso, per il gonfiore grosso due volte il normale, e i miei abiti strappati e insanguinati, disse che non lo sembravo. Mi domandò se avessi da dire qualche cosa, giacchè ero il meno ubriaco di questa banda di tedeschi selvaggi e inoltre l'unico che pareva conoscesse il francese. Gli dissi che eravamo una pacifica comitiva che festeggiava il matrimonio di uno svedese, che era stata brutalmente assalita nella birreria senza dubbio perchè ci avevano scambiati per tedeschi. Mentre l'interrogatorio continuava, la sua voce si faceva severa, e di tanto in tanto gettava un'occhiata quasi d'ammirazione verso il gigante, che teneva sempre in grembo, come un bambino, il piccolo Skornberg, ancora mezzo incosciente. Finalmente disse, con vera galanteria francese, che in verità sarebbe stato un peccato lasciare una sposa aspettare tutta la notte un così magnifico esemplare di sposo e che ci avrebbe lasciati in libertà provvisoria. Lo ringraziammo con profusione e ci alzammo per andarcene. Con mio terrore, rivolgendosi a me, aggiunse:

« Vi prego di restare, ho da parlarvi. »

Guardò di nuovo le sue carte, consultò un registro sul tavolo e disse severamente:

« Avete dato un nome falso, vi avverto che è una cosa molto grave. Per mostrarvi la mia buona volontà vi offrirò ancora l'opportunità di ritirare la vostra dichiarazione alla polizia. Chi siete? »

Dissi che ero il dottor Munthe.

« Posso provarvi che non lo siete, » rispose severamente. « Guardate questo, » disse indicando il registro. « Il dottor Munthe dell'Avenue de Villiers è cavaliere della Legion d'onore: vedo macchie rosse in abbondanza sulla vostra giacca, ma non vedo nessun nastro rosso. »

Dissi che lo portavo raramente. Guardando il suo occhiello vuoto, mi fece osservare, ridendo, che avrebbe dovuto vivere ancora lunghi anni per convincersi che esistesse un uomo in Francia che possedeva il nastro rosso e non lo portava.

Suggerii di mandare a chiamare il mio portiere per identificarmi: mi rispose che non era necessario, era un caso che doveva essere trattato dallo stesso commissario di polizia nella mattinata. Suonò il campanello.

« Perquisitelo, » disse alle due guardie.

Protestai indignato e dissi che non aveva nessun diritto di perquisirmi. Mi rispose che non soltanto era suo diritto, ma in osservanza ai regolamenti della polizia era suo dovere, per la mia stessa sicurezza. La guardina era affollata di ogni sorta di malviventi ed egli non poteva garantire che oggetti di valore di mia proprietà non mi venissero rubati. Lo assicurai che non avevo nessun oggetto di valore in tasca, salvo una piccola somma di denaro che gli consegnai.

« Perquisitelo, » ripetè.

A quel tempo non mi mancava la forza: due guardie dovettero tenermi mentre una terza mi perquisiva. Due orologi a ripetizione d'oro, due vecchi orologi di Breguet e un orologio inglese da caccia furono trovati nelle mie tasche.

Non mi disse una parola e fui immediatamente rinchiuso in una cella pestifera. Sprofondai sul materasso, domandandomi che sarebbe successo dopo. La cosa migliore era certamente d'insistere per comunicare con la legazione svedese, ma mi decisi ad aspettare la mattina. La porta si aprì per lasciar passare un individuo d'aspetto sinistro, mezzo apache, mezzo lenone, che mi fece capire a colpo d'occhio la previdenza del regolamento che obbligava la perquisizione.

« Su rallegrati, Charlie, » disse il nuovo venuto, « *on t'ha pincé* eh? Non stare così abbattuto, non te la prendere, se sei fortunato fra' dodici mesi ti restituiranno alla società, e fortunato devi essere di certo, altrimenti non avresti mai potuto pescare cinque orologi in un giorno solo. Cinque orologi *Fichtre*! Mi levo tanto di cappello, non c'è nessuno abile come voialtri inglesi. »

Dissi che non ero inglese e che facevo collezione di orologi. Mi rispose che anch'egli la faceva. Si buttò sull'altro materasso, mi augurò la buona notte e sogni felici, e un minuto dopo russava.

Dall'altra parte del tramezzo una donna ubriaca cominciò a cantare con voce rauca. Egli grugnì con rabbia :

« Smettila, Fifine, *ou je te casserai le gueule!* » La cantante smise subito e sussurrò :

« Alphonse, ho qualche cosa d'importante da dirti. Sei solo? »

Rispose che era con un simpatico giovane amico, ansioso di sapere l'ora, perchè disgraziatamente aveva dimenticato di caricare i cinque orologi che portava sempre nelle sue tasche. Presto si addormentò di nuovo e il chiacchierio delle voci delle signore si affievolì a poco a poco. Tutto fu tranquillo; la guardia faceva la ronda ogni ora e si fermava a guardarci attraverso lo spioncino.

Mentre l'orologio suonava le sette in St.-Augustin fui tolto dalla cella e accompagnato davanti al commissario. Ascoltò con attenzione la mia avventura, fissandomi sempre con gli occhi intelligenti e penetranti. Ma quando gli raccontai della mia mania per le pendole e gli orologi e che durante tutto il giorno avevo cercato di andare da Le Roy per far riguardare questi cinque orologi, e che mi ero dimenticato di averli ancora in tasca quando mi avevano perquisito, scoppiò a ridere e disse che questo era il più bel racconto che avesse mai sentito, degno di Balzac. Aprì un cassetto dello scrittoio e mi restituì i miei orologi.

« Non sono stato seduto a questo tavolo per vent'anni, senza aver imparato un po' a classificare i miei visitatori: voi siete una persona per bene. »

Suonò il campanello per chiamare il brigadiere, che mi aveva tenuto rinchiuso tutta la notte.

« Siete sospeso per una settimana per aver trascurato di comunicare, secondo i regolamenti, col console svedese. *Vous êtes un imbécile!* »


## 13  *Mamsell Agata*

La vecchia pendola dell'entrata suonava le sette e mezzo, quando entrai nell'Avenue de Villiers, silenzioso come uno spirito. A quell'ora, puntuale al minuto, Mamsell Agata cominciava a strofinare la mia vecchia tavola da refettorio in sala da pranzo per toglierle la sua patina; era una buona occasione per raggiungere inosservato la mia camera da letto, l'unico mio rifugio. Il resto della casa era completamente affidato a Mamsell Agata. Silenziosa e senza requie come una mangusta, girava da una camera all'altra tutto il giorno, con un cencio in mano, in cerca di qualche cosa da strofinare o di una lettera stracciata da raccogliere per terra. Mi arrestai annichilito mentre aprivo la porta della mia sala di consultazione. Mamsell Agata era china sullo scrittoio, ad esaminare la mia posta del mattino. Sollevò la testa, i suoi occhi bianchi fissarono in severo silenzio i miei abiti strappati e insanguinati: per la prima volta la sua bocca senza labbra non trovò immediatamente la giusta parola amara.

« Santo cielo, dov'è stato lui? » sibilò infine. Quando era arrabbiata, mi chiamava « lui » : ahimè! raramente mi chiamava in altro modo.

« Ho avuto un incidente per la strada, » dissi. Già da molto tempo avevo preso l'abitudine di mentire a Mamsell Agata per legittima difesa. Scrutava i miei cenci con occhi di conoscitrice, sempre in cerca di qualche cosa da rammendare, da raccomodare. Quando mi ordinò di consegnare subito tutti i miei indumenti mi sembrava che la sua voce fosse un poco più gentile. Me la svignai in camera mia, feci un bagno, poi Rosalie mi portò il caffè; nessuno sapeva fare una tazza di caffè come Mamsell Agata.

« *Pauvre monsieur,* » disse Rosalie, mentre le porgevo i miei abiti, per portarli a Mamsell Agata. « Spero che non si sia fatto male! »

« No, » dissi. « Soltanto ho paura. »

Rosalie ed io non avevamo segreti tra noi per quanto riguardava Mamsell Agata. Tutti e due vivevamo con una paura matta di lei, eravamo compagni d'armi senza difesa nella nostra battaglia quotidiana per la vita.

Rosalie, la cui vera professione era quella di domestica a giornata, era venuta in mio soccorso il giorno in cui la cuoca era scappata. Adesso, da quando anche la cameriera se n'era andata, era rimasta con me, come una specie di *bonne à tout faire.* Mi era dispiaciuto assai di perdere la cuoca, ma ben presto dovetti riconoscere che non avevo mai mangiato meglio da quando Mamsell Agata aveva preso possesso della cucina. Ero stato anche molto soddisfatto della cameriera che era andata via, una vigorosa bretone, che aveva sempre scrupolosamente osservato il nostro patto di non avvicinarsi mai alla scrivania e di non toccare i miei mobili antichi. Una settimana dopo l'arrivo di Mamsell Agata, aveva dato segni di malferma salute, le sue mani avevano cominciato a tremare, avevano lasciato cadere il mio più bel vaso antico di Faenza e poco dopo era fuggita con tanta fretta che aveva dimenticato di portar via i grembiali! Proprio il giorno della sua partenza Mamsell Agata cominciò a strofinare e lavare le mie delicate sedie Luigi XVI, a battere senza pietà i miei preziosi tappeti persiani con un randello, a lavare la pallida faccia di marmo della mia Madonna fiorentina con acqua e sapone; era anche riuscita a togliere il meraviglioso lucido dal vaso di Gubbio sopra lo scrittoio. Se Mamsell Agata fosse nata quattrocento anni prima, oggi non resterebbe traccia di arte medioevale.

Ma da quanto tempo era nata? Da quando, da ragazzo, l'avevo vista nella mia vecchia casa paterna in Svezia, non era assolutamente cambiata. Il mio fratello maggiore l'aveva ereditata insieme alla vecchia dimora. Uomo di eccezionale coraggio, era riuscito a sbarazzarsene passandola a me. Mamsell Agata era proprio quella che mi ci voleva, mi aveva scritto; non era mai esistita una massaia migliore di lei e a questo riguardo aveva ragione. Da allora cercai a mia volta di sbarazzarmene. Invitavo i miei amici scapoli e altri conoscenti a colazione, tutti mi chiamavano fortunato di avere una cuoca così brava. Dicevo loro che stavo per sposarmi, che a Mamsell Agata piacevano soltanto gli scapoli e che cercava un altro posto. Tutti se ne interessavano e volevano vederla. Questo bastava; se era possibile, non ci tenevano a vederla mai più!

Descriverla è troppo arduo per me. Aveva dei radi ciuffi dorati, pettinati alla Regina Vittoria... Rosalie diceva che era una parrucca, ma io non posso giurarlo. Una fronte eccezionalmente alta e stretta, niente sopracciglia, piccoli occhi bianchi e quasi niente faccia, soltanto un lunghissimo naso aquilino che pendeva su una stretta fessura che raramente si apriva per mostrare una fila di lunghi denti, appuntiti come quelli d'un furetto. Il colore del suo viso e delle dita era di un azzurro cadaverico, il tocco della sua mano era viscido e freddo come quello d'un morto. Il suo sorriso... no, credo che non vi dirò mai come era il suo sorriso: era ciò che io e Rosalie temevamo di più.

Mamsell Agata parlava soltanto svedese ma bisticciava correttamente in francese e in inglese. Credo che alla fine capisse un po' di francese, altrimenti non avrebbe mai potuto raccogliere tutto quello che sembrava sapesse dei miei ammalati. Spesso la sorprendevo dietro la porta della mia sala di consultazione, specialmente quando ricevevo le signore. Aveva molta simpatia per i morti, sembrava sempre più allegra quando uno dei miei ammalati stava per morire; raramente mancava di apparire al balcone quando un funerale passava per l'Avenue de Villiers. Odiava i bambini. Non perdonò mai a Rosalie di aver dato un pezzo del dolce di Natale ai bambini del portiere. Odiava il mio cane; se ne andava sempre in giro spargendo sui tappeti la polvere di Keating contro le pulci e cominciava a grattarsi appena mi vedeva, in segno di protesta. Il mio cane l'odiò dal primo momento, forse per lo strano odore che emanava da tutta la persona. Mi ricordava « l'odeur de souris » del *cousin Pons* di Balzac, ma con un *mélange* suo speciale che ho ritrovato una sola volta in vita mia, quando, molti anni dopo, sono entrato in una tomba abbandonata della Valle dei re a Tebe, piena di grandi pipistrelli appesi in grappoli neri ai muri.

Mamsell Agata non lasciava mai la casa, eccetto la domenica, quando sedeva tutta sola su un banco della chiesa svedese, al boulevard Ornanot, pregando il Dio dell'ira. Il banco era sempre vuoto, nessuno osava sedere vicino a lei. Il mio amico, il cappellano svedese, mi raccontò che la prima volta che le mise l'ostia in bocca, durante la santa messa, lo fissò con uno sguardo tanto feroce che ebbe paura che gli volesse staccare il dito con un morso.

Rosalie aveva perduto la sua naturale allegria, sembrava magra e abbattuta e parlava di andare a vivere con una sua sorella maritata in Turenna. Naturalmente per me era più facile, perchè ero fuori tutto il giorno. Appena tornavo a casa, ogni forza sembrava abbandonarmi e una stanchezza mortale cadeva, come polvere, sul mio cervello. Quando scoprii che Mamsell Agata era sonnambula le mie notti diventarono ancora più agitate e irrequiete. Spesso mi sembrava di sentirne l'odore anche in camera mia. Finalmente mi sfogai con Flygare, il cappellano svedese, che veniva di frequente a casa e aveva, credo, un vago sospetto della terribile verità.

« Perchè non la mandate via, » disse un giorno il cappellano, « non potete andare avanti così, veramente comincio a credere che abbiate paura di lei. Se non avete il coraggio di mandarla via, lo farò io per voi. »

Gli offrii mille franchi per la sua chiesa se fosse riuscito a liberarmene.

« Stasera licenzierò Mamsell Agata, non state in pensiero; venite alla sacristia domani dopo l'ufficio, e avrete buone notizie. »

L'indomani, domenica, non c'era nessun ufficio nella chiesa svedese; la sera avanti il cappellano si era improvvisamente sentito male, troppo tardi per trovare un sostituto.

Mi recai subito in casa sua in Place des Termes; sua moglie disse che era sul punto di mandarmi a chiamare. Il cappellano era tornato a casa la sera avanti quasi svenuto, bianco in faccia come se avesse visto uno spettro, diceva sua moglie.

Forse ne ha proprio visto uno, pensai, mentre entravo in camera sua. Il cappellano mi disse che aveva appena cominciato a dire a Mamsell Agata la sua ambasciata e si aspettava di vederla molto arrabbiata: invece essa gli aveva soltanto sorriso. All'improvviso si era accorto di uno strano odore nella stanza, aveva sentito che stava per svenire, senza dubbio a causa dell'odore.

« No, » gli dissi, « a causa del sorriso. »

Gli ordinai di rimanere a letto fino al mio ritorno. Mi domandò cosa mai avesse, risposi che non lo sapevo... non era vero, lo sapevo benissimo: riconoscevo i sintomi.

« A proposito, » dissi mentre m'alzavo per andarmene, « vorrei che mi raccontaste qualcosa di Lazzaro; voi che siete cappellano certamente lo conoscete meglio di me. Non c'è una vecchia leggenda... »

« Lazzaro, » disse il cappellano con voce debole, « era colui che dalla tomba, dove per tre giorni e tre notti era stato in potere della morte, tornò vivo alla sua dimora. Su questo miracolo non c'è alcun dubbio; fu visto da Maria e da Marta e da molti suoi amici. »

« Mi domando com'era. »

« La leggenda dice che la decomposizione prodotta dalla morte sul suo corpo, arrestata dal potere miracoloso, era sempre evidente nell'azzurro cadaverico della sua faccia, e che le lunghe dita vischiose erano fredde pel gelo della morte; le sue unghie scure erano cresciute smisuratamente, un forte odore di tomba gli era rimasto negli abiti. Mentre Lazzaro avanzava tra la folla, che si era radunata per festeggiare il suo ritorno alla vita, le gioiose parole di benvenuto morirono sulle labbra di tutti e una terribile ombra scese come polvere sui loro cervelli; ad uno ad uno fuggirono via con gli animi agghiacciati dalla paura. »

Mentre il cappellano recitava la vecchia leggenda, la sua voce si affievoliva sempre di più, si agitava inquieto nel letto, la sua faccia si faceva bianca come il guanciale che aveva sotto il capo.

« Siete sicuro che Lazzaro sia il solo risorto dalla tomba? » dissi. « Siete sicuro che non avesse una sorella? »

Il cappellano si coprì il viso con un grido di terrore.

Per le scale incontrai il colonnello Staaff, l'*attaché* militare svedese, che era venuto allora per chiedere notizie del cappellano. Il colonnello mi invitò a tornare a casa con lui, voleva parlarmi d'affari urgenti. Egli si era distinto nell'armata francese durante la guerra del '70 ed era stato ferito a Gravelotte. Aveva sposato una signora francese ed era un gran favorito dell'alta società parigina.

« Senti, » disse il colonnello, mentre ci sedevamo per prendere il tè, « tu sai che sono un tuo amico e che ho più del doppio della tua età, non devi quindi offenderti di quello che sto per dirti nel tuo stesso interesse. In questi ultimi tempi, tanto mia moglie che io abbiamo spesso sentito delle lagnanze su di te, per il modo tirannico col quale tratti i malati. A nessuno piace di sentirsi continuamente ripetere consigli di disciplina e di ubbidienza. Le signore, specialmente quelle francesi, non sono abituate ad essere trattate così bruscamente da un giovanotto come te; ti chiamano già col soprannome di Tiberio. Il male è che temo che a te sembri altrettanto naturale di comandare, come agli altri d'ubbidire. Ti sbagli, mio giovane amico, a nessuno piace ubbidire, a tutti piace comandare. »

« Non sono d'accordo; alla maggioranza delle persone, e a quasi tutte le donne piace ubbidire. »

« Aspetta di essere sposato, » disse il mio galante amico, con una furtiva occhiata verso la porta del salotto.

« Ma c'è anche un fatto più grave, » continuò. « Corre voce che tu trascuri molto le apparenze nella tua vita privata; si dice che ci sia una donna misteriosa che vive con te con preteso incarico di massaia. Anche la moglie del console inglese ha insinuato qualcosa a questo proposito a mia moglie, che ti ha difeso con molta energia. Cosa direbbero il ministro svedese e sua moglie, che ti trattano come un figlio, se sentissero questa voce, ciò che, ne sono sicuro, succederà prima o poi? Ti dico, amico mio, questo non può andare per un dottore in una posizione come la tua, con tante signore, inglesi e francesi, che vengono a consultarti. Ti ripeto, questo non può andare! Se vuoi prenderti un'amante fallo pure! È affar tuo, ma per amor del cielo, levatela di casa, nemmeno i francesi possono sopportare un tale scandalo!»

Ringraziai il colonnello, dissi che aveva perfettamente ragione, che avevo spesso cercato di levarmela di casa, ma che non ne avevo mai avuto la forza.

«So che non è facile,» ammise il colonnello. «Sono stato giovane anch'io. Se non hai il coraggio di farlo da te, ti aiuterò io! Sono l'uomo che fa per te, non ho mai avuto paura di nessuno, uomo o donna; ho attaccato i prussiani a Gravelotte, ho affrontato la morte in sei grandi battaglie...»

«Aspettate di affrontare Mamsell Agata Svenson,» dissi.

«È svedese? Meglio così, alla peggio la farò espellere dalla Francia per mezzo della legazione. Sarò all'Avenue de Villiers domattina alle dieci : trovatici in ogni modo.»

«No grazie, io no, non l'avvicino mai quando posso farne a meno.»

«*Et pourtant tu couches avec elle,*» borbottò il colonnello guardandomi stupefatto.

Stavo quasi per vomitare sul tappeto, quando mi porse a tempo un forte brandy con seltz e ancora mezzo sbalordito uscii dalla casa, dopo d'aver accettato il suo invito a pranzo per l'indomani, per celebrare la vittoria.

Pranzai solo con madame Staaff, il giorno seguente. Il colonnello non stava molto bene, dovetti andare a trovarlo dopo pranzo. La vecchia ferita di Gravelotte gli dava di nuovo fastidio, pensava sua moglie. Il galante colonnello giaceva nel suo letto con una compressa fredda sulla testa; sembrava molto vecchio e debole, aveva negli occhi una espressione di smarrimento che non gli avevo mai visto prima d'allora.

«Ha sorriso?» gli domandai.

Rabbrividì, mentre stendeva la mano verso il suo brandy e seltz.

« Avete osservato quel lungo uncino nero sull'unghia del suo pollice, come l'unghiello d'un pipistrello? »

Diventò pallido e si asciugò il sudore dalla fronte.

« Cosa farò? » dissi abbattuto con la testa fra le mani.

« C'è una sola via di scampo per te, » rispose il colonnello con voce flebile. « Sposati, altrimenti finirai per darti al bere. »

## 14  *Vicomte Maurice*

Non mi sposai e non mi detti al bere. Feci qualcos'altro: mi fermavo il meno possibile nell'Avenue de Villiers. Rosalie mi portava il tè e il *Figaro* in camera alle sette; mezz'ora dopo uscivo per non tornare che alle due per le visite. Poi, visto l'ultimo malato, uscivo ancora per ritornare a notte inoltrata, sgattaiolando furtivamente in camera mia come un ladro. Raddoppiai lo stipendio a Rosalie. Teneva coraggiosamente il suo posto, si lagnava soltanto di non aver altro da fare che aprire la porta. Tutto il resto, battere i tappeti, rammendare i miei vestiti, pulire le scarpe, lavare la biancheria e cucinare veniva fatto da Mamsell Agata. Questa, rendendosi conto della necessità di un tramite fra lei e il mondo esteriore ed anche sentendo il bisogno di avere qualcuno con cui poter sempre accapigliarsi, tollerava ora la presenza di Rosalie con torva rassegnazione. Una volta le aveva perfino sorriso, mi raccontò Rosalie con un leggero tremito nella voce.

Presto anche Tom dovette abbandonare l'Avenue de Villiers, per paura di Mamsell Agata. Passava le giornate girando con me, mentre facevo le visite ai malati; raramente prendeva un pasto a casa, nè andava mai in cucina com'è abitudine dei cani. Appena rientravo dal lavoro giornaliero, si accucciava nel suo cestino in camera mia dove sapeva d'essere relativamente al sicuro. Via via che la clientela aumentava, diventava sempre più difficile trovare il tempo per la nostra abituale scorreria pomeridiana della domenica al Bois de Boulogne. I cani, come gli uomini, debbono fiutare ogni tanto la madre terra per tener alto il morale, e non c'è niente di meglio che una vivace passeggiata fra alberi familiari, anche se sono gli alberi mezzo inciviliti del Bois de Boulogne, con un'eventuale partita a rimpiattino, tra i folti boschetti, con un compagno randagio.

Un giorno, mentre vagavamo attraverso un vialetto secondario, godendoci entrambi la reciproca compagnia, udimmo improvvisamente dietro di noi un ansare disperato ed un affannoso respiro accompagnato da colpi di tosse. Credevo che fosse un caso di asma, ma Tom lo diagnosticò subito per un caso di soffocamento di un piccolo cane bulldog o di altra razza che si avvicinava a grande velocità implorandoci col suo ultimo respiro d'aspettarlo. Un minuto dopo Loulou cadde mezzo morto ai miei piedi, troppo grasso per respirare, troppo esausto per parlare, con la lingua nera penzoloni, gli occhi sanguigni fuori dalle orbite dalla gioia e dall'emozione.

« Loulou! Loulou! » gridò una voce disperata da un *coupé* che passava sul viale.

« Loulou! Loulou! » chiamò un valletto, che ci corse incontro in mezzo ai boschetti. Il valletto disse che accompagnava la marchesa e Loulou per la loro abituale passeggiata di cinque minuti a piedi a fianco della carrozza, quando Loulou ad un tratto aveva cominciato ad annusare furiosamente in tutte le direzioni e quindi s'era messo a correre con tale velocità, attraverso i folti boschetti, che lo avevano perso subito di vista. La marchesa era stata rimessa quasi svenuta in carrozza dalla sua cameriera; egli era in cerca di Loulou da una mezz'ora, mentre il cocchiere andava in su e in giù per il viale, domandando a tutti i passanti notizie del cane. La marchesa scoppiò in lagrime di gioia quando le depositai Loulou in grembo, ancora muto per mancanza di fiato. « Stavo per avere un colpo apoplettico, » singhiozzò. Le urlai nel cornetto acustico che era soltanto commozione. In verità, era Loulou che stava per avere un colpo, come può averlo un vecchio cane. Essendo l'involontaria causa di tutto, accettai l'invito della sua padrona di salire nella carrozza e andare a prendere il tè con lei. Quando Tom saltò sulle mie ginocchia, Loulou ebbe un attacco di rabbia che quasi lo soffocò. Per il resto della strada se ne stette immobile, in grembo alla padrona, in stato di completo collasso, fissando ferocemente Tom con un occhio e strizzando l'altro verso di me, con affezione.

« Ho fiutato molte cose nella vita, » diceva l'occhio, « ma non ho mai dimenticato il vostro odore speciale, mi piace molto più di quello di qualunque altro. Che gioia d'avervi finalmente ritrovato! Prendetemi sulle vostre ginocchia, invece di quel bastardo. Non abbiate paura, farò i conti con lui non appena avrò preso una boccata d'aria! »

« Non m'importa nulla di quello che dici, piccolo mostro camuso, » rispondeva Tom superbamente. « Non ho mai visto un tale spettacolo, quasi quasi mi vergogno d'essere un cane! Un campione barbone come me non ringhia a una salsiccia, ma sarà meglio tu trattenga la lingua nera perchè non si stacchi del tutto dalla tua brutta bocca. »

Dopo la nostra seconda tazza di tè, monsieur l'abbé entrò nel salotto per la sua abituale visita pomeridiana. Il gentile abate mi rimproverò di non averlo avvertito del mio ritorno a Parigi. Il conte aveva spesso domandato di me e sarebbe stato felicissimo di vedermi. La contessa era andata a Montecarlo per cambiar aria. Adesso si trovava in eccellenti condizioni di salute e di spirito. Disgraziatamente non poteva dire lo stesso del conte, che era ritornato alla sua vita sedentaria, e passava tutta la giornata in poltrona a fumar sigari. L'abate pensò che fosse meglio avvertirmi che il vicomte Maurice era furibondo con me per lo scherzo che gli avevo giocato al Château Rameaux; che avevo ipnotizzato lui e il piccolo dottore del villaggio facendo loro credere che avesse la colite, per impedirgli di guadagnare la medaglia d'oro alla gara della Società del Tiro di Francia. L'abate mi supplicò di non trovarmi sulla sua strada, era conosciuto per il suo temperamento focoso e senza controllo, faceva lite spessissimo: non più di un mese prima aveva avuto un altro duello, Dio solo sapeva cosa sarebbe accaduto se ci fossimo incontrati!

« Non succederebbe nulla, » dissi. « Non ho nulla da temere da quel bruto, perchè ha paura di me. L'autunno scorso dimostrai nel *fumoir* del Château Rameaux che io sono il più forte fra noi due e sono contento di sentire da voi che non ha dimenticato la lezione. La sua unica superiorità su di me è che può colpire una rondine o una allodola con la rivoltella a cinquanta metri, mentre probabilmente io alla stessa distanza mancherei un elefante. Ma non è probabile che tragga mai vantaggio da questa sua superiorità, non mi sfiderà mai, perchè mi considera socialmente suo inferiore. Avete pronunziato la parola ipnotismo: ebbene, comincio a stancarmi della sola parola, me la ripetono continuamente perchè sono stato allievo di Charcot. Una volta per sempre, mettetevi bene in mente che tutta questa stupidaggine di potere ipnotico è una teoria screditata e negata dalla scienza moderna. Non è un caso di ipnotismo, è un caso di immaginazione. Questo pazzo immagina che io l'abbia ipnotizzato, non sono stato io a mettergli in testa questa stupida idea, se l'è creata da sè: noi chiamiamo questo autosuggestione. Tanto meglio per me. Lo rende incapace di nuocermi, almeno quando siamo di fronte. »

« Ma potreste ipnotizzarlo, se lo voleste? »

« Sì, facilmente, è un soggetto eccellente: Charcot sarebbe felicissimo di presentarlo nelle sue conferenze del martedì, alla Salpêtrière. »

« Dicendo che questo potere ipnotico non esiste, volete asserire che io, per esempio, potrei farlo ubbidire ai miei ordini, come ha ubbidito ai vostri? »

« Sì, se lui credesse che voi possedete questo potere, ciò che certamente non crede. »

« Perchè? »

« La vera difficoltà comincia qui; oggi non si può ancora dare una soddisfacente risposta alla vostra domanda. Questa scienza è relativamente nuova, sempre ai suoi primordi. »

« Potreste fargli commettere un delitto? »

« No, a meno che non sia capace di commettere tale delitto di sua propria iniziativa. Giacchè sono convinto che quest'uomo ha istinti criminali, la risposta in questo caso è affermativa. »

« Potreste fargli lasciare la contessa? »

« No, finchè non lo volesse lui stesso e non si sottomettesse a un trattamento di suggestione ipnotica. Anche così ci vorrebbe del tempo poichè l'istinto sessuale è la forza dominante della natura umana. »

« Promettetemi di tenervi lontano dalla sua strada. Egli dice che vi frusterà la prima volta che vi incontra. »

« Si provi pure, so cosa debbo fare in tale circostanza, non ve ne preoccupate, so bene come difendermi. »

« Fortunatamente è col suo reggimento a Tours e non è probabile che torni a Parigi per molto tempo. »

« Mio caro abate, siete molto più ingenuo di quello che avrei pensato. Attualmente il visconte è a Montecarlo con la contessa e sarà di ritorno a Parigi quando lei ritornerà dall'aver cambiato aria. »

Proprio il giorno seguente fui chiamato a visitare come medico il conte. L'abate aveva ragione: trovai il conte in condizioni molto poco soddisfacenti, fisicamente e moralmente. Non si può far molto per un uomo anziano, che sta seduto in poltrona tutto il giorno, fumando interminabili sigari, non pensando ad altro che alla sua bella e giovane moglie andata a Montecarlo per cambiare aria. Nemmeno si può far molto quando lei torna a riprendere la sua posizione di una delle più ammirate e desiderate signore della società parigina, che trascorre le sue giornate da Worth a provare nuovi abiti e le sue serate ai teatri e ai balli, dopo aver dato un freddo bacio di *buona notte* sulla guancia del marito. Più conoscevo il conte, più mi piaceva; egli era il più perfetto tipo di nobile francese del vecchio regime che avessi visto. La vera ragione perchè mi piaceva tanto era senza dubbio perchè mi faceva compassione. A quel tempo non mi rendevo conto che le uniche persone che veramente mi piacessero, erano quelle per le quali provavo compassione. Suppongo che fosse questo il motivo per cui la contessa non mi piacque più la prima volta che la rividi dopo il nostro ultimo incontro sotto il tiglio del parco del Château Rameaux, quando la luna era piena e la civetta mi aveva salvato dal pericolo che mi piacesse troppo. No, non mi piacque affatto quando la guardai, seduta alla tavola da pranzo a fianco dell'abate, mentre rideva allegramente agli stupidi scherzi del vicomte Maurice, alcuni dei quali si riferivano a me, com'era evidente dalle occhiate insolenti che mi rivolgeva. Nessuno dei due mi rivolse mai una parola. L'unico segno di riconoscimento che ricevetti dalla contessa fu una distratta stretta di mano prima di pranzo. La contessa era bella come non mai, ma non era la stessa donna. Aveva un aspetto di salute e un umore splendidi e dai suoi grandi occhi era scomparsa l'espressione languida. Vidi a colpo d'occhio che c'era stata luna piena nel parco di Montecarlo, senza civette ammonitrici tra i tigli. Il vicomte Maurice sembrava molto soddisfatto di se stesso, aveva in tutto il suo portamento un'aria sfacciata di eroe conquistatore particolarmente irritante.

« *Ça y est,* » dissi all'abate mentre sedevamo nel *fumoir* dopo pranzo. « Certamente l'amore è cieco, se questo si deve chiamare amore. Ella meritava migliore fortuna che cadere fra le braccia di quel pazzo degenerato. »

« Sapete che non è passato un mese da quando il conte ha pagato i suoi debiti di gioco per evitargli di essere espulso dall'esercito; si parla anche di uno chèque protestato. Dicono che spenda delle somme favolose per una famosa cocotte. E pensare che questo è l'uomo che accompagnerà la contessa al ballo mascherato dell'Opéra stasera! »

« Potessi sparare. »

« Per l'amor del cielo, non parlate così, vorrei che ve ne andaste via, di certo verrà qui a prendere il suo brandy e seltz. »

« Sarà meglio che vada piano con i suoi brandy e seltz, avete notato come gli tremava la mano quando lasciava cadere le gocce della sua medicina nel vino? In ogni modo è buon presagio per le rondini e le allodole. Non guardate la porta con tanta agitazione, sta divertendosi a far l'amore con la contessa in salotto. Del resto io vado via, la mia carrozza è alla porta. »

Andai su a vedere il conte un momento prima di andarmene; stava già andando a letto, diceva di aver molto sonno, beato lui! Mentre gli auguravo la buona notte, sentii da basso le grida disperate d'un cane. Sapevo che Tom mi aspettava nell'atrio nell'angolo abituale, dietro invito permanente del conte, che amava molto i cani e che aveva anche fatto preparare un tappetino speciale perchè stesse comodo. Mi lanciai a precipizio giù per le scale. Tom stava accovacciato contro la porta d'entrata, guaendo debolmente, mentre il sangue gli colava dalla bocca. Chino su di lui, il vicomte Maurice gli dava calci furiosi. Piombai sul bruto così inaspettatamente che perse l'equilibrio e rotolò per terra. Un secondo colpo ben diretto lo buttò giù di nuovo mentre balzava in piedi. Afferrando cappello e soprabito, col cane in braccio saltai nella mia carrozza e tornai a tutta velocità all'Avenue de Villiers. Si capiva facilmente che il povero cane soffriva di gravi lesioni interne. Vegliai con lui tutta la notte, il suo respiro si faceva sempre più difficile, l'emorragia non cessò mai. Al mattino uccisi con un colpo di rivoltella il mio fedele amico per risparmiargli altre sofferenze.

Provai un vero sollievo quando nel pomeriggio ricevetti una lettera da due ufficiali compagni del vicomte Maurice, che chiedeva di metterli in comunicazione con i miei secondi; il visconte aveva deciso, dopo qualche esitazione, di farmi l'onore... eccetera, eccetera...

Riuscii con difficoltà a convincere il colonnello Staaff, l'*attaché* militare svedese, ad assistermi in questo affare. Il mio amico Edelfeld, il celebre pittore finlandese, doveva essere l'altro mio secondo. Norstrom doveva assistermi come chirurgo.

« Non ho mai avuto tanta fortuna in vita mia, come in queste ultime ventiquattro ore, » dissi a Norstrom, mentre ci sedevamo al nostro tavolo abituale nel *Café de la Régence* per pranzare. « Per dirti la verità ero terribilmente preoccupato della paura che avrei avuto. Invece, la curiosità di vedere come avrei affrontato la prova ha occupato i miei pensieri così costantemente, che non ho avuto tempo di pensare ad altro. Sai quanto mi interesso di psicologia. »

Norstrom, evidentemente, non aveva il minimo interesse alla psicologia quella sera, nè veramente ne aveva mai avuto. Era insolitamente silenzioso e solenne, notai una certa tenera espressione nei suoi occhi blandi, che quasi mi fece provar vergogna di me stesso.

« Non guardarmi così, e soprattutto non essere sentimentale; non dona al tuo tipo di bellezza. Grattati quello stupido testone e cerca di capire la situazione. Come puoi credere un solo momento che io sia così pazzo da affrontare questo selvaggio domattina nel Bois de St.-Cloud, se non sapessi che non mi può uccidere? L'idea è troppo assurda per essere presa in considerazione un sol momento. Inoltre, questi duelli francesi sono una pura farsa, e tu lo sai quanto me. Abbiamo ambedue assistito come medici a più d'uno di questi spettacoli, dove gli attori ogni tanto colpiscono un albero, ma mai l'avversario. Prendiamo una bottiglia di Chambertin e andiamo subito a letto. Il Borgogna mi fa venir sonno, non ho quasi più dormito da quando morì il mio povero cane; stanotte devo dormire ad ogni costo. »

La mattina era fredda e nebbiosa. Il mio polso era a ottanta pulsazioni, ritmiche, ma mi accorsi di una curiosa contrazione ai polpacci delle gambe e di una certa difficoltà nel parlare, e malgrado tutti gli sforzi non mi riuscì d'inghiottire una goccia di brandy che Norstrom mi offrì dalla sua fiaschetta tascabile, mentre scendevamo dalla carrozza. Le interminabili formalità preliminari mi sembravano irritanti in modo particolare, giacchè non capivo una parola di quello che dicevano. Che cosa stupida tutti questi preparativi e che perdita di tempo, pensavo, quant'è più facile cazzottarlo all'inglese e farla finita. Qualcuno disse che la nebbia si era diradata abbastanza per permettere una chiara visibilità. Fui sorpreso di sentir questo perchè mi pareva che la nebbia fosse più densa di prima. Però potevo vedere il vicomte Maurice abbastanza bene, in piedi davanti a me con l'abituale aria d'insolente noncuranza, una sigaretta fra le labbra, completamente a suo agio.

Proprio in quel momento un pettirosso cominciò a cinguettare da un arboscello dietro di me; stavo appunto domandandomi cosa mai stava a fare quella creaturina nel Bois de St.-Cloud, in una stagione così inoltrata, quando il colonnello Staaff mi mise una pistola in mano.

« Mira basso! » sussurrò.

« Fuoco! » gridò una voce aspra.

Udii un colpo. Vidi il visconte che lasciava cadere la sigaretta dalle labbra e il professor Labbé che si precipitava verso di lui. Un momento dopo mi trovai seduto nella carrozza del colonnello Staaff, con Norstrom sul sedile di fronte, un largo sorriso sulla faccia. Il colonnello mi battè amichevolmente sulla spalla, ma nessuno parlava.

« Che cosa è successo, perchè non ha tirato? Non accetterò nessun favore da quel bruto, lo sfiderò a mia volta, gli... »

« Non farai nulla, ringrazierai Dio per il miracoloso pericolo scampato, » interruppe il colonnello. « Egli ha fatto di tutto per ucciderti e senza dubbio l'avrebbe fatto, se tu gli avessi lasciato il tempo per un secondo colpo. Per fortuna avete sparato simultaneamente. Se tu avessi aspettato un millesimo di secondo non saresti seduto al mio fianco ora. Non hai sentito la palla fischiare sopra la testa? Guarda! »

Ad un tratto, mentre guardavo il mio cappello, il sipario calò sulla mia parte d'eroe. Spogliato della poco adatta veste di uomo coraggioso, il vero uomo apparve, l'uomo che aveva paura della morte. Tremante di spavento, mi sprofondai in un angolo della carrozza.

« Sono orgoglioso di te, mio giovane amico, » continuò il colonnello. « Ha fatto bene al mio vecchio cuore di soldato, non avrei potuto fare meglio io stesso! Quando attaccammo i prussiani a Gravelotte... »

Il battere dei miei denti mi impedì di sentire la fine della frase. Mi sentivo male, volevo dire a Norstrom di abbassare un vetro per prendere una boccata d'aria, ma non potevo articolar parola. Avrei voluto spalancare lo sportello e fuggire come una lepre, ma non potevo muovere nè braccia nè gambe.

« Perdeva molto sangue, » sghignazzò Norstrom. « Il professor Labbé ha detto che la palla gli ha attraversato di netto la base del polmone destro; potrà dirsi fortunato se se la caverà con due mesi di letto. »

I miei denti cessarono di battere istantaneamente; ascoltai con attenzione.

« Non sapevo che fossi un tiratore così bravo, » disse il galante colonnello. « Perchè mi hai detto che non avevi mai maneggiato una pistola? »

Ad un tratto scoppiai a ridere, senza sapere affatto perchè.

« Non c'è niente da ridere, » disse il colonnello severamente, « l'uomo è pericolosamente ferito, il professor Labbé sembrava molto preoccupato, forse finirà con una tragedia. »

« Peggio per lui, » dissi riacquistando miracolosamente la parola, « ha picchiato a morte il mio vecchio cane innocuo, passa le sue ore di libertà ad ammazzare rondini e allodole: si merita quello che ha avuto. Sapete che l'Areopago di Atene condannò a morte un ragazzo perchè aveva accecato un uccello? »

« Ma tu non sei l'Areopago d'Atene. »

« No, ma non sono nemmeno la causa della morte di quest'uomo, ammesso che egli muoia. Non ho avuto neppure il tempo di mirare; la pistola ha scattato da sè. Non sono stato io a mandare questa palla attraverso il suo polmone, è stato qualcun altro. E poi, giacchè avete tanta compassione per questo bruto, posso domandarvi se era perchè lo mancassi che mi avete sussurrato all'orecchio di mirare basso quando mi avete dato la pistola? »

« Sono felice di sentire che la lingua ti è tornata, vecchio fanfarone, » sorrise il colonnello. « Non potevo capire una parola di quello che dicevi, quando ti ho trascinato nella carrozza e nemmeno tu, ne sono sicuro: hai borbottato tutto il tempo qualche cosa d'un pettirosso. »

Quando entrammo per la Porta Maillot ero di nuovo padrone dei miei nervi e mi sentivo molto contento di me stesso. Mentre ci avvicinavamo all'Avenue de Villiers la testa di medusa di Mamsell Agata sorgeva dalla nebbia mattutina, fissandomi minacciosamente con i suoi occhi bianchi. Guardai l'orologio, erano le sette e mezzo, il mio coraggio si risollevò.

« In questo momento sta proprio asportando la patina dalla tavola conventuale in sala da pranzo, » pensai. « Ancora un po' di fortuna e riuscirò a sgattaiolare inosservato in camera e far segno a Rosalie di portarmi la tazza di tè. »

212

Rosalie venne in punta di piedi con la colazione e il *Figaro*.

« Rosalie, sei un angelo! Per l'amore del cielo, trattienila lontana dall'atrio, ho intenzione di svignarmela fra una mezz'ora. Brava Rosalie, dammi una spazzolata prima di andartene, ne ho molto bisogno. »

« Ma veramente, monsieur, non potete andare a visitare i vostri malati con questo vecchio cappello; guardate, c'è un buco tondo davanti e qui ce n'è un altro di dietro, curioso! Non può essere stata una tignola, tutta la casa odora di naftalina da quando c'è Mamsell Agata. Può darsi che sia un topo? La camera di Mamsell Agata è piena di topi, a Mamsell Agata piacciono i topi. »

« No, Rosalie, è l'oriolo della morte che ha denti duri come l'acciaio e può fare un buco simile oltre che nel cappello, anche nel cranio d'un uomo, se la fortuna non lo assiste. »

« Perchè, monsieur, non regala il cappello al vecchio don Gaetano, il suonatore d'organetto? Oggi è il giorno che viene a suonare sotto il balcone. »

« Dagli pure qualunque cappello, ma non questo. Ho intenzione di tenerlo, mi fa bene guardare quei due buchi, portano fortuna. »

« Perchè, monsieur, non va in tuba come gli altri medici? È molto più chic. »

« Non è il cappello che fa l'uomo, ma la testa. La mia testa va benone, finchè mi tieni lontana Mamsell Agata. »

## 15  *John*

Sedetti per far colazione e leggere il *Figaro*. Niente di molto interessante.

Ad un tratto i miei occhi scorsero il seguente articolo annunziato a grandi caratteri:

## Un losco affare

« *Madame Réquin, levatrice di prima classe, Rue Granet, è stata arrestata in seguito alla morte sospetta d'una ragazza. C'è anche un mandato di cattura contro un medico straniero, che si teme abbia già lasciato il paese. Madame Réquin è anche accusata di aver fatto scomparire un certo numero di neonati a lei affidati.* »

Il giornale mi cadde di mano. Madame Réquin, levatrice di prima classe, Rue Granet! Negli ultimi anni ero stato circondato da tanta sofferenza, tante tragedie si erano svolte sotto i miei occhi, che avevo completamente dimenticato tutta la faccenda. Mentre fissavo l'articolo del *Figaro*, la visione della terribile notte in cui avevo fatto la conoscenza di madame Réquin riapparve viva come se fosse accaduta non tre anni, ma un giorno prima. Centellinando il mio tè, rileggevo l'articolo ripetutamente e mi sentivo molto contento sapendo che questa terribile donna era stata finalmente catturata. Mi sentivo egualmente felice ricordandomi che in quell'indimenticabile notte mi era stato accordato di salvare due vite : di una madre e del suo bambino, che sarebbero stati assassinati da madame Réquin e dal suo ignobile complice. Ad un tratto un altro pensiero mi balenò per la mente. Che cosa avevo fatto per questi due esseri, ai quali avevo ridato la vita? Che cosa avevo fatto per questa madre, già abbandonata da un altro uomo, nell'ora in cui più aveva bisogno?

« John! John! » aveva gridato sotto l'azione del cloroformio, con tono disperato. « John! John! »

Avevo fatto io più di lui? Non l'avevo io pure abbandonata nell'ora in cui aveva più bisogno di me? Quale agonia avrà provato prima di cadere nelle mani di quella terribile donna e di quel mio brutale collega, che l'avrebbero assassinata se non ci fossi stato io? Che agonia avrà provato quando, tornata in sè, si sarà resa conto dell'orrenda realtà dell'ambiente? E il bambino mezzo asfissiato che mi aveva guardato coi suoi occhi celesti, mentre tirava il primo respiro con l'aria apportatrice di vita che gli avevo soffiato nei polmoni, tenendo le mie labbra sulle sue? Cosa avevo fatto per lui? Lo avevo strappato alle braccia della misericordiosa morte per gettarlo in quelle di madame Réquin! Quanti neonati avevano già poppato la morte dal suo enorme petto? Cosa aveva fatto del bambino dagli occhi celesti? Era in quell'ottanta per cento dei piccoli indifesi viaggiatori del *train des nourrices* che, secondo le statistiche ufficiali, soccombevano durante il primo anno di vita, o fra gli altri che sopravvivevano forse per un peggiore destino?

Un'ora dopo avevo chiesto e ottenuto dalle autorità del carcere il permesso di visitare madame Réquin. Mi riconobbe subito e mi fece un'accoglienza così calorosa che mi sentii molto a disagio davanti al carceriere che mi aveva accompagnato alla sua cella.

Disse che il bambino era in Normandia molto felice, aveva giusto ricevuto eccellenti notizie dai suoi genitori adottivi, che l'amavano teneramente. Sfortunatamente non poteva trovare l'indirizzo. C'era un po' di confusione nel suo registro. Poteva darsi, ma non era probabile, che suo marito potesse ricordarselo.

Sentivo che il bambino era morto, ma per non lasciare niente di intentato le dissi con severità che, se non ricevevo l'indirizzo dei genitori adottivi entro quarantott'ore, l'avrei denunziata alle autorità per l'assassinio d'un bambino e anche per il furto d'una spilla di brillanti di grande valore, lasciata da me in sua custodia. Riuscì a strizzare qualche lacrima dai suoi occhi freddi e lucidi e giurò che non aveva rubata la spilla, l'aveva tenuta come ricordo di quella bella e giovane signora che aveva curata con tenerezza, come se fosse stata sua figlia.

« Avete quarantott'ore di tempo, » dissi, lasciandola alle sue riflessioni.

La mattina del secondo giorno ricevetti la visita del degno

marito di madame Réquin, con la cartella di pegno della spilla e il nome di tre villaggi in Normandia dove madame aveva mandato i suoi bambini quell'anno. Scrissi subito ai tre sindaci, chiedendo loro di cercare se un bambino cogli occhi celesti, di circa tre anni, fosse fra quelli adottati nei loro villaggi. Dopo lungo tempo ricevetti risposte negative da due dei sindaci, nessuna risposta dal terzo. Scrissi poi ai tre parroci e dopo mesi d'aspettativa il parroco di Villeroy m'informò che aveva scoperto dalla moglie del calzolaio un ragazzino, che avrebbe potuto corrispondere alla mia descrizione. Era arrivato da Parigi tre anni prima e certamente aveva gli occhi celesti.

Non ero mai stato in Normandia. Il Natale era prossimo e credevo di meritarmi una piccola vacanza. Era proprio il giorno di Natale quando bussai alla porta del calzolaio. Nessuna risposta. Entrai in una oscura camera con un deschetto basso da calzolaio vicino alla finestra. Stivali fangosi e consunti e scarpe di ogni grandezza erano sparsi per terra, camicie e mutande appena lavate erano stese ad asciugare su una corda che attraversava la stanza. Il letto non era stato rifatto, le lenzuola e le coperte erano indescrivibilmente sporche. Sul pavimento di pietra della puzzolente cucina sedeva un bambino mezzo nudo, che mangiava una patata cruda. I suoi occhi celesti mi guardarono spaventati, lasciò cadere la patata e alzò istintivamente il braccio scarno come per evitare un colpo e fuggì rapidamente nell'altra stanza. Lo afferrai proprio mentre si ficcava sotto il letto e mi sedetti sul deschetto del calzolaio, vicino alla finestra, per esaminargli i denti. Sì, il bambino aveva circa tre anni e mezzo, avrei detto, un piccolo scheletro con gambe e braccia scarne, un petto stretto e uno stomaco gonfio il doppio del volume normale. Sedette assolutamente immobile sulle mie ginocchia, non fiatò nemmeno quando gli aprii la bocca per esaminargli i denti. Non era possibile dubitare del colore dei suoi occhi, erano celesti quanto i miei.

La porta si spalancò e con una terribile bestemmia il calzolaio entrò barcollando, ubriaco fradicio. Dietro di lui, nel vano della porta aperta, stava una donna con un bambino al petto e due piccoli aggrappati alle sottane, che mi fissarono stupefatti. Il calzolaio disse che era contentone di sbarazzarsi del ragazzo, ma prima doveva avere il denaro che avanzava. Aveva scritto diverse volte a madame Réquin, ma non aveva ricevuto nessuna risposta. Cosa credeva lei, che col suo povero guadagno potesse mantenere quella miserabile marmotta? Sua moglie aggiunse che ora che aveva un bambino suo e due altri in pensione, era anche troppo felice di sbarazzarsi del ragazzo. Borbottò qualche cosa al calzolaio e i loro occhi passarono attentamente dalla faccia mia a quella del ragazzo. Lo stesso sguardo di terrore era riapparso nei suoi occhi, appena essi erano entrati nella stanza; la sua manina, che tenevo nella mia, tremava leggermente. Per fortuna mi ero ricordato in tempo che era Natale e trassi un cavallo di legno dalla mia tasca. Lo prese in silenzio, con aria disinteressata, molto diversa da quella d'un bambino; non sembrava gli piacesse molto.

« Guarda, » disse la moglie del calzolaio, « che bel cavallo ti ha portato il tuo babbo da Parigi, guarda, Jules! »

« Il suo nome è John, » dissi.

« *C'est un triste enfant,* » disse la moglie del calzolaio. « Non dice mai nulla, nemmeno " mamma ", e non sorride mai. »

Lo avvolsi nella mia coperta da viaggio e andai a trovare il curato, che fu tanto gentile da mandare la sua governante a comprare una camicia di lana e uno scialle caldo per il nostro viaggio.

Il curato mi guardò attentamente e disse: « È mio dovere, come prete, di condannare e castigare l'immoralità e il vizio, ma non posso fare a meno di dirvi, mio giovane amico, che vi rispetto per aver almeno cercato di riparare il vostro fallo, fallo tanto più atroce perchè la punizione cade su dei bambini innocenti. Era proprio l'ora di portarlo via, ho sepolto dozzine di questi poverini abbandonati e quanto prima avrei dovuto seppellire anche il vostro. Avete fatto bene, ve ne ringrazio, » disse il vecchio curato battendomi sulla spalla.

Non c'era tempo di dare spiegazioni, rischiavamo di perdere il rapido della notte per Parigi. John dormì pacificamente tutta la notte, ben avvolto nel suo scialle caldo, mentre io stavo seduto al suo fianco, domandandomi cosa mai ne avrei fatto. Credo, veramente, che se non fosse stato per Mamsell Agata lo avrei portato direttamente all'Avenue de Villiers. Invece andai all'asilo di St.-Joseph in Rue de Seine, dove conoscevo bene le monache. Mi promisero di tenere il bambino per ventiquattro ore, finchè gli avessi trovato una dimora adatta. Le monache conoscevano una famiglia rispettabile, il marito lavorava nella fabbrica norvegese di margarina nel Pantin, avevano perso da poco il loro bambino. L'idea mi piaceva: andai subito lì e il giorno dopo il bambino fu installato nella sua nuova dimora. La donna sembrava intelligente e capace, dall'espressione degli occhi di temperamento piuttosto irritabile, ma le monache mi avevano detto che era stata una madre tenera per il suo bambino. Le detti il denaro necessario per il corredo e pagai tre mesi in anticipo, meno di quanto spendo per le sigarette. Preferii non darle il mio indirizzo: Dio sa che cosa sarebbe successo se Mamsell Agata fosse venuta a conoscere l'esistenza del bimbo. Joséphine avrebbe dovuto avvertire le monache se fosse successo qualche cosa o se il bambino si fosse ammalato. Non passò molto tempo che dovette avvertirle. Il piccolo si ammalò di scarlattina e per poco non morì. Tutti i bambini scandinavi nel quartiere del Pantin ebbero la scarlattina; dovevo recarmici continuamente. I bambini con la scarlattina non hanno bisogno di medicine, ma soltanto di essere sorvegliati attentamente e di avere un balocco per la lunga convalescenza. John ebbe una cosa e l'altra, perchè evidentemente la sua madre adottiva era gentile con lui e io avevo da molto tempo imparato a includere bambole e cavalli di legno nella mia farmacopea.

« È uno strano bambino, » diceva Joséphine, « non dice mai "mamma", non sorride mai, nemmeno quando ha ricevuto la strenna che gli avete mandato per Natale. »

Eravamo di nuovo a Natale; il bambino era dunque stato un intero anno con la sua nuova madre adottiva, un anno di lavoro e di preoccupazioni per me, ma di relativa felicità per lui. Joséphine era senza dubbio di temperamento irritabile, spesso impertinente con me quando, per esempio, dovevo sgridarla perchè il ragazzo non era pulito o perchè non apriva la finestra. Ma non le ho mai sentito dire una parola brusca, e pur non credendo che egli le volesse bene, capivo dal suo sguardo che non la temeva. Egli sembrava stranamente indifferente a tutti e a tutto. A poco a poco diventai sempre più inquieto per lui e meno soddisfatto di lei. Il ragazzo aveva ripreso lo sguardo atterrito: si capiva che Joséphine lo trascurava sempre di più. Ebbi diverse discussioni con lei, che generalmente finiva per dire che se non ero soddisfatto, era meglio lo portassi via: lei ormai ne aveva abbastanza. Ne compresi la ragione: stava per diventar madre lei stessa. Le cose peggiorarono dopo la nascita del suo bambino e finalmente le dissi che ero deciso a portar via il ragazzo, appena avessi trovato il posto adatto per lui. Messo in guardia dall'esperienza fatta, ero convinto che bisognava evitare un altro errore.

Un paio di giorni dopo, tornando a casa per le mie consultazioni, nell'aprire la porta udii una voce arrabbiata di donna venire dalla sala d'aspetto. La stanza era piena di persone, che mi aspettavano con l'abituale pazienza. John stava accovacciato in un angolo del sofà, accanto alla moglie del pastore inglese. In mezzo alla stanza stava Joséphine che gesticolava animatamente parlando ad alta voce. Appena mi vide sulla soglia, si precipitò sul sofà, prese John e me lo scagliò contro. Ebbi appena il tempo di prenderlo fra le braccia.

« È naturale, io non sono abbastanza buona per badare ad un signorino come te, signorino John! » gridò Joséphine. « Sarà meglio che tu stia col dottore, ne ho abbastanza delle sue sgridate e di tutte le sue bugie che tu sei un orfano. Basta guardare i tuoi occhi per vedere chi è il tuo babbo! »

Alzò la portiera per uscire dalla stanza e quasi cadde sopra Mamsell Agata che, con i suoi bianchi occhi, mi gettò un'occhiata che mi arrestò di botto. La moglie del pastore si alzò dal sofà e uscì dalla stanza, sollevando la gonna mentre mi passava davanti.

« Volete avere la gentilezza di portare questo bambino in sala da pranzo e rimanere con lui finchè vengo io? » dissi a Mamsell Agata. Stese le braccia in avanti con orrore, come per proteggersi da qualche cosa d'impuro, la fessura sotto al suo naso adunco s'aprì in un orribile sorriso ed ella scomparve sulle tracce della moglie del pastore.

Mi sedetti per far colazione, detti una mela a John e suonai per chiamare Rosalie.

« Rosalie, » dissi, « prendi questo denaro, va' a comprarti un vestito di cotone, un paio di grembiali bianchi e tutto quello che ti abbisogna per renderti più presentabile. Da oggi sei promossa governante di questo bambino. Per questa notte dormirà in camera mia, e da domani dormirai con lui nella camera di Mamsell Agata. »

« E Mamsell Agata? » domandò Rosalie atterrita.

« Mamsell Agata sarà licenziata da me, quando avrò finito di far colazione. »

Mandai via i miei ammalati e andai per bussare alla sua camera. Due volte alzai la mano per bussare, due volte la lasciai cadere. Non bussai. Decisi che sarebbe stato più prudente rimandare l'intervista fino a dopo pranzo, quando i miei nervi si fossero un po' calmati. Mamsell Agata rimase invisibile. Rosalie mi fornì un'eccellente minestra in brodo per pranzo e un dolce che divisi con John (tutte le donne francesi della sua classe sono ottime cuoche). Dopo un paio di bicchieri di vino in più, per calmare i nervi, andai ancora tremante di rabbia a bussare alla camera di Mamsell Agata. Non bussai. Ad un tratto pensai che mi avrebbe tolto il sonno per una notte, se avessi avuto allora una discussione con lei, e il sonno era la cosa di cui avevo più bisogno. Molto meglio rimandare l'intervista all'indomani.

Mentre prendevo la prima colazione venni alla conclusione che la miglior cosa da farsi era di licenziarla per lettera. Mi accinsi a scriverle una lettera tonante, ma avevo appena cominciato, che Rosalie mi portò un biglietto scritto con la piccola, tagliente calligrafia di Mamsell Agata, la quale diceva che nessuna persona per bene poteva restare un giorno di più in casa mia, che lei partiva per sempre lo stesso pomeriggio e che non voleva mai più vedermi... proprio le parole che avevo sperato di dirle nella mia lettera.

La presenza di Mamsell Agata ossessionava ancora la casa, quando andai al Printemps a comprare un lettino e un cavallo a dondolo per John, per ricompensarlo di quanto gli dovevo. La cuoca tornò il giorno dopo felice e contenta. Rosalie raggiava di gioia; anche John, quando la sera andai a dargli un'occhiata nel suo comodo lettino, sembrava contento del nuovo ambiente. Io stesso mi sentivo felice come un ragazzo in vacanza.

Ma di vacanze non ce ne furono molte. Io ero al lavoro dal mattino alla sera con i miei ammalati e spesso anche con gli ammalati di alcuni miei colleghi che, con mia grande sorpresa, avevano cominciato a chiamarmi a consulto per dividere la loro responsabilità; perchè anche allora non sembrava che avessi mai paura della responsabilità. Scoprii più tardi nella mia vita che questo era stato uno dei segreti del mio successo. Un altro segreto era, naturalmente, la mia costante fortuna, più sbalorditiva che mai, tanto che cominciai a pensare di avere un portafortuna in casa. Cominciai anche a dormire meglio, da quando avevo preso l'abitudine di dare un'occhiata, prima di coricarmi, al bambino addormentato nel suo lettino.

La moglie del pastore inglese mi aveva abbandonato, ma tante sue compatriote prendevano il suo posto sul sofà della mia sala d'aspetto. Tale era lo splendore che illuminava il nome del professor Charcot, che un po' della sua luce si rifletteva perfino sui più piccoli satelliti che lo circondavano. Gli Inglesi sembravano credere che i loro medici conoscessero le malattie nervose meno dei colleghi francesi. Non so se in questo avessero più o meno ragione, ma in ogni caso era una fortuna per me. A quell'epoca fui perfino chiamato a Londra per un consulto. Non c'è da meravigliarsi che ne fossi lusingato. Non conoscevo la malata, ma avevo avuto un eccezionale successo con un altro membro della sua famiglia che, senza dubbio, aveva provocato questa chiamata. Era un caso grave, un caso disperato secondo i miei due colleghi inglesi che stavano ai lati del letto, guardandomi con volti mesti mentre esaminavo l'ammalata. Il loro pessimismo si era propagato per tutta la casa, la volontà di guarire dell'ammalata era paralizzata dallo scoraggiamento e dalla paura di morire. Con tutta probabilità i miei due colleghi conoscevano la patologia assai meglio di me. Ma io sapevo qualche cosa che evidentemente essi non sapevano: che non c'è nessuna droga così potente come la speranza, che la minima traccia di pessimismo nel viso o nelle parole d'un dottore può costare al malato la vita. Senza entrare in particolari medici, mi limiterò a dire che, come risultato del mio esame, fui convinto che i sintomi più gravi derivavano da disordini nervosi e da apatia mentale.

Quando posandole la mano sulla fronte le dissi con voce calma che non avrebbe avuto bisogno di morfina per la notte, i miei due colleghi mi guardarono alzando le loro larghe spalle. Avrebbe dormito bene egualmente, si sarebbe sentita molto meglio la mattina e sarebbe stata fuori pericolo prima che io lasciassi Londra, il giorno seguente. Pochi minuti dopo era profondamente addormentata: durante la notte la temperatura calò quasi troppo rapidamente a parer mio, il polso si calmò, la mattina mi sorrise e disse che si sentiva molto meglio. Sua madre m'implorò di fermarmi a Londra ancora un giorno per vedere la cognata, erano tutti molto in pensiero per lei. Il colonnello, suo marito, voleva che consultasse uno specialista di nervi, lei stessa aveva tentato invano di farla visitare dal dottor Philips, era sicura che sarebbe stata bene se soltanto avesse avuto un bambino. Disgraziatamente aveva un'inspiegabile antipatia per i medici e certamente si sarebbe rifiutata di consultarmi, ma avrebbero cercato di farmi sedere accanto a lei a pranzo, perchè mi formassi un'opinione sul suo caso. Forse Charcot avrebbe potuto fare qualche cosa per lei? Suo marito l'adorava, aveva tutto quanto la vita poteva offrire, una bellissima casa in Grosvenor Square, una delle più splendide vecchie dimore nel Kent. Erano appena ritornati da una lunga crociera sul loro yacht in India. Lei non aveva mai riposo, girava da un posto all'altro come se fosse in cerca di qualcosa. Nei suoi occhi c'era sempre l'espressione di una profonda tristezza. Una volta si interessava d'arte, dipingeva splendidamente, aveva anche passato un inverno nell'atelier di Julien a Parigi. Ora non prendeva interesse a nulla: no, si era interessata della protezione dei bambini, aveva fatto notevoli offerte per le vacanze estive e per i loro asili.

Consentii con riluttanza a trattenermi. Ero ansioso di tornare a Parigi, stavo in pensiero per la tosse di John. La mia ospite aveva dimenticato di dirmi che sua cognata, che mi sedeva accanto durante il pranzo, era una delle più belle donne che avessi mai visto. Fui anche molto colpito dalla triste espressione dei suoi magnifici occhi scuri. C'era qualcosa senza vita nel suo volto. Sembrava seccata della mia compagnia e non faceva nessuno sforzo per nasconderlo. Le dissi che c'erano alcuni buoni quadri al Salon quell'anno, che avevo saputo da sua cognata che era stata studentessa d'arte nell'atelier di Julien. Aveva conosciuto Maria Baskirtzeff lì? No, non l'aveva conosciuta, ma aveva sentito parlare di lei.

Sì, tutti ne avevano sentito parlare. « Moussia » impiegava la maggior parte del suo tempo a farsi réclame. La conoscevo molto bene, era una delle giovani più intelligenti che avessi mai conosciuto ma aveva poco cuore, era soprattutto una posatrice, non era capace che d'amare se stessa. La mia compagna sembrava più seccata che mai. Sperando di avere miglior fortuna, le dissi che avevo passato il pomeriggio all'ospedale dei bambini a Chelsea. Era stata una rivelazione per me, che di frequente visitavo l'Hôpital des Enfants Trouvés a Parigi.

Disse che le sembrava che i nostri ospedali per bambini fossero molto buoni.

Le risposi che non era così, che la mortalità fra i bambini francesi, dentro e fuori degli ospedali, era terribile. Le raccontai delle migliaia di bambini abbandonati, spediti in provincia col *train des nourrices*.

Mi guardò per la prima volta con i suoi tristi occhi: la dura atona espressione era scomparsa dal suo volto. Pensai dentro di me che forse, dopo tutto, era una buona donna. Congedandomi dalla mia ospite le raccontai che non era un caso nè per me nè per lo stesso Charcot, il dottor Philips era l'uomo che ci voleva, sua cognata sarebbe stata bene appena avesse avuto un bambino.

John sembrò contento di rivedermi, ma mi parve pallido e magro mentre mi sedeva accanto a colazione. Rosalie disse che aveva tossito molto durante la notte. La sera ci fu un leggero rialzo di temperatura e fu tenuto a letto per un paio di giorni. Presto riprese le abitudini quotidiane della sua piccola vita, assisteva nel suo grave abituale silenzio alla mia colazione e nel pomeriggio veniva condotto al Parc Monceau da Rosalie.

Un giorno, un paio di settimane dopo il mio ritorno da Londra, fui sorpreso di trovare il colonnello seduto nella mia sala d'aspetto. Sua moglie aveva cambiato idea e aveva voluto venire a Parigi, per fare delle spese. Dovevano raggiungere il loro yacht la settimana seguente a Marsiglia per una crociera nel Mediterraneo. Fui invitato a colazione all'Hôtel du Rhin per il giorno dopo: sua moglie sarebbe stata molto felice se, dopo colazione, l'avessi accompagnata a visitare uno degli ospedali per bambini. Siccome non potevo andare a colazione, fu combinato che essa sarebbe passata a prendermi all'Avenue de Villiers dopo l'ora di visita. La mia sala d'aspetto era ancora piena di gente, quando il suo elegante landò si arrestò davanti alla porta. Mandai giù Rosalie a dirle d'andare a fare un giro e di tornare una mezz'ora più tardi, a meno che non preferisse attendere nella sala da pranzo finchè avessi finito con i miei malati. Una mezz'ora dopo la trovai seduta nella sala da pranzo con John in grembo, molto interessata ai vari balocchi che le mostrava.

« Ha i vostri occhi, » disse, portando il suo sguardo da me a John. « Non sapevo che foste sposato. »

Arrossì un po' e ricominciò ad esaminare il nuovo libro illustrato di John. Dopo poco si fece coraggio e con l'abituale tenace curiosità femminile domandò se sua madre era svedese, i suoi capelli erano così biondi, gli occhi così celesti.

Capii bene quello che intendeva dire. Sapevo che Rosalie, il portiere, il lattaio e il fornaio erano tutti sicuri che fossi io il padre di John, avevo sentito il mio stesso cocchiere parlare di lui come « le fils de Monsieur », sapevo che sarebbe stato perfettamente inutile dare delle spiegazioni, non avrei potuto convincerli, del resto avevo quasi finito per crederlo io stesso. Ma pensai che questa gentile signora aveva il diritto di sapere la verità. Le dissi ridendo che io non ero suo padre più di quanto lei fosse sua madre; meglio che non me lo avesse domandato, le avrebbe fatto soltanto pena. Tirai su la manica del bambino e le indicai una brutta cicatrice sul braccio. « Ora sta bene con Rosalie e me, ma non sono sicuro che avrà dimenticato il suo passato finchè non l'avrò visto sorridere. Non sorride mai. »

« È vero, » disse dolcemente. « Non ha sorriso una sola volta, come fanno gli altri bambini quando mostrano i loro balocchi. »

Dissi che si conosceva ben poco della mentalità dei bambini piccoli, che eravamo degli stranieri nel loro mondo. Soltanto l'istinto d'una madre poteva trovare di tanto in tanto una via fra i loro pensieri.

Per tutta risposta chinò il capo su di lui e lo baciò teneramente.

John la guardò con grande sorpresa nei suoi occhi celesti.

« È probabilmente il primo bacio che ha mai avuto, » dissi.

Rosalie apparve per condurlo alla sua abituale passeggiata pomeridiana, nel Parc Monceau; la sua nuova amica suggerì di portarlo a fare un giro nel suo landò. Io, felicissimo di fare a meno della progettata visita all'ospedale, accettai con piacere.

Da quel giorno una nuova vita cominciò per John e credo anche per qualche altro. Lei veniva ogni mattina nella camera del bambino con un nuovo giocattolo, ogni pomeriggio lo conduceva nel suo landò al Bois de Boulogne con Rosalie, vestita dei suoi migliori abiti, sul sedile posteriore. Spesso egli montava serio serio sul dorso d'un cammello nel *Jardin d'Acclimatation* circondato da dozzine di ridenti bambini.

« Non gli portate tanti balocchi di lusso, » dissi. « Ai bambini piacciono ugualmente i balocchi a buon mercato, e ce ne sono tanti che non ne ricevono affatto. Ho notato che l'umile bambola da pochi soldi ha sempre grande successo anche con i bambini più ricchi. Quando i bambini imparano a capire il valore in moneta dei loro giocattoli, son cacciati dal loro paradiso, cessano d'essere bambini. John ne ha inoltre troppi, è l'ora d'insegnargli a regalarne qualcuno a quelli che non ne hanno. È una lezione assai difficile da imparare per molti bambini. La relativa facilità con cui imparano ciò è un indice sicuro per predire che sorta di uomo o di donna diventeranno. »

Rosalie mi raccontò che quando tornavano dalla passeggiata, la bella signora insisteva sempre per portar su John lei stessa. In breve restò per assistere al suo bagno e poco dopo era lei che glielo faceva, mentre Rosalie si limitava a passarle l'accappatoio.

Rosalie mi raccontò una cosa che mi commosse assai: quando la signora aveva asciugato il suo piccolo corpo, prima di mettergli la camicia baciava sempre la brutta cicatrice che aveva sul braccio.

Ben presto fu lei a metterlo a letto e rimaneva con lui finchè si fosse addormentato. Io ero fuori tutto il giorno e la vedevo poco, credo che nemmeno il povero colonnello la vedesse molto: passava tutta la giornata col bambino. Il colonnello mi disse che l'idea della crociera nel Mediterraneo era stata abbandonata. Dovevano restare a Parigi, non sapeva per quanto tempo, nè gliene importava, purchè sua moglie fosse felice: non era mai stata così di buon umore come ora. Infatti aveva ragione, l'espressione del suo volto era cambiata, un'infinita tenerezza brillava nei suoi occhi scuri.

Il bambino dormiva male; spesso, quando andavo a dargli un'occhiata prima di coricarmi, mi sembrava che la sua faccia fosse rossa. Rosalie diceva che tossiva assai durante la notte. Una mattina sentii il sinistro crepitio all'apice del polmone destro. Sapevo troppo bene cosa questo volesse dire. Dovetti dirlo alla sua nuova amica. Rispose che lo sapeva di già, probabilmente l'aveva saputo prima di me. Volevo prendere una infermiera per aiutare Rosalie, ma lei non volle. Mi supplicò di prenderla come sua infermiera e cedetti. Non c'era null'altro da fare, il bambino sembrava agitarsi anche nel sonno appena lei lasciava la camera. Rosalie andò a dormire con la cuoca nelle soffitte e la figlia del duca dormiva nel letto della cameriera in camera di John. Un paio di giorni dopo questi ebbe una leggera emorragia; alla sera la temperatura si alzò, si capiva che il corso della malattia sarebbe stato rapido.

« Non vivrà molto, » disse Rosalie coprendosi gli occhi col fazzoletto, « ha già la faccia d'un angelo. »

A John piaceva sedersi in grembo alla sua tenera infermiera, mentre Rosalie gli rifaceva il letto per la notte. Avevo sempre pensato che John fosse un bambino intelligente e carino, ma non l'avrei mai detto bello. Mentre lo guardavo adesso, i suoi lineamenti parevano cambiati, gli occhi sembravano molto più grandi e d'una tinta più scura. Era diventato un bel bambino, bello come il genio dell'amore o il genio della morte. Guardavo i due volti appoggiati guancia a guancia. I miei occhi si riempirono di meraviglia. Era possibile che l'infinito amore, che dal cuore di questa donna s'irradiava su questo bambino morente, potesse rimodellare i dolci contorni del suo visino verso una vaga rassomiglianza con quello di lei? Assistevo io ad un altro strano mistero della vita? O era la morte, il grande scultore, già al lavoro con la sua mano di maestro a riplasmare e a raffinare i lineamenti di questo bambino, prima di chiudergli le palpebre? La stessa fronte pura, la stessa squisita curva delle sopracciglia, le stesse lunghe ciglia. Perfino la graziosa modellatura delle labbra sarebbe stata la stessa, se mai avesse sorriso, come aveva sorriso lei la notte quando John, per la prima volta, aveva mormorato nel sonno la parola che tutti i bambini amano pronunziare e che tutte le donne amano udire: « Mamma! mamma! »

Rimesso a letto, passò una notte agitata: essa non lo lasciò un solo momento. Verso il mattino il suo respiro sembrava un po' più facile e pian pianino si addormentò. Le ricordai la promessa di ubbidirmi e con difficoltà riuscii a farla sdraiare sul letto per un'ora; Rosalie l'avrebbe chiamata appena si fosse svegliato. Quando ritornai nella camera mentre l'alba spuntava, Rosalie, con un dito sulle labbra, sussurrava che erano ambedue addormentati.

« Guardatelo! » sussurrò. « Guardatelo! Sogna! »

Il suo volto era sereno, le labbra aperte in un bel sorriso. Gli misi la mano sul cuore. Era morto. Dal volto sorridente del bambino portai lo sguardo a quello della donna addormentata sul letto di Rosalie. I due volti erano gli stessi.

Essa lo lavò e vestì per l'ultima volta. Nemmeno a Rosalie fu permesso di aiutarla a metterlo nella bara. La mandò fuori due volte in cerca del guanciale adatto, le sembrava che la testa non fosse comoda.

Mi supplicò di rimandare la chiusura del coperchio fino al giorno seguente. Le dissi che lei conosceva l'amarezza della vita, ma conosceva poco l'amarezza della morte, mentre io come medico le conoscevo ambedue. Le dissi che la morte aveva due facce, una bella e serena, l'altra ripugnante e terribile. Il ragazzo aveva lasciato la vita con un sorriso sulle labbra, la morte non ve lo avrebbe lasciato a lungo. Era necessario chiudere la bara la notte stessa. Chinò la testa e non disse nulla. Mentre sollevavo il coperchio singhiozzò e disse che non poteva separarsi da lui e lasciarlo tutto solo in un cimitero straniero.

« Perchè separarvi da lui, » dissi, « perchè non portarlo con voi? — pesa così poco, — perchè non portarlo in Inghilterra nel vostro yacht e seppellirlo vicino alla vostra bella chiesa parrocchiale nel Kent? »

Sorrise attraverso le lagrime, con lo stesso sorriso del ragazzo. Balzò in piedi.

« Posso? Potrei? » gridò quasi con gioia.

« Può essere fatto e sarà fatto se mi lasciate avvitare il coperchio subito: non c'è tempo da perdere, altrimenti verrà portato al cimitero di Passy domattina. »

Pose un piccolo mazzo di violette vicino alla guancia del bimbo.

« Non ho altro da dargli, » singhiozzò, « vorrei tanto dargli qualcosa di mio, perchè lo portasse con sè. »

« Credo che gli piacerebbe di portare questa con sè, » dissi togliendo la spilla di brillanti dalla mia tasca e attaccandola al suo guanciale. « Apparteneva a sua madre. »

Ella non fiatò, tese le braccia verso il suo bambino e cadde a terra svenuta. La sollevai e la posi sul letto di Rosalie. Avvitai il coperchio della bara e andai all'ufficio dei trasporti funebri in Place de la Madeleine. Ebbi un colloquio privato con l'impresario, ahimè ci eravamo già incontrati. Lo autorizzai a spendere qualunque somma per poter caricare la bara a bordo di uno yacht inglese, nel porto di Calais, la sera dopo. Egli disse che avrebbe potuto farlo se promettevo di non badare alla spesa. Dissi che nessuno ci avrebbe guardato. Andai poi all'Hôtel du Rhin, svegliai il colonnello e gli dissi che sua moglie desiderava che entro dodici ore lo yacht fosse a Calais. Mentre egli scriveva il telegramma al capitano, sedetti per scrivere un affrettato biglietto a sua moglie, dicendole che la bara sarebbe a bordo del loro yacht nel porto di Calais l'indomani sera. Aggiunsi in un poscritto che dovevo lasciare Parigi la mattina di buon'ora, e questo era per dirle addio.

Ho visto la tomba di John. Giace nel piccolo cimitero di una delle più belle chiese parrocchiali del Kent. Margheritine e viole crescono sulla tomba, e merli cantano sopra il suo capo. Non ho mai più visto sua madre. Meglio così!


## 16 *Viaggio in Svezia*

Credo di avervi già raccontato qualcosa della malattia del console svedese; fu proprio in quest'epoca: ecco la storia. Il console era un omino gentile e tranquillo, con la moglie americana e due bambini. Ero stato da loro nel pomeriggio.

Uno dei bambini era raffreddato con febbre, ma insisteva per alzarsi volendo festeggiare il padre che ritornava quella sera dalla Svezia. La casa era piena di fiori ed ai bambini era stato concesso di partecipare al pranzo. La madre mi mostrò, felice, due affettuosi telegrammi del marito, uno da Berlino e uno da Colonia, che annunciavano il suo ritorno. Mi sembrarono piuttosto lunghi.

A mezzanotte ricevetti una chiamata urgente dalla signora. La porta venne aperta dal console stesso in camicia da notte. Disse che il pranzo era stato rimandato, per aspettare l'arrivo del re di Svezia e del presidente della Repubblica Francese che lo aveva proprio allora insignito della Gran Croce della Legione d'Onore. Aggiunse che aveva comprato in quei giorni *Le Petit Trianon* per residenza estiva della sua famiglia. Era furibondo con sua moglie, perchè non aveva ancora messo la collana di perle di Maria Antonietta che le aveva regalato, chiamava suo figlio *le Dauphin* e si annunciava come Robespierre... *folie de grandeur!* I bambini strillavano terrorizzati nella loro camera, sua moglie era prostrata dal dolore, il cane accucciato sotto la tavola ringhiava di paura. Ad un tratto, il mio povero amico diventò violento, dovetti rinchiuderlo a chiave nella camera da letto dove fracassò tutto e per poco non riuscì a farci precipitare ambedue dalla finestra.

La mattina fu portato all'asilo del dottor Blanche a Passy. Il famoso alienista sospettò fin dal primo momento la paralisi generale. Due mesi dopo la diagnosi era chiara, il caso era incurabile. Poichè la Maison Blanche era molto cara, decisi di farlo trasportare all'asilo governativo di Lund, una piccola città nel sud della Svezia. Il dottor Blanche era contrario. Secondo lui sarebbe stata un'impresa rischiosa e costosa, chè non c'era da fidarsi della sua temporanea lucidità mentale : in ogni caso avrebbe dovuto essere accompagnato da due infermieri abili. Dissi che dovendo serbare quel po' di denaro che rimaneva per i bambini, il viaggio doveva essere intrapreso nel modo più economico possibile, e perciò l'avrei accompagnato in Svezia io solo. Quando firmai le carte per farlo dimettere dal frenocomio, il dottor Blanche rinnovò i suoi avvertimenti per iscritto, ma naturalmente io ne sapevo più di lui. Condussi il console subito all'Avenue de Villiers. Durante il pranzo fu perfettamente calmo e ragionevole, eccetto quando cercò di fare la corte a Mamsell Agata, a cui certamente non era mai capitata simile fortuna. Due ore dopo eravamo rinchiusi in uno scompartimento di prima classe, nel rapido della notte per Colonia; non esistevano vagoni con corridoi a quell'epoca. Io per caso ero medico di uno dei Rothschild, i proprietari dello *Chemin de Fer du Nord*. Erano stati dati ordini per facilitare il nostro viaggio in tutti i modi, i conduttori erano stati avvertiti di lasciarci indisturbati, poichè il mio ammalato era soggetto ad agitarsi alla vista d'un estraneo. Egli era molto tranquillo e docile e ci sdraiammo nelle nostre cuccette per dormire.

Fui svegliato dalla stretta del pazzo intorno alla mia gola; due volte lo gettai a terra, due volte si slanciò di nuovo su di me con l'agilità d'una pantera: riuscì quasi a strangolarmi. L'ultima cosa di cui ho ricordo è che gli detti un colpo sulla testa che sembrò stordirlo. All'arrivo a Colonia, la mattina, fummo trovati ambedue semisvenuti al suolo nello scompartimento e portati all'Hôtel du Nord, dove rimanemmo per ventiquattro ore ognuno nel proprio letto, nella stessa camera. Siccome avevo dovuto mettere al corrente il dottore, venuto per curare la mia ferita — con un morso mi aveva quasi staccato un orecchio — il proprietario mandò a dire che i pazzi non erano ammessi nell'albergo. Mi decisi a proseguire per Amburgo col treno del mattino. Fu molto amabile per tutto il viaggio fino ad Amburgo, cantò la Marsigliese mentre attraversavamo la città in carrozza per andare alla stazione di Kiel. Ci imbarcammo senza incidenti sul piroscafo per Korsuer... in quell'epoca la via più breve fra il continente e la Svezia. Ad un paio di miglia dalla costa danese il nostro piroscafo fu bloccato da un banco di ghiaccio spinto giù dal Cattegat da una violenta tempesta nordica; un avvenimento non troppo raro negli inverni rigidi. Fummo obbligati a camminare per più d'un miglio sulle lastre di ghiaccio galleggianti, con grandissimo divertimento del mio amico. Fummo trasportati poi con barche scoperte a Korsuer. Mentre entravamo nel porto, il mio amico saltò in mare: io lo seguii. Fummo raccolti e prendemmo un treno non riscaldato sino a Copenaghen, con i nostri abiti ghiacciati; la temperatura era venti gradi sotto zero. Il resto del viaggio andò benissimo, pareva che il bagno freddo avesse giovato molto al mio amico. Un'ora dopo la traversata a Malmo, consegnai il mio amico alla stazione di Lund a due custodi del manicomio. Andai all'albergo (c'era soltanto un albergo a Lund allora), e ordinai camera e colazione. Mi dissero che potevo avere la colazione ma non la camera, poichè erano tutte riservate alla compagnia teatrale che avrebbe dato una rappresentazione di gala la sera stessa nella sala municipale. Mentre mangiavo, il cameriere portò con visibile orgoglio il programma dello spettacolo della serata: « Amleto », tragedia in cinque atti di William Shakespeare. Amleto a Lund. Detti un'occhiata al programma.

Amleto, principe di Danimarca... Signor Erik Carolus Malmborg.

Fissai sbalordito il foglio: Erik Carolus Malmborg! Era possibile che fosse il mio vecchio compagno dell'università di Upsala? Erik Carolus Malmborg a quell'epoca doveva diventare prete. Lo avevo preparato agli esami, avevo scritto la sua prima predica di prova ed anche le sue lettere d'amore alla fidanzata, durante tutto un trimestre. Ogni sera, quando veniva a casa mia ubriaco, per dormire nella camera degli ospiti, lo staffilavo regolarmente; era stato cacciato dal suo alloggio per ubriachezza. L'avevo perso di vista quando avevo lasciato la Svezia, già molti anni prima. Sapevo che era stato espulso dall'università e che era andato di male in peggio. Ad un tratto mi ricordai anche d'aver sentito dire che si era dedicato al teatro. Certamente il mio vecchio, sfortunato amico doveva essere l'Amleto di quella sera! Gli feci portare in camera il mio biglietto; venne giù come un fulmine, entusiasta di rivedermi dopo tanti anni. Mi raccontò un'opprimente storia. Dopo una disastrosa serie di rappresentazioni a teatro vuoto a Malmo, la compagnia decimata di un terzo dei suoi membri, era giunta a Lund la sera prima, per un'ultima disperata battaglia contro il destino. La maggior parte dei loro costumi e basso vestiario, i gioielli della regina madre, la corona del re, la spada stessa con cui Amleto doveva trapassare Polonio, perfino il teschio di Yorik erano stati sequestrati a Malmo dai creditori. Il re si era preso un attacco aeuto di sciatica e non poteva nè camminare nè sedere sul trono; Ofelia aveva un terribile raffreddore, il fantasma si era ubriacato alla cena d'addio a Malmo e aveva perso il treno. Egli solo era in piena efficienza, Amleto era la sua migliore creazione... sembrava scritto espressamente per lui. Ma come poteva sostenere da solo l'immenso peso di quella tragedia in cinque atti? Tutti i biglietti per lo spettacolo della sera erano stati venduti, se si fosse dovuto restituire il denaro il completo fallimento sarebbe stato inevitabile. Potevo forse prestargli duecento corone in nome della nostra vecchia amicizia?

Fui pronto al richiamo. Convocai i principali astri della compagnia, instillai nuovo sangue nei loro cuori abbattuti, con parecchie bottiglie di ponce svedese, raccorciai senza pietà tutte le scene con gli attori, la scena con i becchini, l'uccisione di Polonio, e annunciai che lo spettacolo avrebbe avuto luogo con o senza il fantasma.

Fu una serata memorabile negli annali teatrali di Lund. Alle otto precise il sipario si alzò sul palazzo reale di Elsinore, distante meno di un'ora a volo d'uccello dal luogo dove eravamo. Il teatro, affollato principalmente da rumorosi studenti dell'università, era meno commosso di quanto ci aspettavamo. L'entrata del principe di Danimarca passò quasi inosservata, persino il suo famoso « essere o non essere » lasciò freddo il pubblico. Il re si trascinò penosamente attraverso il palcoscenico, e si sprofondò con un forte gemito sul trono. Il raffreddore d'Ofelia aveva assunte delle proporzioni terrificanti. Era evidente che Polonio non si reggeva bene sulle gambe. Fu il fantasma che salvò la situazione. Il fantasma ero io. Mentre avanzavo a guisa di spettro sui bastioni del castello di Elsinore, illuminati dal chiaro di luna, brancolando attraverso le enormi casse che ne formavano la spina dorsale, ad un tratto tutta la costruzione crollò e sprofondai fino alle ascelle in una di esse. Cosa doveva fare un fantasma in tali circostanze? Doveva tuffare la testa e sparire del tutto dentro la cassa o doveva restare dove era, aspettando nuovi eventi? Era un delicato dilemma da decidere! Una terza soluzione mi fu suggerita da Amleto stesso in un rauco sussurro: perchè diavolo non uscivo da quella cassa maledetta? Questo, però, non mi era possibile, poichè le mie gambe erano imprigionate fra rotoli di corda ed altre specie di accessori di scena. A diritto o a torto decisi di restare dove ero, pronto a qualsiasi evento. La mia inaspettata scomparsa dentro la cassa fu accolta dal pubblico con grande simpatia, ma non fu nulla in confronto del successo che ebbi quando, con la sola testa sporgente dalla cassa, ripresi, con voce lugubre, la mia interrotta recitazione. L'applauso diventò così frenetico che dovetti ringraziare con un'amichevole mossa della mano, non potendo inchinarmi nella delicata posizione nella quale mi trovavo. Questo rese il pubblico completamente pazzo di allegria e l'applauso non cessò più sino alla fine. Quando il sipario calò dopo l'ultimo atto apparvi con i principali attori della compagnia a salutare il pubblico. Seguitavano a gridare: « Il fantasma! Il fantasma! » così insistentemente che dovetti uscir fuori solo di-

verse volte, con la mano sul cuore, a ricevere le loro congratulazioni.

Fummo tutti felicissimi. Il mio amico Malmborg disse che
non aveva mai avuto una serata più fortunata. Avemmo una
cena di mezzanotte molto animata. Ofelia fu gentilissima
con me e Amleto alzò il bicchiere alla mia salute, offrendomi in nome di tutti i suoi compagni la direzione della compagnia. Dissi che ci avrei pensato. Mi accompagnarono tutti
alla stazione. Quarantotto ore più tardi ero di nuovo al mio
lavoro a Parigi, senza nessuna traccia di fatica.

Giovinezza! Giovinezza!


## 17 *Medici*

A quell'epoca i medici stranieri che esercitavano a Parigi
erano assai numerosi. Fra questi esisteva molta gelosia di
mestiere, perciò non c'è da meravigliarsi che se ne riversasse
buona parte su di me. Non eravamo neppure molto amati
dai nostri colleghi francesi per il monopolio che avevamo
della ricca colonia forestiera, clientela senza dubbio molto
più redditizia della loro. Proprio allora sorse nella stampa
un'agitazione per protestare contro il sempre crescente numero dei medici stranieri a Parigi, i quali spesso, venne anche
insinuato, non erano nemmeno provvisti di regolare diploma
di università riconosciute. Ne risultò un ordine del prefetto
di polizia a tutti i medici stranieri di presentare, prima della
fine del mese, il loro diploma perchè fosse verificato. Io, con
la mia laurea della Facoltà di Parigi, ero naturalmente al sicuro; quasi dimenticai l'ordine e arrivai proprio l'ultimo
giorno al commissariato del mio quartiere. Il commissario,
che un poco mi conosceva, mi domandò se avevo inteso parlare di un certo dottore che abitava nella mia stessa strada.
Risposi che di lui sapevo soltanto che doveva avere una gran

clientela, ne avevo spesso sentito parlare e avevo spesso ammirato l'elegante vettura che lo attendeva alla porta.

Il commissario disse che non l'avrei ammirato ancora per molto tempo, perchè era sulla lista nera; non si era presentato col diploma, perchè non ne aveva, era un ciarlatano; finalmente sarebbe stato *pincé*. Si diceva che guadagnasse duecentomila franchi l'anno, più di molti celebri medici di Parigi. Osservai che non c'era nessuna ragione perchè un ciarlatano non potesse essere un buon dottore; un diploma significava poco per i suoi malati, se egli poteva aiutarli. Un paio di mesi più tardi udii la fine della storia dal commissario stesso. Il dottore si era presentato all'ultimo momento chiedendo un colloquio privato. Presentando il diploma di una nota università tedesca, aveva supplicato il commissario di mantenere il segreto, poichè diceva di dover la sua enorme clientela al fatto di essere considerato da tutti un ciarlatano. Dissi al commissario che quest'uomo sarebbe divenuto presto miliardario, se avesse conosciuto di medicina la metà di quanto conosceva di psicologia.

Mentre ritornavo a casa, non invidiavo al mio collega i suoi duecentomila franchi l'anno, ma lo invidiavo perchè sapeva a quanto ammontava il suo guadagno. Desideravo da molto tempo sapere quali fossero le mie entrate. Che guadagnassi molto era certo, avevo sempre denaro in abbondanza quando ne avevo bisogno per qualunque cosa. Avevo un bell'appartamento, un'elegante vettura, una cuoca eccellente, ed ora, da quando Mamsell Agata era andata via, invitavo spesso i miei amici a pranzo all'Avenue de Villiers, offrendo il meglio d'ogni cosa. Due volte ero andato giù a Capri, una volta per comprare la casa di mastro Vincenzo, un'altra per offrire una forte somma di denaro allo sconosciuto proprietario della piccola cappella diroccata di San Michele: mi ci sono voluti dieci anni per concludere quest'affare. Già allora, appassionato d'arte, le mie stanze nell'Avenue de Villiers erano piene di tesori dei tempi passati, e più di una dozzina di preziosi orologi antichi suonavano le ore nelle mie frequenti notti insonni. Per inspiegabili ragioni, questi periodi di ricchezza erano spesso interrotti da altri in cui non avevo nemmeno un soldo. Rosalie lo sapeva, il portiere lo sapeva, perfino i fornitori lo sapevano. Anche Norstrom lo sapeva, perchè spesso avevo dovuto farmi prestare del denaro da lui. Diceva che ciò poteva essere spiegato soltanto da qualche difetto del mio meccanismo cerebrale, e il rimedio sarebbe stato di tener conti esatti e di mandare ai miei malati delle note regolari, come facevano tutti gli altri medici. Rispondevo che sarebbe stato inutile mi provassi a tenere i conti; e in quanto a mandare le note, era cosa che non avevo nè avrei mai fatta. La nostra professione non è un commercio, ma un'arte; questo traffico sulla sofferenza è, per me, un'umiliazione. Arrossivo fino alla radice dei capelli quando un ammalato metteva il suo pezzo da venti franchi sulla tavola, e quando me lo metteva in mano mi veniva voglia di schiaffeggiarlo. Norstrom diceva che si trattava soltanto di pura vanità e presunzione, che dovevo afferrare tutto il denaro sul quale potevo mettere le mani, come facevano i miei colleghi, anche se mi venisse offerto dall'impresario delle pompe funebri. Osservavo che la nostra professione era un sacro ministero, allo stesso livello di quello del prete, se non più alto, dove il soprappiù del guadagno avrebbe dovuto essere proibito dalla legge. I medici dovrebbero esser pagati dallo Stato e ben pagati come i giudici in Inghilterra. Chi non approvasse questo sistema, dovrebbe lasciare la professione e mettersi in borsa o aprire un negozio. I medici devono procedere come i saggi, onorati e protetti da tutti gli uomini. Dovrebbero essere liberi di prendere quello che vogliono dai loro ammalati ricchi per quelli poveri e per loro stessi, ma non devono contare le visite e scrivere note. Che cosa è per il cuore d'una madre il valore in contanti della vita del suo bambino salvato? Qual è il giusto onorario per aver tolta la paura della morte da un paio di occhi atterriti, con una parola di conforto o con un semplice tocco della mano? Quanto si deve chiedere per ogni secondo di lotta contro la morte, che la nostra siringa di morfina ha sottratto all'esecutore? Per quanto tempo dobbiamo imporre all'umanità sofferente tutte queste costose medicine brevettate e droghe di etichetta moderna, ma che hanno le radici nella superstizione medioevale? Sappiamo bene che le nostre droghe efficaci possono essere contate sulla punta delle dita e che ci vengono fornite a buon mercato dalla benevola madre natura. Perchè dovevo io, che ero un medico alla moda, girare in un'elegante vettura mentre il mio collega dei quartieri poveri doveva andare a piedi? Perchè lo Stato spende centinaia di volte più denaro nell'insegnare l'arte di uccidere che nell'insegnare l'arte di guarire? Perchè non si costruiscono più ospedali e meno chiese? Si può pregare Dio dovunque, ma non operare in un rigagnolo! Perchè si costruiscono tanti comodi ricoveri per gli assassini professionali e gli scassinatori, e tanto pochi per i poveri senza tetto dei bassifondi? Perchè a quelli non si dice che devono procacciarsi il mangiare da sè? Non c'è uomo nè donna che non possa guadagnarsi il pane quotidiano, anche se rinchiusi in una prigione, quando siano obbligati a scegliere fra mangiare e non mangiare. Si è sempre detto che la maggior parte degli abitanti delle carceri è costituita da deboli di mente, non intelligenti, individui più o meno irresponsabili. Questo è un errore. Il loro grado di intelligenza non è, generalmente, al di sotto, ma al di sopra della media. Tutti coloro che sono alla prima colpa dovrebbero essere condannati a restar dentro un periodo molto più breve, sottoposti ad una dieta molto leggera ed a ripetute e severe punizioni corporali. Dovrebbero far posto ai padri dei bambini abbandonati ed illegittimi ed ai lenoni che ora sono in gran numero fra noi. La crudeltà verso gli animali indifesi è agli occhi di Dio un peccato molto peggiore del furto con scasso, e invece viene punita soltanto con una piccola multa.

Sappiamo tutti che l'accumulare eccessive ricchezze è, molto spesso, un furto abilmente celato ai poveri. Non ho mai veduto un miliardario in prigione. L'abilità di trarre denaro da qualunque cosa è un dono speciale di valore morale molto incerto. A chi possiede questa facoltà dovrebbe essere permesso di continuare alla sola condizione che, come le api, una grande porzione dei loro favi d'oro sia distribuita fra quelli che non hanno miele da stendere sul loro pane quotidiano. A tutti gli abitanti delle prigioni, i criminali inveterati, gli assassini a sangue freddo, eccetera... invece di permettere di passare la vita in relativo conforto, con una spesa superiore al prezzo di un letto permanente in un ospedale, dovrebbe essere data una morte senza dolore, non come punizione, perchè noi non abbiamo nessun diritto di giudicarli nè di punirli, ma per la protezione comune. L'Inghilterra ha ragione come sempre. Eppure questi malfattori non avrebbero davvero nessun diritto di lagnarsi di essere trattati severamente dalla società, se i loro delitti venissero ricompensati con il più gran privilegio che può essere accordato all'uomo, un privilegio che di solito viene negato ai suoi simili: quello di una rapida morte.

Norstrom mi consigliava di abbandonare l'idea di riformare la società, credendo che tale compito non mi si confacesse, e di curarmi unicamente della medicina. Finora non avevo alcun diritto di lagnarmi del risultato. Aveva, però, gravi dubbi sui buoni risultati della mia idea di girare come un saggio fra i miei ammalati, scambiando i miei servizi con oggetti. Si attaccava alla sua convinzione che il vecchio sistema di scrivere conti fosse il più sicuro. Dissi che io non ne ero molto convinto. Benchè fosse vero che alcuni dei miei ammalati, dopo avermi scritto un paio di volte chiedendo i loro conti senza ricevere risposta, se ne andavano senza pagarmi (ciò non succedeva mai con gl'Inglesi), altri, piuttosto spesso, mi mandavano somme superiori a quelle che avrei chiesto se avessi mandato un conto. Sebbene la maggior parte dei miei ammalati sembrasse preferire di separarsi dal suo denaro anzichè dai suoi oggetti, applicai il mio sistema con successo in diverse occasioni. Uno dei miei oggetti più preziosi è un vecchio loden che una volta mi feci dare da miss C. il giorno che partiva per l'America. Mentre girava con me nella mia carrozza per avere il tempo di esprimermi tutta la sua eterna gratitudine e l'impossibilità di ricompensarmi di tutte le mie gentilezze, notai sulle sue spalle un vecchio loden Era proprio quello che volevo. Allora lo distesi sulle mie ginocchia e dissi che lo avrei tenuto. Mi fece osservare che l'aveva comprato dieci anni prima a Salzburg e che le era molto caro. Le risposi che era molto caro anche per me. Propose di andare subito da *Old England*, dove sarebbe stata felicissima di regalarmi il più costoso mantello scozzese che vi si fosse trovato. Dissi che non volevo nessun mantello scozzese. Devo dirvi che miss C. era piuttosto irascibile e che mi aveva dato un gran da fare per diversi anni. Si arrabbiò tanto che saltò giù dalla carrozza senza nemmeno dirmi addio e partì per l'America il giorno dopo. Non l'ho mai più riveduta.

Ricordo anche il caso di Lady Maud B. che venne a trovarmi all'Avenue de Villiers prima di partire per Londra. Disse che aveva scritto invano tre volte per il conto, io l'avevo messa in un grande imbarazzo, non sapeva cosa fare. Era opprimente con le sue lodi per la mia perizia e la mia gentilezza, il denaro non aveva nulla a che fare con la sua gratitudine, tutto quello che possedeva non poteva compensarmi d'averle salvato la vita. Pensavo che era molto piacevole sentire tutto questo da una giovane così attraente. Mentre parlava, ammiravo il suo nuovo abito di seta rosso scuro, ed anch'essa con la coda dell'occhio si ammirava nello specchio veneziano sopra il camino. Guardando attentamente la sua figura alta e snella, dissi che avrei preso il suo vestito: ecco ciò che volevo. Scoppiò in una allegra risata, che si mutò in costernazione quando annunciai che avrei mandato Rosalie all'albergo alle sette per prenderlo. Si levò in piedi e, pallida di rabbia, disse che non aveva mai sentito una cosa simile. Ammisi che ciò era molto probabile. Mi aveva detto che non c'era nulla che non mi avrebbe dato; avevo scelto l'abito per mie ragioni speciali. Scoppiò in lagrime e fuggì dalla stanza. Incontrai la moglie dell'ambasciatore inglese una settimana più tardi alla legazione svedese; questa gentile signora mi disse che non si era dimenticata della tisica governante inglese che le avevo raccomandato, le aveva perfino mandato un invito per il suo *garden party* per la colonia britannica.

« Senza dubbio ha l'aria di essere molto ammalata, » disse l'ambasciatrice, « ma certamente non può essere così povera come dite, sono sicura che si veste da Worth. »

Mi risentivo molto con Norstrom quando diceva che la mia inabilità a scrivere i conti e ad intascare il mio onorario senza arrossire derivava da vanità e prepotenza. Se Norstrom aveva ragione, devo ammettere che tutti i miei colleghi sembravano eccezionalmente esenti da questi difetti. Tutti mandavano i loro conti come fanno i sarti e afferravano con la più grande facilità i luigi d'oro che gli ammalati mettevano loro in mano. In molte sale di consultazione era perfino di regola che il malato dovesse mettere il denaro sulla tavola prima di aprir bocca per raccontare le sue disgrazie. Per le operazioni era regola stabilita che la metà della somma doveva essere pagata in anticipo. Seppi d'un caso in cui il malato fu svegliato dal cloroformio e l'operazione rimandata per verificare la validità d'un assegno. Quando uno di noi astri minori chiamava una celebrità a consulto, il grande uomo metteva una parte del suo onorario nelle mani dell'uomo modesto come se fosse la cosa più naturale. Nè finiva lì. Mi ricordo del mio stupore la prima volta che chiamai uno specialista per un'imbalsamazione, quando quest'uomo mi offrì cinquecento franchi del suo onorario. Il prezzo per un'imbalsamazione era scandalosamente alto.

Molti dei professori che consultavo nei casi difficili erano uomini di reputazione mondiale, proprio all'apice della loro specialità, straordinariamente esatti e sorprendentemente veloci nelle loro diagnosi. Per esempio, era quasi anormale il modo in cui Charcot arrivava direttamente alla radice del male, spesso, apparentemente, dopo aver dato soltanto un rapido sguardo all'ammalato coi suoi freddi occhi d'aquila. Negli ultimi anni della sua vita forse si fidava troppo del suo occhio clinico, e spesso esaminava i suoi ammalati in modo troppo rapido e superficiale. Non voleva mai ammettere di essersi sbagliato, e guai all'uomo che osasse rilevare che egli era in errore. D'altro canto era sorprendentemente riservato prima di pronunciare una prognosi fatale, anche nei casi evidentemente senza speranza. « *L'imprévu est toujours possible*, » diceva. Charcot fu il più celebre medico della sua epoca. Ammalati di ogni parte del mondo affollavano la sua sala di consultazione del Faubourg St.-Germain, spesso aspettando per settimane prima di essere ammessi al santuario interno, dove egli sedeva vicino alla finestra della sua biblioteca. Basso di statura, col torace d'un atleta e il collo taurino, era un uomo che si imponeva di colpo. Volto pallido e glabro, fronte bassa, occhi freddi e penetranti, naso aquilino, labbra sensuali, maschera da imperatore romano. Quando era in collera, il bagliore dei suoi occhi era terribile come il fulmine; chiunque abbia affrontato quegli occhi non può più dimenticarli. La sua voce era imperativa, dura, spesso sarcastica. La stretta della sua piccola mano floscia era spiacevole. Aveva pochi amici fra i suoi colleghi, era temuto dai suoi ammalati e dai suoi assistenti, per i quali aveva raramente una parola gentile d'incoraggiamento in cambio della sovrumana quantità di lavoro che imponeva loro. S'interessava ben poco ai suoi ammalati, dal giorno in cui stabiliva la diagnosi sino al giorno dell'esame post-mortem. Fra gli assistenti aveva i suoi preferiti, che spesso spingeva verso posizioni privilegiate, molto superiori ai loro meriti. Una parola di raccomandazione di Charcot era sufficiente per decidere il risultato di qualunque esame o concorso; infatti egli era il reggitore supremo di tutta la facoltà di medicina.

Com'è destino di ogni specialista di nervi, era circondato da una schiera di signore nevrotiche, idolatre ad ogni costo. Per sua fortuna, era assolutamente indifferente alle donne. L'unico suo riposo, in mezzo all'incessante lavoro, era la musica. A nessuno era permesso dire una parola di medicina durante le sue serate musicali del giovedì. Beethoven era il suo favorito. Amava molto gli animali. Ogni mattina, quando scendeva dal suo landò nel cortile interno della Salpêtrière, tirava fuori dalla tasca un pezzo di pane per i suoi due vecchi ronzini. Troncava qualunque conversazione sullo sport o sull'uccisione degli animali: la sua antipatia per gl'Inglesi proveniva, credo, dal suo odio per la caccia alla volpe.

In quel tempo, oltre a Charcot, c'era a Parigi un'altra grande celebrità medica, il professor Potain. Non c'erano due tipi più diversi di questi due grandi medici. Il famoso clinico dell'Hôpital Necker era un uomo molto semplice e insignificante, che sarebbe passato inosservato in una folla dove la testa d'uno Charcot sarebbe stata notata fra migliaia. A confronto del suo illustre collega, sembrava quasi misero nella sua *redingote* mal tagliata. I suoi lineamenti erano comuni, le sue parole scarse e pronunziate con una certa difficoltà. Era amato come un dio dai suoi ammalati; ricchi e poveri sembravano precisamente uguali per lui. Sapeva il nome di ogni malato del suo vasto ospedale, accarezzava giovani e vecchi sulla guancia, ascoltava con infinita pazienza i racconti dei loro malanni, spesso pagava di tasca propria qualche leccornia per i loro palati stanchi. Esaminava i più poveri ammalati dell'ospedale con la medesima estrema attenzione con la quale esaminava un miliardario o un'altezza reale, e di questi ne aveva in abbondanza. Nessun segno di disordine nei polmoni o nel cuore, per quanto nascosto, sembrava sfuggire al suo orecchio di una sensibilità estrema. Non credo che ci sia mai stato un uomo che sapesse più di lui quello che succede nel petto d'un altro. Quel poco che conosco delle malattie di cuore lo debbo a lui. I professori Potain e Guénau de Mussy erano quasi i soli medici consulenti ai quali osassi rivolgermi quando avevo bisogno di consiglio per un ammalato indigente. Il professor Tillaux, il famoso chirurgo, era il terzo. La sua clinica nell'Hôtel-Dieu era amministrata con lo stesso sistema di quella di Potain nell'Hôpital Necker. Era come un padre per i suoi ammalati; più poveri erano, più sembrava interessarsi al loro benessere. Come maestro era il migliore che io abbia mai visto; inoltre il suo libro sull'*Anatomie topographique* è il migliore libro che sia mai stato scritto su questo argomento. Era un meraviglioso operatore e faceva da sè tutte le medicazioni. C'era qualcosa di quasi nordico in quest'uomo dalle maniere semplici e sincere e dagli occhi celesti; era, infatti, un bretone. Era straordinariamente gentile e paziente con me e con le mie diverse mancanze, e se non sono divenuto un buon chirurgo certamente non è colpa sua. In ogni modo gli debbo molto; sono convinto che gli sono perfino debitore di poter ancora camminare sulle mie gambe. Credo sia meglio che vi racconti questa storia, qui, tra parentesi.

Avevo lavorato molto durante la lunga e calda estate senza nemmeno un giorno di riposo, tribolato dall'insonnia e dalla sua abituale compagna, la malinconia. Ero irritabile con i miei ammalati, di cattivo umore con tutti. Quando venne l'autunno perfino il mio flemmatico amico Norstrom cominciò a perdere la pazienza con me. Alla fine, un giorno, mentre pranzavamo insieme, mi informò che se non andavo via a riposarmi per almeno tre settimane in un posto fresco, sarei andato in malora del tutto. Capri era troppo calda, la Svizzera era il posto per me. Mi ero sempre piegato all'eccezionale buon senso del mio amico. Sapevo che aveva ragione, sebbene non conoscesse la vera causa. Non era il gran lavoro, ma qualcos'altro che mi aveva ridotto in condizioni così deplorevoli, ma non è il caso di parlarne qui.

Tre giorni dopo arrivai a Zermatt e mi misi subito all'opera per scoprire se oltre il livello della neve perpetua la vita fosse più allegra che al di sotto. La piccozza divenne per me un nuovo balocco per giocare l'eterno gioco fra la vita e la morte. Cominciai dove per lo più gli altri alpinisti finiscono: col monte Cervino. Legato alla piccozza su di una roccia scoscesa, larga il doppio della mia tavola da pranzo, passai la notte sulla rabbiosa montagna in mezzo a una violenta tempesta di neve. M'interessò sentire dalle due guide che eravamo appesi alla stessa roccia dalla quale Hadow, Hudson, lord Francis Douglas e Michel Croz erano precipitati giù, sul ghiacciaio, più di mille metri in basso, durante la prima ascesa di Whimper. All'alba trovammo Burckhardt. Raschiai la neve fresca dalla sua faccia, pacifica e tranquilla come quella d'un addormentato. Era morto assiderato. Ai piedi della montagna raggiungemmo le due guide, che trascinavano il suo compagno Davies, mezzo stordito, che avevano salvato a rischio della vita.

Due giorni dopo lo Schreckhorn, il funesto gigante, lanciò la sua abituale valanga di rocce contro gli intrusi. Ci mancò, ma in ogni modo fu un bel tiro, tenendo conto della distanza; un blocco di roccia, che avrebbe sfracellato una cattedrale, passò tuonando a meno di quindici metri da noi. Un paio di giorni più tardi, mentre l'alba spuntava nella vallata, con i nostri occhi incantati guardavamo la Jungfrau indossare il suo immacolato abito di neve. Potevamo appena scorgere la rosea guancia della vergine sotto il suo velo bianco. Partii subito per conquistare l'incantatrice. In principio pareva che si concedesse, ma quando cercai di raccogliere alcuni edelweiss dall'orlo del suo manto, ebbe paura e si nascose sotto una nuvola. Malgrado tutti i miei sforzi non riuscii mai ad avvicinare l'amata. Più avanzavo, più ella sembrava sfuggirmi. Ben presto un velo di nebbia, rosseggiante ai raggi del sol levante, la nascose del tutto alla nostra vista, come la cortina di fuoco e fiamme che scende intorno alla sua vergine sorella Brunilde, nell'ultimo atto della *Valchiria*. Una vecchia strega che vegliava sulla bella fanciulla come una gelosa nutrice ci attraeva sempre più lontano dalla nostra meta, fra desolate rupi e precipizi vertiginosi pronti ad inghiottirci ad ogni istante. Ben presto le guide dichiararono di aver persa la strada e che non ci restava che tornare da dove eravamo venuti e al più presto possibile. Sconfitto e desolato, fui trascinato giù nella vallata dalla robusta corda delle due guide. Non c'è da meravigliarsi che fossi scoraggiato, era la seconda volta in quell'anno che ero stato respinto da una signorina. Ma la giovinezza è un gran farmaco alle ferite del cuore. Con un poco di sonno e la mente fresca ci si rimette presto. Sonno non ne ebbi che poco, ma non persi la testa.

La domenica seguente (ricordo anche la data perchè era il mio compleanno), fumavo la pipa sulla cima del Monte Bianco, dove, secondo le due guide, la maggior parte delle persone sta con la lingua fuori e senza fiato. Quel che successe quel giorno l'ho raccontato altrove, ma giacchè il piccolo libro è esaurito devo ripeterlo qui, per farvi capire di quanto son debitore al professor Tillaux.

La salita del Monte Bianco, d'inverno come d'estate, è relativamente facile. Soltanto un pazzo ne tenta l'ascesa in autunno, prima che il sole e la brina notturna abbiano avuto il tempo di indurire la neve fresca nei vasti declivi della montagna. Per difendersi dagli intrusi, il re delle Alpi si serve di valanghe di neve fresca, come lo Schreckhorn si serve dei suoi proiettili di roccia. Era l'ora di colazione quando accesi la pipa sulla vetta. Tutti i forestieri negli alberghi di Chamonix guardarono a turno con i telescopi le tre mosche sulla bianca calotta di neve del vecchio re delle montagne. Mentre essi facevano colazione noi brancolavamo tra la neve nel corridoio sotto il Mont Maudit, per riapparire in breve ai loro telescopi sul Grand Plateau. Nessuno parlava, sapevamo tutti che anche il suono della voce avrebbe potuto provocare una valanga. Ad un tratto Boisson guardò indietro e indicò con la sua piccozza una linea nera, che sembrava disegnata dalla mano d'un gigante attraverso il bianco pendio.

« *Wir sind alle verloren*, siamo tutti perduti, » mormoro, mentre l'immenso campo di neve si spaccava in due con un rombo di tuono, precipitando giù per il pendio con velocità vertiginosa. Non sentivo nulla, non capivo nulla. Ad un tratto lo stesso movimento riflesso, che nel famoso esperimento di Spallanzani fece muovere la zampa al suo ranocchio decapitato verso il punto che egli pungeva con uno spillo, quello stesso impulso di riflesso costringeva il grande animale incosciente ad alzare la mano per reagire contro l'acuto dolore al cranio. L'ottusa sensazione periferica svegliò nel mio cervello l'istinto di conservazione, l'ultimo a morire. Con uno sforzo disperato mi misi a lavorare per liberarmi dallo strato di neve sotto il quale ero sepolto. Vidi intorno a me le raggianti pareti di ghiaccio azzurro, vidi la luce del giorno attraverso l'apertura del crepaccio nel quale ero stato lanciato dalla valanga. Strano a ricordarsi, non sentivo nessuna paura e non ero turbato da nessun pensiero nè del passato, nè del presente, nè del futuro. A poco a poco mi accorsi di una indistinta sensazione, che lentamente si faceva strada attraverso il mio cervello intorpidito sino a giungere alla mia coscienza. La riconobbi subito: era la mia vecchia passione, la mia incurabile curiosità di sapere tutto quello che c'era da sapere sulla morte. Finalmente l'opportunità mi si presentava; avessi almeno potuto conservar chiara la mente e guardarla in volto senza codardia! Sapevo che era

248

lì, m'immaginavo quasi di vederla avanzare verso di me, avvolta nel suo glaciale sudario. Cosa mi avrebbe detto, sarebbe stata severa e inesorabile, o avrebbe avuto pietà e mi avrebbe lasciato addormentare nel suo gelido sonno? Benchè sembri incomprensibile, credo che fu quest'ultima sopravvivenza della mia normale mentalità, la mia curiosità sulla morte, a salvarmi la vita. Ad un tratto sentii la stretta delle mie dita intorno alla piccozza, sentii la corda intorno alla vita. La corda! Dove erano i miei due compagni? Tirai a me la corda più velocemente che potevo, vi fu un'improvvisa scossa e la nera, barbuta testa di Boisson uscì dalla neve. Sospirò profondamente, e tirando con prontezza la corda che aveva intorno alla vita, trasse il suo compagno mezzo incosciente dalla sua tomba.

« Quanto tempo ci vuole per morire assiderato? » domandai.

Gli occhi vivaci di Boisson si volsero alle pareti della nostra prigione e si arrestarono a fissare un fragile ponte di ghiaccio che attraversava il crepaccio come il contrafforte volante di una cattedrale gotica.

« Se avessi una piccozza e se potessi raggiungere quel ponte, » disse, « credo che potrei tagliare una via d'uscita. »

Gli passai la piccozza che le mie dita stringevano come in contrazione catalettica.

« Attento, per l'amor di Dio, attento, » ripeteva mentre montando come un acrobata sulle mie spalle si sollevava sopra il ponte di ghiaccio che sovrastava le nostre teste. Appeso con le mani alle scoscese pareti, tagliava passo per passo la sua via d'uscita e mi trascinava su con la corda. Con grande difficoltà issammo l'altra guida, sempre stordita. La valanga aveva distrutto gli abituali punti di riferimento e avevamo una sola piccozza per impedirci di cadere in qualche crepaccio nascosto sotto la neve fresca.

Che avessimo potuto raggiungere la capanna dopo mezzanotte fu, secondo Boisson, un miracolo ancora più grande di quello d'essere usciti dal crepaccio. La capanna era quasi sepolta dalla neve, dovemmo fare un buco nel tetto per entrarvi. Precipitammo sul pavimento. Io bevvi l'ultima goccia dell'olio rancido della piccola lampada a lucignolo, mentre Boisson, dopo avermi tagliato col coltello i pesanti stivali di montagna, strofinava con la neve i miei piedi gelati. La squadra di salvataggio di Chamonix, avendo perso tutta la mattina a cercare invano i nostri corpi lungo le tracce della valanga, ci trovò profondamente addormentati sul pavimento della capanna. Il giorno seguente fui portato su una carretta di fieno a Ginevra e messo nel rapido della notte per Parigi.

Il professor Tillaux stava lavandosi le mani tra un'operazione e l'altra quando l'indomani mattina entrai barcollando nell'anfiteatro dell'Hôtel-Dieu. Mentre toglieva il cotone idrofilo che avvolgeva le mie gambe, egli fissava i miei piedi, ed io pure: erano neri come quelli d'un negro.

« *Sacré suédois*, da dove diavolo vieni? » tuonò il professore.

I suoi buoni occhi celesti mi guardarono sì ansiosamente, che ne provai vergogna. Dissi che ero stato a riposarmi in Svizzera, e mi era accaduto un contrattempo su una montagna, come sarebbe potuto accadere a qualunque turista e che ne ero molto dispiacente.

« *Mais c'est lui,* » gridò un interno, « *pour sûr c'est lui!* »

Togliendo un *Figaro* dalla tasca del suo camice, cominciò a leggere ad alta voce un telegramma da Chamonix del miracoloso salvataggio di uno straniero che, con le sue due guide, era stato travolto da una valanga durante la discesa dal Monte Bianco.

« *Nom de tonnerre, nom de nom de nom! Fiche-moi la paix, sacré suédois, qu'est-ce-que tu viens faire içi, va-t-en à l'asile Sainte-Anne chez les fous!* »

« Permettetemi di mostrarvi il cranio d'un orso lappone, » continuò, mentre medicava il brutto taglio che avevo sul cranio. « Un colpo da K.O. che avrebbe stordito un elefante, invece nemmeno una frattura, nemmeno una commozione cerebrale! Perchè fare il lungo viaggio fino a Chamonix, perchè non ti sei arrampicato in cima alla torre di Notre-Dame per gettarti giù nella piazza sotto le nostre finestre? Tanto non corri nessun pericolo finchè caschi sulla testa! »

Ero sempre felicissimo quando il professore mi canzonava, perchè dimostrava con certezza che ero nelle sue buone grazie. Volevo andare subito all'Avenue de Villiers, ma Tillaux pensava che sarei stato meglio per un paio di giorni all'ospedale, in una camera privata. Ero sicuramente il suo peggiore allievo, però avevo imparato abbastanza di chirurgia per capire che intendeva amputarmi. Per cinque giorni venne a guardarmi le gambe tre volte al giorno, il sesto giorno ero disteso sul mio divano nell'Avenue de Villiers, poichè ogni pericolo era scongiurato. La punizione fu severa in ogni modo, fui obbligato all'immobilità per sei settimane. Diventai così nervoso che dovetti scrivere un libro... non vi spaventate, è esaurito. Girai zoppicando con due bastoni ancora per un mese e poi fui guarito.

Tremo pensando a cosa mi sarebbe successo se fossi capitato fra le mani di uno degli altri principali chirurghi di allora a Parigi. Il vecchio Papà Richt, nell'altra ala dell'Hôtel-Dieu mi avrebbe certamente fatto morire di cancrena o di setticemia, era la sua specialità diffusa per tutta la sua clinica medievale. Il famoso professor Péan, il terribile macellaio dell'Hôpital St.-Louis, mi avrebbe amputato subito tutte e due le gambe e le avrebbe buttate sopra altre braccia e gambe già tagliate, su una mezza dozzina d'ovaie, uteri e vari tumori ammucchiati sul pavimento nell'angolo del suo anfiteatro lordo di sangue come un macello. Poi, con le mani ancora bagnate del mio sangue, avrebbe immerso il coltello, con l'abilità d'un prestidigitatore, in un'altra vittima semicosciente sotto un'insufficiente anestesia, mentre una mezza dozzina di altre strillavano atterrite nelle brande aspettando il loro turno di tortura. Finito il massacro, Péan si sarebbe asciugato il sudore dalla fronte, tolto qualche macchia di sangue e pus dal suo gilet bianco e dal frac (operava sempre in abito da sera) e con un « *Voilà pour aujourd'hui, messieurs!* », si sarebbe precipitato dall'anfiteatro nel suo pomposo landò, e a gran velocità sarebbe andato nella sua clinica privata, in rue de la Santé, ad aprire gli addomi di una diecina di donne attirate lì, come pecore impotenti alla carneficina della Villette, da una gigantesca réclame.


## 18 *La Salpêtrière*

Non mancavo quasi mai di assistere alle famose *Leçons du mardi* del professor Charcot alla Salpêtrière, a quell'epoca dedicate alla sua *grande hystérie* e all'ipnotismo. Il grande anfiteatro era pieno zeppo di un pubblico multiforme, venuto da tutta Parigi : scrittori, giornalisti, attori e attrici, eleganti *demi-mondaines*, tutti morbosamente curiosi di assistere al sorprendente fenomeno dell'ipnotismo, quasi dimenticato dai giorni di Mesmer e Braid.

Proprio durante una di queste conferenze feci la conoscenza di Guy de Maupassant, allora già famoso per la sua *Boule de suif* e l'indimenticabile *Maison Tellier*. Parlava sempre d'ipnotismo e di ogni sorta di disordini mentali, e non si stancava mai di farmi parlare per conoscere quel poco che sapevo su questi argomenti. Raccoglieva proprio allora il materiale per il suo terribile libro *Le Horla,* fedele quadro del suo stesso tragico futuro. Una volta mi accompagnò perfino a Nancy per visitare la clinica del professor Bernheim, e ciò mi aprì gli occhi sugli errori della scuola della *Salpêtrière* riguardo all'ipnotismo. Fui anche, per un paio di giorni, ospite a bordo del suo yacht. Ricordo bene un'intera notte passata a parlare della morte nel piccolo salotto del suo *Bel-Ami*, ancorato nel porto di Antibes. Egli aveva paura della morte. Disse che il pensiero della morte non lo abbandonava quasi mai. Voleva sapere la qualità dei vari veleni, la rapidità della loro azione e la loro relativa assenza di dolore. E insisteva particolarmente nell'interrogarmi sulla morte in mare. Gli dissi come la morte in mare, senza una cintura di salvataggio, fosse relativamente facile, ma con la cintura fosse la più terribile di tutte. Posso ancora vederlo fissare, con i suoi occhi profondi, le cinture di salvataggio attaccate alla porta e sentirlo dire che le avrebbe buttate in acqua la mattina seguente. Gli domandai se aveva l'intenzione di farci annegare durante la nostra progettata crociera in Corsica. Rimase un po' silenzioso. Infine disse di no, pensava che, dopo tutto, desiderava morire fra le braccia d'una donna. Gli dissi che, con la vita che faceva, aveva molte probabilità di veder realizzato il suo desiderio. Mentre parlavo, Yvonne si svegliò, domandò, mezzo addormentata, un altro bicchiere di champagne e si assopì di nuovo, con la testa sulle ginocchia di lui. Era una ballerina, appena diciottenne, allevata con le viziose carezze di qualche « vieux marcheur » nelle *coulisses* del *Grand Opéra,* adesso in balìa della totale distruzione a bordo del *Bel-Ami,* sulle ginocchia del suo terribile amante. Sapevo che nessuna cintura di salvataggio avrebbe potuto salvare lei, sapevo che l'avrebbe rifiutata se gliene avessi offerta una. Sapevo che, insieme al suo corpo, aveva dato il suo cuore a questo insaziabile maschio che non domandava che il corpo. Sapevo quale sarebbe stato il suo destino, non era la prima ragazza che avevo visto addormentata con la testa sulle ginocchia di lui.

Se e quanto egli fosse responsabile delle sue azioni, è un altro affare. La paura che ossessionava il suo cervello torturato, giorno e notte, traspariva già dai suoi occhi; io almeno lo consideravo fin da allora un uomo perduto. Sapevo che il sottile veleno della sua stessa *Boule de suif* aveva già cominciato il lavoro di distruzione in questo magnifico cervello.

Lo sapeva egli stesso? Spesso mi pareva di sì. Sul tavolo fra noi c'era il manoscritto del suo *Sur l'eau*, di cui egli aveva appena finito di leggermi alcuni capitoli; pensavo che era la cosa migliore che avesse mai scritto. Produceva sempre, con velocità febbrile, un capolavoro dopo l'altro, frustando il suo cervello eccitato con champagne, etere ed ogni sorta di droghe. Donne su donne, in un interminabile susseguirsi, affrettavano il collasso, donne reclutate in tutti i quartieri, dal Faubourg St.-Germain sino ai boulevard, attrici, ballerine, midinettes, grisettes, volgari prostitute : i suoi amici lo chiamavano *le taureau triste*. Era eccessivamente orgoglioso dei suoi successi, alludeva sempre a signore misteriose della più alta società introdotte nel suo appartamento in Rue Clauzel dal suo fedele cameriere François, primo sintomo della sua prossima *folie de grandeur*. Spesso si precipitava su per le scale dell'Avenue de Villiers e si metteva a sedere in un angolo della mia stanza, guardandomi in silenzio con quella morbosa fissità dello sguardo che conoscevo così bene. Spesso restava per diversi minuti a guardarsi fisso nello specchio sopra il camino, come se guardasse un estraneo. Un giorno mi raccontò che, mentre seduto alla sua scrivania lavorava al nuovo romanzo, era stato molto sorpreso di vedere entrare un estraneo nel suo studio, malgrado la severa vigilanza del suo cameriere. Lo straniero sedette di fronte a lui e cominciò a dettargli quello che stava per scrivere. Egli stava proprio per chiamare François, perchè lo buttasse fuori, quando vide con orrore che l'estraneo era lui stesso.

Un paio di giorni più tardi ero vicino a lui, nelle *coulisses* del *Grand Opéra*, guardando mademoiselle Yvonne che ballava un *pas de quatre*, sorridendo di nascosto al suo amante i cui occhi fiammeggianti non si staccavano mai da lei. Cenammo tardi nell'elegante piccolo appartamento che egli aveva preso per lei. Tolto il rossetto dal volto, fui sorpreso di vedere quanto apparisse pallida e consunta, in confronto di quando l'avevo vista per la prima volta sullo yacht. Mi disse che prendeva sempre etere quando ballava; non c'era nulla di meglio dell'etere come ricostituente, tutte le sue compagne ne prendevano, persino lo stesso *monsieur le directeur du corps de ballet*. Infatti lo vidi morire per questo molti anni dopo nella sua villa a Capri. Maupassant si lagnava ch'essa diventava troppo magra e lo teneva sveglio la notte con la tosse incessante. Su richiesta di lui l'esaminai la mattina dopo: c'erano alterazioni gravi all'apice di un polmone. Dissi a Maupassant che essa doveva prendere un riposo assoluto, gli consigliai di mandarla a passare l'inverno a Mentone. Maupassant disse che era contento di fare tutto quello che si poteva per lei: d'altronde a lui non piacevano le donne magre. Ella rifiutò assolutamente d'andare, preferendo morire piuttosto che lasciarlo. Mi dette un gran da fare durante l'inverno insieme a molti nuovi ammalati.

Una dopo l'altra, le sue compagne cominciarono a farsi vedere all'Avenue de Villiers, a consultarmi di nascosto, preoccupate di venir messe a mezzo stipendio dal dottore addetto all'Opéra. Le *coulisses* del corpo di ballo erano un nuovo mondo per me, non senza pericolo per un esploratore inesperto, perchè, disgraziatamente, non soltanto all'altare della dea Tersicore queste giovani vestali portavano le ghirlande della loro giovinezza. Fortunatamente per me, la loro Tersicore era stata espulsa dal mio olimpo con gli ultimi dimenticati suoni della *Chaconne* di Gluck e del *Minuetto* di Mozart; quello che allora ne era rimasto era, ai miei occhi, puro e semplice acrobatismo. Ma non era così per gli altri spettatori delle *coulisses*. Non finivo mai di stupirmi della facilità con la quale questi decrepiti don Giovanni perdevano il proprio equilibrio nel guardare tutte queste ragazze mezzo nude, che mantenevano il loro sulle punte dei piedi.

Yvonne ebbe la prima emorragia, e il male progredì seriamente. Maupassant, come tutti gli scrittori che descrivono la malattia e la morte, detestava guardarle da vicino.

Yvonne bevve dozzine di bottiglie di olio di fegato di merluzzo per ingrassare; sapeva che al suo amante non piacevano le donne magre. Tutto fu vano; in poco tempo, della sua bella giovinezza non rimasero che i meravigliosi occhi, per la febbre e per l'etere. La borsa di Maupassant le restava aperta, ma presto le sue braccia si chiusero intorno al corpo delle sue compagne. Yvonne gettò una bottiglia di vetriolo sulla faccia della rivale; fortunatamente quasi sbagliò il colpo. Se la cavò con solo due mesi di carcere, grazie alla potente influenza di Maupassant e ad un mio certificato in cui dichiaravo che non aveva che un paio di mesi di vita. Una volta uscita di prigione rifiutò di ritornare nel suo appartamento, nonostante le suppliche di Maupassant. Scomparve nella vastità sconosciuta dell'immensa città, come l'animale condannato che si nasconde per morire.

Un mese dopo la trovai per caso in un letto di St.-Lazare, l'ultima stazione della Via Crucis delle donne perdute di Parigi. Le dissi che lo avrei fatto sapere a Maupassant, ero sicuro che egli sarebbe venuto subito a trovarla. Andai a casa di Maupassant quello stesso pomeriggio, non c'era tempo da perdere, era evidente che quella non aveva molti giorni da vivere. Il fedele François era al suo posto abituale come un cerbero, vigilando il suo padrone contro gli intrusi. Tentai invano d'essere ammesso, gli ordini erano severi, nessuna visita doveva essere introdotta per nessun pretesto; era la solita storia della signora misteriosa. Dovetti contentarmi di scarabocchiare un biglietto, raccontandogli di Yvonne, e François promise di consegnarlo al suo padrone. Non ho mai potuto sapere se l'abbia avuto; spero di no, ed è assai probabile perchè François cercava sempre di tenere il suo ammalato padrone lontano dagli impicci con le donne. Quando andai a St.-Lazare il giorno dopo, Yvonne era morta. La monaca mi disse che ella aveva passato la mattinata a mettersi rossetto sulle guance e ad accomodarsi i capelli, si era perfino fatta imprestare da una vecchia prostituta del letto accanto un piccolo scialle di seta rossa, ultimo vestigio del passato splendore, per coprirsi le magre spalle. Diceva alla monaca che attendeva il suo *monsieur*; aspettò inquieta tutto il giorno, ma egli non venne. La mattina la trovarono morta nel letto, aveva inghiottito sino all'ultima goccia la sua pozione di cloralio.

Due mesi dopo vidi Guy de Maupassant nel giardino della Maison Blanche a Passy, il ben conosciuto manicomio. Girava appoggiato al braccio del suo fedele François, gettando dei sassolini sopra le aiuole, col gesto del *Semeur* di Millet. « Guarda guarda, » diceva, « in primavera verranno tutti su, come tanti piccoli Maupassant, basta che piova. »


Per me, che per due anni avevo dedicato la maggior parte del mio tempo libero a studiare l'ipnotismo, le rappresentazioni da palcoscenico della Salpêtrière davanti al pubblico del *tout Paris* non erano altro che un'assurda farsa, un inestricabile miscuglio di verità e d'imbroglio. Alcune, fra i soggetti, erano senza dubbio vere sonnambule, che eseguivano in stato di veglia i diversi atti che erano stati loro suggeriti durante il sonno: suggestioni post-ipnotiche. Molte di esse erano semplicemente delle imbroglione, che sapevano ciò che si attendeva da loro, felicissime di eseguire i vari trucchi in pubblico, ingannando i medici e la folla con la sorprendente furberia delle isteriche. Erano sempre pronte a *piquer une attaque* della classica *grande hystérie* di Charcot, *arc-en-ciel* con quel che segue, o di esibire le sue famose tre fasi di ipnotismo: letargo, catalessi e sonnambulismo, tutte inventate dal maestro e raramente fuori dalla Salpêtrière. Alcune di esse annusavano con piacere una bottiglia d'ammoniaca, quando veniva detto loro che era acqua di rose, altre mangiavano un pezzo di carbone se presentato loro come cioccolata.

Un'altra si trascinava a quattro gambe sul pavimento, ringhiando furiosamente, quando le dicevano che era un cane. Un'altra batteva le braccia come se volesse volare quando era trasformata in un piccione. Un'altra alzava le sottane con un grido di terrore, quando si gettava un guanto per terra, dicendole che era un serpente. Un'altra camminava con un cilindro fra le braccia cullandolo e baciandolo teneramente quando le era stato suggerito che era il suo bambino. Ipnotizzate a destra e a sinistra, dozzine di volte al giorno, dai dottori e dagli studenti, molte di queste disgraziate ragazze passavano le loro giornate in uno stato di semiletargo, i loro cervelli sbalorditi da ogni sorta di assurde suggestioni, semicoscienti e certamente non responsabili delle loro azioni, prima o poi destinate a finire i loro giorni nel reparto agitati, se non al manicomio. Mentre condanno queste rappresentazioni di gala del martedì nell'anfiteatro come non scientifiche e indegne della Salpêtrière, sarebbe ingiusto non ammettere che un serio lavoro fu fatto nelle corsie per investigare molti degli ancora oscuri sintomi dell'ipnotismo. Anche io, col permesso dello *chef de clinique*, stavo allora eseguendo alcuni esperimenti con una di queste ragazze, una delle migliori sonnambule che abbia mai incontrato.

Ebbi già allora gravi dubbi sulla giustezza delle teorie di Charcot, che venivano accettate senza opposizione dai suoi allievi, ad occhi chiusi, e dal pubblico, e ciò può soltanto spiegarsi come una specie di suggestione collettiva. Ero ritornato dalla mia ultima visita alla clinica del professor Bernheim a Nancy, oscuro ma risoluto sostenitore della così detta scuola di Nancy in opposizione agli insegnamenti di Charcot. Parlare della scuola di Nancy alla Salpêtrière, in quei giorni, era considerato quasi un atto di lesa maestà. Charcot stesso diventava furibondo al solo udire il nome del professor Bernheim. Un mio articolo nella *Gazette des Hôpitaux*, ispirato dalla mia ultima visita a Nancy, fu mostrato al maestro da uno dei suoi assistenti che mi odiava cordialmente. Per parecchi giorni Charcot sembrò ignorare del tutto la mia presenza. Più tardi un violento articolo apparve nel *Figaro* sotto lo pseudonimo di *Ignotus* — uno dei principali giornalisti di Parigi — denunciando queste dimostrazioni d'ipnotismo in pubblico, come spettacoli ridicoli e pericolosi di nessun valore scientifico, indegni del gran maestro della Salpêtrière. Ero presente quando questo articolo fu mostrato a Charcot durante il giro mattutino; fui sbalordito dal suo risentimento contro un semplice articolo di giornale, mi sembrava che avrebbe potuto non curarsene. C'era molta gelosia fra i suoi allievi, e su me se ne riversava una gran parte. Da chi partisse la menzogna non so, ma presto, con mio orrore, seppi che correva voce che « Ignotus » aveva preso da me le sue informazioni più dannose. Charcot non me ne fece mai parola, ma da quel giorno le sue solite maniere cordiali verso di me cambiarono. Poi venne il colpo, uno dei più amari che abbia mai ricevuto in vita mia. Il destino aveva preparato la trappola e, con la mia abituale folle temerarietà, vi caddi dentro.

Una domenica, mentre lasciavo l'ospedale, vidi una coppia di vecchi contadini seduti sulla panca, sotto i platani, nel cortile interno. Emanavano un odore di campagna, di frutteto, di campi e di vacche. Mi faceva bene al cuore guardarli. Domandai loro donde venivano e cosa facevano lì. Il vecchio, dalla blusa celeste, alzò la mano al berretto; la vecchia, dalla linda bianca cuffia, mi fece un inchino, sorridendomi amichevolmente. Dicevano di essere arrivati lì, quella stessa mattina, dal loro villaggio in Normandia per far visita alla loro figlia, che era sguattera alla Salpêtrière da più di due anni. Era un posto molto buono: essa era stata portata lì da una monaca del loro villaggio, che era adesso sotto-cuoca nella cucina dell'ospedale. Ma c'era molto da fare alla fattoria, avevano ora tre mucche e sei maiali ed erano venuti a prendere la figlia per riportarla a casa; era una ragazza molto forte e sana e loro diventavano troppo vecchi per badare alla fattoria da soli. Erano così stanchi del lungo viaggio notturno in treno, che avevano dovuto mettersi a sedere sulla panca per riposare un poco. Avrei voluto essere tanto gentile di mostrar loro dov'era la cucina? Dissi che dovevano attraversare tre cortili e passare per interminabili corridoi; sarebbe stato meglio che li accompagnassi io e che li aiutassi a trovare la figlia. Dio solo sa quante sguattere c'erano nell'immensa cucina che preparava il cibo per quasi tremila bocche! C'incamminammo verso il padiglione della cucina; la vecchia non cessava mai di raccontarmi del loro frutteto di mele, del loro foraggio, di patate, dei maiali, delle mucche, dell'eccellente formaggio che stava facendo. Trasse dal suo cestino un piccolo formaggio di *crème* che aveva appena fatto per Geneviève, ma sarebbe stata felice se io lo avessi accettato. La guardai attentamente in viso mentre mi porgeva il formaggio.

« Quanti anni ha Geneviève? »

« Appena venti. »

« È bionda e molto bella? »

« Suo padre dice che è precisamente come me, » rispose la vecchia madre con semplicità. Il vecchio scuoteva la testa approvando.

« Siete sicuro che sia adibita alla cucina? » domandai con un brivido, scrutando di nuovo l'aggrinzito volto della vecchia madre.

Per tutta risposta il vecchio frugò nell'immensa tasca della sua blusa e trasse l'ultima lettera di Geneviève. Per più anni ero stato uno studioso di grafologia; riconobbi a colpo d'occhio la curiosa, ritorta e ingenua, ma nettissima calligrafia, a poco a poco migliorata, durante centinaia di prove di scrittura automatica, fatte anche sotto la mia stessa sorveglianza.

« Per di qua, » dissi portandoli subito alla Salle S.te-Agnès, la corsia delle grandi isteriche.

Geneviève era seduta, dondolando le gambe calzate di seta, sulla lunga tavola in mezzo alla corsia, con in grembo la copia di *Le Rire* che portava il suo ritratto in prima pagina. Al suo fianco stava Lisette, un'altra delle principali stelle della compagnia. I capelli di Geneviève erano pettinati con civetteria e adornati con un nastro di seta celeste, intorno al collo un filo di perle false, la pallida faccia truccata col rossetto, le labbra dipinte. Aveva più l'aspetto di un'intraprendente modistina a spasso per i boulevard, che di una degente in un ospedale. Geneviève era la « primadonna » delle rappresentazioni da palcoscenico del martedì e da tutti vezzeggiata, molto contenta di se stessa e dell'ambiente. I due vecchi contadini fissarono sbalorditi la figlia Geneviève. Ella li guardò con un'aria stupita, indifferente e a tutta prima non sembrò riconoscerli. Ad un tratto la sua faccia cominciò a contrarsi, e con uno strillo acuto cadde lunga distesa sul pavimento in preda a violente convulsioni, seguita immediatamente da Lisette col suo classico *arc-en-ciel*. Ubbidendo alla legge d'imitazione, alcune altre isteriche cominciarono a *piquer* i loro attacchi dai letti, una ridendo convulsamente, un'altra scoppiando in lagrime. I due vecchi, muti dal terrore, vennero rapidamente spinti dalle monache fuori della corsia. Li raggiunsi per le scale e li condussi alla panchina sotto i platani. Erano ancora troppo impauriti per poter piangere. Non era facile spiegare la situazione a questi poveri contadini. Come la loro figlia dalla cucina fosse giunta nella sala delle isteriche non lo sapevo nemmeno io. Parlai più dolcemente che potevo, dissi che la loro figlia sarebbe presto guarita. La vecchia madre cominciò a piangere, i luccicanti occhi del padre cominciarono a brillare d'una luce cattiva. Li persuasi a tornare al loro villaggio, promisi che la loro figlia verrebbe rimandata a casa appena possibile.

Il padre voleva portarla via subito ma la madre mi aiutava, dicendo che era più prudente lasciarla dov'era finchè fosse guarita, era sicura che sua figlia era in buone mani Dopo aver ripetuta la mia promessa che, appena possibile, sistemerei col professore e col direttore dell'ospedale le necessarie formalità per mandare Geneviève a casa, affidata ad una infermiera, riuscii con grande difficoltà a metterli in una vettura diretti alla *Gare d'Orléans* perchè partissero col primo treno. Il pensiero dei due vecchi contadini mi tenne sveglio tutta la notte. Come potevo mantenere la mia promessa? Sapevo troppo bene che in quel momento ero il meno adatto per parlare con Charcot della loro figlia, sapevo egualmente bene che essa non avrebbe mai acconsentito a lasciare la Salpêtrière e ritornare spontaneamente alla sua umile, vecchia casa. Vedevo una sola soluzione : dominare quella sua volontà, sostituendola con la mia. Conoscevo Geneviève bene come un'eccellente sonnambula. Era stata allenata da altri e da me stesso ad eseguire suggestioni post-ipnotiche, che venivano trasformate in atti con la fatalità d'una pietra che cade e con una puntualità quasi astronomica e con l'amnesia, vale a dire completa ignoranza, nello stato di veglia, di ciò che le era stato fatto fare durante l'ipnosi. Mi rivolsi al direttore della clinica per continuare, con Geneviève, i miei esperimenti di telepatia. allora all'ordine del giorno. Egli stesso era vivamente interessato al soggetto e mi offrì di lavorare indisturbato nel suo stesso gabinetto per un'ora ogni pomeriggio, e mi augurò buona fortuna. Gli avevo detto una bugia. Proprio il primo giorno suggerii a Geneviève, mentre era in profonda ipnosi, di rimanere a letto il martedì seguente, invece di andare all'anfiteatro, di prendere in avversione la sua vita alla Salpêtrière e di voler ritornare dai suoi genitori. Per una settimana le ripetei questi suggerimenti, senza alcun risultato apparente. La settimana dopo fu assente, e se ne avvertì molto la mancanza nell'anfiteatro durante la rappresentazione del martedì : mi dissero che era raffreddata e in letto. Un paio di giorni più tardi la trovai con un orario ferroviario in mano; lo mise prontamente in tasca appena mi vide. Questo indicava in modo sicuro che potevo contare sulla sua amnesia. Poco dopo le suggerii d'andare al *Bon Marché* il giovedì seguente — giorno d'uscita — per comprarsi un nuovo cappello. Glielo vidi mostrare a Lisette, con grande orgoglio, l'indomani mattina. Due giorni dopo le ordinai, per l'indomani, di lasciare la Salle S.te-Agnès a mezzogiorno, quando le monache erano occupate a distribuire la colazione, e scivolare fuori dall'alloggio del portiere mentre questi mangiava, saltare in una vettura e venire all'Avenue de Villiers. Ritornando a casa per le mie consultazioni la trovai seduta nella mia sala d'aspetto. Le domandai cosa aveva, sembrava molto imbarazzata e mormorò qualche cosa come se volesse vedere i miei cani e la scimmia, di cui le avevo parlato. Fu intrattenuta da Rosalie nella sala da pranzo con una tazza di caffè, poi messa in una carrozza e fatta ritornare all'ospedale.

« *C'est une belle fille,* » disse Rosalie, mettendo il dito sulla fronte, « *mais je crois qu'elle a une araignée dans le plafond. Elle m'a dit qu'elle ne savait pas du tout pourquoi elle était venue ici.* »

Il successo di questo esperimento preliminare mi fece decidere, con la mia abituale impulsività, a mettere subito in azione il mio piano. Ordinai a Geneviève di venire all'Avenue de Villiers con le stesse precauzioni e alla stessa ora due giorni più tardi. Era di lunedì, avevo invitato Norstrom a colazione, lo volevo lì come testimonio in caso di imprevedute complicazioni. Quando gli raccontai il mio piano, mi avvertì delle serie conseguenze nelle quali potevo incorrere sia in caso di sconfitta che di successo; era inoltre certo che essa non sarebbe venuta.

« Supponi che l'abbia detto a qualcuno, » disse Norstrom.

« Non può raccontare ciò che lei stessa non sa, e non saprà che viene all'Avenue de Villiers finchè l'orologio non suonerà le dodici. »

« Ma non la potrebbero far parlare mentre è in sonno ipnotico? » insistè.

« C'è un sol uomo che potrebbe farlo: Charcot stesso. Ma giacchè s'interessa poco di lei, fuori delle sue conferenze del martedì, ho eliminato questa possibilità. »

Dissi che era poi troppo tardi per discutere, ero sicuro che essa aveva già lasciato l'ospedale e che in meno di mezz'ora sarebbe comparsa.

La pendola nell'atrio suonò un quarto all'una: pensai che era in anticipo, e per la prima volta il suo suono profondo irritò le mie orecchie.

« Vorrei che tu lasciassi perdere tutte queste sciocchezze sull'ipnotismo, » disse Norstrom, accendendo il suo grosso sigaro. « Ce l'hai nel cervello, finirai col diventare pazzo anche tu, se non lo sei di già. Non credo all'ipnotismo, ho provato ad ipnotizzare diverse persone, ma non mi è mai riuscito. »

« Ed io non crederei all'ipnotismo, se non fossi riuscito. » replicai arrabbiato.

Il campanello squillò. Mi precipitai ad aprire la porta. Era miss Andersen, l'infermiera che avevo mandato a chiamare per l'una, perchè accompagnasse Geneviève a casa. Doveva partire con lei col rapido della notte per la Normandia, con una mia lettera diretta al parroco del villaggio, nella quale spiegavo la situazione e lo supplicavo di fare tutto il possibile per impedire il ritorno di Geneviève a Parigi.

Sedetti dinanzi alla tavola da pranzo, fumando furiosamente una sigaretta dopo l'altra.

« Che cosa dice l'infermiera di tutto questo? » domandò Norstrom.

« Non dice nulla, è inglese. Mi conosce bene e ha completa fiducia in me. »

« Magari l'avessi io, » brontolò Norstrom, aspirando il suo sigaro.

L'orologio di Cromwell sul camino suonò l'una e mezzo, confermata con irritante precisione da una mezza dozzina di orologi da ogni stanza.

« Sconfitto, » disse Norstrom flemmaticamente, « e tanto meglio per noi due; sono felice di non essere coinvolto in quest'affare. »

Quella notte non chiusi occhio; questa volta fu Geneviève e non i due contadini a tenermi sveglio. Da tanto tempo ero stato così viziato dalla fortuna, che i miei nervi male si adattavano alla sconfitta. Cosa era accaduto?

Mi sentivo quasi venir meno mentre entravo nell'anfiteatro della Salpêtrière la mattina dopo. Charcot aveva già cominciato la sua lezione del martedì sull'ipnotismo, Geneviève non era al suo posto abituale sul palcoscenico. Sgusciai fuori della stanza e andai alla Salle des Gardes. Uno degli interni mi raccontò che il giorno prima, mentre faceva colazione, era stato chiamato alla Salle S.te-Agnès, dove aveva trovato Geneviève in uno stato di coma catalettico, interrotto dalle più violente convulsioni che avesse mai visto. Una delle monache l'aveva incontrata fuori dall'ospedale mezz'ora prima, mentre saliva in una carrozza. Pareva così agitata, che la monaca con grande difficoltà l'aveva ricondotta indietro nella camera del portiere, e avevano dovuto portarla a braccia su alla Salle S.te-Agnès. Tutta la notte aveva lottato disperatamente come un animale selvaggio che tenta di fuggire dalla gabbia: avevano dovuto metterle la camicia di forza. Adesso era rinchiusa in una camera separata, con una forte dose di bromuro *et un bonnet d'irrigation* sul capo. Nessuno capiva la causa di questo improvviso cambiamento. Charcot stesso l'aveva visitata ed era riuscito con grande difficoltà a farla dormire. Fummo interrotti dall'entrata del direttore di clinica, che mi disse che era stato a cercarmi in tutto l'ospedale, poichè Charcot mi voleva parlare; egli doveva condurmi al suo gabinetto appena la lezione nell'anfiteatro fosse terminata. Non mi rivolse una sola parola mentre passavamo attraverso i laboratori adiacenti. Bussò alla porta ed io entrai nel ben noto piccolo santuario del maestro, per l'ultima volta in vita mia. Charcot era seduto nella solita sedia accanto alla tavola, chino sul microscopio. Alzò la testa e sgranò i suoi terribili occhi su di me. Parlando molto lentamente, con la profonda voce che tremava di rabbia, disse che avevo cercato di attirare a casa mia una degente del suo ospedale, una giovane ragazza, una squilibrata, irresponsabile delle sue azioni. Secondo la sua confessione, era già stata una volta a casa mia, il mio diabolico piano di approfittare di lei una seconda volta era abortito soltanto per pura combinazione. Era un'offesa criminale, avrebbe dovuto consegnarmi alla polizia, ma, per l'onore della professione e per il nastro rosso che avevo all'occhiello, si limitava ad espellermi dall'ospedale; sperava di non vedermi mai più.

Mi sentii come fulminato, la mia lingua si attaccò al palato, non potei proferire parola. Ad un tratto capii il vero significato della sua abominevole accusa e la paura mi lasciò. Risposi arrabbiato che erano lui ed i suoi seguaci, e non io, che avevano portato alla rovina quella povera ragazza, che, entrata all'ospedale forte e sana contadina, lo avrebbe lasciato pazza se ci fosse restata ancora per molto. Avevo seguito l'unica via possibile per restituirla ai vecchi genitori. Non ero riuscito a salvarla e mi dispiaceva.

« *Assez, monsieur!* » gridò.

Si volse al direttore di clinica e gli disse d'accompagnarmi alla camera del portiere, coll'ordine di proibirmi l'entrata all'ospedale, aggiungendo che se la sua autorità non fosse stata sufficiente per escludermi dalla sua clinica, avrebbe denunziato la cosa all'*Assistance publique*.

Si alzò dalla sedia e uscì dalla stanza col suo passo lento e pesante.

Le famose rappresentazioni sul palcoscenico della Salpê-trière, che furono causa della mia disgrazia, sono state da molto tempo condannate da ogni serio studioso del fenomeno ipnotico. Le teorie di Charcot sull'ipnotismo, imposte soltanto dal peso della sua autorità su tutta una generazione di medici, sono cadute in discredito dopo avere, per più di vent'anni, ritardato la nostra conoscenza sulla vera natura di questo fenomeno. È stato dimostrato che quasi tutte le teorie di Charcot sull'ipnotismo sono errate. L'ipnotismo non è, come dice lui, una nevrosi introdotta artificialmente, che si incontra unicamente nell'isterismo, negli ipersensibili, deboli di mente e squilibrati. La verità è tutto l'opposto. I soggetti isterici sono, in generale, meno facili da ipnotizzare delle persone ben equilibrate e sane di mente. Le persone intelligenti, forti di carattere e dominatrici, sono più facilmente ipnotizzabili dei noiosi, stupidi, superficiali e deboli di mente. Gli idioti e i pazzi sono per lo più refrattari all'influsso ipnotico. Quelli che asseriscono di non credere all'ipnotismo, sono di solito i più facili da addormentare. I bambini sono facilmente ipnotizzabili. Il sonno ipnotico non può essere prodotto con i soli mezzi meccanici. Le lucide palle di vetro, gli specchi girevoli adoperati dal cacciatore d'uccelli, le calamite, il fissare negli occhi il soggetto, i classici passi mesmeriani usati alla Salpêtrière e alla Charité sono vere stupidaggini.

Il valore terapeutico dell'ipnotismo non è trascurabile, come diceva Charcot. Al contrario, è notevole se è adoperato da medici competenti, dalla mente lucida e dalle mani pulite ed in possesso della tecnica abbastanza complicata. Le statistiche di migliaia di casi ben controllati provano questo senza discussione. Parlando di me stesso, che non sono mai stato quello che si definisce un ipnotizzatore, ma uno specialista di malattie nervose, costretto ad usare quest'arma quando altri rimedi si dimostrano inutili, ho spesso ottenuto risultati meravigliosi da questo mal compreso metodo di guarigione. Disordini mentali di varie specie, con o senza la perdita di volontà, alcoolismo, morfinomania, cocainomania, ninfomania, possono molto spesso venir curati con questo mezzo.

L'inversione sessuale è più difficile da affrontarsi. In molti, se non nella maggior parte dei casi, non può essere considerata una malattia, ma una deviazione dell'istinto sessuale, naturale in certi individui nei quali un intervento energico spesso fa più male che bene. Se e fin dove le nostre leggi sociali dovrebbero intervenire, è una questione molto complicata che non ho intenzione di discutere qui. Certo è che l'attuale formula della legge è basata su una equivoca e incresciosa situazione che questa numerosa classe di persone ha fra noi. Non sono criminali, ma semplici vittime di una momentanea distrazione di madre natura, forse al momento della loro nascita o del loro concepimento. Qual è la spiegazione dell'enorme aumento dell'inversione sessuale? È la natura che si vendica sulla ragazza mascolinizzata di oggigiorno, traendo dai suoi fianchi raddrizzati e dai suoi seni appiattiti un figlio effeminato? Oppure siamo /gli sbalorditi spettatori di una nuova fase di evoluzione, con un graduale amalgama dei due distinti animali in uno nuovo finora sconosciuto, ultimo superstite d'una razza condannata su un consunto pianeta, anello mancante fra l'*Homo sapiens* di oggi e il misterioso *Super-Homo* di domani?

Il grande beneficio derivato dall'anestesia ipnotica nelle operazioni chirurgiche e nel parto è adesso riconosciuto da tutti. Ancora più sorprendente è l'effetto benefico di questo metodo nella più dolorosa di tutte le operazioni, che, per regola, dev'essere sopportata senza anestesia: la morte. Quello che mi fu concesso di fare per molti dei nostri soldati moribondi durante l'ultima guerra è abbastanza per farmi ringraziare Dio di avermi dato in mano questa potente arma. Nell'autunno del 1915 passai due giorni e due notti indimenticabili fra circa duecento soldati moribondi, coperti da pastrani insanguinati, raggruppati sul pavimento della chiesa di un villaggio francese. Non c'era nè morfina, nè cloroformio, nè anestetici di alcuna specie per alleviare le loro torture e abbreviare la loro agonia. Molti morivano davanti ai miei occhi, insensibili e ignari, spesso col sorriso sulle labbra, la mia mano sulla fronte, nelle orecchie il suono delle mie parole di speranza e di conforto lentamente ripetute: il terrore della morte a poco a poco scompariva dai loro occhi socchiusi.

Cos'era questa forza misteriosa, che sembrava quasi emanare dalla mia mano? Donde veniva? Proveniva essa dalla corrente di coscienza circolante in me, sotto il livello della mia vita esteriore o, in fondo, consisteva nella misteriosa « forza odilica », il fluido magnetico degli antichi mesmeriani? Naturalmente la scienza moderna ha fatto a meno del fluido magnetico e lo ha sostituito con una dozzina di nuove più o meno ingenue teorie. Le conosco tutte, nessuna di esse mi soddisfa, finora. La suggestione sola, che è la vera chiave della teoria sull'ipnotismo ora universalmente accettata, non può spiegare tutti i suoi sbalorditivi fenomeni. La parola « suggestione », come è usata dai suoi promotori principali, cioè, dalla scuola di Nancy, differisce, inoltre, soltanto di nome da questa forza odilica di Mesmer, adesso messa in ridicolo. Ammettiamo, come dobbiamo, che il miracolo non viene compiuto dall'operatore ma dalla mente sub-cosciente del soggetto. Ma come possiamo spiegare il successo di un operatore e la sconfitta di un altro? Perchè la suggestione di un operatore echeggia come una parola di comando nelle profondità della mente del soggetto, per mettere in azione le sue forze latenti, mentre la medesima suggestione fatta da un altro operatore viene intercettata dalla coscienza del soggetto e rimane senza risultato? Io, più di tutti, sono ansioso di saperlo, perchè da quando ero ragazzo mi sono accorto di essere in possesso in maniera eccezionale di questo potere, qualunque nome gli venga dato. La maggioranza dei miei ammalati, giovani e vecchi, uomini e donne, sembravano scoprirlo prima o poi e me ne parlavano di frequente. I miei compagni nelle corsie degli ospedali lo sapevano tutti; Charcot stesso ne era a conoscenza e spesso l'utilizzava. Il professor Voisin, il famoso alienista nell'Asile S.te-Anne, più volte mi fece assistere ai suoi disperati tentativi di ipnotizzare alcuni dei suoi pazzi. Lavoravamo per delle ore con questi poveri dementi che strillavano e fremevano di rabbia nelle loro camicie di forza e che non potevano far altro che sputarci in viso, come spesso facevano. Il risultato dei nostri sforzi era, nella maggior parte dei casi, negativo, ma in diverse occasioni sono riuscito a calmarne alcuni, quando il professore stesso falliva, ad onta della sua meravigliosa pazienza. Tutti i guardiani del *Jardin zoologique* e della *Ménagerie Pezon* lo sapevano. Era una mia specialità quella di mettere i loro serpenti, lucertole, tartarughe, pappagalli, civette, orsi e grossi gatti in stato di letargo, piuttosto somigliante al primo grado di ipnosi di Charcot, e spesso mi riusciva di indurli in sonno profondo. Credo di aver già detto come ho inciso un ascesso ed estratto una scheggia dalla zampa di Léonie, la magnifica leonessa della *Ménagerie Pezon*. Non può essere spiegato che come un caso di anestesia locale sotto leggera ipnosi. Le scimmie, nonostante la loro irrequietezza, sono facilmente ipnotizzabili, grazie alla loro alta intelligenza e al loro sistema nervoso impressionabile. L'incantamento dei serpenti è, naturalmente, un fenomeno ipnotico. Io stesso ho messo un cobra in stato di catalessi nel tempio di Karnak. Credo che anche l'ammaestramento degli elefanti selvaggi abbia qualcosa dell'influenza ipnotica. Il modo nel quale una volta sentii parlare un *mahout* per delle ore ad uno degli elefanti del giardino zoologico, che era diventato recalcitrante, assomigliava perfettamente alla suggestione ipnotica.

La maggioranza degli uccelli sono facilmente ipnotizzabili; tutti sanno quanto questo sia facile con i pulcini. In tutti i rapporti con gli animali, selvaggi e domestici, l'influenza confortante del suono monotono di parole lentamente ripetute può essere facilmente verificata da ogni osservatore, tanto che sembra quasi che essi capiscano il vero significato di ciò che diciamo. Cosa non darei per poter capire quello che dicono a me! Però è evidentemente impossibile parlare di suggestione mentale qui. Ci dev'essere qualche altro potere in azione: e ancora domando invano: cos'è questo potere?

Fra i miei ammalati, passati a Norstrom durante il mio viaggio in Svezia, c'era un grave caso di morfinomania, quasi guarito con la suggestione ipnotica. Siccome desideravo che il trattamento non venisse interrotto, feci in modo che Norstrom fosse presente all'ultima seduta. Dissi che era piuttosto facile e sembrava che egli fosse simpatico alla malata. Al mio ritorno a Parigi essa era ricaduta nelle vecchie abitudini; il mio collega era stato incapace di ipnotizzarla. Le chiesi di spiegarmi la ragione della sconfitta; disse che non poteva capirlo neppure lei: ne era molto dispiacente, aveva fatto del suo meglio e così pure Norstrom.

Una volta Charcot mi mandò un giovane diplomatico, un caso ben delineato di inversione sessuale. Il professor Kraft-Ebing, il famoso specialista di Vienna, e Charcot stesso erano stati ambedue incapaci di ipnotizzare quest'uomo, il quale era molto ansioso d'essere curato, viveva con la costante paura di venir ricattato ed era rimasto molto avvilito dalla loro sconfitta. Diceva che era sicuro che quella fosse l'unica via di salvezza.

« Ma *siete* addormentato, » gli dissi, toccandogli appena la fronte con la punta delle dita, niente *pass*, niente fissare negli occhi, nessuna suggestione. Le parole mi erano appena uscite di bocca che le palpebre gli si chiusero con un leggero tremito e cadde in profondo sonno ipnotico in meno d'un minuto. In principio prometteva bene; un mese dopo ritornò al suo paese pieno di fiducia nell'avvenire, molto di più di quanto ne avessi io. Disse che avrebbe domandato la mano d'una signorina della quale si era innamorato: era molto ansioso di sposarsi e di aver figli. Lo perdetti di vista. Un anno dopo seppi, per pura coincidenza, che si era ammazzato. Se quest'uomo mi avesse consultato qualche anno più tardi, quando avevo acquistato maggior pratica dell'inversione sessuale, non avrei mai tentato l'impossibile compito di curarlo.

Fuori della Salpêtrière non ho quasi mai incontrato le tre famose fasi ipnotiche di Charcot, così sorprendentemente esibite durante le sue conferenze del martedì. Erano tutte inventate da lui stesso, applicate ai suoi soggetti isterici ed accettate dai suoi allievi per la potente suggestione del maestro. Altrettanto si può affermare per quanto riguarda il suo debole speciale, la sua *grande hystérie*, che allora invadeva tutta la Salpêtrière da una corsia all'altra, e ora quasi scomparsa. L'unica spiegazione possibile della sua incapacità a capire la vera natura di questi fenomeni è che tutti questi esperimenti d'ipnotismo furono fatti su soggetti isterici. Se la dichiarazione della scuola della Salpêtrière, che solo i soggetti isterici sono ipnotizzabili, fosse giusta, vorrebbe dire che almeno l'ottantacinque per cento dell'umanità sarebbe isterico.

Ma su un punto Charcot aveva sicuramente ragione, qualunque critica la scuola di Nancy, Forel, Moll e molti altri potessero fargli. Gli esperimenti sull'ipnotismo non sono innocui per i soggetti ed anche per gli spettatori. Personalmente credo che le dimostrazioni pubbliche del fenomeno ipnotico dovrebbero essere proibite dalla legge. Gli specialisti per le malattie nervose e mentali non possono fare a meno dell'ipnotismo, come i chirurghi non possono fare a meno del cloroformio e dell'etere. Basta soltanto citare le migliaia di casi disperati di varie nevrosi traumatiche durante la guerra guariti come d'incanto da questo metodo. Il trattamento ipnotico, nella maggior parte dei casi, non chiede sonno ipnotico con l'abolizione della coscienza sveglia. Un operatore che conosca bene la sua complicata tecnica e che capisca qualche cosa di psicologia — ambedue queste condizioni sono necessarie per il successo — otterrà generalmente notevoli e spesso sorprendenti risultati col semplice uso di ciò che è chiamata suggestione *à l'état de veille*. La scuola di Nancy afferma che sonno ipnotico e sonno naturale sono identici. Non è così. Finora non conosciamo che cosa sia il sonno ipnotico; e finchè non ne sapremo di più sarà meglio astenersi dall'usarlo coi nostri pazienti, salvo in caso d'assoluta necessità. Avendo detto questo, lasciatemi aggiungere che quasi tutte le accuse contro l'ipnotismo sono esagerate. Finora non conosco nessuna prova autentica d'un atto criminale commesso da un soggetto sotto suggestione post-ipnotica. Non ho mai visto un soggetto eseguire in stato d'ipnosi un'azione che rifiuterebbe di eseguire in stato normale di veglia. Affermo che se un mascalzone dovesse suggerire a una donna in stato di profonda ipnosi di darsi a lui, ed essa eseguisse questo comando, ella l'avrebbe fatto egualmente se l'atto le fosse stato imposto in condizioni normali di vita cosciente. Non esiste la cieca ubbidienza. I soggetti sanno perfettamente tutto quello che succede durante il sonno ipnotico e ciò che vogliono fare. Camille, la famosa sonnambula del professor Liéjie a Nancy, che restava impassibile se le veniva conficcato uno spillo nel braccio o posto in mano un pezzo di carbone ardente, diventava rossa come il fuoco se il professore fingeva di fare un gesto per scompigliarle i vestiti e si svegliava istantaneamente. Questa è soltanto una delle molte sconcertanti contraddizioni ben familiari agli studiosi del fenomeno ipnotico e molto difficili a capirsi dai profani. Il fatto che la persona non può essere ipnotizzata senza la sua volontà dev'essere considerato dagli allarmisti. Naturalmente il pretendere che una persona non consenziente e inconsapevole possa esser ipnotizzata a distanza è una sciocchezza. Riguardo alla psicanalisi non sono lontano dal pensare la stessa cosa.

## 20 Insonnia

Norstrom con la sua abituale gentilezza m'invitò a pranzo la sera del giorno fatale. Fu un pranzo lugubre; bruciavo ancora per l'umiliazione della sconfitta e Norstrom si grattava la testa in silenzio, meditando come avrebbe potuto trovare i denari che doveva per l'indomani ai padron di casa. Norstrom rifiutava in modo assoluto d'accettare la mia spiegazione del disastro: semplice disgrazia e il più inaspettato intervento dell'imprevisto contro i miei piani accuratamente preparati. La diagnosi di Norstrom era: temerarietà donchisciottesca e smisurata presunzione. Dissi che, se entro quel giorno stesso non avessi ricevuto dalla Fortuna, la mia beneamata dea, la prova che le rincresceva di avermi abbandonato e che mi avrebbe ripreso nelle sue buone grazie, avrei accettato la sua diagnosi. Mentre dicevo queste parole, i miei occhi furono miracolosamente portati dalla bottiglia di Médoc, che era fra noi, alle sue gigantesche mani.

« Ti sei mai dedicato al massaggio? » domandai bruscamente.

Per tutta risposta Norstrom aprì le sue larghe, oneste mani e mi mostrò con orgoglio un paio di polpastrelli della grandezza d'un'arancia. Non c'era dubbio che dicesse la verità, quando asserì di aver fatto molto massaggio in Svezia nel passato.

Ordinai al cameriere di portare una bottiglia del migliore champagne che potesse trovare, e alzai il bicchiere per bere alla mia sconfitta di oggi e alla sua vittoria dell'indomani.

« Mi pare che tu mi abbia detto un momento fa che sei

al verde,» disse Norstrom, guardando la bottiglia di Veuve Clicquot.

«Non importa,» risposi ridendo, «un'idea luminosa, che vale cento bottiglie di Veuve Clicquot, ha rischiarato or ora il mio cervello, bevi un altro bicchiere mentre la maturo.»

Norstrom diceva sempre che avevo due cervelli, che lavoravano alternativamente nella mia testa. uno, bene sviluppato, d'un cretino e il secondo, poco sviluppato, di una specie di genio. Mi fissò sbalordito quando gli dissi che sarei andato in Rue Pigalle il giorno seguente, nell'ora di visita, fra le due e le tre, a spiegargli tutto Osservò che era l'ora migliore per una tranquilla chiacchierata, sarei stato sicuro di trovarlo solo. Lasciammo il Café de la Régence a braccetto, Norstrom sempre in dubbio da quale dei due cervelli la mia luminosa idea fosse venuta, io di buonissimo umore avendo quasi dimenticato l'espulsione della mattina dalla Salpêtrière.

Alle due precise il giorno dopo entrai nella sontuosa sala di consultazioni, in Rue du Cirque, del professor Guéneau de Mussy, il famoso medico della famiglia Orléans con la quale aveva condiviso l'esilio, e che adesso era una delle principali celebrità mediche di Parigi. Il professore, che era sempre stato gentilissimo con me, mi domandò in cosa poteva essermi utile. Gli dissi che quando ero venuto a trovarlo, una settimana prima, mi aveva fatto l'onore di presentarmi a *monsieur le Duc d'Aumale* ne. momento in cui questi lasciava la stanza sostenuto dal suc cameriere e appoggiandosi pesantemente al bastone. Mi aveva detto che il duca soffriva di sciatica, che le ginocchia non lo reggevano più, che era quasi incapace di camminare, che aveva consultato invano tutti i migliori chirurghi di Parigi. Aggiunsi che mi ero permesso di ritornare oggi, per dire al professore che, se non mi sbagliavo, il duca avrebbe potuto essere curato col massaggio. Un mio compatriota, una grande autorità in fatto di sciatica e di massaggio, era attualmente a Parigi, mi permettevo di suggerire che avrebbe potuto essere chiamato ad esaminare il duca. Guéneau de Mussy, che come quasi tutti i medici francesi della sua epoca non conosceva nulla del massaggio, accettò subito. Poichè il duca partiva per il suo castello di Chantilly il giorno seguente, fu combinato che sarei andato subito col mio illustre compatriota al suo palazzo in Faubourg St.-Germain. Più tardi, nel pomeriggio, Norstrom ed io arrivammo al palazzo, dove incontrammo il professor Guéneau de Mussy. Avevo detto a Norstrom di fare del suo meglio per rassomigliare ad un famoso specialista di sciatica, ma che, evitasse, per amor di Dio, ogni dissertazione sul tema. Un rapido esame ci dimostrò chiaramente che era davvero un caso eccellente per il massaggio e i movimenti passivi. Il duca partì per il castello di Chantilly il giorno seguente, accompagnato da Norstrom. Quindici giorni più tardi lessi sul *Figaro* che il famoso specialista svedese dottor Norstrom, di reputazione mondiale, era stato chiamato a Chantilly per curare il duca d'Aumale. *Monseigneur* era stato veduto passeggiare senza aiuto nel parco del suo castello, era una guarigione meravigliosa. Il dottor Norstrom curava anche il fratello, il duca di Montpensier, storpiato da molti anni dalla gotta e adesso in via di rapida guarigione.

Poi venne la volta della principessa Matilde, presto seguita da don Pedro del Brasile, da un paio di granduchi russi, da un'arciduca austriaco e dall'infanta Eulalia di Spagna.

Il mio amico Norstrom, che, dopo il suo ritorno da Chantilly, m'ubbidiva ciecamente, aveva avuto da me la proibizione fino a nuovo ordine di accettare altri malati che non fossero di sangue reale. Gli assicurai che questa era una buona tattica, basata su solidi fatti psicologici. Due mesi più tardi, Norstrom si era di nuovo stabilito nel suo elegante appartamento nel Boulevard Haussmann e la sua sala di consultazione era affollata di malati d'ogni paese, gli americani primi fra tutti. Nell'autunno apparve il « *Manuel de*

*Massage suédois* » *del dottor Gustav Norstrom, Parigi, Librairie Hachette,* compilato da noi, in fretta febbrile, su diverse fonti svedesi, mentre un'edizione americana appariva simultaneamente a New York. Al principio dell'inverno, Norstrom fu chiamato a Newport per curare il vecchio signor Vanderbilt: l'onorario doveva fissarlo lui stesso. Con suo stupore gli proibii d'andare e un mese dopo il vecchio multimilionario fu mandato in Europa a prendere il suo posto fra gli altri ammalati di Norstrom, réclame vivente in lettere gigantesche, visibile in tutti gli Stati Uniti. Norstrom lavorava dalla mattina alla sera, strofinando i suoi ammalati con gli enormi pollici, mentre i suoi polpastrelli assumevano a poco a poco le proporzioni di piccoli poponi. In breve dovette perfino privarsi dei suoi sabati sera al club scandinavo dove, grondante di sudore, galoppava per la stanza con tutte le signorine a turno, per amor del suo fegato. Diceva che non c'era rimedio migliore che ballare e sudare per tenere il fegato in ordine.

Il successo di Norstrom mi rese così felice, che per un po di tempo quasi dimenticai la mia disgrazia. Ahimè, ben presto mi ritornò alla mente, in tutto il suo orrore, prima nei sogni, poi nei pensieri. Spesso, proprio quando stavo per addormentarmi, vedevo sotto le palpebre socchiuse l'ultima ignominiosa scena della tragedia, prima che calasse il sipario sopra il mio futuro. Vedevo i terribili occhi di Charcot lampeggiare nel buio, mi vedevo, accompagnato da due dei suoi assistenti, come un delinquente fra due guardie, mentre uscivo dalla Salpêtrière per l'ultima volta! Mi resi conto della mia follia, capii che la diagnosi di Norstrom — « una temerarietà donchisciottesca e una smisurata presunzione » — era giusta, dopo tutto. Ancora don Chisciotte!

Presto non dormii più affatto; un acuto attacco d'insonnia incominciò, così terribile da rendermi quasi pazzo. L'insonnia non uccide il suo uomo, se questi non si uccide da sè: l'insonnia è la causa più comune del suicidio. Ma uccide la sua gioia di vivere, distrugge la sua forza, succhia il sangue dal suo cervello e dal suo cuore come un vampiro; gli fa ricordare, durante la notte, quel che vorrebbe dimenticare con un beato sonno; gli fa dimenticare, durante il giorno, quel che vorrebbe ricordare. La memoria è la prima ad andarsene. Ben presto amicizia, amore, senso del dovere, perfino la stessa pietà, uno dopo l'altro seguono la stessa via. Solo la disperazione rimane a bordo del bastimento condannato, per spingerlo sulle rocce della fatale distruzione. Voltaire aveva ragione di mettere il sonno allo stesso livello della speranza.

Non sono impazzito, non mi sono suicidato. Andavo avanti alla meglio brancolando col mio lavoro, indifferente e senza curarmi di ciò che accadeva a me e ai miei ammalati. Guardatevi da un dottore che soffre d'insonnia! I miei ammalati cominciarono a lagnarsi che ero rude e impaziente; molti mi lasciarono, molti restarono ma fu peggio per loro. Soltanto quando stavano per morire, sembravo svegliarmi dal mio torpore, perchè continuai a prendere un grande interesse alla morte, anche dopo aver perduto ogni interesse alla vita. Potei sempre guardare l'avvicinarsi della mia tetra collega con lo stesso interesse col quale la guardavo quando ero studente, nella Salle S.te-Claire, sperando di strapparle il suo terribile segreto. Potevo sempre sedere per tutta una notte accanto al letto d'un moribondo dopo averlo trascurato quando forse avrei potuto salvarlo. Dicevano che era molto gentile da parte mia di restar alzato in quel modo tutta la notte, quando gli altri medici se ne andavano. Ma cosa importava a me se restavo su una seggiola accanto al letto di qualcun altro, o se mi sdraiavo sveglio nel mio letto? Fortunatamente la mia crescente diffidenza per le droghe e i narcotici mi salvò da una completa distruzione, non presi quasi mai nessuno dei numerosi sonniferi che dovevo prescrivere tutto il giorno agli altri. Rosalie fu il mio medico curante. Trangugiavo docilmente tisane su tisane composte da lei, alla francese, dalla sua inesauribile farmacopea di erbe miracolose. Rosalie era molto in pensiero per me. Scoprii perfino che, di sua iniziativa, mandava via i miei ammalati quando pensava che fossi troppo stanco. Cercai di arrabbiarmi, ma non mi restava più la forza di sgridarla.

Norstrom pure era molto preoccupato per me. La nostra posizione reciproca era adesso cambiata, egli saliva la sdrucciolevole scala del successo, io scendevo. Ciò lo rese più gentile che mai, mi meravigliavo sempre della pazienza che aveva con me. Spesso veniva a dividere il mio pranzo solitario nell'Avenue de Villiers. Non pranzavo mai fuori, non invitavo mai nessuno, non andavo mai in società come prima facevo spesso. Adesso la credevo una perdita di tempo, non desideravo altro che di essere lasciato solo e di dormire.

Norstrom voleva che andassi per un paio di mesi a Capri, per un completo riposo, era sicuro che sarei tornato poi al lavoro ristabilito. Dissi che se allora fossi andato là, non sarei mai più tornato a Parigi, odiavo sempre più la vita artificiale della grande città. Non volevo più perdere tempo in questa atmosfera di malattia e di decadenza. Volevo andarmene per sempre, rinunziando ad essere un medico alla moda: più clienti avevo, più pesanti mi parevano le mie catene. Avevo ben altri interessi nella vita, che curare ricchi americani e stupide nevrotiche dame. Era inutile che dicesse che io gettavo via le mie « splendide occasioni »: egli sapeva bene che non avevo la stoffa per diventare un dottore di prim'ordine. Sapeva egualmente bene che non potevo ne far danaro nè conservarlo; non avrei saputo cosa farne, ne avevo paura, lo odiavo. Volevo vivere una vita semplice, fra gente semplice e senza sofisticherie: se non sapeva leggere nè scrivere, tanto meglio. Non avevo bisogno che d'una camera imbiancata, con un letto duro, un tavolo d'abete, un paio di seggiole e un pianoforte. Il cinguettio degli uccelli fuori della finestra aperta, e lontano il suono del mare. Tutte le cose che veramente desideravo potevano essere acquistate con pochissimo denaro, sarei stato perfettamente felice nel più umile ambiente purchè non avessi avuto d'intorno nulla di brutto.

Gli occhi di Norstrom giravano lentamente attorno alla stanza, dai primitivi fondo oro appesi alle pareti, alla Madonna fiorentina del Cinquecento sull'inginocchiatoio, dall'arazzo fiammingo sopra la porta ai vasi lucenti di Cafaggiolo e dai fragili vetri veneziani sulla credenza, ai tappeti persiani sul pavimento.

« Immagino che tu abbia preso questo al *Bon marché*, » diceva Norstrom, fissando maliziosamente il prezioso vecchio tappeto di Bukhara sotto la tavola.

« Te lo darò con piacere, in cambio d'una sola notte di sonno naturale. Ti regalo questo unico vaso di Urbino, firmato da mastro Giorgio stesso, se riesci a farmi ridere. Non la voglio più, tutta questa roba, non mi dice nulla, ne ho abbastanza. Smetti quel tuo sorriso irritante, so quello che dico, te lo proverò. Sai cosa ho fatto quando fui a Londra la settimana scorsa per quel consulto della signora con l'angina pectoris? Ebbene, ho avuto un altro consulto lì, lo stesso giorno, per un altro caso, molto più grave, un uomo questa volta. Quest'uomo ero io stesso o piuttosto il mio sosia, il mio *Doppelgänger*, come lo chiama Heine.

« " Senti amico mio, " dissi al mio Doppelgänger, mentre lasciavamo il St. James club a braccetto. " Voglio esaminarti accuratamente. Tienti su e passeggiamo lentamente per New Bond Street da Piccadilly fino a Oxford Street. Adesso ascolta attentamente ciò che ti dico : mettiti gli occhiali più forti che hai ed esamina per bene tutto quello che vedi. È una buona occasione per te che ami tanto le belle cose : questi sono i più ricchi negozi di Londra. Tutto ciò che il denaro può comprare sarà esposto qui davanti ai tuoi occhi, a portata di mano. Qualunque cosa ti piacesse possedere, ti sarà consegnata, basta che tu esprima il desiderio d'averla. Ma soltanto ad una condizione: ciò che tu scegli deve rimanere con te per tuo uso e godimento, non lo puoi regalare. "

« Voltammo all'angolo di Piccadilly. L'esperimento incominciò. Osservai attentamente con la coda dell'occhio il mio Doppelgänger, mentre camminavamo per Bond Street, guardando nella vetrina di ogni negozio. Si fermò un momento davanti ad Agnew, l'antiquario, guardò con attenzione una Madonna antica su fondo d'oro, disse che era un quadro bellissimo di scuola senese, forse dello stesso Simone Martini. Fece un gesto verso la vetrina come se volesse afferrare il vecchio quadro, poi scosse la testa con tristezza, mise le mani in tasca e passò oltre. Da Hunt e Roskell ammirò moltissimo un bell'orologio antico Cromwell, ma con una scrollata di spalle disse che non importava sapere che ora fosse, e, del resto, poteva indovinarlo guardando il sole. Davanti all'esposizione di Asprey di ogni sorta immaginabile di ninnoli e ciondoli d'argento e d'oro e pietre preziose, disse che si sentiva male e dichiarò che avrebbe fracassato la vetrina con tutto ciò che c'era dentro se avesse dovuto ancora guardare quelle porcherie. Mentre passavamo davanti al sarto di Sua Altezza Reale il principe di Galles, disse che pensava che i vestiti vecchi erano più comodi a portarsi di quelli nuovi. Proseguendo su per la strada, diventava sempre più indifferente e sembrava che avesse più interesse a fermarsi ad accarezzare i numerosi cani che trottavano sul marciapiede dietro ai loro padroni, che ad esplorare le vetrine. Quando finalmente arrivammo in Oxford Street aveva una mela in una mano e un mazzo di mughetti nell'altra. Disse che non voleva niente di tutto quanto aveva visto in Bond Street, eccetto, forse, il piccolo *Aberdeen terrier* che stava accovacciato davanti ad Asprey, aspettando pazientemente il suo padrone. Cominciò a mangiare la sua mela, diceva che era molto buona e guardava teneramente il suo mazzo di mughetti dicendo che gli ricordava la sua infanzia in Svezia. Disse che sperava che avessi finito il mio esperimento e mi domandò se avessi scoperto che cosa aveva e se il male era nella testa.

« Risposi di no, che era nel cuore.

« Egli disse che ero un medico molto intelligente: aveva sempre sospettato che fosse nel cuore. Mi supplicò di mantenere il segreto professionale e di non dirlo ai suoi amici, non voleva che sapessero ciò che non li riguardava.

« Ritornammo a Parigi la mattina dopo. Sembrava che prendesse gusto alla traversata fra Dover e Calais; disse che amava il mare. Da allora non ha quasi mai lasciato l'Avenue de Villiers. Gira senza requie di stanza in stanza come se non potesse sedersi un solo istante. Ciondola sempre per la mia sala d'aspetto, facendosi largo fra i ricchi americani per domandarmi un ricostituente; dice di essere tanto stanco. Il resto del giorno gira con me da un posto all'altro, aspettando con pazienza nella carrozza, insieme al cane, mentre io visito gli ammalati. Durante il pranzo mi siede di fronte, sulla seggiola che tu occupi ora, fissandomi con i suoi occhi stanchi; dice di non aver appetito, che non desidera altro che un forte sonnifero. Durante la notte viene e china la testa sopra il mio guanciale, supplicandomi, per amore di Dio, di portarlo via: dice che non può più andare avanti, altrimenti... »

« Nemmeno io, » interruppe Norstrom arrabbiato. « Per amore del cielo, smettila con queste sciocchezze del tuo Doppelgänger, la vivisezione mentale è un giuoco pericoloso per un uomo che non può dormire. Se continui così ancora un po', tu e il tuo Doppelgänger finirete tutt'e due nell'asilo S.te-Anne. Io ti pianto. Se vuoi abbandonare la tua carriera, se non vuoi nè reputazione nè denaro, se preferisci la tua camera imbiancata a Capri al tuo lussuoso appartamento nell'Avenue de Villiers, allora vattene nella tua beneamata isola e sii felice laggiù, invece di diventare pazzo qui! E per il tuo Doppelgänger mi farai il piacere di dirgli da parte mia, con tutto il rispetto, che è un impostore. Scommetto quello che vuoi che presto scoprirà un altro tappeto di Bukhara da stendere sotto la tua tavola di abete, una Madonna senese e un arazzo fiammingo da attaccare alle pareti della tua camera imbiancata, un piatto cinquecentesco di Gubbio per i tuoi maccheroni e un antico bicchiere veneziano per il tuo Capri bianco! »

## 21 *Il miracolo di sant'Antonio*

Sant'Antonio aveva fatto un altro miracolo. Io vivevo in una casetta di contadini ad Anacapri, imbiancata e pulita, con le finestre che davano sopra una pergola soleggiata ed ero fra gente buona e cordiale. La vecchia Maria Portalettere, la Bella Margherita, Annarella e Gioconda erano tutte felicissime di vedermi ritornato fra loro. Il Capri bianco di don Dionisio era più buono che mai e mi accorgevo sempre più che il Capri rosso del parroco era ugualmente buono. Dall'alba sino al tramonto restavo a lavorare in quello che era stato il giardino di mastro Vincenzo, preparando le fondamenta per gli archi della loggia esterna della mia futura casa. Mastro Nicola e i suoi tre figli scavavano al mio fianco, e una dozzina di ragazze, dagli occhi ridenti e i fianchi ondeggianti portavano via la terra in grandi cesti, tenuti in equilibrio sulle loro teste.

Alla profondità di un metro scoprimmo delle mura romane, *opus reticulatum*, dure come granito, con ninfe e baccanti danzanti sull'intonaco rosso pompeiano. Sotto apparve il pavimento di mosaico, incorniciato di foglie di viti in nero antico e un rotto lastricato di bellissimo palombino che è ora nel centro della grande loggia. Una colonna scannellata di cipollino, che adesso sostiene la piccola loggia nel cortile interno, stava sopra il lastricato dove era caduta duemila anni prima, sfracellando un grande vaso di marmo pario, il manico del quale dalla testa di leone, è ora sul mio tavolo. «Roba di Timberio,» diceva mastro Nicola, raccogliendo una testa di Augusto mutilata e spaccata in due, che si può vedere nella loggia.

Quando i maccheroni, nella cucina del parroco don Antonio, erano pronti e le campane della chiesa suonavano mezzogiorno, allora noi ci sedevamo tutti per un'abbondante colazione intorno ad un enorme piatto d'insalata di pomodori, minestrone o maccheroni, per ritornare ben presto al lavoro fino al tramonto. Quando le campane giù a Capri suonavano l'Ave Maria, i miei compagni di lavoro si facevano il segno della croce e se ne andavano con un: «Buon riposo, Eccellenza, buona notte, signorino.» Il loro augurio fu udito anche da sant'Antonio. Egli fece un altro miracolo, facendomi dormire profondamente tutta la notte, come non avevo dormito da anni. Mi alzavo col sole, correvo giù al faro a fare il mio bagno mattutino ed ero di nuovo nel giardino mentre gli altri, di ritorno dalla messa delle cinque, cominciavano il lavoro.

Nessuno dei miei compagni sapeva leggere nè scrivere, nessuno aveva mai assistito alla costruzione di una casa all'infuori di quelle dei contadini, tutte più o meno eguali. Ma mastro Nicola sapeva costruire un arco, come lo sapevano anche suo padre e suo nonno, da infinite generazioni: i Romani erano stati i loro maestri. Che questa sarebbe stata una casa diversa da tutte quelle che avevano visto fino allora, se ne erano già accorti, e tutti vi si interessavano molto; nessuno sapeva che aspetto avrebbe preso, nemmeno io. Per andare avanti non si aveva altro che una specie di rozzo schizzo, disegnato da me con un pezzo di carbone sul muro bianco del giardino. Non so disegnare affatto: sembrava fatto dalla mano d'un bambino.

«Questa è la mia casa,» spiegavo loro, «con le colonne

romane che sosterranno le stanze a volta e naturalmente con le piccole colonne gotiche a tutte le finestre. Questa è la loggia con i suoi archi robusti, decideremo più tardi quanti archi dovranno essere. Qui viene la pergola con più di cento colonne che condurrà alla cappella; non curiamoci della strada pubblica che ora attraversa la mia futura pergola, dovrà sparire. Qui, verso il castello Barbarossa, ci sarà un'altra loggia, per ora non vedo con precisione che aspetto avrà, ma son sicuro che al momento opportuno l'idea sprizzerà dal mio cervello. Questo è un piccolo cortile interno tutto di marmo bianco con una fontana fresca nel centro e, intorno ai muri, statue di imperatori romani entro nicchie. Qui, dietro la casa, butteremo giù il muro del giardino e costruiremo un chiostro simile press'a poco a quello del Laterano a Roma. Qui sorgerà una grande terrazza dove nelle sere estive voialtre ragazze ballerete la tarantella. In fondo al giardino faremo saltare la roccia e costruiremo un teatro greco, aperto al sole e al vento da tutte le parti. Questo è un viale di cipressi che condurrà alla cappella, che naturalmente ricostruiremo come una cappella, con stalli da coro e vetri colorati; intendo farne la mia biblioteca. Questo è un colonnato con colonne gotiche ritorte che circonderanno la cappella e qui, con lo sguardo rivolto verso la baia di Napoli, isseremo un'enorme sfinge egiziana di granito rosso, più antica di Tiberio stesso. È proprio il posto per una sfinge. Non vedo per ora dove la troverò, ma sono sicuro che a suo tempo arriverà. »

Tutti erano felicissimi e ansiosi di finire subito la casa. Mastro Nicola voleva sapere da dove sarebbe venuta l'acqua per le fontane.

Naturalmente dal cielo, da dove veniva tutta l'acqua dell'isola. Inoltre avevo l'intenzione di comprare tutta la montagna di Barbarossa e costruire un'enorme cisterna per raccogliere l'acqua piovana, e provvedere d'acqua tutto il villaggio che ne aveva tanto bisogno; era il minimo che potessi fare per contraccambiare tutte le gentilezze che mi avevano usato. Quando col bastone disegnai sulla sabbia i contorni del piccolo chiostro, lo vidi subito preciso com'è adesso, con le sue graziose arcate che circondano il piccolo cortile di cipressi, con il fauno danzante al centro. Quando trovammo il vaso di terra pieno di monete romane, essi divennero molto eccitati. Ogni contadino dell'isola era stato alla ricerca del « tesoro di Timberio » per duemila anni. Fu soltanto più tardi, nel pulire queste monete, che trovai fra esse la moneta d'oro, fresca come se fosse stata coniata oggi, vero *fleur de coin*, con la più bella effigie del vecchio imperatore che abbia mai visto. Vicino trovammo i due zoccoli di bronzo d'una statua equestre; uno l'ho ancora, l'altro mi fu rubato dieci anni dopo da un turista.

L'intero giardino era pieno di migliaia e migliaia di lucide lastre di marmo colorato; africano, pavonazzetto, giallo antico, verde antico, cipollino, alabastro, che adesso formano il pavimento della grande loggia, della cappella e di alcune terrazze. Una tazza d'agata rotta, di forma squisita, parecchi vasi greci rotti o intieri, innumerevoli frammenti di scultura primitiva romana, compreso, secondo mastro Nicola, « la gamba di Timberio », e dozzine d'iscrizioni greche e romane vennero alla luce durante gli scavi. Mentre piantavamo i cipressi ai lati del piccolo sentiero che conduce alla cappella, trovammo una tomba contenente lo scheletro d'un uomo che in bocca aveva una moneta greca. Le ossa giacciono ancora dove le trovammo, il teschio è sulla mia scrivania.

Le grandi arcate della loggia si alzavano rapidamente dal suolo; ad una ad una le cento bianche colonne della pergola si stagliavano contro il cielo. Quella che una volta era la casa di mastro Vincenzo e il suo laboratorio di falegname, fu trasformata a poco a poco in quella che sarebbe stata· la mia futura dimora. Come facemmo non l'ho mai potuto capire, nè lo può nessun altro che conosca la storia del San Michele attuale. Ero assolutamente digiuno di architettura, e così pure i miei compagni di lavoro tra i quali non v'era uno solo che sapesse leggere o scrivere. Nessun architetto fu mai consultato, nessun disegno preciso o pianta venne mai fatto, nessuna esatta misura fu mai presa. Fu tutto fatto ad occhi chiusi, come diceva mastro Nicola.

Spesso la sera, quando gli altri erano andati via, sedevo sul parapetto rotto fuori della piccola cappella, dove avrebbe dovuto essere collocata la sfinge, guardando con l'occhio della mente il castello dei miei sogni che sorgeva dal crepuscolo. Più volte, mentre ero lì seduto, mi pareva di vedere vagare sotto le volte non ancora finite della loggia inferiore, un'alta figura con un lungo mantello, intenta ad esaminare il lavoro della giornata, a provare la resistenza delle nuove strutture, a chinarsi sopra i contorni rudimentali disegnati da me sulla sabbia. Chi era il misterioso ispettore? Era il venerabile sant'Antonio in persona, disceso di nascosto dal suo reliquiario nella chiesa per fare un altro miracolo qui? O era colui che aveva tentato la mia giovinezza, che, dodici anni prima, mi era stato accanto proprio in questo posto e mi aveva offerto il suo aiuto in cambio del mio avvenire? Era così buio, che non potevo più ravvisare il suo volto, ma mi pareva di vedere la lama d'una spada luccicare sotto il mantello rosso. La mattina, quando riprendevamo il lavoro, al punto in cui la sera precedente l'avevamo lasciato, in grande perplessità per decidere che cosa fare e come fare, sembrava che tutte le difficoltà fossero svanite durante la notte. Ogni indecisione era scomparsa. Vedevo tutto nella mia mente, chiaro come se fosse stato disegnato nei suoi più minuti particolari da un architetto.[1]

[1] Senza voler menomare la potenza miracolosa di sant'Antonio, debbo però aggiungere qui che il mio geniale amico, Aristide

Maria Portalettere mi consegnò, un giorno, una lettera da Roma. La gettai, senza aprirla, nel cassetto del mio tavolo d'abete, insieme a un'altra dozzina non lette. Non avevo tempo per il resto del mondo all'infuori di Capri: non c'è nessun servizio postale in Paradiso. Poi successe una cosa senza precedenti: ad Anacapri venne un telegramma! Laboriosamente segnalato due giorni prima dal semaforo a Massa Lubrense, coll'andar del tempo la segnalazione era giunta al semaforo caprese per l'Arco Naturale. Don Ciccio, il semaforista, dopo una vaga congettura sul suo significato, l'aveva offerto a turno a diverse persone di Capri. Nessuno poteva capirci una parola, nessuno ne voleva sapere. Allora fu deciso di provare ad Anacapri e fu messo in cima al cestino del pesce di Maria Portalettere. Maria Portalettere, che non aveva mai visto un telegramma, lo consegnò con grande precauzione al parroco. Il reverendo don Antonio, che non aveva familiarità con la lettura di ciò che non sapeva a memoria, disse a Maria Portalettere di portarlo al maestro di scuola, il reverendo don Natale, l'uomo più istruito del villaggio. Don Natale era certo che fosse scritto in ebraico, ma fu incapace di tradurlo per la cattiva ortografia. Disse a Maria Portalettere di portarlo al reverendo don Dionisio, che era stato a Roma a baciare la mano al Papa ed era l'uomo che ci voleva per leggere il misterioso messaggio. Don Dionisio, la più grande autorità del villaggio in fatto di « roba antica », riconobbe subito che era scritto col codice telegrafico segreto di Timberio stesso: non c'era da meravigliarsi che nessuno potesse capirlo! La sua opinione fu confermata dal farmacista, ma vigorosamente combattuta dal barbiere, che giurava fosse scritto in inglese. Suggeriva

Sartorio, durante le sue frequenti visite a San Michele, mi aiutò molto con i suoi consigli, ed anche con certi suoi disegni, a sormontare varie difficoltà tecniche nell'esecuzione del lavoro.

saggiamente di portarlo alla bella Margherita, la cui zia aveva sposato un lord inglese. La bella Margherita scoppiò in lagrime appena vide il telegramma; aveva sognato durante la notte che sua zia era ammalata, era sicura che il telegramma fosse per lei e che fosse stato mandato dal lord inglese per comunicarle la morte di sua zia. Mentre Maria Portalettere andava di casa in casa col telegramma in mano, l'eccitazione nel villaggio cresceva sempre più e ben presto tutto il lavoro si arrestò. La voce che fosse scoppiata la guerra fra l'Italia e i Turchi fu contraddetta a mezzogiorno da un'altra voce portata da Capri da un ragazzo a piedi nudi, che il re era stato assassinato a Roma. Il consiglio municipale fu immediatamente convocato, ma don Diego, il sindaco, decise di non esporre la bandiera a mezz'asta, finchè la triste notizia non venisse confermata da un altro telegramma. Poco prima del tramonto, Maria Portalettere, scortata da una folla di notabili di ambo i sessi, giunse col telegramma a San Michele. Lo guardai e dissi che non era per me. Per chi era? Dissi che non lo sapevo, non avevo mai conosciuto una persona viva o morta afflitta da un simile nome; non era un nome, pareva l'alfabeto di una lingua sconosciuta. Non mi sarei provato a leggere il telegramma per dirle cosa c'era scritto? No, non lo avrei fatto, odiavo i telegrammi. Non ne volevo sapere. Era vero che c'era la guerra fra l'Italia e i Turchi? urlava la folla sotto il muro del giardino.

Non lo sapevo, non mi importava affatto che ci fosse la guerra, purchè mi lasciassero in pace a scavare nel mio giardino.

La vecchia Maria Portalettere si abbattè sulla colonna di cipollino, disse che era stata in piedi dall'alba col telegramma, senza mangiare, non poteva far più niente. Doveva, inoltre, andare a dar da mangiare alla mucca. Avrei voluto conservare il telegramma fino all'indomani mattina? Da lei, con tutti i nipotini che giocavano per la stanza, senza contare i polli e il maiale, non sarebbe stato al sicuro. La vecchia Maria Portalettere mi era molto amica, mi rincresceva per lei e per la mucca. Misi il telegramma in tasca: essa sarebbe venuta a riprenderlo la mattina dopo, per continuare il suo giro.

Il sole tramontò in mare, le campane suonarono l'Ave Maria, e tutti tornammo a casa a cenare. Mentre sedevo sotto la pergola, con una bottiglia del migliore vino di don Dionisio davanti, un terribile pensiero mi attraversò la mente: che, dopo tutto, il telegramma fosse per me. Rincuoratomi con un altro bicchiere di vino, misi il telegramma spiegato sul tavolo e incominciai a tradurre il suo misterioso messaggio in una lingua umana. Mi ci volle tutta la bottiglia di vino per persuadermi che non era per me. Mi addormentai con la testa sul tavolo e il telegramma in mano.

Dormii fino a tardi l'indomani. Non c'era nessun bisogno d'affrettarsi, oggi nessuno avrebbe lavorato nel mio giardino, certamente erano tutti in chiesa fin dalla messa mattutina, era venerdì santo. Mentre salivo verso San Michele, un paio d'ore più tardi, fui molto sorpreso di trovare mastro Nicola con i suoi tre figli e tutte le ragazze a lavorare come al solito nel giardino. Naturalmente sapevano quanto ero ansioso di procedere nel lavoro a gran velocità, ma non mi sarei mai sognato di chieder loro di lavorare il venerdì santo. Davvero erano molto gentili e dissi che ero molto riconoscente. Mastro Nicola mi guardò meravigliato e disse che quel giorno non era festa.

« Non è festa oggi? » Non sapeva che era venerdì santo, il giorno della crocifissione di Nostro Signore Gesù Cristo?

« Va bene, » disse mastro Nicola. « Ma Gesù Cristo non era un santo. »

« Ma sì che era un santo, il più gran santo di tutti. »

« Ma non così grande come sant'Antonio che ha fatto

più di cento miracoli. Quanti miracoli ha fatto Gesù Cristo? » domandò guardandomi maliziosamente.

Nessuno sapeva meglio di me che non era facile battere sant'Antonio in fatto di miracoli; quale miracolo più grande avrebbe potuto fare, che di farmi tornare in questo villaggio? Evitando la domanda di mastro Nicola dissi che, con tutto l'onore dovuto a sant'Antonio, egli non era che un uomo, mentre Gesù Cristo era figlio di Nostro Signore in cielo, che per salvarci tutti dall'inferno aveva sofferto la morte sulla croce in questo giorno.

« Non è vero, » disse mastro Nicola riprendendo a zappare con grande vigore, « l'hanno fatto morire ieri, per abbreviare le funzioni in chiesa. »

Ebbi appena il tempo di rimettermi da questa dichiarazione, che una voce ben conosciuta mi chiamò per nome dall'altra parte del muro del giardino. Era il mio amico barone Bildt, di recente nominato ministro di Svezia a Roma. Era furibondo perchè non aveva ricevuto una risposta alla sua lettera, nella quale annunziava la sua intenzione di venire a passare la Pasqua con me, e ancora più offeso perchè non mi ero curato di andargli incontro alla Marina con un ciuco all'arrivo del postale, come mi aveva pregato nel suo telegramma. Non sarebbe mai venuto ad Anacapri, se avesse saputo che avrebbe dovuto salire a piedi tutti i settecentosettanta scalini fenici che conducevano al mio miserabile villaggio. Avrei avuto l'audacia di dire che non avevo ricevuto il telegramma?

Naturalmente l'avevo ricevuto, tutti l'avevano ricevuto, mi ci ero quasi ubriacato sopra. Si calmò un poco quando gli porsi il telegramma; disse che voleva portarlo a Roma per mostrarlo al Ministero delle poste e telegrafi. Glielo strappai di mano, avvertendolo che qualunque tentativo per migliorare le comunicazioni telegrafiche fra Capri e la terraferma avrebbe trovato vigorosa opposizione da parte mia.

Fui felicissimo di mostrare il luogo al mio amico, e di spiegargli tutte le future meraviglie di San Michele, riferendomi ogni tanto al mio schizzo sul muro per fargli meglio capire, e di questo, diceva, ce n'era molto bisogno. Fu pieno d'ammirazione e quando vide dalla cappella la bella isola ai suoi piedi disse che credeva fosse la più bella vista del mondo. Quando gli indicai il posto della grande sfinge egiziana di granito rosso, mi dette un furtivo sguardo inquieto, e quando gli mostrai dove si sarebbe fatta saltare la montagna per erigere il teatro greco, disse che si sentiva piuttosto stordito e mi domandò di condurlo alla mia villa e di dargli un bicchiere di vino; voleva dirmi due parole in tranquillità.

Si guardò intorno nella mia camera imbiancata, mi domandò se quella era la mia villa. Risposi che non ero mai stato così comodo in vita mia. Misi un fiasco di vino di don Dionisio sul tavolo d'abete, lo invitai a sedersi sulla mia seggiola e mi gettai sul letto per ascoltare quello che aveva da dirmi. Il mio amico mi domandò se durante gli ultimi anni fossi stato molto alla Salpêtrière fra persone più o meno strane e squilibrate, piuttosto deboli di mente.

Risposi che non era lontano dalla verità, ma che avevo abbandonato la Salpêtrière del tutto.

Disse che ne era l'ora e che era molto contento, sarebbe stato meglio che mi dedicassi a qualche altra specialità. Mi voleva molto bene; infatti era venuto per cercare di persuadermi a ritornare subito alla mia splendida posizione a Parigi, invece di perdere il tempo fra questi contadini di Anacapri. Dacchè m'aveva visto aveva cambiato idea, era venuto alla conclusione che avevo bisogno d'un completo riposo.

Dichiarai d'essere molto felice ch'egli approvasse la mia decisione; veramente non potevo più sopportare tale strapazzo, ero stanco morto.

« Nella testa? » domandò con simpatia.

Gli dissi che sarebbe stato inutile chiedermi di ritornare a Parigi, avrei passato il resto dei miei giorni ad Anacapri.

« Vuoi dire che passerai il resto della tua vita in questo miserabile villaggio, tutto solo fra questi contadini che non sanno nè leggere nè scrivere? Tu, un uomo colto? E con chi starai? »

« Con me stesso, con i miei cani e forse con una scimmia. »

« Dici sempre che non puoi vivere senza musica: chi canterà per te, chi suonerà per te? »

« Gli uccelli in giardino, il mare intorno a me. Ascolta! Senti questo meraviglioso mezzo-soprano: è un rigogolo d'oro: la sua voce non è più bella di quella della nostra celebre compatriota Cristina Nilson o della Patti stessa? Senti il solenne andante delle onde: non è più bello dell'andante della Nona Sinfonia? »

Troncando bruscamente la conversazione, il mio amico mi domandò chi era il mio architetto e in che stile la casa verrebbe costruita.

Gli dissi che non avevo nessun architetto e che finora non sapevo che stile la casa avrebbe avuto, tutto ciò si sarebbe deciso da sè col procedere del lavoro.

Mi dette un altro furtivo sguardo inquieto e disse che almeno era contento che avessi lasciato Parigi da uomo ricco, sicuramente ci sarebbe voluta una grande fortuna per costruire una villa magnifica come quella che gli avevo descritto.

Aprii il cassetto del mio tavolo d'abete e gli mostrai un mazzo di biglietti di banca infilati dentro una calza. Gli dissi che era tutto quello che possedevo in questo mondo, dopo dodici anni di lavoro a Parigi; credevo che in tutto fossero press'a poco quindicimila lire, poco più o poco meno, probabilmente meno.

« Ascolta, incorreggibile sognatore, la parola d'un amico, » disse il ministro svedese. Battendosi l'indice sulla fronte continuò: « Non vedi più chiaro dei tuoi ex ammalati alla Salpêtrière; il male a quanto pare è contagioso. Fa' uno sforzo per vedere le cose come sono in realtà e non nei tuoi sogni. Se continui con la tua casa un altro poco, ben presto la tua calza sarà vuota, e finora non ho visto traccia di una sola stanza d'abitazione, non ho visto che logge e pergolati. Con che cosa farai la tua casa? »

« Con le mie mani. »

« Una volta stabilito nella tua casa con che cosa vivrai? »

« Con i maccheroni. »

« Ti ci vorrà almeno mezzo milione per costruire il tuo San Michele come lo vedi nella tua immaginazione; dove prenderai il denaro? »

Rimasi sbalordito. Non avevo mai pensato a questo, era un punto di vista nuovo.

« Che diavolo devo fare? » dissi finalmente, fissando il mio amico.

« Ti dirò quello che farai, » rispose con voce risoluta. « Smetterai subito di lavorare per il tuo pazzo San Michele, lascerai la tua camera imbiancata a calce e giacchè rifiuti di tornare a Parigi, verrai a Roma per riprendere il tuo lavoro come dottore. Roma è proprio il posto per te. Non ci dovrai stare che d'inverno, avrai le lunghe estati per finire la tua casa. San Michele ti ha fatto impazzire, ma non sei uno stupido, o almeno pochi se ne sono accorti finora. E inoltre hai fortuna in tutto quello che fai. Mi dicono che ci sono quarantaquattro dottori forestieri che esercitano a Roma: se ti svegli e ti metti a lavorare sul serio, puoi batterli tutti con la tua mano sinistra. Se lavori molto e passi i tuoi guadagni a me, scommetto quello che vuoi che in meno di cinque anni avrai fatto abbastanza denaro per completare il tuo San Michele, e vivere felicemente il resto della tua vita in compagnia dei tuoi cani e delle tue scimmie. »

Dopo la partenza del mio amico passai una terribile notte, camminando su e giù nella piccola camera da contadino, come un animale in gabbia. Non osai nemmeno andare su alla cappella per dare la buona notte alla sfinge dei miei sogni, come era mia abitudine. Avevo paura che ancora una volta il tentatore dal manto rosso mi sarebbe stato a fianco nel crepuscolo. Al sorgere del sole corsi giù al faro e mi gettai in mare. Quando tornai a riva la mia testa era chiara e fresca come le acque del golfo.

Due settimane dopo m'ero stabilito, come medico, nella casa di Keats a Roma.

## 22 *Piazza di Spagna*

Il mio primo ammalato fu la signora P., la moglie del noto banchiere inglese. Era rimasta sdraiata sul dorso per quasi tre anni, in seguito ad una caduta da cavallo durante la caccia nella campagna. Tutti i medici stranieri, a turno, l'avevano curata; un mese prima aveva perfino consultato Charcot, che le aveva fatto il mio nome; non credevo che egli sapesse che mi ero stabilito a Roma. Non appena l'ebbi vista, capii che la profezia del ministro svedese si sarebbe avverata. Sapevo che ancora una volta la fortuna mi stava al fianco, invisibile a tutti fuorchè a me stesso. Era davvero un caso fortunato per iniziare la mia carriera romana; l'ammalata era la signora più popolare della colonia straniera. Mi resi conto che lo choc e non una qualche lesione organica della spina dorsale aveva causato la paralisi delle sue membra e che la fiducia e il massaggio l'avrebbero rimessa in piedi in un paio di mesi. Le dissi ciò che nessun altro aveva mai osato dirle e mantenni la mia parola. Migliorò anche prima che avessi cominciato il massaggio. In meno di tre mesi fu vista da metà della società romana scendere dalla carrozza a Villa Borghese e passeggiare sotto gli alberi, appoggiata al bastone. Ciò fu considerato come un miracolo, mentre in realtà era un caso molto semplice e facile, dato che l'ammalata aveva fiducia e il medico pazienza. Mi aprì le porte di quasi tutte le case della numerosa colonia britannica a Roma e anche di molte case italiane. L'anno seguente divenni il medico dell'ambasciata britannica ed ebbi più ammalati inglesi di tutti gli undici dottori inglesi messi insieme: vi lascio immaginare che simpatia avessero per me! Un mio vecchio amico dell'Ecole des Beaux-Arts, ora pensionato alla villa Medici, mi pose in contatto con la colonia francese. Il mio vecchio amico conte Giuseppe Primoli fece le mie lodi nella società romana, una leggera eco della mia fortuna nell'Avenue de Villiers fece il resto per affollare d'ammalati la mia sala di consultazione. Il professor Weir-Mitchell, la più grande celebrità americana di malattie nervose in quell'epoca, con il quale avevo già avuto qualche rapporto durante il mio soggiorno a Parigi, continuò a mandarmi il di più dei suoi milionari sfondati e delle loro mogli nevrasteniche. Le loro figlie esuberanti, che avevano dedicato la loro vanità al primo principe romano disponibile, cominciarono esse pure a chiamarmi nei vecchi tetri palazzi, per consultarmi sui vari sintomi delle loro delusioni. Il resto della vasta folla di americani seguì come un gregge di pecore. I dodici dottori americani presto divisero il destino dei loro colleghi inglesi. Le centinaia di modelle che sedevano sulle scale della Trinità dei Monti, proprio sotto le mie finestre, nei pittoreschi costumi dei dintorni di Montecassino, erano tutte mie clienti. Tutti i fiorai di piazza di Spagna quando passavo gettavano un mazzo di violette nella mia carrozza, per contraccambiare uno sciroppo per la tosse prescritto ad uno dei loro numerosi bambini. Il mio ambulatorio in Trastevere sparse la mia fama in tutti i quartieri poveri di Roma. Ero in piedi dalla mattina alla sera, dormivo come un re dalla sera alla mattina se non venivo chiamato, ciò che avveniva abbastanza spesso, ma non me ne importava nulla, poichè in quei giorni non sapevo cosa volesse dire la fatica. Ben presto, per guadagnare tempo e soddisfare il mio amore per i cavalli, incominciai a scorrazzare a grande velocità per Roma col mio fedele Tappio, il cane lappone, a fianco, in un'elegante vittoria dalle ruote rosse, tirata da un paio di splendidi cavalli ungheresi. Ripensandoci ora, mi accorgo che era un po' vistosa e avrebbe potuto essere scambiata per una réclame, se allora ne avessi avuto bisogno. In ogni modo fu come un pruno nell'occhio dei miei quarantaquattro colleghi; e di questo non c'era da meravigliarsi. Alcuni di essi giravano in vecchie e nere carrozze dell'epoca di Pio IX, che avevano tutta l'apparenza di poter essere adoperate all'ultimo momento come carri funebri per i loro malati defunti. Altri andavano in giro a piedi per le loro lugubri visite, con lunghe redingote, il cilindro calcato sulla fronte come se meditassero profondamente chi avrebbero imbalsamato per primo. Tutti mi scrutavano ferocemente mentre passavo, mi conoscevano tutti di vista. In breve mi conobbero tutti di persona, volenti o nolenti: cominciai ad essere chiamato a consulto dai loro ammalati moribondi. Feci del mio meglio per osservare il galateo della nostra professione, dicendo ai loro ammalati che erano fortunati ad essere in così buone mani; ma ciò non sempre aveva successo. Eravamo, davvero, una triste ciurma, naufraghi di vari paesi, atterrati a Roma col nostro bagaglio di scienza. Dovevamo vivere in qualche posto, non c'era nessuna ragione perchè non si dovesse vivere a Roma finchè si lasciavano vivere gli altri.

Ben presto diventò molto difficile per ogni forestiero a Roma morire senza che io fossi chiamato ad assistervi. Divenni per i forestieri morenti quello che il celebre professor Baccelli era per i romani morenti: l'ultima speranza, che disgraziatamente così raramente si realizzava. Un'altra persona che non mancava mai di farsi vedere in queste occasioni era il signor Cornacchia, l'impresario di pompe funebri della colonia forestiera. Sembrava che non ci fosse mai bisogno di chiamarlo, arrivava sempre puntuale; col suo grande naso aquilino pareva che fiutasse i morti a distanza, come un avvoltoio. Correttamente vestito in lunga redingote e cilindro, alla moda dei colleghi, stava sempre a ciondolarsi nei corridoi degli alberghi aspettando il suo turno. Sembrava che avesse preso una grande simpatia per me e mi salutava molto cordialmente, togliendosi la tuba con un grande gesto ogni volta che ci incontravamo per la strada. Esprimeva sempre il suo rincrescimento quando io per primo lasciavo Roma in primavera, mi dava sempre il benvenuto a mani tese con un amichevole: « Ben tornato, signor dottore » quando tornavo in autunno. Vi era stato un leggero malinteso fra noi il Natale precedente, quando mi aveva mandato dodici bottiglie di vino, con la speranza d'una vantaggiosa cooperazione durante la stagione successiva. Pareva che fosse profondamente offeso dal mio rifiuto d'accettare il suo dono, disse che nessuno dei miei colleghi aveva mai rifiutato il suo piccolo segno di simpatia. Gli stessi sfortunati malintesi avevano inoltre raffreddato per qualche tempo le cordiali relazioni fra me e i due farmacisti forestieri.

Un giorno fui molto sorpreso di ricevere una visita del vecchio dottore Pilking, che aveva delle ragioni particolari per odiarmi. Disse che lui e i suoi colleghi avevano finora aspettato invano che io andassi a trovarli, secondo le tradizionali regole d'etichetta. Giacchè la montagna non era venuta a Maometto, Maometto era andato alla montagna. Non aveva nulla in comune con Maometto, all'infuori della sua lunga venerabile barba bianca; assomigliava più ad un falso che ad un vero profeta. Diceva che era venuto nella sua qualità di decano dei dottori stranieri residenti a Roma, per invitarmi a diventare socio della loro Società di mutuo soccorso, fondata da poco per mettere fine alla guerra che si era scatenata fra loro da tanto tempo. Tutti i suoi colleghi si erano fatti soci, eccettuato quel vecchio scellerato, dottor Campbell, col quale nessuno di loro parlava. La spinosa questione degli onorari professionali era già stata decisa da un patto reciproco, con soddisfazione di tutti, fissando il minimo a venti lire e il massimo a discrezione di ogni socio, secondo le circostanze. Nessuna imbalsamazione di uomo, donna o bambino doveva essere fatta a meno di cinquemila lire. Egli era dispiacentissimo di dovermi comunicare che ultimamente la Società aveva ricevuto alcuni reclami contro la grave noncuranza da parte mia nel richiedere gli onorari, che qualche volta non avevo chiesto affatto. Non più tardi di ieri il signor Cornacchia, l'impresario delle pompe funebri, gli aveva confidato, con le lagrime agli occhi, che io avevo imbalsamato la salma della moglie del pastore svedese per cento lire : una deplorevole mancanza di lealtà verso i miei colleghi. Era sicuro che avrei capito il vantaggio di diventar membro della loro Società di mutuo soccorso e sarebbe stato felice di darmi il benvenuto fra loro alla prossima adunanza dell'indomani.

Risposi che ero dispiacente, ma che non riuscivo a vedere alcun vantaggio nè per me nè per loro diventando socio, ma che in ogni modo ero disposto a discutere per stabilire un massimo onorario, ma non un minimo. E quanto alle iniezioni di sublimato che essi chiamavano imbalsamazione, il loro costo non superava le cinquanta lire; aggiungendovene altre cinquanta per la perdita di tempo, la somma da me chiesta per l'imbalsamazione della salma della moglie del pastore era giusta. Intendevo di vivere sui vivi, non sui morti. Ero un dottore e non una iena.

Alla parola « iena » si alzò dalla seggiola, avvertendomi di non disturbarmi se per caso avessi voluto chiamarlo a consulto; non sarebbe stato mai disponibile.

Risposi che questo era un brutto colpo per me e per i

miei ammalati, ma avremmo cercato di far a meno di lui.

Mi dispiacque d'averlo offeso e glielo dissi anche, al nostro successivo incontro, questa volta in casa sua, in via Quattro Fontane. Il povero dottore Pilking aveva avuto un leggero colpo apoplettico proprio il giorno dopo il nostro colloquio e mi aveva mandato a chiamare per curarlo. Mi raccontò che la Società di mutuo soccorso era crollata, erano tutti di nuovo in guerra e che si sentiva più sicuro nelle mie mani che in quelle degli altri colleghi. Fortunatamente non c'era niente d'allarmante, anzi mi parve che il vecchio dottore dopo il colpo fosse più gagliardo di prima. Cercai di rassicurarlo più che potevo, dicendogli che non c'era nulla di preoccupante e che avevo sempre pensato ch'egli doveva aver già avuto diversi leggeri colpi. In breve fu in piedi di nuovo, più attivo di prima e, quando lasciai Roma, era sempre in florida salute.

Poco tempo dopo feci la conoscenza del suo mortale nemico, il dottor Campbell, che egli aveva definito un vecchio scellerato. Giudicando dalla mia prima impressione, mi parve che questa volta egli avesse fatto una giusta diagnosi. Non avevo mai visto un vecchio signore di aspetto più selvaggio; i suoi occhi erano iniettati di sangue, le labbra crudeli, il viso acceso da ubriacone, peloso come una scimmia, la barba lunga e incolta. Dicevano che avesse più di ottant'anni; il vecchio farmacista inglese mi aveva assicurato che non era affatto cambiato da quando era arrivato a Roma trent'anni prima. Nessuno sapeva da dove venisse, correva voce che fosse stato chirurgo nell'armata del Sud durante la guerra americana. La chirurgia era la sua specialità; era, infatti, il solo chirurgo fra i medici stranieri che non avesse rapporti con nessuno di loro.

Un giorno lo trovai accanto alla mia carrozza che accarezzava Tappio.

« Vi invidio questo cane, » disse bruscamente con voce rauca. « Vi piacciono le scimmie? »

Risposi che le amavo.

Disse che allora ero l'uomo che faceva per lui e mi supplicò di andare a dare un'occhiata alla sua scimmia che si era scottata quasi a morte rovesciando un calderotto di acqua bollente.

Salimmo fino al suo appartamento all'ultimo piano della casa all'angolo di piazza Mignanelli. Mi pregò di aspettare in salotto e un minuto dopo apparve con una scimmia fra le braccia, un grande babbuino tutto fasciato.

« Temo che stia molto male, » disse il vecchio dottore, con voce completamente mutata, accarezzando teneramente la faccia emaciata della sua scimmia. « Non so cosa fare se muore, è il mio unico amico, l'ho allattato col biberon da quando è nato, la sua cara mamma morì mettendolo al mondo. Era grande quasi come un gorilla, non si è mai vista una così cara scimmia, era proprio umana. Non mi fa nessun effetto tagliare a pezzi i miei simili, anzi mi piace, ma non ho più coraggio di medicare il suo corpicino scottato; soffre così spaventosamente quando cerco di disinfettare le sue ferite che non oso più farlo. Sono sicuro che voi amate gli animali : lo prendereste in cura? »

Sciogliemmo le bende inzuppate di sangue e di pus; era uno spettacolo commovente, tutto il corpo era una terribile piaga.

« Sa che siete un amico, altrimenti non starebbe così tranquillo, non vuole essere mai toccato da nessuno all'infuori di me. Capisce tutto, è più intelligente di tutti i medici stranieri di Roma messi insieme. Non ha mangiato nulla da quattro giorni, » continuò con una tenera espressione negli occhi iniettati di sangue. « Billy, figlio mio, non farai il piacere al tuo babbo di assaggiare questo fico? »

Dissi che avrei voluto avere una banana, non c'è nulla che piaccia di più alle scimmie.

Rispose che avrebbe telegrafato subito a Londra per un grappolo di banane, a qualunque prezzo : l'importante era di tenerlo in forze. Gli versammo un po' di latte tiepido in bocca, ma lo sputò fuori subito.

« Non può inghiottire, » gemeva il suo padrone, « so cosa significa questo : sta per morire. »

Improvvisammo una sonda, con una specie di tubo per nutrirlo e questa volta tenne il latte, con grande gioia del vecchio dottore.

Billy guarì lentamente. Lo vidi quotidianamente per quindici giorni e alla fine cominciai ad affezionarmi assai a lui e al suo padrone. Ben presto lo trovai seduto nella sua speciale sedia a dondolo sul terrazzo soleggiato, a fianco del padrone, con una bottiglia di whisky sul tavolo fra di loro. Il vecchio dottore aveva molta fiducia nel whisky per rendere ferma la sua mano prima di un'operazione. A giudicare dal numero di bottiglie vuote che erano nell'angolo della terrazza, la sua pratica chirurgica doveva essere considerevole. Ahimè! erano ambedue alcoolizzati, avevo spesso trovato Billy mentre si serviva un po' di whisky e seltz nel bicchiere del suo padrone. Il dottore mi disse che il whisky era il migliore ricostituente per le scimmie e aveva salvato la vita della buonanima della madre di Billy dopo la polmonite. Una sera li trovai sulla terrazza, ambedue completamente ubriachi. Billy stava eseguendo una specie di danza negra sul tavolo intorno alla bottiglia di whisky; il vecchio dottore era sprofondato nella sua sedia e batteva le mani per marcare il tempo, cantando con voce rauca :

« Billy, figlio mio, Billy fiiiiiglio mio, fijiiiglioliiino! »

Nessuno dei due mi vide arrivare. Guardai costernato la famiglia felice. La faccia della scimmia intossicata era diventata quasi umana, il volto del vecchio sembrava proprio quello d'un gigantesco gorilla. La rassomiglianza familiare era innegabile.

« Billy, figlio mio, Billy, figlio mio, fiiiiiglioliiiino! »

Era possibile? No, certamente non era possibile, ma mi fece rabbrividire...

Un paio di mesi più tardi trovai di nuovo il vecchio dottore accanto alla mia carrozza che parlava con Tappio.

No, grazie a Dio, Billy stava bene, questa volta era sua moglie che era ammalata: gli avrei fatto il favore di darle un'occhiata?

Salimmo di nuovo al suo appartamento; fin allora non avevo mai avuto la minima idea che egli vivesse con altri, oltre Billy.

Sul letto giaceva una giovane, quasi una ragazza, con gli occhi chiusi, evidentemente svenuta.

« Mi pare che mi abbiate detto che era ammalata vostra moglie: questa è vostra figlia? »

No, era la sua quarta moglie; la prima si era suicidata, la seconda e la terza erano morte di polmonite, era sicuro che questa avrebbe fatto la stessa fine.

La prima impressione fu che avesse ragione. Aveva una polmonite doppia, ma evidentemente a lui era sfuggito un enorme versamento alla pleura sinistra. Le feci un paio di iniezioni ipodermiche di canfora ed etere con la sua sudicia siringa e cominciammo a strofinare vigorosamente le membra, ma apparentemente con poco effetto.

« Cercate di svegliarla, parlatele! » dissi.

Si chinò sopra il livido volto e le urlò nell'orecchio:

« Sally, mia cara, tirati su, guarisci, altrimenti torno a sposarmi. »

Ella sospirò profondamente e aprì gli occhi con un brivido.

Il giorno seguente vuotammo la pleura, la gioventù fece il resto. Si rimise lentamente, quasi di mala voglia. Ben presto il mio sospetto dell'esistenza d'una lesione cronica ai polmoni venne confermato. Era in avanzato stato di etisia. La vidi ogni giorno durante un paio di settimane, non potevo fare a meno di sentire molta pena per lei. Aveva terrore del vecchio e non c'era da meravigliarsi, perchè egli era terribilmente brusco con lei, forse senza volerlo. Mi aveva detto che era della Florida. Con l'avvicinarsi dell'autunno gli consigliai di riportarla indietro il più presto possibile, non avrebbe potuto mai sopportare un inverno romano. Sembrava che fosse d'accordo con me; ma presto mi accorsi che la maggior difficoltà era che non sapeva che fare di Billy. Alla fine mi offrii di tenere la scimmia durante la sua assenza nel mio piccolo cortile, sotto le scale della Trinità dei Monti, già occupato da vari animali. Egli doveva essere di ritorno entro tre mesi. Non ritornò mai più, non ho mai saputo dove sia andato a finire, e nessuno lo ha mai saputo. Ho sentito dire che era stato ucciso durante una rissa in una casa pubblica, ma non so se sia vero. Mi sono spesso domandato chi fosse quest'uomo e se fosse per davvero un dottore. Una volta gli vidi amputare un braccio con rapidità sorprendente: avrà certamente saputo qualche cosa di anatomia, ma sembrava sapesse ben poco in fatto di medicazioni, e di antisepsi e i suoi strumenti erano incredibilmente primitivi. Il farmacista inglese mi disse che scriveva sempre le medesime ricette, spesso con errata ortografia e a dosi sbagliate. Personalmente credo che non fosse affatto un medico, ma un ex macellaio o forse l'inserviente di un'ambulanza, che aveva avuto delle buone ragioni per lasciare il proprio paese.

Billy rimase con me in piazza di Spagna sino alla primavera, poi lo portai a San Michele, dove mi diede gran daffare per il resto della sua vita felice. Lo curai di dipsomania e diventò sotto diversi aspetti una scimmia assai per bene. Ne riparleremo più tardi.


## 23  *Ancora dottori*

Un giorno una signora, in lutto stretto, comparve nella mia sala di consultazione, con una lettera di presentazione del cappellano inglese. Era d'età decisamente matura, di dimensioni voluminose, vestita con abiti svolazzanti di un taglio strano. Sedette con grande precauzione sul sofà e disse che era venuta da poco a Roma. La morte del reverendo Jonathan, il suo compianto marito, l'aveva lasciata sola e senza protezione al mondo. Il reverendo Jonathan era stato per lei tutto: marito, padre, amante, amico.

Guardai con simpatia il suo volto tondo e smorto e gli stupidi occhi e dissi che mi rincresceva per lei.

Il reverendo Jonathan aveva...

Dissi che disgraziatamente avevo molta fretta, la sala d'aspetto era piena di gente: cosa potevo fare per lei?

Dichiarò di esser venuta per mettersi nelle mie mani, aspettava un bambino. Sapeva che il reverendo Jonathan la sorvegliava dal suo paradiso, ma tuttavia essa non poteva fare a meno di sentirsi molto inquieta: era il suo primo bambino. Aveva sentito parlare di me e adesso, dacchè mi aveva visto, sentiva che sarebbe altrettanto sicura nelle mie mani quanto in quelle del reverendo Jonathan. Aveva sempre avuto una grande simpatia per gli Svedesi, una volta era stata perfino fidanzata con un pastore svedese, amore improvviso che però non era durato. Era sorpresa di trovare che io avessi l'aspetto tanto giovanile, proprio la medesima età del pastore svedese, pensava perfino che ci fosse una certa rassomiglianza. Aveva la strana impressione che ci fossimo conosciuti prima, come se potessimo capirci senza parole. Mentre parlava mi guardava con uno scintillio negli occhi, che avrebbe reso il reverendo Jonathan molto imbarazzato se l'avesse sorvegliata proprio in quel momento.

Mi affrettai a dirle che non ero un ostetrico, ma ero sicuro che sarebbe stata ben affidata nelle mani di alcuni miei colleghi che, per quanto sapevo, erano specialisti in questo ramo della nostra professione. C'era, per esempio, il mio eminente collega dottor Pilking...

No, voleva me e nessun altro. Certamente non avrei il cuore di abbandonarla sola e senza protezione fra gli stranieri, sola con un bimbo senza padre! Inoltre, non c'era tempo da perdere, aspettava il bambino di giorno in giorno, da un momento all'altro. Mi alzai rapidamente dalla sedia e offrii di mandare a chiamare una carrozza per portarla subito all'Hôtel de Russie, dove alloggiava.

Cosa non avrebbe dato il reverendo Jonathan se gli fosse stato concesso di vedere il loro bambino, egli che aveva amato la madre così appassionatamente! Il loro era stato un matrimonio d'amore, se mai uno ve ne era stato, fusione di due vite ardenti in una sola, di due anime gemelle. Scoppiò in un parossismo di lagrime, chiusosi con un attacco di convulsioni che le scuotevano tutto il corpo in modo assai allarmante.

Ad un tratto restò perfettamente immobile con le mani serrate sopra l'addome in atto di protezione. La mia paura si trasformò in terrore. Giovannina e Rosa erano a Villa Borghese con i cani, Anna pure era via, non c'era nessuna donna in casa, la sala d'aspetto era piena di gente. Balzai dalla sedia e la guardai attentamente. D'improvviso riconobbi quella faccia, la conoscevo bene, non invano avevo passato quindici anni della mia vita fra donne isteriche di ogni paese e di tutte le età. Le dissi severamente di asciugarsi le lagrime, di calmarsi e di ascoltarmi senza interrompermi. Le feci alcune domande professionali; le sue evasive risposte svegliarono il mio interesse per il reverendo Jonathan e per la sua morte prematura. Era davvero prematura perchè pareva che la morte del suo compianto consorte fosse avvenuta in un'epoca molto imprecisata dell'anno precedente, secondo il mio punto di vista medico. Finalmente le dissi più gentilmente che potevo garantirle che non era affatto incinta. Si alzò di colpo dal sofà col viso rosso di rabbia e si precipitò fuori della stanza, strillando ad alta voce che avevo *insultato la memoria del reverendo Jonathan*!

Un paio di giorni dopo incontrai in piazza il cappellano

inglese e lo ringraziai d'avermi mandato la signora Jonathan, esprimendo il mio rincrescimento perchè non avevo potuto prenderla in cura. Fui colpito dal freddo contegno del cappellano. Gli domandai dove la signora Jonathan fosse andata a finire. Mi lasciò bruscamente dicendo che era nelle mani del dottor Jones e che aspettava il suo bambino da un momento all'altro.

In meno di ventiquattro ore la storia diventò pubblica. Tutti la conoscevano, tutti i dottori stranieri la conoscevano e vi si divertivano, tutti gli ammalati la conoscevano, i due farmacisti inglesi la conoscevano, il fornaio inglese in via del Babbuino la conosceva, da Cooks la conoscevano, in tutte le pensioni di via Sistina la conoscevano, in tutte le sale da tè inglesi non si parlava d'altro. Ben presto ogni membro della colonia britannica sapeva che io avevo preso un granchio colossale e che avevo offeso la memoria del reverendo Jonathan. Tutti sapevano che il dottor Jones non aveva lasciato l'Hôtel de Russie e che la levatrice era stata chiamata a mezzanotte. Il giorno seguente la colonia inglese di Roma si divise in due campi opposti. Ci sarebbe stato un bambino o non ci sarebbe stato? Tutti i medici inglesi e i loro malati, il clero e le loro fedeli congregazioni, il farmacista inglese in via Condotti, erano certi che ci sarebbe stato un bambino. Tutti i miei ammalati, il farmacista rivale in piazza Mignanelli, tutti i fiorai della scala della Trinità dei Monti sotto le mie finestre, tutti i commercianti di oggetti antichi, tutti gli scalpellini di via Margutta, asserivano enfaticamente che non ci sarebbe stato un bambino. Il fornaio inglese era indeciso. Il mio amico, il console inglese, si vide costretto, benchè con riluttanza, a prendere posizione contro di me per ragioni di patriottismo. La posizione del signor Cornacchia, l'impresario di pompe funebri, era particolarmente delicata, e richiedeva molto tatto professionale. Da un lato stava la sua incrollabile fiducia nel mio rendimento come suo principale collaboratore, dall'altra il fatto innegabile che i suoi proventi come impresario delle pompe funebri sarebbero stati assai migliori se si fosse provato che mi ero sbagliato che non se venisse dimostrato che avevo ragione. Poco dopo circolava la voce che il vecchio dottor Pilking era stato chiamato a consulto all'Hôtel de Russie e che aveva scoperto che ci dovevano essere due bambini invece di uno. Il signor Cornacchia si rese conto che la sola politica giusta era quella di stare a vedere. Quando venne a pubblica conoscenza il fatto che il cappellano inglese era stato avvertito di tenersi pronto a qualunque ora del giorno o della notte per un battesimo in *articulo mortis* a causa del travaglio prolungato, non ci fu più modo di esitare. Il signor Cornacchia disertò al campo nemico, abbandonandomi al mio destino. Dal punto di vista professionale del signor Cornacchia, come impresario delle pompe funebri, un bambino valeva quanto un adulto. Perchè non due bambini? E perchè non...?

Quando una balia, nel suo pittoresco costume delle montagne sabine, fu vista entrare all'Hôtel de Russie, innegabili segni di scoraggiamento furono visibili fra i miei alleati. E quando una carrozzina da bambino arrivò dall'Inghilterra e fu messa nell'atrio dell'albergo, la mia posizione diventò quasi critica. Tutte le signore turiste dell'albergo gettavano un'occhiata sorridente alla carrozzina, mentre attraversavano l'atrio; tutti i camerieri facevano delle scommesse a due contro uno per i gemelli, tutte le scommesse su nessun bambino erano cessate del tutto. Al *garden party* dell'ambasciata inglese, dove il dottor Pilking e il dottor Jones, di nuovo amici, formavano il centro di un gruppo animato di gente, ansiosa di conoscere le ultime notizie dell'Hôtel de Russie, alcune persone non mi salutarono. Il ministro svedese mi tirò in disparte e mi disse, con voce incollerita, che non voleva più saperne di me, ne aveva abbastanza delle mie eccentricità, per non dir peggio. La settimana prima gli avevano detto che mi ero permesso di chiamare

« iena » il più rispettabile vecchio medico inglese. Il giorno prima la moglie del cappellano inglese aveva raccontato alla sua che avevo offeso la memoria d'un pastore scozzese. Se avessi avuto l'intenzione di continuare così, sarebbe stato meglio che ritornassi ad Anacapri, prima che tutta la colonia mi voltasse le spalle.

Dopo un'altra settimana di intensa attesa, segni di reazione cominciarono a farsi notare. Le scommesse fra i camerieri dell'Hôtel de Russie furono alla pari, con alcune timide offerte di cinque lire sulla probabilità di nessun bambino. Quando si sparse la notizia che i due dottori avevano litigato e che il dottor Pilking si era ritirato col secondo bambino sotto la sua lunga redingote, tutte le scommesse per i gemelli cessarono. Con l'andar del tempo, il numero dei disertori crebbe giorno per giorno. Il cappellano inglese con la sua congregazione si aggrappavano ancora coraggiosamente alla carrozzina. Il dottor Jones, la levatrice e la balia dormivano sempre all'albergo, ma il signor Cornacchia, avvertito dal suo acutissimo fiuto, aveva già abbandonato la barca pericolante.

Poi avvenne il crollo, con l'arrivo d'un vecchio scozzese dall'aspetto furbo, che entrò, un giorno, nel mio gabinetto e sedette sul sofà su cui si era seduta sua sorella. Mi disse che aveva la disgrazia di essere il fratello della signora Jonathan, che era arrivato direttamente da Dundee la sera prima. Sembrava che non avesse perso tempo. Aveva saldato il conto del dottor Pilking pagandogli un terzo della sua nota, aveva buttato fuori il dottor Jones, ora mi domandava l'indirizzo d'un manicomio a buon mercato. Il dottore, diceva lui, dovrebbe essere rinchiuso in un altro posto.

Gli dissi che, disgraziatamente per lui, il caso della sorella non era tale da giustificare il manicomio. Egli obiettò che se quello non era un caso da manicomio, voleva sapere quale altro lo sarebbe stato. Il reverendo Jonathan era morto più di un anno prima di vecchiaia e rammollimento cerebrale, non era probabile che la vecchia pazza fosse stata esposta ad altre tentazioni. Era già diventata lo zimbello di tutta Dundee, come ora stava diventando lo zimbello di tutta Roma. Diceva che egli ne aveva avuto abbastanza e non voleva più saperne. Nemmeno io; dissi che ero stato circondato da femmine isteriche per quindici anni e ora volevo un po' di riposo. L'unica cosa da fare era di riportarla a Dundee.

In quanto al suo medico, ero sicuro che si era comportato come la sua capacità gli permetteva. Avevo sentito dire che era un medico militare a riposo, con un'esperienza molto limitata in fatto d'isterismo. Credo che ciò che si chiama « tumore fantasma » sia stato incontrato raramente intorno alle baracche dell'armata inglese. Invece tra le donne isteriche non era così raro.

Sapevo io che essa aveva avuto l'audacia di ordinare la carrozzina a nome di lui, che aveva dovuto pagarla cinque sterline, e invece per due avrebbero potuto, a Dundee, trovarne una usata in buonissimo stato? Avrei potuto aiutarlo a trovare un compratore per la carrozzina? Era pronto a non guadagnarci sopra, ma voleva riavere il suo denaro. Gli dissi che se lasciava la sorella a Roma, essa sarebbe stata capacissima di far venire un'altra carrozzina da Dundee. Sembrò molto impressionato da questo argomento.

Gli prestai la mia carrozza per portare la sorella alla stazione. Non li ho più rivisti.

Finora la profezia del ministro svedese si era realizzata, ero stato un facile vincitore. Ben presto, però, dovetti trattare con un rivale molto più serio, che venne a stabilirsi a Roma. Mi fu detto, e credo fosse vero, che era stato il mio rapido successo a fargli abbandonare l'esercizio professionale sulla Riviera per stabilirsi nella capitale. Godeva un'eccellente reputazione come abile medico e uomo simpatico. Divenne in breve una notevole figura della società romana, dalla quale io scomparivo sempre di più, avendo ormai imparato quanto volevo sapere. Girava in una carrozza elegante come la mia, riceveva molto nel suo sontuoso appartamento al Corso, la sua ascesa fu rapida quanto lo era stata la mia. Era venuto a trovarmi, eravamo d'accordo che a Roma c'era posto per tutt'e due, era sempre molto cortese quando ci incontravamo. Ebbe, evidentemente una clientela molta estesa, in gran parte costituita da ricchi americani che si affollavano a Roma, mi dicevano, per essere curati da lui. Aveva i suoi infermieri, la sua casa privata di cura fuori Porta Pia. In principio credevo fosse un medico per le signore, ma seppi più tardi che era specialista di malattie di cuore. Evidentemente possedeva l'inestimabile dono di ispirare fiducia ai suoi ammalati, sentii sempre parlarne con lodi e riconoscenza. Non mi sorprendeva perchè, a confronto del resto di noi, era infatti una personalità penetrante e intelligente, grande facilità di parola e di modi distinti. Ignorava del tutto gli altri suoi colleghi, ma mi aveva chiamato a consulto diverse volte, soprattutto per casi nervosi. Sembrava che conoscesse bene l'opera di Charcot; aveva anche visitato alcune cliniche tedesche. Fummo quasi sempre d'accordo sulle diagnosi e le cure; in breve venni alla conclusione che conosceva il suo mestiere almeno quanto me.

Un giorno mi mandò un biglietto, scarabocchiato in fretta, chiedendomi di andare subito all'Hôtel Costanzi per un consulto. Pareva più eccitato del solito. Mi raccontò in poche rapide parole che l'ammalato era in cura da lui da diverse settimane e che in principio ne aveva risentito molto vantaggio. Negli ultimi giorni c'era stato un peggioramento, l'azione del cuore non era soddisfacente, avrebbe gradito la mia opinione. Soprattutto non dovevo spaventare nè l'ammalato nè la famiglia. Giudicate la mia sorpresa quando riconobbi nel suo ammalato un uomo che amavo e ammiravo da anni, come tutti quelli che l'avevano conosciuto, l'autore di *Human personality and its survival of bo-*

*dily death.* Il suo respiro era lieve e molto affannoso, il suo viso cianotico e consunto, soltanto i suoi meravigliosi occhi erano immutati. Mi dette la mano e disse d'esser felice che finalmente fossi venuto: desiderava da molto tempo il mio ritorno. Mi ricordò il nostro ultimo incontro a Londra, dove eravamo rimasti tutta una notte a parlare della morte e dell'al di là. Prima che avessi il tempo di rispondere, il mio collega gli disse che non doveva parlare, per paura d'un attacco, e mi passò il suo stetoscopio. Non c'era nessun bisogno d'un esame prolungato, ciò che avevo visto bastava. Chiamato il mio collega in disparte gli domandai se avesse avvertito la famiglia. Con mia grande sorpresa non sembrava si rendesse conto della situazione, parlò di ripetere le punture di stricnina a più brevi intervalli, di provare il suo nuovo siero l'indomani e di mandare al Grand Hôtel per una bottiglia di Borgogna di un'annata speciale. Dissi che ero contrario agli stimolanti d'ogni sorta, non avrebbero avuto altro effetto che di risvegliare la sua capacità a soffrire, già diminuita dalla misericordiosa natura. Per noi non c'era altro da fare che aiutarlo a morire senza troppe sofferenze. Mentre parlavamo, il professor William James, il noto filosofo americano, uno dei suoi più intimi amici, entrò nella camera. Gli ripetei che la famiglia doveva essere avvertita subito: era questione forse di ore. Poichè tutti sembravano aver più fiducia nel mio collega che in me, insistei perchè venisse chiamato subito a consulto un altro dottore. Due ore dopo arrivò il professor Baccelli, il primo consulente di Roma. Il suo esame fu ancora più sommario del mio, il suo giudizio ancor più breve.

« *Il va mourir aujourd'hui,* » disse con la sua voce profonda.

William James mi raccontò del solenne patto concluso fra lui e il suo amico, che chi di loro due fosse morto per primo avrebbe dovuto mandare un messaggio all'altro mentre sarebbe trapassato nell'ignoto: ambedue credevano alla possibilità di comunicarlo. Era così abbattuto dal dolore che non poteva più entrare nella camera, si sprofondò in una seggiola accanto alla porta aperta, col taccuino sulle ginocchia, la penna in mano, pronto a raccogliere il messaggio con la sua abituale metodica precisione. Nel pomeriggio cominciò la respirazione Cheyne-Stokes, quel commovente segno dell'avvicinarsi della morte! Il moribondo domandò di parlarmi da solo, i suoi occhi erano calmi e sereni.

« So che sto per morire, » disse, « so che mi aiuterete. Sarà oggi o domani? »

« Oggi. »

« Sono felice, sono pronto, non ho nessuna paura. Finalmente saprò. Dite a William James, ditegli... »

Il suo petto affannato si arrestò per un angoscioso minuto di sospensione della vita.

« Mi sentite? » domandai, chinandomi sul mio amico. « Soffrite? »

« No, » mormorò, « sono molto stanco e molto felice. » Queste furono le sue ultime parole.

Quando andai via, William James stava sempre sprofondato nella seggiola, le mani coprivano il viso, il suo taccuino ancora aperto sulle ginocchia.

La pagina era bianca.

Durante quell'inverno vidi parecchie volte il mio collega e anche alcuni dei suoi ammalati. Parlava sempre dei meravigliosi risultati del suo siero e di un altro nuovo rimedio per l'angina pectoris, che usava negli ultimi tempi nella sua casa di cura, con grande successo. Quando gli dissi che mi ero sempre molto interessato all'angina pectoris, acconsentì ad accompagnarmi al suo sanatorio, per mostrarmi alcuni dei suoi ammalati curati col nuovo rimedio. Fui molto sorpreso di riconoscere fra essi una mia ex cliente, una ricchissima signora americana con le classiche stimmate d'isteria, classificata da me un'ammalata immaginaria, di florido aspetto come al solito. Era stata a letto più d'un mese, curata giorno e notte da due infermiere, la temperatura presa ogni quattro ore, punture ipodermiche di sconosciute droghe più volte al giorno, le più minute prescrizioni della sua dieta regolate con la massima scrupolosità, sonniferi di notte, insomma tutto quello che voleva. Non aveva più angina pectoris di quanta ne avessi io. Fortunatamente per lei, era forte come un cavallo e capacissima di resistere a qualunque cura. Mi disse che il mio collega le aveva salvato la vita. In breve mi resi conto che la maggior parte degli ammalati della casa di cura erano più o meno dei casi simili, tutti sottoposti al medesimo severo regime, ma con nessun altro malanno che quello d'una vita oziosa, molto denaro e la mania di essere malati e d'essere visitati da un dottore. Ciò che vedevo mi pareva interessante, almeno quanto l'angina pectoris. Come faceva? Che metodo aveva? Da quanto potevo capire, il metodo consisteva nel mettere queste donne a letto immediatamente con una sbalorditiva diagnosi di qualche grave malattia e nel permettere loro una lenta guarigione, togliendo gradatamente l'incubo dalle menti confuse. Classificare il mio collega come il più pericoloso medico che avessi mai incontrato era cosa facile. Non mi sentivo di classificarlo come un semplice ciarlatano. Che lo considerassi un abile dottore era, naturalmente, perfettamente compatibile col fatto che fosse un ciarlatano; le due cose vanno bene insieme, la maggior difficoltà dei ciarlatani sta proprio lì. Ma il ciarlatano lavora da solo come il borsaiolo e quest'uomo mi aveva condotto nella sua casa di cura per mostrarmi con grande orgoglio i suoi casi compromettenti. Certamente era un ciarlatano, ma sicuramente un tipo non comune di ciarlatano, che ben meritava di essere osservato più da vicino. Più lo vedevo, più ero colpito dalla morbosa accelerazione di tutto il suo meccanismo mentale, gli occhi irrequieti, la straordinaria rapidità della sua parola. Ma fu il modo col quale maneggiava la digitale, la nostra più potente, ma più pericolosa arma per combattere le malattie di cuore, che fece risuonare la prima nota d'allarme ai miei orecchi.

Una notte ricevetti un biglietto dalla figlia di uno dei suoi malati, che mi supplicava di andare subito, per urgente richiesta dell'infermiera, che mi trasse in disparte e disse che aveva mandato a chiamarmi perchè temeva che qualche cosa non fosse in regola, e si sentiva molto inquieta per quanto accadeva. Ed aveva ragione. Il cuore era stato tenuto troppo tempo sotto l'azione della digitale, il malato era in immediato pericolo di vita per effetto della droga. Il mio collega stava proprio per fargli un'altra puntura, quando gli strappai di mano la siringa e lessi la terribile verità nei suoi occhi lucenti. Non era un ciarlatano, era un maniaco!

Che cosa dovevo fare? Denunciarlo come ciarlatano? Avrei fatto soltanto crescere il numero dei suoi malati e forse delle sue vittime. Come pazzo? Sarebbe stata la irreparabile rovina di tutta la sua carriera. Che prove avrei potuto produrre? I morti non parlano, i vivi non avrebbero parlato. I suoi malati, le sue infermiere, i suoi amici si sarebbero schierati tutti contro di me, che fra tutti avrei profittato maggiormente della sua caduta. Non fare nulla e lasciarlo al suo posto, pazzo arbitro della vita e della morte?

Dopo lunga incertezza, decisi di parlare al suo ambasciatore, che sapevo molto amico suo. Egli si rifiutò di credermi. Conosceva il mio collega da anni, l'aveva sempre ritenuto un abile medico degno di fiducia, avevano risentito egli stesso e la sua famiglia, un grande beneficio dalle sue cure. L'aveva sempre considerato un uomo assai eccitabile e piuttosto eccentrico, ma quanto alla lucidità della sua mente, era sicuro che fosse normale quanto noi. Ad un tratto l'ambasciatore scoppiò in una delle sue abituali sonore risate. Disse che non poteva farne a meno, era troppo buffo, era sicuro che non me ne sarei avuto a male, sapeva che non mi mancava un certo umorismo. E mi raccontò che il mio collega era stato a trovarlo quella stessa mattina, per domandargli una lettera di presentazione per il ministro svedese, a cui doveva parlare d'un affare molto grave: credeva suo dovere di avvertirlo di tenermi d'occhio, era convinto che non avessi la testa completamente a posto. Spiegai all'ambasciatore che era una preziosa prova, era precisamente quello che un pazzo avrebbe fatto in tale circostanza, l'astuzia d'un pazzo non può mai essere valutata sufficientemente.

Tornando a casa, trovai un quasi illeggibile biglietto del mio collega, che decifrai come un invito a colazione per il giorno dopo. Il cambiamento di calligrafia aveva già attirato la mia attenzione. Lo trovai in piedi davanti allo specchio nella sua sala di consultazione, e fissava con gli occhi fuori dalle orbite un leggero gonfiamento del collo. Avevo già osservato l'ingrossamento della sua glandola tiroidea, la straordinaria frequenza del suo polso rese facile la diagnosi: aveva il morbo di Basedow. Disse che l'aveva già sospettato e mi domandò di curarlo. Gli consigliai — avendo egli lavorato troppo — di abbandonare l'esercizio professionale per molto tempo; la miglior cosa che potesse fare sarebbe stato di tornare in Russia per un lungo riposo. Riuscii a tenerlo a letto fino all'arrivo di un suo parente. Lasciò Roma una settimana più tardi, per non tornarvi mai più. Seppi che era morto l'anno dopo.

## 24 Grand Hôtel

Quando il dottor Pilking mi si presentò come il decano dei medici forestieri, usurpava il titolo che apparteneva ad un altro uomo, molto superiore a tutti noialtri medici stranieri a Roma. Lasciate che scriva qui il suo vero nome a piene lettere, come è scritto nella mia memoria a lettere d'oro: il vecchio dottor Ehrhardt, uno dei migliori medici e uno degli uomini più buoni che io abbia mai conosciuto. Superstite della scomparsa Roma di Pio IX, la sua reputazione aveva resistito a più di quarant'anni di esercizio nella città eterna. Benchè avesse più di settant'anni era sempre in pieno possesso del suo vigore fisico e mentale, era in giro giorno e notte, sempre pronto ad aiutare: ricchi e poveri erano tutti uguali per lui. Era il classico tipo del medico di famiglia dei tempi passati, oggi quasi estinto, con grave danno per l'umanità sofferente. Era impossibile non amarlo, impossibile non avere fiducia in lui. Sono sicuro che non ha mai avuto un nemico durante la sua lunga vita, salvo il professor Baccelli. Era tedesco di nascita e se nel suo paese ci fossero stati molti come lui, nel 1914 non sarebbe mai scoppiata la guerra. Resterà sempre un mistero per me che tante persone fra le quali anche suoi ex pazienti, si affollassero alla casa di Keats per chiedere consigli a me, quando un uomo come il vecchio Ehrhardt abitava nella stessa piazza. Egli era l'unico fra i miei colleghi che consultavo quando ero in dubbio, e finiva sempre per avere ragione ed io spesso torto, ma non mi denunciava mai, anzi mi difendeva ogni volta che ne aveva l'opportunità, e ciò accadeva abbastanza spesso. Forse non aveva molta familiarità con i trucchi moderni della nostra professione e si teneva lontano da parecchie delle nostre più nuove e miracolose droghe brevettate, che venivano da ogni terra e da ogni scuola. Maneggiava la sua ben provata e vecchia farmacopea con magistrale perizia, i suoi occhi penetranti scoprivano il male dovunque era nascosto, non restavano più segreti nè nei polmoni nè nel cuore, una volta che appoggiava allo stetoscopio il suo vecchio orecchio. Nessuna importante scoperta moderna sfuggiva alla sua attenzione. Si interessava vivamente di batteriologia e sieroterapia, a quel tempo scienza quasi nuova. Conosceva le scoperte di Pasteur bene, almeno quanto me. Fu il primo medico in Italia ad usare il siero antidifterico di Behring, allora non ancora uscito dal periodo sperimentale e non ancora usato per il pubblico, e che ora salva la vita di centinaia di migliaia di bambini ogni anno.

Non sarà facile che io dimentichi mai questo suo esperimento. Una sera sul tardi fui chiamato al Grand Hôtel da un messaggio urgente di un signore americano, accompagnato da una lettera di raccomandazione del professor Weir-Mitchell. Mi venne incontro nell'atrio un ometto di aspetto furibondo, che con grande agitazione mi disse che era appena arrivato col treno di lusso da Parigi. Invece del migliore appartamento che aveva prenotato, egli e la famiglia erano stati ficcati in due piccole camere, senza un salotto e nemmeno una stanza da bagno. Il telegramma del direttore che gli comunicava come l'albergo fosse pieno, era stato mandato troppo tardi e non l'aveva ricevuto. In quel momento aveva telegrafato al Ritz per protestare contro questo trattamento. A complicare le cose, il suo bambino era ammalato con raffreddore e con febbre, la moglie era rimasta alzata tutta la notte in treno per assisterlo; sarei stato così gentile di andare subito a vederlo? Due bambini addormentati stavano in un letto, faccia a faccia, quasi labbra a labbra. La madre mi guardò inquieta e disse che il ragazzo non aveva potuto inghiottire il latte, temeva che gli dolesse la gola. Il piccolo ammalato respirava faticosamente con la bocca spalancata, il viso quasi violaceo. Misi la bambina, sempre addormentata, sul letto della madre e le dissi che il ragazzo aveva la difterite e che doveva mandare subito a chiamare un'infermiera. Rispose che voleva assistere da sè il figliuolo. Passai la notte a staccare le membrane difteriche dalla gola del ragazzo, che era quasi soffocato.

Verso l'alba mandai a chiamare il dottor Ehrhardt per aiutarmi nella tracheotomia, giacchè il ragazzo era sul punto di soffocare. L'azione del cuore era già così compromessa che non osavo dargli il cloroformio, esitavamo ad operare temendo che il ragazzo morisse sotto il bisturi. Mandai a chiamare il padre; appena udita la parola difterite scappò dalla camera. Il resto della conversazione si svolse attraverso la porta semiaperta. Non voleva saperne di un'operazione e parlò di mandare a chiamare tutti i principali dottori di Roma per avere la loro opinione. Dissi che non era necessario, e inoltre sarebbe stato troppo tardi: toccava ad Ehrhardt e a me di decidere se operare o no. Avvolsi la bambina in una coperta di lana e gliela feci portare in camera sua. Diceva che avrebbe dato un milione di dollari per salvare la vita di suo figlio; gli risposi che non era questione di dollari e gli sbattei la porta in faccia. La madre rimase accanto al letto guardandoci con occhi terrorizzati; le dissi che probabilmente avremmo dovuto operare da un momento all'altro, ci sarebbe voluto almeno un'ora per avere un'infermiera, essa avrebbe dovuto perciò aiutarci. Chinò la testa in segno di assenso, senza dire una parola, la faccia contratta dallo sforzo per trattenere le lagrime: era una donna ammirevole e coraggiosa. Mentre distendevo un lenzuolo pulito sul tavolo sotto la lampada e preparavo gli strumenti, Ehrhardt mi raccontò che per una strana coincidenza aveva ricevuto proprio quella mattina, per mezzo dell'ambasciata tedesca, un campione del nuovo siero antidifterico di Behring, inviatogli dietro sua richiesta dal laboratorio di Marburg. Sapevo che era stato provato con straordinario successo in diverse cliniche tedesche. Si doveva provare il siero? Non c'era tempo di discutere, il ragazzo precipitava rapidamente, eravamo convinti tutt'e due che era perduto. Col consenso della madre, decidemmo di provare il siero. La reazione fu spaventosa e quasi istantanea. Tutto il suo corpo diventò nero, la temperatura balzò fino a 41 e ricadde poco dopo sotto il normale con una violenta crisi. Sanguinava dal naso e dagli intestini, il cuore si fece molto irregolare; presentava tutti i sintomi di collasso immediato. Nessuno di noi lasciò la camera durante tutta la giornata, nell'attesa di vederlo morire da un momento all'altro. Con nostra sorpresa verso sera il suo respiro si fece più facile, le condizioni locali della gola sembravano migliori, il polso meno irregolare. Supplicai il vecchio Ehrhardt di tornare a casa per riposare un paio d'ore: rispose che era troppo interessante osservare il caso perchè avesse il tempo di sentire la stanchezza.

Coll'arrivo di soeur Philippine, che apparteneva all'ordine inglese delle Blue Sisters, una delle migliori infermiere che io abbia mai avuto, la voce che la difterite era scoppiata all'ultimo piano dilagò fulmineamente per tutto l'affollato albergo. Il direttore mandò a dirmi che il ragazzo doveva essere trasportato immediatamente in un ospedale o in una casa di salute. Risposi che nè io nè Ehrhardt avremmo assunto una simile responsabilità, sarebbe morto certamente per strada. Per di più non conoscevamo nessun luogo dove portarlo e in quei giorni i mezzi di trasporto per simili casi d'urgenza erano assai inadeguati. Un momento dopo il milionario di Pittsburg mi annunciò dalla porta semiaperta che aveva ordinato al direttore di liberare tutto l'ultimo piano a spese sue, avrebbe preferito comprare tutto il Grand Hôtel piuttosto che muovere suo figlio con pericolo di vita. Verso sera fu evidente che la madre aveva preso l'infezione. La mattina seguente tutta l'ala dell'ultimo piano era stata sgombrata. Perfino i camerieri e le cameriere erano fuggiti. Soltanto il signor Cornacchia, impresario delle pompe funebri, faceva la ronda su e giù per il corridoio deserto, con il cilindro in mano. Ogni tanto il padre guardava nella camera attraverso la porta semiaperta quasi pazzo dal terrore. La madre peggiorava sempre di più, fu portata nella camera accanto, affidata alle cure di Ehrhardt e di un'altra infermiera; io e soeur Philippine restammo col ragazzo. Verso mezzogiorno questi ebbe un collasso e morì di paralisi cardiaca. Le condizioni della madre erano allora così critiche che non osammo comunicarglielo, decidendo d'aspettare fino al mattino seguente. Quando dissi al padre che il corpo del ragazzo doveva essere portato nella stanza mortuaria del cimitero protestante, la sera stessa e che doveva essere sepolto entro ventiquattr'ore, barcollò e quasi cadde fra le braccia del signor Cornacchia, che stava inchinandosi rispettosamente al suo fianco. Disse che la moglie non gli avrebbe mai perdonato se avesse lasciato il ragazzo in terra straniera, doveva essere sepolto nella tomba di famiglia a Pittsburg. Risposi che era impossibile, che era proibito dalla legge di far trasportare una salma in un caso simile.

Un momento dopo il milionario di Pittsburg mi passò attraverso la porta semiaperta uno chèque di mille sterline da spendere a mia discrezione: era pronto a firmarne un altro per qualunque somma volessi, ma il corpo doveva essere mandato in America. Mi rinchiusi in un'altra camera col signor Cornacchia e gli domandai quale fosse il prezzo approssimativo per un funerale di prima classe e una fossa perpetua nel cimitero protestante. Rispose che i tempi erano duri, i prezzi delle bare erano aumentati, e in più c'era stata un'impreveduta diminuzione di clienti. Era un punto d'onore per lui fare del funerale un successo: diecimila lire, mancia compresa, sarebbero bastate. C'era anche il becchino che, come sapevo, aveva otto bambini; i fiori, naturalmente, sarebbero extra. Le oblunghe, feline pupille del signor Cornacchia si dilatarono visibilmente, quando gli dissi che ero autorizzato a pagargli il doppio di quella somma se avesse potuto fare in modo di mandare la salma a Napoli e caricarla a bordo del primo piroscafo per l'America. Volevo la risposta entro due ore, sapevo che era proibito dalla legge, doveva consultare la sua coscienza. Io avevo già consultato la mia. Avrei imbalsamato il cadavere da me quella notte stessa e avrei fatto saldare la cassa di zinco in mia presenza. Quando mi fossi accertato che ogni possibile pericolo di infezione fosse escluso, avrei firmato un certificato dal quale risultasse che la causa di morte era stata una polmonite septica seguita da paralisi cardiaca, omettendo la parola difterite. Il consulto del signor Cornacchia con la sua coscienza prese meno tempo di quello previsto. Tornò un'ora dopo, accettando l'affare a condizione che la metà della somma fosse pagata in anticipo, senza ricevuta. Gliela pagai. Un'ora più tardi Ehrhardt ed io eseguimmo la tracheotomia alla madre; certamente questa operazione le salvò la vita.

Il ricordo di quella notte mi ossessiona ogni volta che visito il piccolo bel cimitero vicino a Porta San Paolo. Giovanni, il becchino, mi stava aspettando alla porta con una fioca lanterna. Dalla sua accoglienza espansiva sospettai che avesse bevuto un bicchiere di vino in più, per rincuorarsi per il lavoro notturno. Doveva essere il mio solo assistente, avevo delle buone ragioni per non desiderare nessun altro. La notte era tempestosa e molto buia, con una pioggia che cadeva a rovesci. Un improvviso colpo di vento spense la lanterna e dovemmo avanzare brancolando nell'oscurità. A mezza strada, attraversando il cimitero, inciampai col piede in un mucchio di terra smossa e caddi con la testa in avanti in una fossa mezzo scavata. Giovanni disse che aveva cominciato a scavarla nel pomeriggio, per ordine del signor Cornacchia. Fortunatamente non era molto profonda, era la fossa di un piccolo bambino.

L'imbalsamazione si dimostrò un'impresa difficile e anche pericolosa. Il corpo era già in stato di decomposizione. La luce era insufficiente, e con mio terrore mi tagliai leggermente un dito. Una grande civetta gridava continuamente dietro la piramide di Cestio : lo ricordo bene perchè fu la prima volta che la voce di una civetta, a me che le ho sempre amate, dispiacque.

La mattina all'alba ero di nuovo al Grand Hôtel. La madre aveva passato una buona notte, e la sua temperatura era tornata normale Ehrhardt la considerava fuori pericolo. Era impossibile rimandare ancora il momento di comunicarle che suo figlio era morto. Poichè nè il padre nè Ehrhardt volevano farlo, toccò a me. L'infermiera disse che credeva ch'ella lo sapesse di già, perchè mentre la vegliava si era svegliata improvvisamente, e aveva cercato di saltare giù dal letto con un grido di dolore, ma si era abbattuta svenuta. L'infermiera la credeva morta e correva per dirmelo nel medesimo istante in cui entravo nella camera. L'infermiera aveva ragione. Prima che potessi parlare la madre mi guardò in viso e disse che sapeva che suo figlio era morto.

Ehrhardt sembrava proprio avvilito di questo insuccesso, si rimproverava di aver suggerito il siero; tanta era l'integrità e l'onestà di questo splendido vecchio, che voleva scrivere una lettera al padre quasi accusandosi d'avere causato la morte di suo figlio. Gli dissi che la responsabilità era stata mia, poichè l'ammalato era sotto le mie cure e che una simile lettera avrebbe potuto avere un tale effetto sul padre, già così fuor di sè dal dolore, da renderlo pazzo del tutto. La mattina seguente la madre venne portata giù, messa nella mia carrozza e condotta nella casa di cura delle Blue Sisters, dove riuscii ad avere una camera anche per la figliuola e per il marito. Tale era la paura che questi aveva della difterite che mi regalò tutta la sua guardaroba, due grandi bauli pieni di vestiti, senza parlare del suo soprabito e del cilindro. Ne fui felicissimo, abiti di seconda mano sono spesso più utili delle droghe. Lo persuasi con difficoltà a tenersi l'orologio a ripetizione d'oro; il suo aneroide da tasca è ancora oggi in mio possesso. Prima di lasciare l'albergo, il milionario di Pittsburg pagò, completamente indifferente, il gigantesco conto che mi fece vacillare. Sorvegliai io stesso la disinfezione delle camere e, ricordando il mio trucco all'Hôtel Victoria di Heidelberg, passai un'ora in ginocchio sul pavimento della camera dove era morto il ragazzo, per staccare il tappeto di Bruxelles che vi era inchiodato. Che in quel momento ci potesse essere posto nella mia testa per pensare alle Piccole Suore dei Poveri, supera la mia comprensione.

Vedo ancora la faccia del direttore dell'albergo quando feci portare giù il tappeto nella mia carrozza per mandarlo allo stabilimento municipale di disinfezione sull'Aventino. Dissi al direttore che il milionario di Pittsburg, dopo aver pagato per il tappeto un prezzo che superava il triplo del suo valore, me l'aveva regalato come ricordo.

Finalmente tornai a casa in piazza di Spagna. Attaccai sulla porta un avviso in francese e in inglese che il dottore era malato, con preghiera di rivolgersi al dottor Ehrhardt, piazza di Spagna, 28. Mi feci un'iniezione di triplice dose di morfina e mi accasciai sul sofà nella sala di consultazione con la gola gonfia e la febbre a 40. Anna si spaventò e voleva mandare a chiamare il dottor Ehrhardt. Le dissi che stavo bene, che non avevo bisogno che di ventiquattro ore di sonno, doveva disturbarmi solo se la casa avesse preso fuoco.

La benedetta droga cominciò a diffondere l'oblio e la pace nel mio cervello esausto, perfino il terrore del taglio al dito svanì dal mio pensiero intorpidito. Ad un tratto il campanello della porta squillò furiosamente. Sentii dall'atrio la forte voce d'una donna di nazionalità inconfondibile, che discuteva con Anna in cattivo italiano.

« Il dottore è ammalato e prega di rivolgersi al dottor Ehrhardt qui vicino. »

No, doveva parlare subito col dottor Munthe per un affare molto importante.

« Il dottore è a letto, vi prego, andate via. »

No, doveva vederlo subito. « Portategli il mio biglietto. »

« Il dottore dorme, per piacere... »

Dormire, con quella terribile voce che strillava nell'atrio?

« Cosa volete? » gridai.

Anna non fece in tempo a trattenerla, sollevò la tenda della mia camera; vidi una signora di aspetto floridissimo, forte come un cavallo, Mrs. Charles W. Washington Longfellow Perkins, Jr.

« Cosa volete? »

Voleva sapere se non c'era pericolo di prendere la difterite al Grand Hôtel, le avevano dato una camera all'ultimo piano; era vero che il ragazzo era morto al primo? Non voleva correre nessun rischio.

« Qual è il numero della vostra camera? »

« Trecentotrentacinque. »

« Restate pure dove siete. È la camera più pulita di tutto l'albergo, l'ho disinfettata io stesso. È la camera dove è morto il ragazzo. »

Ricaddi sul letto; la morfina cominciò ad agire di nuovo.

Il campanello della porta squillò un'altra volta. Un'altra volta sentii la stessa inesorabile voce nell'atrio che diceva ad Anna che aveva dimenticato un'altra domanda che voleva farmi, molto importante.

« Il dottore dorme. »

« Buttala giù dalle scale, » gridai ad Anna che era la metà di lei.

No, non se ne sarebbe andata, doveva farmi quella domanda.

« Cosa volete? »

« Mi sono rotta un dente, ho paura che dovrò farmelo strappare, chi è il migliore dentista di Roma? »

« Mrs. Washington Perkins junior, mi potete sentire? »

Sì, mi poteva sentire benissimo.

« Mrs. Perkins junior, per la prima volta in vita mia mi dispiace di non essere dentista, sarei lietissimo di strapparvi tutti i denti. »


25  *Le Piccole Suore dei Poveri*

Le Piccole Suore dei Poveri in San Pietro in Vincoli, in numero di circa cinquanta e in maggioranza francesi, erano tutte amiche mie. Così pure parecchi dei vecchi ricoverati nell'enorme edificio. Il dottore italiano, che avrebbe dovuto curare tutte queste persone, non dimostrò mai il più piccolo segno di gelosia professionale, nemmeno quando il tappeto del milionario di Pittsburg, tolto dal Grand Hôtel e disinfettato, fu steso sopra il glaciale pavimento di pietra della cappella, con grande gioia delle Piccole Suore. Era un vero mistero per me come queste suore potessero provvedere di cibo e vestiti tutti i loro inquilini. La loro cigolante carretta, che girava da un albergo all'altro per raccogliere gli avanzi, era uno spettacolo ben familiare, a quel tempo, a tutti i visitatori di Roma. Venti Piccole Suore, a coppie, erano in piedi dalla mattina alla sera con i loro canestri e i loro salvadanai. Di regola due di esse si trovavano in un angolo della mia anticamera all'ora delle visite; molti dei miei vecchi malati senza dubbio se ne ricorderanno.

Come tutte le monache, erano allegre e piene di brio e facevano con piacere due chiacchiere, quando se ne presentava l'occasione. Erano ambedue giovani e piuttosto belle, la madre superiora m'aveva confidato da molto tempo che le monache vecchie e brutte non andavano bene per raccoglier denaro. In cambio della sua confidenza, le dissi che era molto più probabile che i miei malati ubbidissero ad un'infermiera giovane e attraente che ad una brutta, e che l'infermiera musona non era mai una buona infermiera. Queste monache che conoscevano così poco del mondo esterno, sapevano molto sulla natura umana. Intuivano a prima vista chi avrebbe messo qualcosa nel loro salvadanaio e chi no. I giovani, mi dicevano queste monache, in genere davano più che i vecchi, i bambini, ahimè, davano raramente qualcosa, solo se incoraggiati dalle loro istitutrici. Gli uomini davano più delle donne, la gente a piedi più di quella che andava in carrozza. Gli Inglesi erano quelli che offrivano di più, poi venivano i Russi. Turisti francesi ce n'erano pochi. Gli Americani e i Tedeschi erano più riluttanti a separarsi dal loro denaro, gli Italiani delle classi più elevate erano ancora peggiori, ma i poveri erano assai generosi. I principi e i preti di ogni nazione generalmente non davano gran che. I centocinquanta vecchi affidati alle loro cure erano per la maggior parte facili a trattare, ma non le centocinquanta vecchie che si bisticciavano continuamente.

Terribili drammi passionali si svolgevano spesso fra le due ali della casa, e le Piccole Suore cercavano di estinguere alla meglio il fuoco che covava sotto le ceneri. Il favorito della casa era monsieur Alphonse, il più piccolo francese che mai si sia visto. Abitava dietro a un paio di tende celesti, nell'angolo della grande corsia di sessanta letti in tutto. Nessuno degli altri letti era provvisto di tende: questo era un privilegio concesso solo a monsieur Alphonse, come il più anziano di tutta la casa. Egli stesso diceva che aveva settantacinque anni, le suore credevano che ne avesse più di ottanta; a giudicare dallo stato delle sue arterie, avrei detto che non fosse lontano dai novanta. Era venuto lì, qualche anno prima, con una piccola valigetta, una frusta redingote e un cilindro, nessuno sapeva da dove. Passava le giornate dietro le sue tende, in completo isolamento dagli altri inquilini, per apparire solo la domenica quando, tutto ringalluzzito, se ne andava alla cappella con il cilindro in mano. Che cosa facesse tutto il giorno dietro le tende nessuno lo sapeva. Le suore dicevano che quando gli portavano la sua scodella di brodo o la tazza di caffè, altro privilegio, era sempre seduto sul letto, intento a frugare nel mucchio di carte della vecchia valigetta o a spazzolarsi il cilindro. Monsieur Alphonse era molto meticoloso nel ricevere le visite. Si doveva bussare prima al tavolino accanto al letto. Allora chiudeva cautamente a chiave le carte nella valigetta, diceva con la voce tremula: « *Entrez, monsieur* », e vi invitava con un dignitoso gesto della mano ad accomodarvi accanto a lui sul letto. Sembrava che gradisse le mie visite, e presto diventammo grandi amici.

Tutti i miei sforzi per sapere qualcosa della sua vita riuscirono vani: sapevo soltanto che era francese, ma non avrei detto parigino. Non sapeva una parola d'italiano e sembrava che non conoscesse affatto Roma. Non era stato nemmeno a San Pietro, ma intendeva andarci « *un de ces quatre matins* », appena ne avesse avuto tempo. Le suore dicevano che non ci sarebbe mai andato, non voleva andare in nessun posto, benchè fosse perfettamente in grado di andare in giro se lo avesse desiderato. La vera ragione per cui rimaneva a casa il giovedì, giorno d'uscita per gli uomini, era l'irrimediabile rovina del suo cilindro e della redingote per essere stati continuamente spazzolati.

Il memorabile giorno in cui gli facemmo provare il cilindro e la redingote nuova fiammante, ultima moda americana, del milionario di Pittsburg, s'iniziò l'ultimo capitolo della vita di monsieur Alphonse, forse il più felice. Tutte le suore della corsia, perfino la madre superiora, erano già alla porta d'entrata mentre montava nella mia elegante vettura, togliendosi solennemente il nuovo cilindro, per salutare le sue ammiratrici.

« *Est-il chic!* » ridevano, mentre noi partivamo. « Si direbbe un milord inglese. » Passammo per il corso e facemmo una breve apparizione al Pincio prima di fermarci in piazza di Spagna, dove monsieur Alphonse era stato invitato a colazione da me.

Vorrei vedere l'uomo che avrebbe potuto resistere a non rendere questo invito valevole per tutti i giovedì. Al tocco preciso di ogni giovedì di quell'inverno, la mia vittoria depositava monsieur Alphonse al numero 26 di piazza di Spagna. Un'ora dopo, quando le visite cominciavano, veniva scortato da Anna fino alla carrozza che l'aspettava per la sua abituale passeggiata al Pincio. Poi, fermata d'una mezz'ora al Caffè Aragno dove monsieur Alphonse sedeva nel suo angolo con la tazzina di caffè e il *Figaro*, con aria d'un vecchio ambasciatore. Poi, dopo un'altra mezz'ora di gloriosa scarrozzata per il corso, cercando ansiosamente alcune sue conoscenze di piazza di Spagna, che avrebbe voluto salutare con il suo nuovo cilindro, scompariva di nuovo dietro le tende del suo letto fino al giovedì seguente, quando ricominciava a spazzolare il cilindro all'alba, come mi riferivano le suore. Molto spesso un amico o due partecipavano alla nostra colazione, con grande gioia di monsieur Alphonse. Più di uno di loro si ricorderà certamente di lui.

Nessuno ebbe mai il minimo sospetto di dove venisse. Sembrava del resto molto lindo e ben agghindato nella sua lunga, elegante redingote e il nuovo cilindro, dal quale era riluttante a separarsi, perfino quando era a tavola. Non sapendo io stesso cosa pensare di monsieur Alphonse, finii col trasformarlo in un diplomatico in ritiro. Tutti i miei amici lo chiamavano « *Monsieur le ministre* » e Anna lo chiamava invariabilmente « Vostra Eccellenza », — se aveste visto che faccia! — Fortunatamente era molto sordo e la conversazione si limitava generalmente ad alcune cortesi osservazioni sul papa o lo scirocco. In ogni modo dovevo tenere occhi ed orecchi vigili, pronto ad intervenire ogni momento per allontanare il fiasco, o a soccorrerlo per qualche domanda imbarazzante o per qualche risposta ancora più imbarazzante dopo il suo secondo bicchiere di Frascati. Monsieur Alphonse era un realista ardente, deciso a rovesciare la repubblica francese ad ogni costo. Aspettava ogni giorno notizie da una fonte molto confidenziale per tornare a Parigi da un momento all'altro. Fin qui eravamo al sicuro, avevo già sentito molti francesi rovesciare la repubblica. Quando cominciava a parlare degli affari di famiglia, dovevo stare attento che non si lasciasse sfuggire il segreto, gelosamente custodito, del suo passato. Fortunatamente venivo sempre messo in guardia da suo cognato: « *Mon beau-frère le sous-préfet* ». Era una tacita intesa fra me e i miei amici che, appena menzionava questo misterioso personaggio, il fiasco doveva essere riposto e nemmeno un'altra goccia di vino versata nel suo bicchiere.

Ricordo benissimo: Waldo Storrey, il ben noto scultore americano, che era amico particolare di monsieur Alphonse, fu a colazione con noi un giovedì. Monsieur Alphonse era di buonissimo umore e insolitamente loquace. Prima ancora di finire il primo bicchiere di Frascati, discuteva con Waldo le probabilità di poter approntare un'armata di ex garibaldini per invadere la Francia e marciare su Parigi per rovesciare la repubblica. Dopo tutto, era soltanto questione di denaro, cinque milioni di franchi sarebbero stati più che sufficienti, egli, da parte sua, sarebbe stato capace di procurare un milione, nella peggiore ipotesi.

Mi sembrò piuttosto congestionato; ero sicuro che suo cognato non era lontano. Detti a Waldo il solito segnale di non dargli più una goccia di vino.

« *Mon beau-frère le sous-préfet...* » rideva.

Si arrestò di scatto mentre io spingevo il fiasco fuori della sua portata e si mise a guardare nel piatto come faceva sempre, quando era piuttosto irritato.

« Non ve la prendete, » dissi, « ecco un altro bicchiere di vino alla vostra salute; mi rincresce d'avervi offeso e *à bas la république*, giacchè volete così. »

Con mia sorpresa non tese la mano verso il bicchiere. Rimase perfettamente immobile, fissando il piatto. Era morto.

Nessuno sapeva meglio di me cosa avrebbe significato per monsieur Alphonse e per me se avessi seguito la via normale e mandato a chiamare la polizia, secondo la legge. Esame del corpo da parte del medico legale, forse un post-mortem, intervento del Consolato francese, poi, e questo il peggio, sarebbe stato strappato al morto il suo unico possesso, il segreto del suo passato.

Anna fu mandata giù per dire al cocchiere d'alzare il mantice, monsieur Alphonse era svenuto, l'avrei accompagnato a casa io stesso. Cinque minuti dopo monsieur Alphonse era seduto accanto a me nella carrozza, nel suo angolo abituale, il soprabito del milionario di Pittsburg ben tirato fin sopra gli orecchi, il cilindro calcato in testa come era sua abitudine. Egli aveva il solito aspetto: soltanto sembrava, come tutti i morti, molto più piccolo di quando era vivo.

« Per il corso? » domandò il cocchiere.

« Sì, naturalmente per il corso, è la passeggiata preferita di monsieur Alphonse. »

La madre superiora era assai preoccupata dapprima, ma il mio certificato di *morte per paralisi cardiaca*, datato dall'asilo, la mise in regola con la polizia. La sera monsieur Alphonse fu messo nella bara con la sua valigetta come guanciale sotto la vecchia testa, la chiave sempre infilata nel nastro intorno al collo. Le suore non fanno domande nè ai vivi nè ai morti. Da quelli che vanno a cercare protezione, vogliono sapere solo se sono vecchi ed hanno fame. Il resto concerne Dio e non esse nè altri. Sanno benissimo che molti dei loro inquilini vivono e muoiono sotto falso nome. Avrei voluto lasciargli portare il suo amato cilindro nella bara, ma le suore dissero che non era possibile. Me ne dispiacque, ero sicuro che egli ne sarebbe stato felice.

Una notte fui svegliato da una chiamata urgente delle Piccole Suore dei Poveri. Tutte le corsie dell'enorme costruzione erano buie e silenziose, ma sentii che le suore pregavano nella cappella. Fui ammesso in una piccola camera nell'appartamento delle suore, dove non ero ancora stato. Sul letto giaceva una monaca ancora giovane, dal volto bianco come il guanciale che aveva sotto il capo, gli occhi chiusi, il polso quasi impercettibile. Era la *Mère Générale des Petites Sœurs des Pauvres*, arrivata quella sera stessa da Napoli, in procinto di tornare a Parigi da un viaggio d'ispezione intorno al mondo. Era in immediato pericolo di vita per una grave malattia di cuore. Sono stato a fianco del letto di re e regine e di uomini famosi quando la loro vita era in pericolo, forse nelle mie mani, ma non ho mai sentito più grave il peso della mia responsabilità come in quella notte, quando questa donna aprì lentamente i suoi meravigliosi occhi e mi guardò: «*Faites ce que vous pouvez, monsieur le docteur,*» mormorò, «*car quarante mille pauvres dépendent de moi.*»

Le Piccole Suore dei Poveri sono al lavoro dalla mattina alla sera, per la più utile e più ingrata forma di beneficenza che io conosca. Non c'è bisogno che veniate a Roma per trovarle, la povertà e la vecchiaia sono sparse per il mondo, e così pure le Piccole Suore con il loro cesto vuoto e il loro vuoto salvadanaio. Mettete, vi prego, il vostro vecchio abito nel loro cesto, non importa la misura, tutte le misure vanno bene per le Piccole Suore dei Poveri. I cilindri non sono più tanto di moda, sicchè potete anche dare il vostro. Ci sarà sempre nelle loro corsie un vecchio monsieur Alphonse, nascosto dietro un paio di tende azzurre, occupato a spazzolare il suo logoro cilindro, ultimo vestigio della prosperità passata. Mandatelo pure, vi prego, per il suo giorno d'uscita a fare una passeggiata per il corso nella vostra elegante vittoria. Per il vostro fegato sarà assai meglio che facciate una lunga passeggiata a piedi nella campagna con il vostro cane. Invitatelo a colazione per il giovedì seguente, non c'è stimolante migliore per l'appetito che vedere un uomo affamato rifocillarsi a sazietà. Dategli il suo bicchiere di Frascati per aiutarlo a dimenticare, ma mettete via il fiasco quando comincia a ricordare.

Mettete una parte dei vostri risparmi nel salvadanaio delle Piccole Suore, ogni soldo è utile, credetemi, non avrete mai fatto un investimento più sicuro. Ricordatevi quello che ho scritto in un'altra pagina di questo libro: ciò che tenete per voi è perduto, ciò che date è conservato per sempre. E poi non avete nessun diritto di conservare questo denaro per voi, il denaro non è di nessuno quaggiù. Appartiene tutto al diavolo che sta seduto al suo banco giorno e notte, dietro i suoi sacchi d'oro, trafficando con le anime umane. Non tenete troppo tempo la sudicia moneta che egli mette nella vostra mano, sbarazzatevene appena potete o il maledetto metallo presto vi brucerà le dita, penetrerà nel vostro sangue, accecherà i vostri occhi, infetterà i vostri pensieri e indurirà il vostro cuore. Mettetelo nel salvadanaio delle Piccole Suore o gettatelo nel primo rigagnolo: è lì il suo posto! Che vantaggio avete ad accumulare il vostro denaro? Presto vi sarà tolto in ogni caso. La morte ha un'altra chiave della vostra cassaforte.

« Gli dei vendono tutte le cose a un giusto prezzo, » disse un vecchio poeta. Avrebbe dovuto aggiungere che vendono le cose migliori al prezzo più modico. Tutto ciò che è veramente indispensabile può essere comprato con poco denaro, soltanto il superfluo vien messo in vendita a caro prezzo. Tutto ciò che è veramente bello non è in vendita affatto, ma ci viene offerto in dono dagli dei immortali. Ci è permesso vedere il sole sorgere e tramontare, le nubi vagare nel cielo, le foreste e i prati, il meraviglioso mare, tutto senza spendere un soldo. Gli uccelli cantano per nulla; possiamo raccogliere i fiori selvatici, mentre andiamo per la nostra via. Non si paga nulla per entrare nella sala stellata della notte. Il povero dorme meglio del ricco. Il cibo semplice ha per lo più un gusto migliore del cibo del Ritz. La contentezza e la pace del cuore fioriscono meglio in una casetta di campagna che in un sontuoso palazzo in città. Pochi amici, pochi libri, pochissimi, e un cane è tutto quello di cui avete bisogno intorno a voi, finchè avete voi stessi. Ma dovete vivere in campagna. La prima città fu progettata dal diavolo: per questo Dio voleva distruggere la torre di Babele.

Avete mai visto il diavolo? Io sì. Stava con le braccia appoggiate al parapetto della torre di Notre-Dame. Le sue guance erano infossate, la lingua sporgeva fra le sporche labbra. Pensoso e grave, guardava in basso Parigi ai suoi piedi. Immobile e rigido come se fosse di pietra, stava lì da quasi mille anni a fissare la sua prediletta città come se non potesse staccare gli occhi da ciò che vedeva. Era questo il demonio, il cui solo nome mi aveva riempito di spavento fin da bambino, il formidabile campione del male nella lotta eterna fra il bene e il male. Lo guardai con sorpresa. Pensai che sembrava molto meno cattivo di quanto avessi immaginato, avevo visto volti peggiori del suo. Non c'era nessuna luce di trionfo in quegli occhi di pietra: sembrava vecchio e stanco, stanco delle sue facili vittorie, stanco del suo inferno.

Povero vecchio Belzebù! Forse, tutto sommato, la colpa non è completamente tua se le cose vanno male quaggiù, nel nostro mondo. Dopo tutto non sei stato tu a dar vita a questo nostro mondo, non sei stato tu che hai scatenato il dolore e la morte fra gli uomini. Eri nato con le ali e non con gli artigli, è Dio che ti ha trasformato in diavolo e ti ha scagliato nel suo inferno per custodire i suoi dannati. Certamente non saresti rimasto per mille anni qui, in cima alla torre di Notre-Dame, nella tempesta, sotto la pioggia se ti fosse piaciuto il tuo mestiere. Son sicuro che non è facile essere un diavolo per chi è nato con le ali. Principe delle Tenebre, perchè non estingui il fuoco nel tuo sotterraneo e non vieni quassù, a stabilirti fra noi in una grande città (credimi, la campagna non è per te) come un signore benestante che non ha nient'altro da fare, tutto il giorno, che mangiare, bere e accumular denaro? O, se devi far crescere i tuoi capitali e metter mano a qualche nuovo piacevole lavoro, perchè non apri un altro inferno di giuoco a Montecarlo o non installi un postribolo o diventi un usuraio per i poveri o il proprietario d'un serraglio ambulante di animali selvaggi senza difesa, che muoiono di fame dietro le sbarre di ferro? O perchè non apri un'altra fabbrica del tuo ultimo gas velenoso? Non fosti forse tu a dirigere il cieco bombardamento di Napoli e a lasciar cadere la bomba incendiaria sull'Asilo delle Piccole Suore dei Poveri, in mezzo ai loro trecento vecchi?

Ma mi permetterai di farti una domanda in cambio dei consigli che ti ho dato? Perchè tiri fuori la lingua a quel modo? Non so come viene interpretato quel gesto all'inferno, ma, con tutto il rispetto che ti è dovuto, fra noi, vien preso come un segno di sfida e di mancanza di rispetto. Perdonami, Sire, a chi mostri continuamente la lingua?

## 26 *Miss Hall*

Molti dei miei malati di quel tempo ricorderanno certamente miss Hall; in verità, una volta vista, non era facile dimenticarla. Solo la Gran Bretagna poteva produrre questo unico tipo di zitella dei primi anni del regno della Regina Vittoria, alta più di un metro e ottanta, asciutta e rigida come una bacchetta, *arida nutrix* di almeno due generazioni di scozzesi ancora da nascere. Durante i quindici anni della nostra conoscenza, non vidi mai alcun cambiamento nel suo aspetto: sempre la stessa splendida faccia, incorniciata dagli stessi riccioli d'oro appassito, sempre lo stesso vestito a colori vivaci, sempre la stessa ghirlanda di rose sul cappello. Quanti anni di vita uniforme miss Hall avesse passato nelle varie pensioni romane di seconda classe, in cerca di avventure, non so. Ma so che il giorno in cui incontrò me e Tappio a Villa Borghese, cominciò la sua vera missione nella vita, trovò finalmente se stessa. Passava le sue mattine a spazzolare e pettinare i cani nel mio gelido salottino, sotto le scale della Trinità dei Monti, e tornava alla sua pensione solo per la colazione. Alle tre usciva dalla

335

casa di Keats, attraversando la strada in mezzo a Giovannina e Rosina, che le arrivavano ai fianchi, coi loro zoccoli e
i fazzoletti rossi in testa, circondata da tutti i miei cani che
abbaiavano gioiosamente pregustando la passeggiata a Villa Borghese: era uno spettacolo familiare, in quei giorni, a
tutta Piazza di Spagna. Giovannina e Rosina facevano parte del personale di San Michele, non ho mai avuto migliori
domestiche, cantavano tutto il giorno mentre lavoravano.
Naturalmente solo io potevo osare di portare queste due
ragazze mezzo selvagge da Anacapri a Roma. Inoltre la cosa
non sarebbe mai riuscita, se miss Hall non fosse giunta in
tempo per diventare per loro una specie di seconda madre,
con la sollecitudine di una vecchia gallina per i suoi pulcini. Miss Hall diceva che non poteva capire perchè non
permettevo alle ragazze di girare sole per Villa Borghese:
lei stessa girava da sola per Roma da tanti anni, senza che
nessuno la notasse o le rivolgesse una parola. Fedele al suo
tipo, miss Hall non era mai riuscita a dire una sola parola
intelligibile in italiano, ma le ragazze la capivano abbastanza bene e le erano molto affezionate, benchè non credo che
la prendessero sul serio più di me.

Miss Hall mi vedeva molto poco e io vedevo lei meno ancora, ed evitavo di guardarla quando potevo. Nelle rare occasioni in cui miss Hall era invitata ad assistere alla mia
colazione, un gran vaso di fiori veniva sempre messo fra noi
sul tavolo. Benchè le fosse severamente proibito di guardarmi, riusciva lo stesso a sollevare la testa sopra il vaso di
fiori e a darmi un'occhiata con la coda del suo vecchio occhio. Non pareva che miss Hall si rendesse conto di quanto
fossi terribilmente egoista e ingrato in cambio di tutto ciò
che ella faceva per me. Considerando i suoi limitati mezzi
di comunicazione (a miss Hall non era permesso di farmi
alcuna domanda) riusciva in qualche modo a scoprire molto
di quello che succedeva nella casa e delle persone che vedevo. Teneva un occhio vigile su tutte le mie malate, faceva

la ronda nella piazza per delle ore per vederle entrare e uscire durante l'orario delle visite. Con l'apertura del Grand Hôtel, il Ritz aveva dato il colpo finale alla semplicità dileguantesi della vita romana. L'ultima invasione di barbari era incominciata, la Città Eterna era diventata alla moda. Il grande albergo era zeppo della società mondana londinese e parigina, di miliardari americani e dei principali *rastaquoères* della Riviera. Miss Hall conosceva tutte queste persone di nome. Le aveva seguite per anni dalle colonne mondane del *Times*. Quanto all'aristocrazia inglese, miss Hall era una perfetta enciclopedia. Sapeva a memoria la nascita e l'anno di maggiorità dei loro figli ed eredi, i fidanzamenti e i matrimoni delle loro figlie, gli abiti che avevano indossato per la loro presentazione a Corte, i loro balli, i pranzi e i viaggi all'estero. Molte di queste brillanti persone finivano per divenire miei malati, volenti o nolenti, con grande gioia di miss Hall. Alcuni venivano in piazza di Spagna per vedere la camera dove Keats era morto. Altri fermavano le carrozze a Villa Borghese per accarezzare i miei cani, con qualche complimento a miss Hall per la cura con cui erano tenuti. A poco a poco, miss Hall ed io cominciammo ad emergere dalla nostra oscurità normale fino alle alte sfere della società. Andai molto in società quell'inverno. Avevo sempre assai da imparare da questi spensierati indolenti: la loro capacità di far nulla, il loro buon umore, il loro buon sonno mi confondevano. Ora miss Hall teneva un'agenda speciale degli eventi mondani della mia vita quotidiana. Raggiante di orgoglio, girava col suo abito più elegante, lasciando i miei biglietti da visita a destra e a sinistra. La luce della nostra stella sorgente divenne sempre più risplendente, sempre più alta, seguiva il nostro cammino, ormai nulla poteva più arrestarla. Un giorno, mentre miss Hall passeggiava a Villa Borghese con i cani, una signora con un barbone nero in grembo le fece segno di avvicinarsi alla sua carrozza. La signora accarezzò il cane lappone e dis-

337

se che era stata lei a regalare Tappio, quando era cucciolo, al dottore. Miss Hall si sentiva tremare le ginocchia, era S. A. R. la principessa ereditaria di Svezia. Un bellissimo signore, seduto al suo illustrissimo fianco, stese la mano con un bel sorriso e, cosa incredibile, disse:

« Hallo, miss Hall, ho sentito molto parlare di lei dal dottore. »

Era S. A. R. il principe Max di Baden, nientemeno che il marito della nipote della sua benamata regina Alessandra! Da quel memorabile giorno miss Hall abbandonò la società mondana del Grand Hôtel, per dedicare tutto il suo tempo libero ai personaggi di sangue reale, e ce n'era almeno una dozzina a Roma quell'inverno. Stava per ore fuori dai loro alberghi, aspettando l'opportunità di vederli entrare o uscire, li osservava con la testa inchinata mentre scorrazzavano al Pincio o a Villa Borghese, li pedinava come un cane poliziotto nelle chiese e nei musei. La domenica sedeva nella chiesa inglese, in via del Babbuino, più vicino che osava al banco dell'ambasciatore, con un occhio sul libro di preghiere e l'altro su un'Altezza Reale, aguzzando i suoi vecchi orecchi per afferrare il suono particolare di una voce reale nel coro della congregazione, e pregava per la famiglia reale e per i suoi parenti di ogni paese, col fervore dei primi secoli del cristianesimo.

Ben presto miss Hall cominciò un altro diario, interamente dedicato ai nostri rapporti con i reali. Il lunedì precedente aveva avuto l'onore di portare una lettera a S. A. R. la granduchessa di Weimar all'Hôtel Quirinale. Il portiere le aveva dato una risposta, ornata della corona granducale di Sassonia e Weimar. La busta era stata gentilmente regalata dal dottore come un ricordo prezioso. Il mercoledì le era stata affidata una lettera per S. A. R. l'infanta Eulalia di Spagna al Grand Hôtel. Disgraziatamente non c'era stata risposta. Un pomeriggio, mentre era con i cani a Villa Borghese, miss Hall aveva notato un'alta signora vestita di nero, che camminava rapidamente su e giù in un viale laterale. La riconobbe subito per la stessa signora che aveva visto nel giardino di San Michele, immobile, vicino alla sfinge, mentre guardava il mare coi suoi begli occhi tristi. Adesso, mentre le passava davanti, la signora disse qualcosa alla sua compagna e stese la mano per fare una carezza a Gialla, la borzoi. Giudicate la costernazione di miss Hall quando una guardia le venne incontro e le disse di proseguire subito per la sua strada con i cani: erano S. M. I. l'imperatrice d'Austria e sua sorella la contessa di Trani! Come poteva essere stato così crudele il dottore da non dirglielo, nell'estate? Soltanto per puro caso aveva saputo che, non più tardi di una settimana dopo la visita della signora a San Michele, il dottore aveva ricevuto una lettera dall'Ambasciata d'Austria a Roma con l'offerta di comprare San Michele e che l'eventuale compratore era niente di meno che l'imperatrice d'Austria! Fortunatamente il dottore aveva declinato l'offerta; sarebbe stato davvero un peccato se avesse venduto San Michele: sarebbe finita l'opportunità di vedere con facilità personaggi reali! Non aveva potuto lei stessa osservare, a rispettosa distanza, l'estate prima, una nipotina della sua benamata regina Vittoria, che dipingeva sotto la pergola? Non era vero che una cugina dello zar vi era stata in villeggiatura per tutto un mese? Non aveva avuto l'onore di star dietro alla porta di cucina per veder passare davanti a sè, a distanza di un braccio, l'imperatrice Eugénie, la prima volta che era venuta a San Michele? Non aveva sentito, con i propri orecchi, S. M. I. dire al dottore che non aveva mai visto una più notevole rassomiglianza col grande Napoleone della testa d'Augusto che egli aveva dissotterrato nel suo giardino? Non aveva qualche anno più tardi sentito la voce dominatrice del Kaiser stesso discorrere col suo seguito sulle varie antichità, mentre passava accompagnato dal dottore che quasi non apriva bocca? Vicino a lei, dietro i cipressi, S. M. I. aveva indicato un torso femminile mezzo coperto di edera, e aveva detto al suo seguito che ciò che vedevano era degno d'avere un posto d'onore nel suo museo a Berlino: per quanto ne sapeva lui, poteva essere uno sconosciuto capolavoro dello stesso Fidia. Piena d'orrore, miss Hall aveva udito il dottore che diceva che era l'unico frammento in San Michele di scarso valore. Gli era stato appioppato con buone intenzioni da un suo malato che l'aveva comperato a Napoli; era un Canova del peggior periodo. Con grande rincrescimento di miss Hall, la compagnia era partita quasi subito per la marina dove li aspettava il cacciatorpediniere che doveva ricondurli a Napoli.

A proposito dell'imperatrice d'Austria, devo dirvi che miss Hall era commendatore dell'Ordine imperiale di Santo Stefano. Quest'ordine cavalleresco era stato conferito a miss Hall da me, un giorno in cui la coscienza doveva rimordermi particolarmente, in ricompensa della sua fedele devozione a me e ai cani. Perchè l'avessero accordato a me, non l'ho mai potuto capire; miss Hall ricevette la decorazione dalle mie mani col capo chino e gli occhi pieni di lagrime. Affermò che l'avrebbe portata con sè nella tomba. Dicevo che non ci vedevo difficoltà, ero sicuro che sarebbe andata in paradiso in ogni modo. Ma che l'avrebbe portata con sè all'Ambasciata inglese, non l'avevo previsto. Ero riuscito ad ottenere dal gentile lord Dufferin un invito per miss Hall per il ricevimento all'Ambasciata in onore del compleanno della regina. Tutta la colonia inglese a Roma era stata invitata, all'infuori della povera miss Hall. Soffocata dalla gioia anticipata, miss Hall fu invisibile per parecchi giorni, occupata a lavorare intorno alla sua toilette. Giudicate la mia costernazione quando, mentre presentavo miss Hall al suo ambasciatore, vidi lord Dufferin che, accomodandosi il monocolo nell'occhio, fissava lo sterno di miss Hall senza dire una parola. Fortunatamente non per nulla lord Dufferin era irlandese. Non fece altro che tirarmi in disparte, scoppiare in una risata e farmi promettere di tenere miss Hall lontana dal suo collega austriaco. Mentre si tornava a casa, miss Hall mi raccontò che era stato il più memorabile giorno della sua vita. Lord Dufferin era stato tanto benigno con lei, tutti le avevano sorriso, si sentiva certa che la sua toilette aveva avuto un grande successo.

Sì, è facile prendersi gioco di miss Hall! Ma vorrei sapere cosa succederà ai reali quando non ci sarà più miss Hall a tenere un diario di tutte le loro faccende, ad osservarli con le ginocchia tremanti e la testa china, mentre scorrazzano al Pincio e a Villa Borghese, o a pregare per loro nella chiesa inglese di via del Babbuino! Cosa avverrà delle loro stelle e nastri, quando l'umanità non giocherà più con questi balocchi? Perchè non darli tutti a miss Hall e farla finita? Ci resterà sempre la Victoria Cross;[1] inchiniamoci tutti al coraggio di fronte alla morte. Sapete perchè la Victoria Cross è così rara nell'armata britannica? Perchè il coraggio nel suo più alto grado, *le courage de la nuit* di Napoleone, riceve raramente la Victoria Cross e perchè il coraggio che non è assistito dalla fortuna, muore nel sangue senza ricompensa.

Subito dopo la Victoria Cross, la decorazione inglese più bramata è quella della Giarrettiera: sarebbe un brutto giorno per l'Inghilterra se l'ordine venisse invertito.

« Mi piace la Giarrettiera, » disse lord Melbourne, « almeno non presuppone nessun dannato merito. »

Il mio amico, il ministro svedese a Roma, mi fece vedere qualche giorno fa la copia di una mia lettera scritta quasi vent'anni addietro. Diceva di averne mandato l'originale al Ministero degli esteri svedese per lettura e meditazione. Era una mia risposta in ritardo ad una ripetuta richiesta ufficiale della Legazione svedese, che diceva come dovessi almeno avere la decenza di accusare ricevuta della medaglia di Mes-

---

[1] La più alta onorificenza inglese per merito di guerra.

sina, che mi era stata gentilmente concessa dal governo italiano per qualcosa che si supponeva avessi fatto durante il terremoto. La lettera diceva così:

« Eccellenza,

« Il principio che mi ha sempre guidato in fatto di decorazioni cavalleresche è stato, finora, quello di accettarle soltanto quando non ho fatto nulla per meritarle. Un'occhiata al *Libro Rosso* vi farà capire i notevoli risultati ottenuti per aver sempre seguito questo principio. Il nuovo metodo che Vostra Eccellenza mi suggerisce nella Sua lettera, di cercare cioè un riconoscimento pubblico per quel po' di lavoro utile che ho cercato di fare, mi pare un'impresa rischiosa e di dubbio valore pratico. Porterebbe soltanto confusione nella mia filosofia e potrebbe irritare gli dei immortali. Me la svignai sconosciuto dai bassifondi di Napoli durante il colera; intendo fare altrettanto dalle rovine di Messina. Non ho bisogno di nessuna medaglia commemorativa per ricordare ciò che ho visto. »


## 27 *Messina*

Così com'è, devo ammettere che questa lettera è tutta una spacconata. Il ministro svedese non rese mai la medaglia di Messina al governo italiano: devo sempre averla in qualche cassetto, con la mia coscienza pulita e nessuna maggior confusione nella mia filosofia. Infatti non c'era nessuna ragione perchè non dovessi accettare questa medaglia, perchè quello che ho fatto a Messina fu ben poco in confronto di ciò che ho visto fare col pericolo della vita a centinaia di persone mai nominate e ricordate. Io stesso non correvo altro pericolo all'infuori di quello di morire o per fame o per la mia stupidità. È vero che ho riportato in vita per mezzo della respirazione artificiale un certo numero di persone, quasi soffocate, ma ci sono pochi medici, infermieri e guardacoste che non abbiano fatto altrettanto senza ricompensa. So che da solo trassi una vecchia fuori da quella che era stata la sua cucina, ma so anche che l'abbandonai nella strada con le gambe fratturate, invocando aiuto. Certamente c'era poco da fare fino all'arrivo della prima nave-ospedale, poichè non c'era più materiale di medicazione nè medicinali disponibili. Ci fu anche la bambina nuda che trovai in un cortile: la portai nella mia cantina, dove dormì tranquillamente tutta la notte coperta col mio mantello, succhiando di tanto in tanto, nel sonno, il mio dito. La mattina la portai dalle monache di santa Teresa; in quello che restava della loro cappella, c'era già più di una dozzina di bambini sdraiati per terra, che strillavano dalla fame, perchè durante i primi giorni non fu possibile trovare nemmeno una goccia di latte in tutta Messina. Mi meravigliavo sempre del numero di bambini salvi, raccolti fra le rovine o trovati per le strade. Sembrava che Dio Onnipotente avesse accordato loro un po' più di misericordia che agli adulti. Essendo rotto l'acquedotto, non c'era nemmeno acqua, se non in qualche pozzo fetido inquinato dalle migliaia di corpi putrefatti sparsi per tutta la città. Niente pane, niente carne, quasi niente maccheroni, niente legumi, niente pesci: la maggior parte delle barche da pesca erano affondate o si erano sfracellate per il maremoto che aveva spazzato la spiaggia portando via a centinaia le persone che vi si erano affollate in cerca di salvezza. Una gran parte di questi corpi furono ributtati sulla sabbia, dove giacquero per giorni, marcendo al sole. Anche il più grande pescecane che abbia mai visto (lo stretto di Messina ne è pieno) fu gettato sulla sabbia, ancora vivo. Assistei con occhi da affamato, mentre lo tagliavano in pezzi, sperando di afferrarne una fetta anch'io. Avevo sempre sentito dire che il pescecane è molto buono da mangiare. Nella sua pancia c'era un'intera gamba d'una donna con una calza di lana rossa e una grossa scarpa, come se fosse stata amputata da un chirurgo. Meglio non parlare di quello che mangiavano le migliaia di cani e gatti randagi, che giravano fra le rovine durante la notte, finchè venivano acchiappati e divorati dai vivi appena possibile. Io stesso ho arrostito un gatto sulla mia lampada a spirito. Per fortuna c'erano in abbondanza arance, limoni e mandarini da prendere nei giardini. Il vino non mancava, l'invasione delle migliaia di cantine e negozi di vino cominciò proprio il primo giorno; la sera quasi tutti erano più o meno brilli, me compreso; era una vera benedizione, toglieva la sensazione di fame e ci dava più coraggio per addormentarci. Quasi ogni notte c'erano delle scosse, seguite dal rombo delle case che crollavano e da rinnovate grida di terrore nelle strade.

Per lo più dormii bene a Messina, nonostante l'inconveniente di dover costantemente cambiare il mio alloggio notturno. Le cantine erano naturalmente i posti più sicuri, se si riusciva a vincere l'ossessionante paura d'essere intrappolati come topi da un muro crollante. Era ancora meglio dormire sotto un albero in un aranceto, ma dopo due giorni di pioggia torrenziale, le notti diventarono troppo fredde per un uomo il cui corredo stava tutto nello zaino che portava sulla schiena. Cercavo di consolarmi della perdita del mio prediletto mantello scozzese, pensando che probabilmente copriva abiti ancora più logori dei miei. Però non li avrei cambiati con dei migliori, anche se avessi potuto. Soltanto un uomo coraggioso si sarebbe sentito a suo agio con un abito decente fra tutti quei superstiti in camicia da notte, impazziti dal terrore, dalla fame e dal freddo, e del resto non avrebbe potuto conservarlo a lungo.

Che furti, ai vivi ed ai morti, assalti e perfino uccisioni avvenissero prima dell'arrivo delle truppe e della dichiarazione della legge marziale, non c'è da meravigliarsi. Non conosco paese dove questo non sarebbe successo in simili indescrivibili circostanze. A peggiorare le cose, l'ironia della sorte aveva voluto che, mentre fra le centinaia di carabinieri che erano nel Collegio Militare soltanto quattordici sopravvivessero, la prima scossa aprisse le celle della prigione accanto ai Cappuccini a più di quattrocento delinquenti, illesi, condannati a vita. È certo che questi avanzi di galera, dopo aver derubato i negozi per vestirsi e gli armaioli per armarsi, si davano alla pazza gioia con ciò che rimaneva della ricca città. Forzarono perfino la cassaforte del Banco di Napoli, uccidendo due guardie notturne. Però, tale era il terrore che prevaleva in tutti, che molti di questi banditi preferirono costituirsi ed essere rinchiusi nella stiva d'un piroscafo nel porto, piuttosto che restare nella città condannata che pure offriva così uniche occasioni. Io, personalmente, non fui mai molestato da nessuno; al contrario, furono tutti gentili con me in modo commovente e mi aiutarono come si aiutavano a vicenda. Quelli che trovavano abiti o cibo erano sempre pronti a dividerli con chi non ne aveva. Da un ladro sconosciuto mi fu perfino regalata un'elegante vestaglia, uno dei più graditi regali che abbia mai ricevuto. Una sera, mentre passavo davanti alle rovine d'un palazzo, notai un uomo ben vestito, che gettava a due cavalli e ad un asinello, prigionieri nella loro scuderia sotterranea, qualche pezzo di pane e un mazzo di carote. Attraverso uno stretto spacco del muro potevo appena vedere gli animali condannati. Mi disse che veniva lì due volte al giorno, portando quel che poteva trovare. Lo spettacolo di questi poveri animali che morivano di fame e di sete gli era così doloroso, che avrebbe preferito ucciderli con la rivoltella, se ne avesse avuto il coraggio, ma non aveva mai avuto il coraggio di uccidere nessun animale, nemmeno una quaglia.[1] Guardai con sorpresa il suo viso bello, intelli-

---

[1] Forse interesserà quelli che amano gli animali sapere che questi due cavalli e l'asinello furono tirati fuori vivi il diciassettesimo giorno dopo il terremoto e che ritornarono in salute.

gente e piuttosto simpatico e gli domandai se era siciliano. Mi rispose di no, ma che aveva vissuto in Sicilia per diversi anni. Cominciò a piovere a dirotto e andammo via. Mi domandò dove abitavo, e quando gli risposi in nessun posto, guardò i miei abiti fradici e offrì di ospitarmi per la notte: viveva lì vicino con due amici. Brancolammo fra immensi blocchi di muratura e mucchi di mobili sfracellati di ogni specie, scendemmo una gradinata e ci trovammo in una grande cucina sotterranea, fiocamente illuminata da una lampada a olio appesa al muro sotto un'oleografia della Madonna. Per terra c'erano tre materassi: il signor Amedeo disse che avrebbe gradito che dormissi sul suo; egli e i suoi due amici sarebbero rimasti fuori tutta la notte per cercare alcune cose sotto le rovine delle loro case. Ebbi una cena eccellente, il secondo pasto decente che avevo avuto dal mio arrivo a Messina. Il primo lo avevo avuto qualche giorno prima, quando, inaspettatamente, ero capitato nel giardino del Consolato americano durante una gioconda colazione, presieduta dal mio vecchio amico Winthrop Chandler che era arrivato quella mattina stessa col suo yacht carico di provvigioni per la città affamata.

Dormii profondamente tutta la notte sul materasso del signor Amedeo e mi svegliai al mattino col ritorno del mio ospite e dei suoi due amici dalla pericolosa spedizione notturna, pericolosa davvero perchè sapevo che le truppe avevano ordine di far fuoco su chiunque tentasse di portar via, qualcosa, anche dalle rovine della propria casa. Buttarono i loro fardelli sotto il tavolo e si gettarono essi stessi sui materassi; quando me ne andai erano profondamente addormentati. Sebbene sembrasse stanco morto, il mio gentile ospite non si dimenticò di dirmi che avrebbe gradito che restassi con lui quanto volessi; e naturalmente non domandavo di meglio. La sera seguente cenai ancora col signor Amedeo: i suoi due amici erano già addormentati sui loro materassi, tutt'e tre dovevano essere di nuovo al lavoro notturno dopo mezzanotte. Non ho mai visto un uomo più amabile del mio ospite. Quando seppe che ero al verde si offrì subito di prestarmi cinquecento lire, e mi rincresce dover confessare che gliele debbo ancora. Non potei fare a meno di esprimere la mia sorpresa che si fidasse di prestare il suo denaro ad uno sconosciuto. Mi rispose con un sorriso che non sarei stato seduto al suo fianco se non avesse avuto fiducia in me.

Il pomeriggio seguente sul tardi, mentre mi trascinavo a quattro zampe fra le rovine dell'Hôtel Trinacria in cerca della salma del console svedese, fui affrontato improvvisamente da un soldato che mi puntava contro il fucile. Venni arrestato e condotto al posto di guardia più vicino. Avendo superato la difficoltà preliminare di identificare il mio oscuro paese e avendo esaminato il mio permesso firmato dal prefetto, l'ufficiale di servizio mi lasciò libero, poichè il mio unico *corpus delicti* consisteva in un registro svedese mezzo carbonizzato. Lasciai il posto piuttosto inquieto, perchè avevo notato lo sguardo scrutatore dell'ufficiale quando gli avevo detto che non potevo dare il mio preciso indirizzo, non sapendo nemmeno io il nome della strada in cui abitava il mio gentile ospite. Era già completamente buio, presto cominciai a correre, perchè mi pareva di sentire passi furtivi dietro di me come se qualcuno mi seguisse, ma raggiunsi il mio ricovero notturno senz'altre avventure. Il signor Amedeo e i suoi due amici erano già addormentati sui loro materassi. Affamato come sempre, sedetti a divorare la cena che il mio gentile ospite mi aveva lasciato sul tavolo. Avevo l'intenzione di star sveglio finchè essi stessero per partire e di offrire il mio aiuto al signor Amedeo quella notte per le ricerche. Mi stavo proprio dicendo che era il meno che potessi fare per ricambiare le sue gentilezze verso di me, quando ad un tratto sentii un acuto fischio e il rumore di passi. Qualcuno scendeva le scale. In un attimo i tre uomini addormentati balzarono in piedi. Udii un colpo, un carabiniere cadde dall'alto delle scale sul pavimento, ai miei piedi.

Mentre mi chinavo rapidamente su di lui per vedere se era morto, vidi chiaramente il signor Amedeo che puntava la sua rivoltella contro di me. Nello stesso istante, la stanza si riempì di soldati, udii un altro sparo e, dopo una disperata lotta, i tre uomini furono sopraffatti. Mentre il mio ospite mi passava davanti ammanettato con una solida corda intorno alle braccia e alle gambe, alzò la testa e mi guardò con un lampo selvaggio di odio e di rimprovero, che mi fece gelare il sangue nelle vene. Una mezz'ora dopo ero di nuovo al posto di guardia, dove venni rinchiuso a chiave per la notte. La mattina dopo venni interrogato ancora dallo stesso ufficiale, e senza dubbio debbo la mia vita alla sua intelligenza. Mi raccontò che i tre uomini erano malfattori condannati a vita, fuggiti dalla prigione vicina ai Cappuccini, tutti « pericolosissimi ». Amedeo era un famoso bandito, che aveva terrorizzato per molti anni i dintorni di Girgenti, con un bilancio di otto omicidi. Era anche stato lui con la sua banda a forzare il Banco di Napoli e ad uccidere i guardiani la notte precedente, mentre io ero profondamente addormentato sul suo materasso. I tre uomini erano stati fucilati all'alba. Avevano chiesto un prete, confessato i loro peccati ed erano morti senza paura. Il maresciallo disse che voleva complimentarmi per la parte importante che avevo avuto nella loro cattura. Lo guardai negli occhi e dissi che non ero orgoglioso della mia opera. Mi ero convinto già da lungo tempo che non ero adatto a far la parte di accusatore e meno ancora quella di esecutore. Non era affar mio, forse era il suo o forse anche non lo era. Dio sapeva come colpire quando voleva, sapeva prendere una vita come sapeva darla.

Disgraziatamente per me la mia avventura arrivò all'orecchio di qualche giornalista che gironzolava intorno alla zona militare (nessun giornalista poteva entrare nella città in quei giorni e per buoni motivi) in cerca di notizie sensazionali, tanto più gradite quanto più incredibili. Certamen-

te questa storia sembrerà abbastanza incredibile a coloro
che non erano a Messina durante la prima settimana dopo
il terremoto. Soltanto una fortunata mutilazione del mio
nome e della nazionalità mi salvò dal diventare famoso.
Ma quando quelli che conoscevano bene il lungo braccio
della Mafia mi dissero che questo non mi avrebbe salvato
dall'essere assassinato se fossi restato a Messina, veleggiai il
giorno seguente con alcuni guardacoste, attraverso lo stretto,
verso Reggio.

Anche Reggio, dove ventimila persone erano state uccise
di colpo dalla prima scossa, era indescrivibile e indimenticabile. Ancora più terrorizzante era lo spettacolo dei piccoli villaggi sulla costa sparsi fra gli aranceti, Scilla, Cani-
tello, Villa San Giovanni, Gallico, Archi, San Gregorio,
prima forse il più bel luogo d'Italia, allora un vasto cimitero con più di tremila morti e parecchie migliaia di feriti,
che giacquero fra le rovine durante due notti di pioggia
torrenziale seguite da una tramontana gelida, assolutamente
senza assistenza e con centinaia di esseri seminudi che correvano come pazzi per le strade, strillando per la fame.
Più al sud l'intensità della convulsione tellurica sembrava
aver raggiunto il suo massimo grado. A Pellaro, per esempio, dove dei cinquemila abitanti soltanto duecento scamparono, non si poteva nemmeno distinguere dove erano state
le strade. La chiesa, piena zeppa di gente terrorizzata, crollò alla seconda scossa uccidendo tutti. Il cimitero era cosparso di bare spaccate, letteralmente gettate fuori dalle
fosse: avevo già visto lo stesso orrendo spettacolo nel cimitero di Messina. Sui mucchi di rovine della chiesa sedevano
una dozzina di donne, tremando nei loro cenci. Non piangevano, non parlavano, stavano lì con le teste chine e gli occhi socchiusi. Ogni tanto una di esse alzava la testa e fissava con occhi vuoti un vecchio cencioso prete che gesticolava fra un gruppo d'uomini lì vicino. Ogni tanto alzava
il pugno con una terribile maledizione in direzione di Mes-

sina, attraverso lo stretto: Messina la città di Satana, Sodoma e Gomorra insieme, la causa di tutta la loro miseria. Non aveva sempre predetto, lui, che la città dei peccatori finirebbe col...? Una serie di gesticolazioni sussultorie e ondulatorie con ambedue le mani per aria non lasciava nessun dubbio su quello che aveva predetto. Castigo di Dio! Castigo di Dio!

Detti un piccolo panino, tolto dal mio tascapane, alla donna che mi stava accanto con un bambino in grembo. Lo afferrò senza dir parola, trasse subito di tasca un'arancia, me la porse, staccò con un morso un pezzetto del panino per metterlo in bocca alla donna dietro di sè che stava per diventare madre, e cominciò a divorare voracemente il resto come un animale affamato. Mi raccontò con voce bassa e monotona che lei, con il bambino al petto, si era salvata non sapeva come, quando la casa era crollata con la prima « staccata »; che aveva lavorato fino all'indomani per cercar di tirar fuori gli altri due suoi bambini e il loro padre dalle rovine: aveva sentito i loro gemiti finchè non s'era fatto giorno. Poi era venuta un'altra « staccata » e tutto fu silenzio. Aveva un brutto taglio sulla fronte, ma la sua « creatura » era completamente salva, grazie a Dio. Mentre parlava dava da poppare al bimbo, un magnifico maschio, completamente nudo, forte come Ercole bambino, niente affatto disturbato da quanto era successo. Nel cestino accanto a lei un altro bambino dormiva sotto qualche fuscello di paglia marcia: l'aveva raccolto per la strada, nessuno sapeva di chi fosse. Mentre mi alzavo per andarmene, il bambino senza madre cominciò a piagnucolare; essa lo strappò dal cestino e lo mise all'altro seno. Guardai l'umile contadina calabrese dalle membra forti e dal petto largo con i due splendidi bambini che poppavano vigorosamente ai suoi seni e ad un tratto ricordai il suo nome. Era la Demetra della Magna Grecia, dove era nata, la Magna Mater dei Romani. Era Madre Natura: dal suo largo petto cor-

350

reva, come una volta, il fiume della vita sopra le fosse dei centomila morti. O Morte, dov'è la tua spada? O Tomba, dov'è la tua vittoria?

## 28    *Fine della mia stagione romana*

Torniamo a miss Hall. Con tutti questi reali fra le mani diventava sempre più difficile controllare l'arrivo e la partenza delle mie ammalate. La mia speranza d'aver finito una buona volta con le donne nevrotiche, quando avevo lasciato Parigi, non si era realizzata: la mia sala di consultazioni in piazza di Spagna ne era piena. Alcune erano vecchie e temute conoscenze dell'Avenue de Villiers, altre mi erano state appioppate per legittima difesa in numero sempre crescente da diversi specialisti di nervi. Soltanto le diecine di indisciplinate e sregolate signore di ogni età, che il professor Weir-Mitchell mi passava, sarebbero bastate per provare la solidità del cervello di qualunque uomo, ed anche la sua pazienza. Anche il professor Kraft-Ebing di Vienna, il famoso autore di *Psicopatia Sexualis,* mi mandava continuamente ammalati dei due sessi e di nessun sesso, tutti più o meno difficili a trattare, specialmente le donne. Con mia grande sorpresa e soddisfazione, da ultimo ne avevo anche curato alcuni con vari disturbi nervosi mandati senza dubbio dal maestro della Salpêtrière, sebbene mai con una parola scritta. Molti di questi ammalati erano casi mal definiti, più o meno irresponsabili dei loro atti. Alcuni erano dei veri pazzi, capaci di qualunque cosa. È facile aver pazienza con i pazzi, e confesso d'avere una certa simpatia per loro. Con un po' di maniera, è facile trattare con la maggior parte di essi. Ma non è facile aver pazienza con le donne isteriche, e in quanto ad essere gentili con loro, ci si deve pensare due volte prima di esserlo troppo: non domandano di meglio. Generalmente si può far ben poco per queste malate, specialmente fuori dell'ospedale. Potete stordire i loro centri nervosi con sedativi, ma non guarirli. Rimangono quello che sono, un confuso complesso di disordini mentali e fisici, una peste per se stesse e per le loro famiglie, una maledizione per i loro medici. Il trattamento ipnotico, così benefico in molte malattie mentali finora incurabili, è, di regola, controindicato nelle donne isteriche di ogni età; l'isterismo non ha limiti di età. In ogni caso dovrebbe essere rispettato il suggerimento di Charcot: *à l'état de veille*. È, inoltre, non necessario, perchè queste povere squilibrate sono, di regola, molto ben disposte ad essere influenzate dal loro dottore; si fidano anche troppo di lui, credono che sia l'unico che possa capirle e lo idolatrano. Prima o poi cominciano ad arrivare le fotografie; non c'è nulla da fare. « *Il faut passer par là,* » diceva Charcot col suo tetro sorriso. La mia antipatia per le fotografie è di vecchia data; personalmente non mi sono mai sottoposto a farmi fotografare da quando avevo sedici anni, ad eccezione delle inevitabili istantanee per passaporto quando servivo nella Croce Rossa durante la guerra. Non mi sono mai interessato nemmeno alle fotografie dei miei amici. Potrei, volendo, riprodurre fedelmente i loro lineamenti sulla mia retina con molto maggior esattezza del migliore fotografo. Per lo studioso di psicologia la solita fotografia ritoccata ha poco valore. Ma la vecchia Anna amava molto le fotografie. Dal memorabile giorno della sua promozione dalla più umile fra tutte le fioraie di piazza di Spagna a portinaia della casa di Keats. Anna era divenuta una collezionista entusiasta di fotografie. Spesso, dopo averla sgridata troppo severamente per alcune fra le sue numerose mancanze, mandavo al suo piccolo bugigattolo, sotto le scale della Trinità dei Monti, la colomba della pace con una fotografia nel becco. Quando finalmente, esaurito dall'insonnia, lasciai la casa di Keats per sempre, Anna prese possesso di tutto un cassetto della mia scrivania pieno di fotografie di ogni specie e grandezza. Per dir la verità, devo confessare che ero felice di sbarazzarmene. Anna è completamente innocente, il colpevole sono io solo. Durante una breve visita a Londra e a Parigi nella primavera seguente, fui colpito dall'alterezza, per non dire freddezza, con cui mi accoglievano parecchi dei miei precedenti malati e i loro parenti. Passando per Roma, nel mio viaggio di ritorno a Capri, ebbi appena il tempo di pranzare alla Legazione di Svezia. Mi parve che il ministro fosse piuttosto bisbetico. Anche la mia gentile ospite era straordinariamente silenziosa. Quando stavo per andarmene, per prendere il treno della notte per Napoli, il mio vecchio amico mi disse che era davvero ora che tornassi a San Michele, per restarci il resto dei miei giorni, fra i cani e le scimmie. Non ero adatto per altra società, avevo battuto il record con la mia ultima impresa quando avevo lasciato la casa di Keats. Con voce furibonda prese a raccontarmi che la vigilia di Natale attraversando piazza di Spagna affollata di turisti, come è di solito in quel giorno, aveva trovato Anna davanti a un tavolo coperto di fotografie, sull'uscio della casa di Keats, che gridava con voce acuta ai passanti:

« Venite a vedere questa bellissima signorina coi capelli ricci: ultimo prezzo due lire. »

« Guardate la signora americana, guardate che collana di perle, guardate che orecchini con brillanti, ve la dò per due e cinquanta; una vera occasione! »

« Non vi fate scappare questa nobile marchesa, tutta in pelliccia! »

« Guardate questa duchessa, tutta scollata, in veste da ballo e con la corona in testa, quattro lire, un vero regalo! »

« Ecco la signora Bocca Aperta; prezzo ridotto: una lira e mezzo. »

« Ecco la signora Mezza Pazza, rideva sempre, ultimo prezzo: una lira! »

353

« Ecco la signora Capa Rossa che puzzava sempre di liquore, una lira e mezzo. »

« Ecco la signorina dell'Albergo Europa che era impazzita per il signor dottore, due lire e mezzo. »

« Vedete la signora francese, che nascondeva il portasigarette sotto il mantello, povera signora, non era colpa sua, non aveva la testa a posto, prezzo ristretto : una lira. »

« Ecco la signora russa che voleva ammazzare la civetta, due lire, neanche un soldo di meno. »

« Ecco la baronessa mezzo uomo mezzo donna, mammamia, non si capisce niente ; il signor dottore diceva che era nata così : due lire e venticinque, una vera occasione. »

« Ecco la contessa bionda che il signor dottore le voleva tanto bene, guardate com'è carina, non meno di tre lire! »

« Ecco la... »

In mezzo a tutte queste signore stava anche la sua fotografia formato gabinetto, in uniforme di gala, decorazioni e cappello a tre punte e nell'angolo : « Ad A. M. dal suo vecchio amico C. B. » Anna disse che era contenta di cederla al prezzo ridotto di una lira, giacchè commerciava principalmente in fotografie di signore. La Legazione aveva ricevuto pacchi di lettere da alcune delle mie ex malate, dai loro padri, mariti e fidanzati, che tutti indignati protestavano contro questo scandalo. Un francese furibondo, che durante la sua luna di miele a Roma aveva scoperto una grande fotografia della sua sposa nella vetrina di un parrucchiere di via Croce, aveva chiesto il mio indirizzo, voleva sfidarmi a duello alla pistola perchè mi battessi con lui alla frontiera. Il ministro sperava che il francese fosse un bravo tiratore, del resto aveva sempre predetto che non sarei morto di morte naturale.

La vecchia Anna vende sempre fiori in piazza di Spagna, comprate un mazzo di violette da lei, a meno che non preferiate darle la vostra fotografia. I tempi sono duri, la vecchia Anna ha le cateratte a tutt'e due gli occhi.

Secondo me, non c'era modo di sbarazzarsi di queste malate, sarei stato grato a chiunque avesse voluto darmi un suggerimento in questo senso. Era inutile scrivere alle loro famiglie di venire a prenderle per riportarle a casa. Tutti i loro parenti s'erano stancati da parecchio tempo e non avrebbero arretrato davanti a nessun sacrificio, purchè esse restassero con voi. Ricordo bene un ometto dall'aria abbattuta, che un giorno entrò nella mia sala di consultazione quando gli altri malati erano già andati via. Si sprofondò in una poltrona e mi passò la sua carta da visita. Il suo nome mi era odioso: « Mr. Charles W. Washington Longfellow Perkins Jr. » Si scusò di non aver risposto alle mie due lettere e al cablogramma, aveva preferito venire personalmente per rivolgermi un'altra supplica. Ripetei la mia richiesta, dissi che non era giusto gettarmi sulle spalle tutto il peso di Mrs. Perkins Junior, non ne potevo più. Rispose che era un uomo d'affari, voleva trattare la questione sotto questo punto di vista, era contento di sacrificare metà della sua rendita annuale, pagabile in anticipo. Risposi che non era questione di denaro, avevo bisogno di riposo. Non sapeva lui che da più di tre mesi ella mi aveva bombardato di lettere, alla media di tre al giorno, e che dovevo staccare il telefono tutte le sere? Non sapeva lui che ella aveva comprato i più veloci cavalli di Roma e che mi seguiva per tutta la città, che avevo dovuto rinunciare alle mie passeggiate serali al Pincio? Non sapeva lui che ella aveva preso un appartamento nella casa di fronte, all'angolo di via Condotti, per osservare attraverso un potente telescopio le persone che entravano e uscivano dalla mia casa?

Sì, era un telescopio molto buono. Il dottor Jenkins di St. Louis aveva dovuto cambiar casa per via di quel telescopio.

Non sapeva che ero stato chiamato tre volte di notte al Grand Hôtel, a fare una lavanda gastrica per dose eccessiva di laudano?

Egli disse che essa aveva sempre adoperato il veronal col dottor Lippincott; mi suggerì di aspettare la mattina, la prossima volta che avesse mandato a chiamarmi, essa stava sempre molto attenta alle dosi. C'era qualche fiume in questa città?

Sì, lo chiamano il Tevere. Si era gettata dal ponte Sant'Angelo il mese prima, una guardia l'aveva seguita e raccolta.

Disse che non sarebbe stato necessario, era un'eccellente nuotatrice, si era tenuta a galla fuori di Newport per più di mezz'ora. Era sorpreso di sentire che sua moglie era sempre al Grand Hôtel. Di regola non restava mai in un posto più d'una settimana.

Dissi che era la sua ultima speranza, era già stata in tutti gli altri alberghi di Roma. Il direttore, a proposito, mi aveva detto che era impossibile tenerla più a lungo: tutto il giorno questionava con i camerieri e le cameriere e la notte spostava i mobili del suo salotto. Non poteva sospenderle lo stipendio? Soltanto se avesse dovuto guadagnarsi il pane avrebbe potuto salvarsi.

Aveva diecimila dollari l'anno di suo e altri diecimila dollari dal primo marito, che se l'era cavata a buon mercato.

Non poteva farla rinchiudere in America?

Aveva provato invano: supponeva che non fosse abbastanza pazza, voleva sapere cosa avrebbero voluto di più. Non potevo farla rinchiudere in Italia?

Temevo di no.

Ci guardammo a vicenda con crescente simpatia.

Mi disse che secondo le statistiche del dottor Jenkins, essa non era mai stata innamorata dello stesso dottore per più di un mese, la media era quindici giorni, presto il mio periodo sarebbe terminato in ogni caso: non avrei avuto pietà di lui tenendomela sino alla primavera?

Ahimè, le statistiche del dottor Jenkins si dimostrarono

errate, essa rimase la mia principale tormentatrice durante tutto il mio soggiorno a Roma. Nell'estate invase Capri. Voleva affogarsi nella Grotta Azzurra. Si arrampicò sopra il muro del giardino di San Michele; esasperato, per poco non la buttai giù dal precipizio. Credo che l'avrei fatto se suo marito non mi avesse avvertito prima che una caduta di trecentocinquanta metri non le avrebbe fatto nulla. Avevo buone ragioni per crederlo: soltanto un paio di mesi prima una signorina tedesca, mezzo pazza, si era buttata giù dal famoso muro del Pincio e per tutto danno aveva avuto una caviglia rotta. Dopo che ebbe esaurito volta a volta tutti i dottori tedeschi residenti, divenni io la sua preda. Fu un caso particolarmente difficile perchè Fräulein Klara aveva una sorprendente facilità a scrivere poesie, la sua produzione letteraria era in media di dieci pagine al giorno, tutta dedicata a me. La sopportai per tutto un inverno. Quando venne la primavera (questi casi peggiorano sempre in primavera) dissi alla sua stupida madre che se non tornava con la signorina Klara da dove era venuta, niente mi avrebbe trattenuto dal farla rinchiudere. Dovevano partire per la Germania la mattina. Fui svegliato durante la notte dall'arrivo dei pompieri in piazza di Spagna; il primo piano dell'Hôtel de l'Europe lì accanto era in fiamme. La signorina Klara, in camicia da notte, passò il resto della notte nel mio salotto, di buonissimo umore, scrivendo poesie. Aveva ottenuto ciò che desiderava: dovevano rimanere ancora una settimana a Roma per le investigazioni della polizia e per regolare il danno, poichè il fuoco era scoppiato nel loro salotto. Essa aveva inzuppato di petrolio un asciugamano, l'aveva acceso e buttato sul pianoforte.

Un giorno, mentre uscivo di casa, fui fermato sull'uscio da una bellissima ragazza americana, proprio il ritratto della salute, nessun disturbo nervoso questa volte, grazie a Dio. Dissi che dal suo aspetto pensavo che avremmo potuto rimandare la visita fino all'indomani, avevo fretta. Anche

357

lei, mi rispose. Aggiunse che era venuta a Roma per vedere il papa e il dottor Munthe che aveva tenuto tranquilla la zia Sally per tutto un anno, cosa che a nessun altro dottore era riuscita. Le offrii una bella stampa a colori della *Primavera* di Botticelli, se avesse riportato la zia in America con sè. Disse che non l'avrebbe fatto neppur se le avessi offerto l'originale. Non ci si poteva fidare della zia. Non so se la società Keats, che comprò la casa quando io la lasciai, abbia messo delle porte nuove nella camera dove morì il poeta e dove forse sarei morto io stesso se non fossi stato fortunato. Se la vecchia porta è sempre lì, c'è anche un piccolo foro prodotto da una palla nell'angolo a sinistra, press'a poco all'altezza della mia testa, riempito di stucco e ridipinto da me.

Un'altra costante visitatrice della mia sala di consultazioni era una signora di aspetto timido e di buone maniere, che un giorno, con un amabile sorriso, mise uno spillone da cappello nella gamba dell'inglese che le stava accanto sul sofà. La compagnia contava anche un paio di cleptomani, che portavano via, sotto i mantelli, ogni oggetto che potevano afferrare, con grande costernazione dei miei domestici. Alcuni dei miei malati non erano affatto in stato da essere ammessi nella sala d'aspetto, ma dovevano essere installati nella biblioteca, sotto l'occhio vigile di Anna che aveva una meravigliosa pazienza con loro, molto più di me. Per guadagnare tempo, alcuni di essi venivano ammessi nella sala da pranzo, perchè mi raccontassero le loro disgrazie mentre facevo colazione. La sala da pranzo dava su un cortiletto sotto le scale della Trinità dei Monti, che io avevo trasformato in una specie di infermeria e casa di convalescenza per i miei diversi animali. Fra loro c'era un'adorabile piccola civetta, una discendente diretta della civetta di Minerva. L'avevo trovata nella campagna con un'ala rotta, mezzo morta di fame. La sua ala guarì, la portai due volte sul posto dove l'avevo trovata e le avevo dato il via, due volte aveva volato verso la mia carrozza per posarmisi sulla spalla, non voleva saperne di una separazione. Da allora la piccola civetta sedeva sul suo posatoio, nell'angolo della sala da pranzo, guardandomi amorosamente con i suoi grandi occhi dorati. Aveva perfino smesso di dormire durante il giorno per non perdermi di vista. Quando carezzavo il suo morbido corpicino, socchiudeva gli occhi dal piacere e mi rosicchiava dolcemente le labbra col becco minuscolo e affilato, l'unico bacio che una civetta può dare. Fra i malati che venivano ammessi in sala da pranzo c'era una signorina russa, molto eccitabile e che mi dava molto da fare. Non lo credereste, questa signorina diventò così gelosa della civetta e la fissava così ferocemente, che dovetti ordinare severamente ad Anna di non lasciarle mai sole nella stanza. Un giorno, mentre entravo per far colazione, Anna mi raccontò che la signorina russa era venuta da poco con un topo morto, avvolto in un pezzo di carta. L'aveva preso in camera sua, era sicura che sarebbe piaciuto alla civetta per colazione. Ma la civetta la sapeva lunga: dopo aver staccato la testa con un morso, come fanno le civette, rifiutò di mangiarlo. Lo portai al farmacista inglese. Conteneva arsenico in quantità sufficiente per ammazzare un gatto.

Per fare un piacere a Giovannina e a Rosina, avevo invitato il loro vecchio padre a venire a Roma a passare la Pasqua. Il vecchio Pacciale era mio caro amico da molti anni. Nei tempi passati era stato un pescatore di corallo, come quasi tutti gli uomini di Capri di allora. Dopo varie vicissitudini, finì col diventare il becchino ufficiale di Anacapri, cattivo affare in un posto dove nessuno muore finchè sta lontano dal medico. Anche dopo che l'ebbi fatto venire ad abitare con i suoi bambini a San Michele, non voleva abbandonare la sua professione di becchino. Provava un piacere speciale nel maneggiare i morti e pareva quasi che pigliasse gusto a seppellirli. Il vecchio Pacciale arrivò il giovedì di Pasqua, in uno stato di completo sbalordimento. Non aveva mai viaggiato in ferrovia, non era mai stato in una città, non si era mai seduto in una carrozza. Si alzava ogni mattina alle tre e scendeva nella piazza a lavarsi le mani e il viso nella fontana del Bernini, sotto la mia finestra. Dopo che miss Hall e le ragazze l'ebbero condotto a baciare il bronzeo dito del piede di san Pietro, a trascinarsi su per la Scala Santa e il suo collega Giovanni del cimitero protestante l'ebbe accompagnato ad ispezionare i vari cimiteri di Roma, disse che non voleva vedere più nulla. Passò il resto del suo soggiorno seduto accanto alla finestra che dava sulla piazza, col suo lungo berretto frigio che non si levava mai di testa. Disse che era la più bella veduta di Roma, nulla poteva superare piazza di Spagna. Anch'io ero di questo parere. Gli domandai perchè piazza di Spagna gli piacesse più di tutto.

« Perchè ci passano sempre i funerali, » spiegò il vecchio Pacciale.


## 29  Estate

La primavera era venuta e se n'era riandata, l'estate romana si avvicinava. Gli ultimi forestieri scomparivano dalle strade soffocanti. Le dee marmoree nei musei vuoti godevano le vacanze, fresche nelle loro comode foglie di fico. San Pietro faceva la siesta nei giardini del Vaticano. Il Foro e il Colosseo erano ricaduti nei loro sogni. Giovannina e Rosina sembravano pallide e stanche, le rose del cappello di miss Hall languivano. I cani ansavano, le scimmie, sotto le scale della Trinità dei Monti, invocavano un cambiamento d'aria e di scenario. Il mio bellissimo piccolo cutter *Lady Victoria* stava all'ancora fuori Porto d'Anzio, aspettando il segno per alzar la vela verso Capri, dove mastro Nicola e i suoi tre figli scrutavano l'orizzonte dal parapetto di San Michele per avvistare il mio ritorno.

La mia ultima visita, prima di lasciare Roma, fu al cimitero protestante fuori Porta San Paolo. Gli usignoli cantavano ancora per i morti i quali non sembravano dispiacenti di essere dimenticati in un posto così dolce, così fragrante di gigli, di rose e mirti in piena fioritura. Gli otto bambini di Giovanni, il becchino, avevano tutti la malaria (c'era molta malaria nei dintorni di Roma in quei giorni, nonostante quello che diceva il Baedeker). La figlia maggiore, Maria, era così scarna per i ripetuti attacchi di febbre, che dissi a suo padre che essa non avrebbe passato l'estate se la lasciava a Roma. Offrii di fargliela passare a San Michele col mio personale. In principio esitò; gli Italiani poveri sono molto riluttanti a separarsi dai loro bambini malati, preferiscono lasciarli morire a casa piuttosto che portarli all'ospedale. Alla fine accettò, quando gli proposi di accompagnare egli stesso la figlia a Capri, per vedere coi propri occhi come la mia gente l'avrebbe curata. Miss Hall con Giovannina e Rosina e tutti i cani partirono per Napoli in ferrovia, come al solito. Io con Billy, il babbuino, la mangusta e la piccola civetta facemmo una splendida traversata con lo yacht. Costeggiammo il Monte Circeo mentre il sole sorgeva, cogliemmo la brezza mattutina nella baia di Terracina, volammo a una velocità da corsa sotto il castello d'Ischia e gettammo l'ancora alla Marina di Capri, mentre le campane suonavano mezzogiorno. Due ore più tardi lavoravo nel giardino di San Michele, quasi senza niente addosso.

Dopo cinque lunghe estati di incessante lavoro, dall'alba al tramonto, San Michele era più o meno finito, ma c'era ancora molto da fare nel giardino. Una nuova terrazza doveva estendersi dietro la casa, un'altra loggia doveva essere costruita sopra le due piccole stanze romane che avevamo scoperte nell'autunno. Vedendo il cortile del chiostro, dissi a mastro Nicola che sarebbe stato meglio buttarlo giù, non mi piaceva più. Mastro Nicola mi supplicò di lasciarlo com'era, l'avevamo demolito due volte, e se avessimo continuato a buttar giù tutto non appena costruito, San Michele non sarebbe stato mai finito. Dissi a mastro Nicola che il modo più giusto di costruire la casa era di buttar giù tutto, non importa quante volte, e ricominciare sempre, finchè l'occhio avesse detto che tutto andava bene. L'occhio conosce l'architettura assai meglio dei libri. L'occhio è infallibile, finchè ci si fida del proprio e non di quello degli altri. Rivedendolo, San Michele mi sembrò ancora più bello di prima. La casa era piccola, le stanze erano poche, ma c'erano logge, terrazze e pergole tutt'intorno, per stare a guardare il sole, il mare e le nuvole: l'anima chiede più spazio del corpo. Pochi mobili nelle stanze, ma quello che c'era non si poteva comprare col solo denaro. Nulla di superfluo, nulla di brutto, niente *bric-à-brac,* niente fronzoli. Qualche primitivo, un'acquaforte di Dürer e un bassorilievo greco sui muri imbiancati. Un paio di tappeti persiani sul pavimento di mosaico, pochi libri sulle tavole, fiori dovunque in lucenti maioliche di Faenza e d'Urbino. I cipressi venuti da Villa d'Este, sulla via che conduceva alla cappella, erano già cresciuti in un viale d'alberi superbi, i più nobili alberi del mondo. Anche la cappella, che aveva dato il nome alla mia casa, era finalmente divenuta mia. Doveva diventare la mia biblioteca. Tutt'intorno ai muri bianchi v'erano degli stalli di coro e nel mezzo una grande tavola fratina carica di libri e di frammenti di terracotta. Sopra una colonna scannellata di giallo antico stava un enorme Horus di basalto, il più grande che abbia mai visto, portato dalla terra dei Faraoni da qualche collezionista romano, forse Tiberio stesso. Dalla scrivania mi guardava la marmorea testa di Medusa del quarto secolo a. C. Era stata trovata da me in fondo al mare. Sul grande cinquecentesco camino fiorentino stava la Vittoria Alata. Sopra una colonna di marmo africano, vicino alla finestra, la testa mutilata di Nerone guardava sul golfo dove aveva fatto battere a morte la madre dai suoi rematori. Sopra la porta d'entrata splendeva la bellissima finestra di vetro dipinto del Cinquecento che era stata regalata dalla città di Firenze ad Eleonora Duse, e da questa a me in ricordo del suo ultimo soggiorno a San Michele. In una piccola cripta, due metri sotto il pavimento romano di marmo colorato, dormivano in pace due frati. Li avevo trovati inaspettatamente, mentre si stava scavando per la base del camino. Giacevano lì, con le braccia incrociate, precisamente come erano stati sepolti sotto la cappella quasi cinquecento anni prima. Le loro tonache erano ridotte quasi in polvere, i corpi risecchiti erano leggeri come pergamena, ma i lineamenti erano ben conservati, le mani stringevano ancora i crocifissi; uno aveva delle graziose fibbie d'argento sui sandali. Ero dolente d'aver disturbato il loro sonno; con infinite precauzioni li rinchiusi di nuovo nella piccola cripta.

Il colonnato gotico intorno alla cappella stava proprio bene, pensavo. Dove si possono trovare simili colonne oggi? Guardando giù dal parapetto l'isola ai miei piedi, dissi a mastro Nicola che si doveva cominciare subito a fare il basamento per la sfinge, non c'era tempo da perdere. Mastro Nicola ne fu felicissimo: perchè non si prendeva subito la sfinge, dov'era adesso? Dissi che stava sotto le rovine d'una villa sconosciuta di un imperatore romano in qualche posto sulla terraferma. Stava lì ad aspettarmi da duemila anni. Un uomo con un manto rosso me l'aveva raccontato la prima volta che avevo guardato il mare lontano, proprio dal posto dove eravamo; finora l'avevo vista soltanto nei miei sogni. Guardai il mio piccolo yacht attraccato alla Marina ai miei piedi, e dissi che ero sicuro che al momento opportuno avrei trovato la sfinge. La difficoltà sarebbe stata di portarla attraverso il mare; era tutta di granito e pesava non so quante tonnellate. Mastro Nicola si grattò la testa e mi domandò chi l'avrebbe trascinata fino a San Michele! Lui ed io, naturalmente.

Le due piccole stanze romane sotto la cappella erano ancora piene di rottami del soffitto crollato, ma i muri erano intatti fino all'altezza d'uomo. Le ghirlande di fiori e le ninfe sopra l'intonaco rosso parevano dipinte ieri.

« Roba di Timberio? » disse mastro Nicola.

« No, » dissi guardando attentamente il delicato disegno del pavimento di mosaico dal grazioso bordo di foglie di viti in nero antico. « Questo pavimento fu fatto prima del suo tempo, risale ad Augusto. Anche il vecchio imperatore aveva una grande passione per Capri; cominciò a fabbricare una villa qui, Dio solo sa in che punto, ma morì a Nola ritornando a Roma, prima che questa fosse finita. Fu un grande uomo e un grande imperatore ma, credetemi, Tiberio fu il più grande di tutti. »

La pergola era già coperta di giovani viti: rose, caprifoglio ed epitimo si aggrovigliavano intorno alla lunga fila di bianche colonne. Fra i cipressi del piccolo chiostro stava il fauno danzante sulla colonna di cipollino, nel centro della grande loggia sedeva l'Ermes di bronzo di Ercolano. Nel piccolo cortile di marmo, tutto sfolgorante di sole, fuori dalla sala da pranzo, stava Billy il babbuino, intento a cercare le pulci a Tappio, circondato da tutti gli altri cani, che aspettavano sonnolenti il loro turno, per il solito completamento alla toilette mattutina. Billy aveva una mano meravigliosamente adatta a prendere le pulci, nessuna cosa saltellante o strisciante poteva sfuggire ai suoi vigili occhi. I cani lo sapevano bene e si divertivano quanto lui a questo sport, l'unico tollerato dalle leggi di San Michele. La morte era fulminea e probabilmente senza dolore: Billy aveva inghiottito la sua preda prima che questa si rendesse conto del pericolo. Billy aveva abbandonato il vizio di bere ed era diventato una scimmia rispettabile nel pieno sviluppo della sua maturità. Assomigliava in modo allarmante ad un essere umano, teneva buona condotta benchè fosse assai rumoroso quando non era sotto i miei occhi, disposto a burlarsi di tutti. Spesso mi domandavo che cosa i cani pensassero, in fondo in fondo, di lui. Credo piuttosto che ne avessero paura, generalmente volgevano gli occhi quando li guardava. Billy non aveva paura di nessun altro all'infuori di me. Potevo sempre leggere sul suo viso quando egli aveva la coscienza sporca, cosa che accadeva assai spesso. Sì, credo che avesse paura anche della mangusta che girava furtivamente per il giardino sui piedini irrequieti, silenziosa e curiosa. C'era indubbiamente qualche cosa di umano in Billy, non ne aveva colpa, il suo Creatore l'aveva fatto così: Billy non era affatto insensibile alle attrazioni dell'altro sesso. Aveva di colpo preso una grande simpatia per Elisa, la moglie del mio giardiniere, che stava a fissarlo per delle ore con occhi affascinati, mentre lui sedeva sul suo fico privato, facendole le boccacce. Elisa, come al solito, aspettava un bambino. Non l'ho mai conosciuta che in questo stato. Non so perchè, ma mi piaceva poco questa improvvisa amicizia con Billy, le avevo perfino detto che avrebbe fatto meglio a guardare qualche altro.

Il vecchio Pacciale era andato giù alla Marina per ricevere il suo collega Giovanni, il becchino di Roma, che doveva arrivare, insieme alla figlia, a mezzogiorno, con la barca di Sorrento. Siccome doveva essere di ritorno al cimitero protestante la sera seguente, nel pomeriggio sarebbe stato condotto ad ispezionare i due cimiteri dell'isola. La sera il personale di servizio doveva offrire un pranzo sulla terrazza del giardino, con vino a volontà, in onore dei distinti ospiti di Roma.

Le campane della cappella suonavano l'Ave Maria. Ero stato in piedi a lavorare in giardino sotto il sole cocente dalle cinque del mattino. Stanco e affamato sedetti alla mia frugale cena sulla loggia superiore, grato d'aver passato un altro giorno felice. Sulla terrazza ai miei piedi stavano i miei ospiti vestiti a festa, seduti intorno ad un immenso piatto di maccheroni e ad un grande orcio del migliore vino di San Michele. Al posto d'onore, a capo tavola, stava il becchino di Roma con i due becchini di Capri ai suoi lati. Accanto stavano Baldassarre il mio giardiniere, Gaetano il marinaio, e mastro Nicola con i suoi tre figli; tutti parlavano ad alta voce. Intorno alla tavola, in ammirazione, stavano le donne, secondo l'usanza napoletana. Il sole tramontava lentamente sul mare. Per la prima volta in vita mia provai sollievo quando finalmente scomparve dietro Ischia. Perchè desideravo il crepuscolo, io, l'idolatra del sole, che fin da bambino avevo tanta paura del buio? Perchè i miei occhi bruciavano tanto, mentre guardavo il glorioso dio Sole? Forse esso era in collera con me, che lavoravo in ginocchio per costruirgli un altro santuario? Era vero quello che il tentatore dal manto rosso mi aveva detto vent'anni prima, mentre dalla cappella per la prima volta avevo guardato giù la bella isola? Era vero che troppa luce fa male agli occhi mortali?

« Guardati dalla luce! Guardati dalla luce! »

Il suo sinistro avvertimento echeggiava alle mie orecchie. Avevo accettato il patto, avevo pagato il prezzo, avevo sacrificato il mio avvenire per guadagnare San Michele, cosa altro voleva da me? Cos'era l'altro grave prezzo che, aveva detto, avrei dovuto pagare prima di morire?

Ad un tratto una nuvola oscura scese sul mare e sul giardino. Le mie brucianti palpebre si chiusero con terrore...

« Ascoltate, compagni! » gridava il becchino di Roma dalla terrazza inferiore. « Ascoltate quello che vi dico! Voi contadini che lo vedete soltanto in questo piccolo miserabile villaggio, girare scalzo e vestito non più di voialtri, sappiate che per le strade di Roma gira in carrozza a due cavalli. Dicono anche che sia andato a visitare il papa quando ebbe l'influenza. Vi dico, compagni, non c'è nessuno come lui, è il più grande dottore di Roma, venite con me al mio cimitero e vedrete! Sempre lui! Sempre lui! E in quanto a me e alla mia famiglia, non so cosa faremmo senza di lui; egli è il nostro benefattore. A chi credete che mia moglie venda tutte le corone e i fiori se non ai suoi clienti! Tutti questi forestieri che suonano al cancello e danno soldi ai miei bambini perchè li facciano entrare, per chi credete che vengano? Cosa credete che vogliano? Naturalmente i miei bambini non capiscono quello che dicono, e a volte dovevano farli girare per tutto il cimitero prima che trovassero ciò che volevano. Adesso, appena dei forestieri suonano il campanello, i miei bambini sanno subito quel che vogliono e li conducono immediatamente alla sua fila di fosse, così quelli sono sempre contenti e danno altri soldi ai bambini. Sempre lui! Sempre lui! Quasi non passa mese che non tagli a pezzi qualcuno dei suoi pazienti nella cappella mortuaria, per cercare di scoprire cosa avesse, e poi mi dà cinquanta lire per ognuno perchè lo rimetta nella bara. Vi dico, compagni, non c'è nessuno come lui! Sempre lui! Sempre lui! »

La nuvola si era già allontanata, il mare raggiava di nuovo di luce sfolgorante, la mia paura era scomparsa. Il diavolo stesso non può niente contro un uomo finchè questi sa ridere.

Il pranzo terminò. Felici di vivere e con la testa piena di vino, andammo tutti a letto a dormire il sonno dei giusti.

Mi ero appena addormentato che mi trovai in una pianura solitaria, cosparsa di rottami, di enormi blocchi di travertino e frammenti di marmo seminascosti dall'edera, dal rosmarino e dal caprifoglio, dal cistus e dal timo. Sopra un muro crollante di *opus reticulatum* sedeva un vecchio pastore, suonando al suo gregge di capre il flauto di Pan. Il viso barbuto era bruciato dal sole e dal vento, i suoi occhi ardevano come carboni accesi sotto le folte sopracciglia, il lungo corpo scarno rabbrividiva sotto il mantello blu da pastore calabrese. Gli offrii un po' di tabacco, mi porse una fetta di formaggio fresco di capra e una cipolla. Lo capivo con difficoltà.

Come si chiamava questo strano luogo?

Non aveva nome.

Donde veniva?

Da nessun posto, era sempre stato qui, questa era la sua dimora.

Dove dormiva?

Indicò col suo lungo bastone una gradinata sotto un arco crollante. Scesi le scale tagliate nella roccia e mi trovai in un'oscura stanza a volta. Nell'angolo c'era un materasso di paglia, con un paio di pelli di pecora per coperta. Sospesi ai muri ed al soffitto pendevano mazzi di cipolle e pomodori secchi, una brocca di creta stava sul rozzo tavolo. Questa era la sua casa, qui stava tutto ciò che possedeva. Qui aveva vissuto tutta la sua vita, qui un giorno si sarebbe disteso per morire. Davanti a me si apriva un buio passaggio sotterraneo, quasi ostruito da calcinacci caduti dal soffitto crollato. Dove conduceva?

Non sapeva, non c'era mai stato. Quand'era ragazzo gli avevano detto che conduceva in una caverna frequentata da uno spirito maligno, che vi viveva da migliaia d'anni, sotto forma di un grande lupo mannaro e divorava chiunque si avvicinasse alla sua caverna.

Accesi una torcia e mi avviai brancolando giù per una gradinata di marmo. Il passaggio si allargava a poco a poco, un soffio d'aria gelata colpiva il mio viso. Udii uno strano gemito, che mi fece gelare il sangue nelle vene. Improvvisamente mi trovai in una sala spaziosa. Due grandi colonne di marmo africano reggevano ancora una parte della volta, due altre, che il terremoto aveva svelte dai loro piedistalli, erano distese sul pavimento di mosaico. Centinaia di enormi pipistrelli pendevano, a chiazze nere, dai

368

muri, altri volteggiavano confusamente intorno alla mia testa accecati dall'improvvisa luce della torcia. Nel centro della sala c'era una grande sfinge di granito, accovacciata, che mi fissava coi suoi occhi sbarrati...

Sobbalzai nel sonno. Il sogno svanì. Aprii gli occhi, il giorno spuntava.

Ad un tratto sentii il richiamo del mare, imperioso, irresistibile, come un comando. Balzai in piedi, mi gettai addosso i vestiti, e corsi su al parapetto della cappella per fare segno al mio yacht di prepararsi alla partenza. Un paio d'ore più tardi abbordavo il battello con le provvigioni per una settimana, rotoli di corda forte, picconi, vanghe, una rivoltella, tutto il denaro disponibile, un fascio di torce di legno resinoso di quelle adoperate dai pescatori per la pesca notturna. Un momento dopo issavamo la vela per la più sensazionale avventura della mia vita. La notte seguente calammo l'ancora in un'insenatura solitaria, conosciuta soltanto da alcuni pescatori e contrabbandieri. Gaetano doveva attendermi lì con lo yacht per una settimana e andar a ricoverarsi nel porto più vicino in caso di tempo cattivo. Conoscevamo bene questa pericolosa costa, senza nessun ancoraggio per la lunghezza di cento miglia. Io conoscevo bene anche il suo meraviglioso interno, un tempo la Magna Grecia dell'età d'oro dell'arte e della cultura ellenica, ora la più desolata provincia d'Italia, abbandonata dall'uomo alla malaria e al terremoto.

Tre giorni dopo mi ritrovavo nella medesima solitaria pianura del mio sogno, cosparsa di enormi blocchi di travertino e di frammenti di marmo seminascosti dall'edera, dal rosmarino e dal caprifoglio selvatico, dal cistus e dal timo. Sopra un muro crollante di *opus reticulatum* sedeva il pastore, suonando il flauto di Pan al suo gregge di capre. Gli offrii un po' di tabacco, mi porse una fetta di fresco formaggio di capra e una cipolla. Il sole era già tramontato dietro le montagne, la mortale nebbia della malaria strisciava lentamente sulla desolata pianura. Gli dissi che avevo smarrito la strada, non osavo vagare in questo deserto, avrei potuto passare la notte con lui? Mi condusse al suo alloggio sotterraneo che riconobbi subito. Mi sdraiai sulle pelli di pecora e mi addormentai.

Tutto quel che avvenne è troppo strano e fantastico per essere tradotto in parole scritte, e poi non mi credereste se tentassi di farlo. Non so bene io stesso dove il sogno finisse e dove avesse principio la realtà. Chi diresse il battello verso questa nascosta e solitaria insenatura? Chi mi condusse attraverso questo deserto senza sentieri alle ignote rovine di una villa romana? Era di carne e d'ossa il pastore o era Pan stesso tornato al suo antico luogo favorito per suonare il flauto al suo gregge di capre?

Non fatemi domande, non posso rispondervi, non oso rispondervi. Interrogate la grande sfinge di granito, che sta accovacciata sul parapetto della cappella di San Michele. Ma domanderete invano. La sfinge ha mantenuto il suo segreto per cinquemila anni. La sfinge manterrà il mio.

Ritornai dalla grande avventura, sfinito dalla fame e rabbrividendo per la malaria. Una volta ero stato rapito dai briganti — a quei tempi ce n'erano ancora in Calabria — furono i miei cenci a salvarmi. Due volte ero stato arrestato dai guardacoste come contrabbandiere. Diverse volte ero stato morso da scorpioni, la mia mano sinistra era ancora fasciata per il morso d'una vipera. Al largo della Punta di Licosa, dove è sepolta Leucosia, la sirena sorella di Partenope, una forte libecciata ci avrebbe colato a picco col nostro pesante carico, se sant'Antonio non avesse preso il timone proprio al momento opportuno. Quando rientrai a San Michele ceri votivi ardevano ancora davanti al suo reliquiario nella chiesa d'Anacapri. La voce che eravamo naufragati durante la tempesta era corsa per l'isola intera. Tutto il mio personale fu felicissimo di darmi il benvenuto.

Sì, tutto andava bene a San Michele, grazie a Dio. Niente era successo ad Anacapri, come al solito nessuno era morto. Il parroco si era storta la caviglia, alcuni dicevano che era sdrucciolato mentre scendeva dal pulpito la domenica precedente, altri che il parroco di Capri, che come tutti sapevano era iettatore, gli aveva fatto il malocchio. Il giorno precedente il canonico don Crisostomo era stato trovato morto nel suo letto, giù a Capri. Egli stava benissimo quando si era coricato, era morto nel sonno. La notte prima era stato collocato in gran pompa nella chiesa davanti all'altare maggiore; doveva esser sepolto con grande pompa quella mattina: dall'alba le campane suonavano.

Nel giardino il lavoro continuava come sempre. Mastro Nicola aveva trovato un'altra testa di cristiano mentre buttava giù il muro del chiostro, e Baldassarre aveva scoperto un altro vaso di creta con monete romane mentre tirava fuori le patate novelle. Il vecchio Pacciale, che stava scavando nel mio vigneto a Damecuta, mi prese in disparte con aria di grande mistero e di importanza. Assicuratosi che nessuno ci stesse a sentire, trasse dalla tasca una pipa di creta rossa, nera di fumo, che forse aveva appartenuto a qualche soldato del reggimento maltese accampatosi a Damecuta nel 1808.

« La pipa di Timberio! » mi disse.

I cani avevano avuto il loro bagno ogni giorno a mezzodì e gli ossi due volte la settimana secondo la regola. La piccola civetta era di buon umore. La mangusta era stata in piedi giorno e notte, sempre alla ricerca di qualcosa o di qualcuno. Le tartarughe sembravano felici nella loro tranquillità.

Era stato buono Billy?

« Sì, » Elisa si affrettò a rispondere, Billy era stato buono, « un vero angelo! »

Mi pareva che non sembrasse affatto un angelo, mentre dalla cima del suo fico mi guardava sogghignando. Contrariamente alla sua abitudine, non scese a darmi il benvenuto. Ero certo che aveva commesso qualche marachella, non mi piaceva l'espressione della sua faccia. Era proprio vero che Billy era stato buono?

A poco a poco la verità si fece strada. Lo stesso giorno della mia partenza, Billy aveva gettato una carota in testa a un forestiero che passava sotto il muro del giardino, rompendogli gli occhiali. Il forestiero si era arrabbiato molto e avrebbe sporto denunzia a Capri. Elisa aveva protestato energicamente: era tutta colpa sua; non aveva nessun diritto di star a ridere in quel modo di Billy; tutti sapevano che si arrabbiava quando le persone lo canzonavano. Il giorno dopo c'era stata una terribile lotta fra Billy e il fox-terrier, tutti i cani si erano gettati nella zuffa, Billy aveva lottato come un demonio e aveva tentato perfino di mordere Baldassarre quando aveva cercato di separare i contendenti. La battaglia si era arrestata improvvisamente con l'arrivo della mangusta, Billy era saltato sull'albero e tutti i cani se l'erano svignata, come facevano sempre quando arrivava il piccolo animale. Da allora i cani e Billy erano in stato di guerra; esso si era perfino rifiutato di continuare ad acchiappare le loro pulci. Billy aveva dato la caccia al gattino siamese per tutto il giardino e alla fine se l'era portato in cima al fico e gli aveva strappato tutti i peli. Billy aveva continuamente irritato le tartarughe. Amanda, la tartaruga più grande, aveva fatto sette uova, grosse come quelle di piccione, e dovevano essere covate dal sole, e Billy le aveva inghiottite in un baleno. Erano stati almeno attenti a non lasciar delle bottiglie di vino a portata di mano? Ci fu un sinistro silenzio. Pacciale, il più fidato del personale, finalmente ammise che in due occasioni Billy era stato visto uscire furtivamente dalla cantina con una bottiglia in ogni mano. Tre giorni prima tre altre bottiglie erano state scoperte nell'angolo della casa riservato alle scimmie, accuratamente sepolte sotto la rena. Secondo le istruzioni, Billy era stato subito rinchiuso a pane e acqua nella sua casetta, in attesa del mio ritorno. La mattina seguente la casa delle scimmie era vuota; Billy si era liberato durante la notte in modo inesplicabile, le sbarre erano intatte, la chiave del lucchetto in tasca di Baldassarre. Tutti avevano cercato invano Billy per tutto il villaggio. Baldassarre l'aveva finalmente preso proprio quella mattina in cima alla montagna di Barbarossa, profondamente addormentato, con un uccello morto in mano. Durante quest'inchiesta Billy stava seduto in cima al suo albero, guardandomi con aria di sfida; non c'era nessun dubbio che capisse ogni parola di quello che si diceva. Erano necessari severi provvedimenti disciplinari. Le scimmie, come i bambini, devono imparare ad ubbidire fino a quando possono imparare a comandare. Billy cominciò a sembrare inquieto. Sapeva che io ero il padrone, sapeva che potevo acchiapparlo col laccio, come spesso avevo fatto, sapeva che la frusta nella mia mano era per lui. I cani lo sapevano altrettanto bene e sedevano in cerchio intorno all'albero di Billy, dimenando le code con la coscienza pura e godendosi in pieno la situazione. Ai cani non dispiace assistere alla scudisciata data ad altri.

Ad un tratto, Elisa si mise le mani sull'addome con un acuto strillo, ed io e Pacciale facemmo appena in tempo a portarla sul letto nella casetta, mentre Baldassarre corse a chiamare la levatrice. Quando ritornai verso l'albero, Billy era scomparso; tanto meglio per lui e per me, che odio punire gli animali.

Inoltre, avevo ben altre cose cui pensare. Il canonico don Crisostomo mi aveva sempre interessato vivamente. Ero molto ansioso di conoscere qualcosa di più sulla sua morte: della sua vita sapevo abbastanza. Don Crisostomo aveva la reputazione di essere l'uomo più ricco dell'isola, dicevano che possedesse una rendita di venticinque lire per ogni ora della sua vita: « anche quando dorme ». L'avevo osservato per molti anni spillare l'ultimo soldo dei suoi poveri fittavoli, sfrattati dalle case quando il raccolto delle ulive andava male e non potevano pagare la pigione, lasciati morire di fame quando invecchiavano e non avevano più la forza di lavorare per lui. Nè io nè nessun altro avevamo mai sentito dire che avesse regalato un soldo. Sapevo che avrei cessato di credere in ogni divina giustizia in questo mondo, se Dio onnipotente avesse concesso a questo vecchio vampiro la più grande benedizione che possa venir concessa ai viventi: quella di morire nel sonno. Decisi di andare a trovare il mio vecchio amico don Antonio, il parroco di Anacapri, che certamente avrebbe potuto dirmi quanto volevo sapere. Don Crisostomo era stato il suo mortale nemico per mezzo secolo. Il parroco stava seduto sul letto, il piede avvolto in un enorme fascio di coperte di lana, il volto sorridente. La camera era piena di preti, nel mezzo stava Maria Portalettere, con la lingua quasi penzolante fuor dalla bocca per l'eccitazione. Durante la notte il fuoco era scoppiato nella chiesa di Capri, mentre don Crisostomo giaceva maestosamente sopra il catafalco; la bara era stata consumata dalle fiamme! Qualcuno diceva che era stato il demonio a buttare giù la candela di cera accanto al catafalco, per dar fuoco a don Crisostomo. Altri dicevano che era stata una banda di briganti venuti a rubare la statua d'argento di san Costanzo. Il parroco era sicuro che fosse stato il demonio a buttar giù la candela di cera: egli aveva sempre profetizzato che don Crisostomo sarebbe finito tra le fiamme.

Il racconto di Maria Portalettere sulla morte di don Crisostomo pareva assai plausibile; il demonio gli era apparso alla finestra mentre leggeva le sue preghiere serali, egli aveva chiesto aiuto, e, quasi svenuto, era stato portato sul letto e dopo poco era morto di paura.

Molto interessante: pensai che sarebbe stato meglio andassi giù a Capri io stesso per fare le investigazioni. La piazza era zeppa di gente che gridava ad alta voce. Nel centro erano il sindaco e i consiglieri municipali che aspettavano ansiosamente l'arrivo dei carabinieri di Sorrento. Sulla gradinata della chiesa stavano una diecina di preti, che gesticolavano animatamente. La chiesa era chiusa in attesa dell'arrivo delle autorità. Sì, disse il sindaco, avvicinandosi con volto serio, era tutto vero! Quando il sagrestano era andato per aprire la chiesa la mattina, l'aveva trovata piena di fumo. Il catafalco era mezzo consumato dal fuoco, la bara stessa era molto bruciata, della preziosa coltre mortuaria di velluto ricamato e di una dozzina di corone inviate dai parenti del canonico non restava altro che un mucchio di cenere. Tre degli enormi ceri che erano intorno al catafalco ardevano ancora, evidentemente il quarto era stato buttato giù da una mano sacrilega per dar fuoco al drappo. Fin allora era stato impossibile assicurarsi se fosse opera del demonio o di qualche criminale, ma il sindaco argutamente osservò che il fatto che nessuno dei gioielli preziosi intorno al collo di san Costanzo mancasse, lo faceva, con rispetto parlando, propendere per la prima supposizione. Mentre continuavo la mia inchiesta, il mistero si faceva sempre più oscuro. Il pavimento del caffè Zum Hiddigeigei, il quartiere generale della colonia tedesca, era cosparso di bicchieri rotti, di bottiglie e di ogni specie di maioliche; sopra un tavolo c'era una bottiglia di whisky mezzo vuota. Nella farmacia dozzine di vasi di Faenza, che contenevano droghe preziose e misture segrete, erano state buttate giù dalle assi: c'era olio di ricino dappertutto. Il professor Raffaele Parmigiano mi mostrò personalmente la devastazione della sua nuova sala di esposizione, l'orgoglio della piazza. Il suo *Vesuvio in eruzione*, la sua *Processione di san Costanzo*, il suo *Salto di Tiberio*, la sua *Bella Carmela*, stavano tutti ammucchiati per terra con le cornici rotte e le tele spaccate. Il suo *Tiberio nuotante nella Grotta Azzurra* era ancora sul cavalletto, ma tutto impiastricciato di chiazze di oltremare in pazza confusione. Il sindaco mi informò che fin allora le investigazioni eseguite dalle autorità locali non avevano dato alcun risultato. La teoria dei briganti era stata abbandonata dal partito liberale, da quando si erano accertati che nessun oggetto di valore era stato asportato. Perfino i due pericolosi camorristi napoletani, in villeggiatura nella prigione di Capri da più d'un anno, avevano potuto dimostrare il loro alibi. Era stato provato che, a causa della forte pioggia, erano rimasti tutta la notte nella prigione, invece di fare la loro passeggiata abituale al villaggio dopo mezzanotte. Inoltre, erano buoni cattolici e molto popolari e non era probabile che si disturbassero per simili piccolezze.

Il partito clericale aveva scartato la teoria del demonio per rispetto alla memoria di don Crisostomo. Chi era allora l'autore di questi vili oltraggi? Restava una sola ipotesi. Alle porte di Capri era il suo nemico secolare: Anacapri! Naturalmente tutto era opera degli Anacapresi! Ciò spiegava tutto. Il canonico era il nemico mortale degli Anacapresi, che non gli avevano mai perdonato di aver preso in giro l'ultimo miracolo di sant'Antonio, durante la sua famosa predica nel giorno di san Costanzo. Il feroce odio fra lo Zum Hiddigeigei e il nuovo caffè di Anacapri, da poco aperto, era un fatto notorio. Al tempo di Cesare Borgia, don Petruccio, lo speziale di Capri, ci avrebbe pensato due volte prima di accettare l'invito del suo collega di Anacapri a mangiare i maccheroni insieme. La gara fra il professor Raffaele Parmigiano di Capri e il professor Michelangelo di Anacapri per il monopolio di *Tiberio nuotante nella Grotta Azzurra* era divenuta da ultimo una guerra furiosa. L'apertura della sala di esposizione era stata un brutto colpo per il professor Michelangelo, la vendita della sua *Processione di sant'Antonio* si era quasi arrestata. Naturalmente Anacapri era la causa di tutto.

Abbasso Anacapri! Abbasso Anacapri!

Pensai che avrei fatto meglio a tornarmene donde ero venuto, cominciavo a sentirmi inquieto. Non sapevo neppure io che cosa credere. L'amara guerra fra Capri e Anacapri, esistente dai tempi dei viceré spagnoli a Napoli, continuava in quei giorni con furia indomita. I due sindaci non si salutavano. I contadini si odiavano, i notabili si odiavano, i preti si odiavano, i due santi patroni, sant'Antonio e san Costanzo, si odiavano! Due anni prima, quando un'enorme roccia, caduta dal Monte Barbarossa, aveva rovinato l'altare e la statua di sant'Antonio, avevo visto con i miei occhi una folla di Capresi ballare intorno alla nostra piccola cappella danneggiata.

A San Michele il lavoro era già stato sospeso. Tutta la mia gente, vestita a festa, era diretta alla piazza dove la banda doveva suonare per celebrare l'avvenimento. Più di cento lire erano già state raccolte per i fuochi artificiali. Il sindaco mi aveva mandato a dire che sperava che vi avrei assistito nella mia qualità di cittadino onorario: questa distinzione mi era stata concessa l'anno precedente.

Nel mezzo della pergola stava Billy, accanto alla più grande tartaruga, troppo assorto nel suo giuoco favorito per accorgersi che mi avvicinavo. Il giuoco consisteva in una serie di colpi rapidi dati alla porta posteriore della casa della tartaruga, dove esce fuori la coda. Ad ogni colpo, la tartaruga tirava fuori la testa sonnacchiosa dalla porta principale per vedere cosa succedeva, e riceveva da Billy con fulminea rapidità un pugno sbalorditivo sul naso. Questo giuoco era proibito dalle leggi di San Michele. Billy lo sapeva benissimo e strillò come un bambino quando io, una volta tanto più svelto di lui, lo presi per la cintura che aveva intorno allo stomaco.

« Billy, » dissi severamente, « avrò una intervista privata con te sotto il fico, abbiamo diversi conti da sistemare noi due. È inutile che tu faccia le boccacce così, sai che ti tocca una buona frustata e che stai per riceverla. Billy, ti sei dato al bere di nuovo! Due bottiglie di vino vuote sono state trovate in un angolo della tua casa, manca una bottiglia di *Black and White*, whisky di Buchanan. La tua condotta durante la mia permanenza in Calabria è stata deplorevole. Hai rotto con una carota il monocolo d'un forestiero. Hai disubbidito ai miei domestici. Hai fatto lite e ti sei battuto con i cani, ti sei rifiutato di acchiappare loro le pulci. Hai insultato la mangusta. Hai mancato di rispetto alla piccola civetta. Hai ripetutamente colpito la tartaruga. Hai quasi strangolato il gattino siamese. E da ultimo e soprattutto sei scappato di casa in stato di completa ubriachezza! La crudeltà verso gli animali appartiene alla tua natura, altrimenti non saresti un candidato all'umanità, ma soltanto i signori del creato hanno il diritto di ubriacarsi. Ti dico che ne ho abbastanza di te, ti manderò in America dal tuo vecchio padrone ubriacone, il dottor Campbell, non sei adatto per la buona società. Sei una vergogna per tuo padre e per tua madre. Billy, sei un ometto screditato, un inveterato ubriacone!... » Ci fu un terribile silenzio.

Inforcai gli occhiali per osservare meglio le unghie delle sue dita tinte d'azzurro, e la sua coda bruciata. Finalmente dissi:

« Billy, mi son piaciuti i tuoi ritocchi al *Tiberio nuotante nella Grotta Azzurra*, mi sembra che abbiano perfino migliorato l'originale. Mi hanno ricordato un quadro che vidi l'anno scorso al Salon dei futuristi a Parigi. Il tuo vecchio padrone mi raccontava spesso della tua compianta madre, mi diceva che era una scimmia eccezionale. Immagino tu abbia ereditato da lei il tuo talento artistico. La bellezza e l'umorismo credo ti vengano da tuo padre, la cui identità è stata pienamente dimostrata dagli eventi odierni: non può essere altri che il diavolo stesso. Dimmi Billy, per soddisfare la mia curiosità: sei stato tu o il tuo babbo a buttar giù il candelabro e a dar fuoco alla bara? »

L'improvvisa partenza per l'altro mondo, tra fuoco e fiamme, del reverendo canonico don Crisostomo ebbe il più corroborante effetto sulle condizioni fisiche e morali del nostro parroco don Antonio. La sua caviglia slogata migliorò rapidamente e in breve egli potè riprendere le sue abituali passeggiate mattutine a San Michele per assistere alla mia colazione. Lo invitavo sempre, secondo l'usanza napoletana, a mangiare con me, ma lui invariabilmente rifiutava la mia tazza di tè con un cortese: « No grazie, sto bene. » L'unico scopo della sua visita era di sedersi di fronte a me, a tavola, e di guardarmi mentre mangiavo. Don Antonio non aveva mai visto prima un forestiero da vicino, e quasi tutto quello che dicevo e facevo era per lui continua fonte di meraviglia. Sapeva che ero protestante, ma dopo alcuni vaghi tentativi per discutere di religione, ci mettemmo d'accordo di escludere la teologia dalla conversazione e di lasciar in pace i protestanti. Fu davvero una grande concessione da parte sua, perchè una volta alla settimana, dall'alto del suo pulpito, mandava all'inferno con le più terribili invettive tutti i protestanti vivi e morti. I protestanti erano la specialità di don Antonio, l'ancora di salvezza in tutti i suoi naufragi oratorî; non so come avrebbe fatto senza i protestanti. La memoria del vecchio parroco era piuttosto incerta, il debole filo delle sue argomentazioni si rompeva nei momenti più interessanti; sul più bello del sermone cadeva in un imbarazzante silenzio. I componenti della sua fedele congregazione lo sapevano bene e non se ne curavano affatto, continuavano tutti a meditare tranquillamente sui propri affari: i loro olivi e i loro vigneti, le loro mucche e i loro maiali. Sapevano anche cosa veniva in seguito. Don Antonio si soffiava il naso con una serie di colpi di tuono, simili alle trombe del Giudizio universale, ed era salvo.

« Ma questi maledetti protestanti, ma questo camorrista

di Lutero! Che il demonio gli strappi le maledette lingue dalla bocca, che gli rompa le ossa e che li arrostisca vivi. *In aeternitatem!* »

Una domenica di Pasqua avvenne che sostassi alla porta della chiesa con un mio amico, proprio nel momento in cui il parroco perdeva il filo del discorso; c'era il solito profondo silenzio. Sussurrai all'orecchio del mio amico: « Ora tocca a noi. »

« Ma questo camorrista di Lutero, questi maledetti protestanti! Che il demonio... »

Ad un tratto don Antonio mi vide sulla soglia. Il pugno, che si era alzato per colpire i maledetti infedeli, si sciolse in un amichevole cenno di saluto e di scusa verso di me: « Senza includervi naturalmente il signor dottore! Naturalmente non il signor dottore! »

Non mancavo quasi mai di andare in chiesa il Sabato Santo per fermarmi al mio solito posto sulla porta, accanto al vecchio Cecatiello, il mendicante ufficiale d'Anacapri. Stendevamo ambedue le mani ai passanti, egli per il suo soldo ed io per gli uccellini che gli uomini avevano in tasca, le donne nelle pieghe della mantiglia, i bambini nel palmo della mano. Questo mostra assai bene quale posizione eccezionale godevo allora fra gli Anacapresi, perchè accettassero, senza risentimento, il mio intervento nel loro modo di celebrare la resurrezione di Nostro Signore, consacrato dalla tradizione di quasi duemila anni e sempre incoraggiato dai loro preti. Dal primo giorno della Settimana Santa le trappole venivano poste in ogni vigneto, sotto ogni olivo. Per intere giornate centinaia di uccellini erano trascinati per le strade da tutti i ragazzi del villaggio, con una corda legata all'ala. Adesso, simboli mutilati dello Spirito Santo, dovevano essere liberati nella chiesa, per avere la loro parte nella giubilante commemorazione del ritorno di Cristo al cielo. Ma gli uccelli non ritornavano mai al loro cielo, svolazzavano per un po' impotenti e storditi, rompendosi le ali contro le finestre prima di cadere sul pavimento per morire. All'alba ero stato sul tetto della chiesa con mastro Nicola, il mio assistente involontario che mi reggeva la scala, per rompere alcuni vetri, ma soltanto pochissimi fra gli uccelli condannati trovarono l'uscita.

Gli uccelli! Gli uccelli! Quanto sarebbe stata più felice la mia vita sulla bella isola se non li avessi tanto amati! Amavo vederli arrivare ogni primavera a migliaia e migliaia; era una gioia per le mie orecchie udirli cantare nel giardino di San Michele. Ma venne un tempo in cui desideravo quasi che non venissero, avrei voluto poter far loro un segnale quando erano ancora lontani sopra il mare e avvertirli di proseguire, di proseguire con lo stormo di anitre selvatiche, alto nel cielo, diritto verso il mio paese lontano nel Nord, dove sarebbero stati al sicuro dall'uomo. Non domandavano che di riposarsi per un poco dopo il lungo volo attraverso il Mediterraneo; la meta del viaggio, la terra dove erano nati, e dove avrebbero allevato i loro piccoli, era ancora tanto lontana! Venivano a migliaia: colombi selvatici, tordi, piccioni, trampolieri, quaglie, rigogoli dorati, allodole, usignoli, batticoda, fringuelli, rondini, cantatori, pettirossi e mille altri minuscoli artisti, in cammino per dare concerti primaverili nei silenziosi campi e nelle foreste del Nord. Due ore dopo svolazzavano impotenti nelle reti che la furberia dell'uomo aveva teso per tutta l'isola, dalle rupi marine fino alle pendici dei Monti Solaro e Barbarossa. La sera venivano imballati a migliaia in piccole scatole di legno, senza cibo e senza acqua e spediti col piroscafo a Marsiglia, per essere mangiati con delizia negli eleganti ristoranti parigini. Era un commercio lucroso. A Capri da secoli aveva sede un vescovado interamente finanziato dalla vendita degli uccelli presi alle reti. « Il vescovo delle quaglie » lo chiamavano a Roma. Sapete come vengono presi con le reti questi uccelli? Nascosti sotto gli arboscelli, fra i pali, stanno in gabbia uccelli da richiamo che incessantemente, ripetono il loro monotono appello. Non possono cessare, continuano a chiamare giorno e notte finchè muoiono. Molto prima che la scienza imparasse a conoscere qualcosa della localizzazione dei vari centri nervosi nel cervello umano, il diavolo aveva rivelato al suo migliore discepolo, l'uomo, la sua orrenda scoperta: che accecando un uccello con un ago rovente, l'uccello avrebbe continuato a cantare automaticamente. È una vecchia storia, già conosciuta dai Greci e dai Romani, e oggi ancora si fa questo lungo tutte le coste meridionali della Spagna, dell'Italia [1] e della Grecia. Soltanto pochi uccelli su un centinaio sopravvivono all'operazione; ma è un buon affare: una quaglia accecata, oggi a Capri, vale venticinque lire. Durante sei settimane in primavera e sei settimane in autunno, tutto il pendio del Monte Barbarossa era coperto di reti, a partire dalle rovine del castello sulla cima, fino al muro del giardino di San Michele, ai piedi della montagna. Era considerata come la migliore postazione di caccia in tutta l'isola: spesso più di mille uccelli venivano presi lì in un solo giorno. La montagna apparteneva ad un uomo della terraferma, un ex macellaio, famoso specialista nell'accecamento degli uccelli, il mio unico nemico in Anacapri oltre al medico. Da quando avevo cominciato a costruire San Michele, vi era stata guerra senza tregua fra lui e me. Avevo fatto appello alla prefettura di Napoli, al governo a Roma; mi avevano detto che non c'era nulla da fare, la montagna era sua, la legge era con lui. Avevo ottenuto un'udienza dalla più influente dama del paese. Mi aveva accolto col suo incantevole sorriso, che le aveva guadagnato il cuore di tutta l'Italia, mi aveva onorato invitandomi a rimanere a colazione: le prime parole che lessi sul menù erano *Pâté d'alouettes farcies*. Ero ricorso al papa, e un grosso cardinale m'aveva detto che Sua Santità,

---

Ora, grazie a Dio, è proibito dalla legge italiana, nonostante sia ancora praticato di nascosto.

proprio quella mattina all'alba, si era fatto condurre in portantina giù nei giardini del Vaticano per assistere alla presa degli uccelli; la caccia era stata buona, ne erano stati presi più di duecento. Grattai la ruggine del piccolo cannone che gli Inglesi avevano abbandonato nel mio giardino nel 1808 e cominciai a sparare un colpo ogni cinque minuti, dalla mezzanotte fino all'alba, nella speranza di tener lontani gli uccelli dalla montagna fatale. L'ex macellaio mi fece causa per intromissione nel legale esercizio del suo commercio; dovetti pagare duecento lire di ammenda. Insegnai a tutti i miei cani ad abbaiare tutta la notte, rinunciando a quel poco di sonno che mi restava. Pochi giorni dopo il mio grande cane maremmano morì improvvisamente. Gli trovai delle tracce di arsenico nello stomaco. La notte seguente vidi l'assassino appiattato dietro il muro del giardino e lo cazzottai. Mi fece un'altra causa e dovetti pagare cinquecento lire per aggressione. Vendetti il mio bellissimo vaso greco e la mia benamata Madonna di Desiderio da Settignano per avere l'enorme somma che egli mi chiese per la montagna, cento volte il suo reale valore. Quando andai col denaro, ricominciò con la vecchia tattica e sogghignando mi disse che il prezzo era raddoppiato. Conosceva il suo uomo. La mia esasperazione era giunta a tal punto, che forse avrei rinunciato a tutto ciò che possedevo per diventare proprietario della montagna. La carneficina degli uccelli continuava come prima. Avevo perso il mio sonno, non potevo pensare ad altro. Nella mia disperazione fuggii da San Michele e partii sul mio yacht per Montecristo, per tornare quando gli ultimi uccelli erano già partiti dall'isola.

La prima cosa che udii al mio ritorno fu che l'ex macellaio stava per morire. Due volte al giorno venivano dette in chiesa delle messe a trenta lire l'una per la sua salvezza; era uno degli uomini più ricchi del villaggio. Verso sera il parroco arrivò, chiedendomi in nome di Cristo di visitare il moribondo. Il dottore del villaggio sospettava che avesse la polmonite, il farmacista era sicuro che fosse un accidente, il barbiere pensava ad « un colpo di sangue », la levatrice insisteva che fosse « una paura ». Il parroco stesso, che pensava sempre al malocchio, si era deciso per quello. Rifiutai d'andare. Dissi che a Capri non ero mai stato medico se non per i poveri e che i medici condotti dell'isola erano perfettamente capaci di lottare con qualunque di questi malanni. Sarei andato soltanto a una condizione, che l'uomo avesse giurato sul crocifisso che, sopravvivendo, non avrebbe mai più accecato un uccellino e che mi avrebbe venduto la montagna all'esorbitante prezzo di un mese prima. L'uomo rifiutò. Nella notte gli dettero gli ultimi Sacramenti. All'alba venne di nuovo il parroco. La mia offerta era stata accettata, aveva giurato sul crocifisso. Due ore dopo gli svuotavo la pleura sinistra di un mezzo litro di pus, con grande costernazione del medico condotto e per la gloria del Santo del villaggio.

Contrariamente alle mie previsioni, l'uomo guarì. Miracolo! Miracolo!

Adesso la montagna di Barbarossa è un santuario degli uccelli. Ogni primavera e ogni autunno migliaia di uccellini stanchi si riposano sui suoi pendii, al sicuro dagli uomini. Ai cani di San Michele è proibito di abbaiare mentre essi riposano sulla montagna. Ai gatti non è permesso di uscire dalla cucina senza un campanellino d'allarme legato intorno al collo. Billy, il vagabondo, viene rinchiuso nella casa delle scimmie, non si sa mai quello che possono fare una scimmia o un ragazzo.

Finora non ho ancora detto una parola per offuscare l'ultimo miracolo di sant'Antonio, che, a dir poco, ha salvato per molti anni la vita di migliaia di uccelli all'anno. Ma quando tutto sarà finito per me, voglio sussurrare all'angelo più vicino che, con tutto il rispetto dovuto a sant'Antonio, sono stato io e non lui a levare il pus dalla pleura sinistra del macellaio e supplicherò l'angelo di dire una buona parola per me, se non lo farà nessun altro. Sono sicuro che Dio Onnipotente vuol bene agli uccellini, altrimenti non avrebbe dato loro le ali come le ha date ai suoi angeli.


## 31  *Il Bambino*

Sant'Anna scoteva la testa e voleva sapere se veramente fosse prudente mandar fuori con un vento simile un bambino così piccolo e se almeno fosse una casa per bene quella dove avrebbe portato il nipotino. La Madonna disse che non c'era ragione di preoccuparsi, il bambino sarebbe stato ben coperto nella sua culla, ed ella era sicura che sarebbe stato bene, aveva sempre sentito dire che i bambini erano graditi a San Michele. Meglio lasciarlo andare giacchè lo desiderava; non sapeva lei che, benchè tanto piccino, aveva una volontà tutta sua? San Giuseppe non era stato nemmeno consultato, è vero che non contava gran che nella famiglia! Don Salvatore, il più giovane prete di Anacapri, sollevò la culla dal reliquiario, il sacrestano accese i ceri e si misero in cammino.[1] Veniva davanti a tutti un ragazzino del coro, suonando un campanello, poi due figlie di Maria in abiti bianchi e veli azzurri, poi il sacrestano, dondolando l'incensiere, e quindi don Salvatore con la culla in braccio. Mentre passavano per il villaggio, gli uomini si scoprivano, le donne sollevavano i loro piccoli perchè potessero vedere il Santo Bambino, con la corona d'oro in testa e un sonaglio d'argento a forma di sirena intorno al collo; i monelli gridavano l'uno all'altro: « Il Bambino! Il Bambino! » Alla por-

---

[1] Forse non avrete sentito parlare di questa antica usanza. Durante il mio soggiorno in San Michele ricevevo la visita del Bambino ogni anno, il più grande onore che mi potesse venir concesso. Generalmente restava a San Michele una settimana.

ta di San Michele stava tutto il mio personale con le mani cariche di rose, per dare il benvenuto all'illustre ospite. La migliore stanza della casa veniva trasformata in una camera per bambini, piena di fiori e inghirlandata di rosmarino e d'edera. Sopra un tavolo coperto dalla nostra più bella tovaglia ardevano due candele, perchè ai bambini non piace d'esser lasciati al buio. In un angolo della camera stava la mia Madonna fiorentina, che stringeva tra le braccia il proprio bambino, e dalle pareti due putti di Luca della Robbia e una Santissima Vergine di Mino da Fiesole guardavano la culla. Appesa al soffitto ardeva la sacra lampada: guai alla casa se la lampada avesse tremato e si fosse spenta, il proprietario sarebbe morto prima della fine dell'anno! Accanto alla culla qualche umile balocco, quel che il nostro villaggio poteva produrre, per tener compagnia al Bambino; una bambola calva, unica sopravvissuta dall'infanzia di Giovanna e Rosina, un ciuchino di legno imprestato dalla figlia maggiore di Elisa, un sonaglio a forma di corno contro il malocchio. In un cestino sotto il tavolo stava il gatto di Elisa addormentato con i suoi sei gattini neonati, portati lì apposta per l'occasione. Per terra, in un grande vaso di terracotta stava tutto un arboscello di rosmarino in fiore. Sapete perchè il rosmarino? Perchè quando la Madonna lavò la biancheria del Bambino Gesù, mise il suo camiciolino ad asciugare su un arboscello di rosmarino. Don Salvatore depositava la culla nel suo reliquiario e affidava il Bambino alle mie donne, con le più premurose raccomandazioni di sorvegliarlo e di star attente che avesse tutto quello che potesse desiderare. I bambini dell'Elisa giocavano tutto il giorno sul pavimento per tenergli compagnia, e all'Ave Maria tutti si inginocchiavano davanti alla culla, recitando le preghiere. Alla fine Giovannina versava ancora un po' d'olio nella lampada per la notte, e dopo avere aspettato un poco finchè il Bambino si fosse addormentato, ognuno se ne andava in punta di piedi.

Quando nella casa tutto era tranquillo andavo su nella camera per dare un'occhiata al Bambino, prima di coricarmi. La luce della sacra lampada cadeva sulla culla, lo scorgevo appena, sorridente nel sonno.

Povero piccolo Bambino sorridente! Egli non sapeva che sarebbe venuto un giorno in cui tutti noi, che ci inginocchiavamo davanti alla sua culla, l'avremmo abbandonato, che coloro che dicevano di amarlo l'avrebbero tradito, che mani crudeli avrebbero strappato la corona d'oro dalla sua fronte per sostituirla con una corona di spine e l'avrebbero inchiodato su una croce, che sarebbe stato abbandonato perfino da Dio!

La notte in cui morì, un tetro vecchio misurava a lunghi passi lo stesso pavimento di marmo dove stavo. Si era alzato dal letto, svegliato da un sogno ossessionante. Il suo volto era cupo come il cielo, la paura brillava nel suo occhio. Chiamò i suoi astronomi e i suoi saggi d'Oriente e li incaricò di tradurgli il significato del suo sogno, ma prima che potessero leggere le lettere d'oro nel cielo, ad una ad una le stelle si spensero. Che poteva temere lui, il padrone del mondo? Cosa importava la vita di un solo uomo a lui, che era l'arbitro della vita di milioni di uomini? A chi doveva render conto, perchè uno dei suoi procuratori, in nome dell'imperatore di Roma, aveva mandato a morte quella notte un uomo innocente? E il suo procuratore, il cui nome esecrato è sempre sulle nostre labbra, era forse più responsabile del suo padrone imperiale, per aver firmato la condanna a morte di un innocente? Per lui, il severo difensore della legge romana in una irrequieta provincia, era forse un innocente che egli mandava a morte? E l'ebreo maledetto, che erra sempre per il mondo in cerca di perdono, sapeva quel che faceva? E l'altro, il più grande scellerato di tutti i tempi, si rendeva conto di ciò che faceva quando tradì il suo Maestro col bacio d'amore? Avrebbe potuto fare diversamente? Agiva di spontanea volontà?

Doveva essere così, doveva fare quello che fece, ubbidendo ad una volontà più forte della sua. Non c'era forse più di un uomo quella notte sul Golgota, che doveva soffrire per un peccato non suo?

Mi chinai per un poco sopra il bambino dormiente, poi me ne andai via silenziosamente.

## 32  *La festa di sant'Antonio*

Il giorno più importante dell'anno ad Anacapri era quello della festa di sant'Antonio. Durante più settimane il piccolo villaggio era sottosopra per la commemorazione del nostro santo patrono. Le strade venivano tutte ripulite, le case, davanti alle quali la processione doveva passare, imbiancate, la chiesa ornata con drappi di seta rossa e con arazzi, i fuochi d'artificio ordinati a Napoli, la banda, cosa più importante di tutte, ingaggiata a Torre Annunziata.

La serie delle feste s'iniziava con l'arrivo della banda, la vigilia del gran giorno. Già a metà della baia incominciava a suonare più forte che poteva, troppo lontano per poter essere udita da noi di Anacapri, ma abbastanza vicino, col vento favorevole, per irritare gli orecchi dei capresi, nell'odiato villaggio di sotto. Sbarcando alla Marina, la banda con gli enormi istrumenti veniva caricata su due grandi carri e portata fin dove c'era strada. Per il resto del tragitto i bandisti si arrampicavano in formazione sciolta, su per le ripide scale fenicie, suonando incessantemente. Presso il muro di San Michele veniva ricevuta da una rappresentanza del municipio. Il magnifico capobanda, con la sua splendida uniforme, guarnita di trina d'oro *à la Murat*, alzava la bacchetta e, preceduta dai ragazzi del villaggio, la banda faceva il solenne ingresso in Anacapri a tempo di marcia, soffiando nei corni, clarinetti e oboe, battendo tamburi e piatti e scuotendo i triangoli a tutta forza. La sera, concerto d'inaugurazione in piazza, decorata con bandiere e affollata di gente, ininterrottamente fino a mezzanotte. Poche ore di sonno profondo nella vecchia caserma dove avevano dormito i soldati inglesi nel 1808, interrotto dallo scoppio dei primi razzi, che annunciavano il giorno che sorgeva. All'alba, sveglia per il villaggio, soffiando vigorosamente nella fresca brezza mattutina. Alle cinque, l'abituale prima messa in chiesa, letta come al solito dal parroco, con il concorso, per l'occasione, dei bandisti dagli stomachi vuoti. Alle sette colazione, una tazza di caffè nero, mezzo chilo di pane e formaggio fresco. Alle otto la chiesa era già riempita fino all'ultimo posto, da una parte gli uomini, dall'altra le donne con i bambini in grembo. Nel centro la banda, nella tribuna appositamente costruita. I dodici preti di Anacapri, negli stalli dietro l'altare maggiore, si slanciavano coraggiosamente nella *Missa Solemnis* del Pergolesi, fidando nella provvidenza e nella banda che li accompagnava, per giungere alla fine. Intermezzo musicale, un galoppo furioso suonato con grande bravura, molto apprezzato dalla congregazione. Alle dieci, messa cantata dall'altare maggiore con degli a solo dolorosi del povero vecchio don Antonio e tremolii di protesta e improvvisi gridi di angustia dall'interno del piccolo organo, consunto da tre secoli d'uso. Alle undici, predica dal pulpito in commemorazione del santo e dei suoi miracoli, ogni miracolo illustrato e reso visibile da un gesto appropriato. Ora l'oratore alzava le mani in estasi verso i santi nel cielo, ora indicava con l'indice il pavimento verso le sotterranee dimore dei dannati. Ora cadeva in ginocchio per pregare silenziosamente sant'Antonio, per poi balzare improvvisamente in piedi, precipitandosi quasi dal pulpito per atterrare con un pugno un invisibile motteggiatore. Ora chinava la testa in estatico silenzio per ascoltare i gioiosi canti degli angeli, ora, pallido dal terrore, si tappava gli orecchi per non sentir digrignare i denti del demonio e le grida dei peccatori nelle caldaie. Finalmente, gocciolante di sudore e prostrato da due ore di lagrime, singhiozzi e maledizioni, con una temperatura di 38 gradi, pareva sprofondare dal pulpito con un terribile anatema per i protestanti. Mezzogiorno. Grande eccitazione sulla piazza.

Esce la processione! Esce la processione!

Prima venivano una dozzina di bambini, a due a due, tenendosi per mano. Alcuni portavano corte tuniche bianche e ali d'angelo, come i putti di Raffaello. Altri, completamente nudi e adorni di ghirlande di pampini e rose, sembravano staccati da un bassorilievo greco. Poi venivano le figlie di Maria, fanciulle alte e snelle, in vesti bianche con lunghi veli azzurri e la medaglia d'argento della Madonna con un nastro azzurro al collo. Subito dopo le *bizzoche*, in abito e velo nero, zitelle risecchite, che erano rimaste fedeli al loro primo amore, Gesù Cristo. Quindi la Congregazione preceduta dal suo stendardo; era composta di vecchi di aspetto grave con le curiose tonache bianche e nere del tempo di Savonarola.

La musica! La musica!

Ed ecco la banda, con le uniformi dalle trine d'oro del tempo dei Borboni di Napoli, preceduta dal magnifico capobanda, che soffiava a gran forza una polca furiosa, pezzo prediletto dal santo, mi si diceva. Poi, circondato da tutti i preti in vesti di gala e salutato da centinaia di mortaretti, ecco apparire sant'Antonio eretto sul trono, la mano stesa in atto di benedire. Il suo abito era coperto di trine preziose e cosparso di gioielli e di ex voto, il suo manto di magnifico vecchio broccatello era fermato al petto con una fibbia di zaffiri e rubini. Da una collana di perle multicolori pendeva un enorme corallo a forma di corno, contro il malocchio.

Alle calcagna di sant'Antonio venivo io, a capo scoperto, cero in mano, a fianco del sindaco, onore che mi veniva concesso con permesso speciale dall'arcivescovo di Sorrento.

Seguivano i consiglieri municipali liberi quel giorno dalla loro grave responsabilità. Poi venivano i notabili d'Anacapri: il dottore, il tabaccaio, il sarto. In ultimo il popolo, marinai, pescatori, contadini, seguiti dalle loro donne e dai bambini a rispettosa distanza. A retroguardia della processione trottavano umilmente una mezza dozzina di cani, un paio di capre con i capretti e un maiale o due in cerca dei loro padroni. Maestri di cerimonia, appositamente scelti, con bastoni dorati in mano, bastoni d'oro in assistenza al santo, correvano incessantemente in su e in giù, a lato della processione, per tener l'ordine nei ranghi e regolare il passo. Mentre la processione percorreva la sua strada per i vicoli, ginestre profumate, il fiore prediletto dal santo, venivano gettate da ogni finestra. La ginestra è chiamata, infatti, il fiore di sant'Antonio. Qua e là una corda era tesa attraverso la strada da una finestra all'altra, e quando il santo passava si vedeva, con gran divertimento della folla, un angelo di cartone a vivaci colori che, sbattendo le ali, eseguiva un volo precipitoso lungo la corda. Davanti a San Michele la processione si arrestava e il santo veniva, con reverenza, depositato su una piattaforma appositamente eretta, per riposare un poco. I preti si asciugavano il sudore dalla fronte, la banda continuava a suonare il suo fortissimo, come aveva fatto da quando era uscita di chiesa due ore prima, sant'Antonio guardava con benevolenza dalla sua piattaforma, mentre le pie donne gettavano manciate di rose dalle finestre. Il vecchio Pacciale suonava le campane della cappella e Baldassarre calava la bandiera dal tetto della casa. Era un gran giorno per noi tutti, eravamo orgogliosi dell'onore che ci veniva concesso. I cani osservavano gli avvenimenti dalla pergola, ben educati e cortesi come sempre, benchè piuttosto irrequieti. Nel giardino le tartarughe continuavano impassibili a meditare sui loro problemi, la mangusta era troppo occupata per lasciarsi prendere dalla curiosità. La piccola civetta stava con gli occhi socchiusi sul suo posatoio, pensando a qualcos'altro. Billy, l'infedele, era rinchiuso nella casa delle scimmie, dove faceva un baccano infernale, gridando ad alta voce, sbatacchiando la sua bottiglia d'acqua contro la scodella di stagno, facendo tintinnare la catena, scuotendo le sbarre e usando un orribile linguaggio.

Ritorno in piazza, dove sant'Antonio, salutato da un tremendo scoppio di mortaretti, veniva rimesso in chiesa nel suo reliquiario e i partecipanti alla processione tornavano a casa a mangiare. La banda sedeva a un banchetto offerto dalle autorità, sotto la pergola dell'Albergo Paradiso: mezzo chilo di maccheroni a testa, vino a volontà. Alle quattro le porte di San Michele si aprivano. Mezz'ora dopo tutto il villaggio era nel giardino, ricchi e poveri, uomini e donne, bambini e neonati, storpi, idioti, ciechi e zoppi, quelli che non potevano venire da sè portati a spalle dagli altri. Soltanto i preti erano assenti, ma non per loro volontà. Prostrati dal lungo cammino stavano sprofondati negli stalli dietro l'altare maggiore, immersi in fervide preghiere a sant'Antonio, che il santo forse udiva dal suo reliquiario, ma difficilmente chiunque altro che per caso passasse per la chiesa vuota. Una lunga fila di tavoli con enormi orci del miglior vino di San Michele si stendevano sotto la pergola, da un'estremità all'altra. Il vecchio Pacciale, Baldassarre e mastro Nicola erano tutti al lavoro per riempire di vino i bicchieri e Giovannina, Rosina ed Elisa giravano offrendo sigari agli uomini, caffè alle donne e paste e dolci ai bambini. La banda, che per accordi speciali con le autorità mi veniva prestata per il pomeriggio, suonava incessantemente dalla loggia superiore. Tutte le porte erano aperte, tutta la mia preziosa roba sparsa come al solito in apparente disordine sui tavoli, sulle sedie e per terra. Più di mille persone giravano liberamente da una stanza all'altra, nulla fu mai toccato, mai mancò nulla. Quando le campane suonavano l'Ave Maria, il ricevimento aveva termine e tutti se ne andavano dopo molte strette di mano, più felici che mai. Il vino è fatto proprio per questo. La banda, sempre più in vena, apriva la marcia verso la piazza. I dodici preti, sollevati e rinfrescati dalle loro preghiere, stavano già in compatta formazione davanti alle porte della chiesa. Il sindaco, i consiglieri municipali e i notabili prendevano posto sulla terrazza del municipio. La banda, ansando, issava i suoi istrumenti sulla tribuna eretta per l'occasione. Tutto il popolo stava nella piazza, fitto come le acciughe. Il maestoso capobanda alzava la sua bacchetta, il gran concerto principiava. *Rigoletto, Il Trovatore, Gli Ugonotti, I Puritani, Un ballo in maschera*, una scelta selezione di canzoni napoletane, polche, mazurche, minuetti e tarantelle si susseguivano ininterrottamente fino alle undici, quando duemila lire di razzi, bengala, girandole e mortaretti esplodevano nell'aria per la gloria di sant'Antonio. A mezzanotte il programma ufficiale era esaurito, ma non lo erano gli anacapresi e la banda. Nessuno andava a letto, il villaggio risuonava di canti, risa e musica tutta la notte. Evviva la gioia! Evviva il Santo! Evviva la musica!

La banda doveva partire col vapore delle sei di mattina. All'alba, diretta alla Marina, si fermava sotto le finestre di San Michele per l'abituale serenata d'addio in mio onore. Vedo ancora Henry James in pigiama, affacciato alla finestra della sua camera ridendo a crepapelle. Durante la notte la banda si era miseramente ridotta di numero e di efficienza. Il capobanda delirava, i due principali oboisti avevano sputato sangue, al suonatore di trombone era venuta l'ernia, quello dei timpani si era slogato la scapola destra, quello dei piatti era diventato sordo. Altri due membri della banda, sfiniti dall'emozione, erano dovuti esser caricati su dei ciuchini per esser portati alla Marina. I superstiti erano sdraiati in mezzo alla strada, soffiando coll'ultimo respiro la loro dolente serenata d'addio a San Michele. Rinvigoriti da una tazza di caffè nero, barcollando in piedi con un amichevole saluto della mano, si avviavano vacillanti giù per le scale fenicie verso la Marina. La festa di sant'Antonio era finita.

## 33 *La regata*

Era piena estate: una lunga ininterrotta giornata di sole. L'Ambasciata britannica s'era spostata da Roma, trasferendo il suo quartier generale a Sorrento. Sul balcone dell'Albergo Vittoria sedeva l'ambasciatore con un berretto alla marinara, intento a scrutare l'orizzonte attraverso il monocolo, in attesa del maestrale che avrebbe increspato le lucenti acque del golfo. Ai suoi piedi, nel piccolo porto, la sua amata *Lady Hermione* stava all'ancora, come lui impaziente di partire. Egli stesso, con ingegnosità e abilità tecnica meravigliosa, l'aveva disegnata e attrezzata come un veloce battello da crociera in modo che un solo uomo poteva manovrarla. Diceva spesso che non gli sarebbe dispiaciuto di collaudarla attraverso l'Atlantico. Era più orgoglioso di lei che di qualunque dei suoi brillanti successi diplomatici. Passava tutto il giorno nel battello, e la sua faccia era abbronzata come quella d'un pescatore sorrentino. Conosceva la costa da Civitavecchia fino a Punta Licosa come me. Una volta mi aveva sfidato a una corsa sino a Messina ed esultante mi aveva facilmente battuto col vento in poppa e mare grosso.

« Aspettate a vedere quando avrò il mio nuovo pennone e il mio *spinnaker* di seta, » dissi.

Egli amava Capri e pensava che San Michele fosse il più bel posto che avesse mai visto, e ne aveva visti parecchi. Non conosceva bene la lunga storia dell'isola, ma era ansioso come un ragazzo d'impararla meglio.

In quell'epoca stavo esplorando la Grotta Azzurra. Due

volte mastro Nicola mi aveva tratto fuori semisvenuto dal famoso passaggio sotterraneo che conduceva, secondo la tradizione, attraverso le viscere della terra sino alla villa di Tiberio, duecento metri più su, nella pianura di Damecuta, nome derivato forse da una corruzione di Domus Augusta. Passavo giornate intere nella grotta e spesso lord Dufferin veniva nel suo *gozzo* a farmi visita, mentre lavoravo. Dopo una silenziosa nuotata nelle acque azzurre, sedevamo per ore fuori del misterioso tunnel, parlando di Tiberio e delle orge di Capri. Dicevo all'ambasciatore che, come tutte le altre disgustose chiacchiere di Svetonio, era una favola quella del passaggio sotterraneo, attraverso il quale supponevamo che Tiberio scendesse alla grotta per giocare con i suoi ragazzi e le sue ragazze, prima di strozzarli. Il tunnel non era stato fatto dalla mano dell'uomo, ma dalla lenta infiltrazione dell'acqua marina attraverso la roccia. Mi ero spinto a quattro zampe fino a una profondità di ottanta metri e mi ero convinto, a rischio della mia vita, che il tunnel non conduceva in nessun luogo. Che la grotta fosse conosciuta dai Romani era provato dalle numerose tracce di muratura romana. Poichè, da allora, l'isola era sommersa circa cinque metri, per entrare nella grotta, a quei tempi, si passava per il grande arco sommerso, ora visibile attraverso l'acqua chiara. La piccola apertura dalla quale era entrato lui col suo *gozzo* era originariamente una finestra per la ventilazione della grotta, che allora, naturalmente, non era azzurra ma precisamente simile alle altre dozzine di grotte dell'isola. L'informazione del Baedeker che la Grotta Azzurra era stata scoperta nel 1826 dal pittore tedesco Kopisch non era esatta. La grotta era conosciuta nel diciassettesimo secolo come Grotta Gradula e fu scoperta di nuovo nel 1822 dal pescatore caprese Angelo Ferraro, al quale venne perfino accordata una pensione vitalizia per la sua scoperta. In quanto alla sinistra tradizione di Tiberio, tramandata alla posterità negli *Annali* di Tacito,

« detrattore dell'umanità » come lo ha chiamato Napoleone, dissi a lord Dufferin che la storia non aveva mai commesso più grosso errore di quando aveva condannato questo grande imperatore all'infamia, sulla testimonianza del suo principale accusatore. Tacito è uno splendido scrittore, ma i suoi *Annali* sono romanzi storici, non storia.

Egli ha dovuto aggiungere le sue venti righe sulle orge di Capri per completare il quadro del tipico tiranno della scuola retorica, alla quale egli apparteneva. Non è difficile rintracciare la sorgente più che sospetta dalla quale ha attinto le sue disgustanti fole. Inoltre, ho indicato nel mio *Studio psicologico su Tiberio* che queste non si riferiscono nemmeno alla vita dell'imperatore a Capri. Che Tacito stesso non credesse alle orge di Capri è evidente dalla sua stessa narrazione, poichè non diminuisce nemmeno di un grado la sua generale concezione di Tiberio come grande imperatore e come grande uomo, « di carattere ammirabile e molto stimato », per adoperare le sue stesse parole. Perfino il suo assai meno intelligente seguace, Svetonio, riporta le più sudice storie, facendo osservare che è appena ammissibile che vengano raccontate e ancora meno che siano credute. Prima dell'apparizione degli *Annali* — ottant'anni dopo la morte di Tiberio — non c'era stato nessun uomo politico nella storia romana, con una vita più nobile e irreprensibile di quella del vecchio imperatore. Nessuno di quelli che hanno scritto su Tiberio, alcuni dei quali suoi contemporanei, con splendide occasioni di raccogliere tutti i pettegolezzi delle cattive lingue di Roma, ha detto una sola parola delle orge di Capri. Filone, il pio e colto ebreo, parla chiaramente della pura e semplice vita che Caligola era costretto a vivere, quando andava a Capri a visitare il nonno adottivo. Perfino lo sciacallo Svetonio, dimenticando il savio detto di Quintiliano, che un bugiardo deve avere una buona memoria, si lascia sfuggire l'informazione che Caligola, quando desiderava darsi alla dissolutezza a Capri, doveva truccarsi con una parrucca per eludere il severo occhio del vecchio imperatore. Seneca, il castigatore di vizi, e Plinio — ambedue suoi contemporanei — parlano dell'austera solitudine di Tiberio a Capri. È vero che Dione Cassio fa qualche casuale osservazione riguardo a queste sudicie voci, ma anch'egli non può fare a meno di notare le inspiegabili contraddizioni nelle quali si imbatte. Anche Giovenale, appassionato di chiacchiere, parla della tranquilla vecchiaia dell'imperatore nella sua dimora sull'isola, circondato dagli amici sapienti e dagli astronomi. Plutarco, severo sostenitore della moralità, parla della dignitosa solitudine del vecchio durante gli ultimi dieci anni della sua vita. Che la storia delle orge capresi fosse assolutamente illogica dal punto di vista della psicologia scientifica, fu già compreso da Voltaire. Tiberio era nel suo sessantottesimo anno, quando si ritirò a Capri con una fama intatta di vita severa e morale, non intaccata nemmeno dai suoi peggiori nemici. La possibile diagnosi di una sinistra demenza senile viene esclusa, perchè tutti gli storici asseriscono che il vecchio fu in pieno possesso delle sue facoltà mentali e del suo vigore fino alla morte, che avvenne nel suo settantanovesimo anno. Inoltre la vena di pazzia che attraversa la stirpe Giulia era assente in quella di Claudio. La sua vita sull'isola fu quella d'un vecchio solitario, d'uno stanco regnante di un mondo ingrato, di un cupo idealista dal cuore infranto e amareggiato (oggi potremmo chiamarlo perfino ipocondriaco), ma dal magnifico intelletto e dal raro spirito, ancora sopravvivente alla sua fiducia nell'umanità. Non c'è da meravigliarsi che diffidasse dei suoi contemporanei e che li odiasse, perchè quasi tutti gli uomini e le donne in cui aveva avuto fiducia l'avevano tradito. Tacito ha citato le sue parole quando, l'anno prima di ritirarsi a Capri, respinse la petizione di innalzargli un tempio per adorarlo, come avevano fatto per Augusto. Chi se non il compilatore degli *Annali*, il brillante maestro del sarcasmo e della sottile insinuazione, avrebbe avuto l'audacia di citare, in tono canzonatorio, il grave appello del vecchio imperatore alla posterità per un equo giudizio?

« ... E che io sono un semplice mortale e non compio che i doveri degli uomini, e mi basta se tengo il primo posto degnamente, faccio voi testimoni, o Padri Coscritti, e voglio che i posteri lo ricordino; i quali abbastanza e anche troppo onoreranno la mia memoria, se crederanno che io fui degno dei miei avi, vigilante sui vostri interessi, forte nei pericoli, e non timoroso di offendere chiunque sia e di procurarmi delle inimicizie per il bene pubblico. Saranno questi i miei templi negli animi vostri, le bellissime effigi che dovranno durare; poichè quelle che si scolpiscono nella pietra, se il giudizio dei posteri volge in odio, sono come disprezzate sepolture. Prego io dunque gli alleati, i cittadini e gli stessi Dei: questi, perchè mi concedano, fino al termine della vita, una mente calma e capace di comprendere la ragione umana e divina; quelli, perchè, quando lascerò questo mondo, onorino le cose fatte da me e la fama del mio nome con lodi e con buoni ricordi. »

Ci inerpicammo su a Damecuta. Il vecchio imperatore sapeva bene quello che faceva, quando vi costruì la sua più grande villa. Dopo San Michele, da Damecuta si gode la più bella vista sull'isola di Capri. Dissi all'ambasciatore che molti dei frammenti che erano stati trovati qui erano passati nelle mani del suo collega sir William Hamilton, l'ambasciatore britannico a Napoli ai tempi di Nelson, e ora erano al British Museum. Molti erano ancora nascosti sotto le viti; l'estate prossima avevo l'intenzione di cominciare seriamente a fare degli scavi, adesso il vigneto mi apparteneva. Lord Dufferin raccolse un bottone arrugginito da soldato tra i frammenti di mosaico e le lastre di marmo colorato. Cacciatori di Corsica! Sì, duecento di questi soldati si erano accampati qui nel 1808 ma disgraziatamente la maggior parte dell'esercito inglese ad Anacapri consisteva di truppe maltesi che si ritirarono in disordine quando i Francesi attaccarono il campo. Guardando giù le rupi di Orico feci vedere all'ambasciatore il punto in cui i Francesi erano sbarcati e da dove si erano arrampicati sulla ripida roccia; e tutt'e due eravamo d'accordo nel riconoscere che era stato veramente un compito meraviglioso. Sì, gli Inglesi si erano battuti con la loro abituale cavalleria, ma avevano dovuto ritirarsi, protetti dalla notte, in quello che oggi è San Michele, dove il loro comandante, Major Hamill, un irlandese come lui, era morto per le ferite. Giace in un angolo del cimitero d'Anacapri. Il cannoncino che l'indomani avevano dovuto abbandonare durante la loro ritirata precipitosa, giù per le scale fenicie, è sempre nel mio giardino. All'alba i Francesi fecero fuoco su Capri dalle alture di Monte Solaro; come abbiano fatto a portare un cannone lassù, sembra quasi incomprensibile. Per il comandante britannico installato nella « Casa inglese » a Capri non c'era altro da fare che firmare il documento di resa. L'inchiostro si era appena asciugato sulla carta, che la flotta inglese, trattenuta dalla bonaccia presso le isole di Ponza, apparve all'orizzonte. Il documento di resa portava il nome di un uomo eccezionalmente sfortunato, il futuro carceriere dell'aquila prigioniera in un'altra isola: sir Hudson Lowe.

Mentre, ritornando a San Michele, attraversavamo il villaggio, indicai all'ambasciatore una casetta circondata da un piccolo giardino e gli dissi che la proprietaria era la zia della bella Margherita, la bella d'Anacapri. La zia aveva sposato un milord inglese che, salvo errore, era suo parente. Sì, ricordava bene che un cugino aveva sposato, con sgomento della famiglia, una contadina italiana e l'aveva perfino portata in Inghilterra; ma non l'aveva mai vista e non sapeva dove fosse andata a finire, dopo la morte del marito. Era molto curioso e voleva che gli raccontassi tutto quanto sapevo di lei, soggiungendo che quello che sapeva del marito gli bastava. Gli dissi che il fatto era successo prima del mio arrivo. L'avevo conosciuta soltanto da vedova, molto dopo il suo ritorno dall'Inghilterra, e allora era già una vecchia. Potevo soltanto raccontargli quello che avevo saputo da don Girolamo, che era stato suo confessore e suo tutore. Naturalmente non sapeva nè leggere nè scrivere, ma col suo astuto cervello caprese aveva in breve saputo assimilare abbastanza l'idioma di suo marito. Per prepararla alla vita in Inghilterra, come moglie d'un milord, don Girolamo, che era un uomo istruito, era stato incaricato di darle qualche lezione su alcuni soggetti per allargare la sua limitata sfera di conversazione. La grazia e le buone maniere le possedeva innate, come tutte le ragazze di Capri. E in quanto alla bellezza, ci si poteva fidare di don Girolamo, che io avevo sempre considerato un grande conoscitore, il quale diceva che era stata la più bella ragazza d'Anacapri. Fallito ogni sforzo per svegliare il suo interesse su qualunque oggetto che non concernesse la sua isola, fu deciso di limitare la sua educazione alla storia di Capri, per darle almeno un argomento sul quale avrebbe potuto parlare con i suoi parenti. Ascoltava gravemente le terribili storie, di come Tiberio aveva gettato le sue vittime dal Salto, come aveva graffiato il viso d'un pescatore con gli artigli d'un granchio, come aveva strangolato molti bambini nella Grotta Azzurra, come il suo nipotino Nerone aveva ordinato ai suoi rematori di battere a morte la propria madre, nel golfo, come suo nipote Caligola aveva affogato migliaia di persone a Pozzuoli. Alla fine essa disse nel suo inimitabile dialetto:

« Doveva essere molto cattiva tutta questa gente, tutti camorristi. »

« Lo credo, » disse il professore, « non mi hai sentito dire che Tiberio ha strangolato i bambini nella Grotta Azzurra e che... »

« Sono tutti morti? »

« Sicuro, quasi duemila anni fa. »

« Allora perchè diavolo ce ne preoccupiamo noi? Lasciamoli in pace, » disse col suo incantevole sorriso.

Così terminò la sua educazione. Dopo la morte di suo marito si era ritirata nell'isola e a poco a poco era ritornata alla semplice vita dei suoi antenati, che appartenevano a un lignaggio di duemila anni più antico di quello del milord inglese. La trovammo seduta al sole sotto la sua piccola pergola, con un rosario in mano e un gatto in grembo, dignitosa matrona romana, maestosa come la madre dei Gracchi. Lord Dufferin le baciò la mano con la galanteria d'un vecchio corteggiatore. Ella aveva dimenticato quasi del tutto l'inglese ed era ricaduta nel dialetto della sua infanzia; non riusciva a capire meglio di me il classico italiano dell'ambasciatore.

« Ditele, » disse lord Dufferin mentre ci alzavamo per andarcene, « ditele da parte mia che è gran signora, almeno quanto il suo milord inglese era gentiluomo. »

Desiderava l'ambasciatore di veder sua nipote, la bella Margherita? Sì, non domandava di meglio.

La bella Margherita ci ricevette con un incantevole sorriso e un bicchiere del migliore vino del parroco, e il vecchio galante signore fu felicissimo di riconoscere la loro parentela con un bacio schioccante sulla rosea guancia.

L'attesa regata doveva aver luogo la domenica seguente, su un percorso triangolare: Capri, Posillipo, Sorrento, dove il vincitore avrebbe ricevuto la coppa dalle mani di lady Dufferin. Il mio bellissimo cutter *Lady Victoria* era uno dei migliori battelli che la Scozia potesse costruire in legno di teak e acciaio, sicuro con qualunque tempo se ben guidato, e se mai ho saputo far qualcosa di buono nella vita è di saper guidare un battello. I due piccoli yacht erano gemelli, portavano i nomi delle due figlie di lord Dufferin. Le nostre probabilità erano press'a poco uguali. Con una forte brezza e mare agitato probabilmente avrei perduto, ma mi affidavo al mio nuovo pennone e al mio *spinnaker* di seta, per guadagnare la coppa con vento leggero e mare calmo. Le nuove vele erano arrivate dall'Inghilterra mentre io ero ancora a Roma, ed erano appese al sicuro nel deposito delle vele, custodite solo dal vecchio Pacciale, il più fidato di tutta la casa. Sapeva bene l'importanza della sua posizione, dormiva con la chiave sotto il guanciale e non permetteva mai a nessuno di entrare nel santuario. Benchè negli ultimi anni fosse divenuto un appassionato becchino, il suo cuore era sempre sul mare, dove da ragazzo aveva vissuto e sofferto come pescatore di coralli. A quei tempi, prima che la maledizione d'America fosse caduta su Capri, una grande parte degli uomini andavano a pescare il corallo in «Barbaria» nel mare di Tunisi e di Tripoli. Era un lavoro terribile, pieno di pene e di privazioni, anche pericoloso, perchè molti non tornavano mai più alla loro isola. Pacciale aveva impiegato vent'anni della sua vita per mettere da parte le trecento lire che occorrevano a un uomo per prender moglie. Cento per le barche e le reti da pesca, duecento per il letto, un paio di seggiole e un abito per il matrimonio: la Madonna avrebbe pensato al resto. La ragazza aspettava per degli anni, filando e tessendo la biancheria per la casa, a cui essa doveva provvedere. Come tutti gli altri, anche Pacciale aveva ereditato una striscia di terra, nel caso suo una semplice striscia di nuda roccia sulla riva del mare, duecento metri sotto Damecuta. Anno per anno, con cesti ricolmi sul dorso, vi aveva portato la terra, finchè ve ne fu abbastanza per piantare poche viti e fichi d'India. Non faceva mai una goccia di vino, perchè la giovane uva veniva sempre bruciata dagli spruzzi del mare durante le libecciate. Ogni tanto tornava a casa con poche patate nuove, le prime a maturare nell'isola, e me le presentava con grande orgoglio. Passava tutto il tempo libero giù nella sua masseria, raschiando la roccia con la pesante zappa, o seduto su una pietra con la pipa di creta in bocca, guardando il mare. Ogni tanto io scendevo per le rupi precipitose, dove una capra avrebbe esitato ad arrischiarsi, per fargli, con sua grande gioia, una visita. Proprio sotto i nostri piedi c'era una grotta, inaccessibile dal mare e sconosciuta anche oggi quasi a tutti, semibuia e con enormi stalattiti. Secondo Pacciale, nei tempi passati era stata abitata da un lupo mannaro, il misterioso e terrorizzante animale, che vive ancora oggi nell'immaginazione degli isolani quasi quanto lo stesso Tiberio. Sapevo che il dente fossilizzato che avevo trovato sotto la sabbia nella caverna apparteneva ad un grande mammifero che vi si era disteso per morirvi, quando l'isola era ancora unita alla terraferma, e che i pezzi di silice e di lava erano frammenti di arnesi dell'uomo primitivo. Forse anche un dio era vissuto lì, perchè la grotta si apre verso levante, e Mitra, il dio del sole, fu spesso adorato in quest'isola.

Ma adesso non c'era tempo per esplorare la grotta, tutti i miei pensieri erano concentrati sulla prossima regata. Avevo mandato a dire a Pacciale che sarei andato ad esaminare le mie nuove vele dopo la prima colazione. Il deposito era aperto, ma fui sorpreso di non trovarvi Pacciale ad aspettarmi. Stavo per svenire mentre aprivo ad una ad una le nuove vele. Nel pennone c'era un grande strappo, lo *spinnaker* di seta, che avrebbe dovuto farmi vincere la coppa, era quasi spaccato in due, il fiocco da corsa era sporco e ridotto in cenci. Appena riacquistato l'uso della parola chiamai urlando Pacciale. Non venne. Corsi fuori e lo trovai finalmente, accanto al muro del giardino. Reso pazzo dalla rabbia alzai la mano per colpirlo: non si mosse, non fiatò, non fece altro che chinare la testa e stendere le braccia orizzontalmente lungo il muro. La mia mano ricadde, sapevo cosa questo significava, non era la prima volta che lo vedevo. Significava che avrebbe sofferto tutto, ma che era innocente: il suo gesto riproduceva la crocefissione di Nostro Signore, con le braccia tese e la testa china. Gli parlai più gentilmente che potevo, ma egli non rispose, non si mosse dalla sua croce d'agonia. Misi la chiave del deposito in tasca e chiamai tutto il personale. Nessuno era entrato nel deposito, nessuno aveva nulla da dire, ma Giovannina nascose la faccia nel grembiule e cominciò a piangere; la condussi in camera mia e con gran difficoltà riuscii a farla parlare. Vorrei poter ripetere la pietosa storia, parola per parola, come me la raccontò la figlia di Pacciale fra i singhiozzi. Mancò poco che non mi mettessi a piangere anch'io quando mi ricordai che ero stato lì lì per colpire il suo vecchio padre.

Era successo due mesi innanzi, il primo maggio, quando eravamo ancora a Roma. Forse vi ricorderete il famoso primo maggio di molti anni fa, quando ci doveva essere una rivoluzione sociale in tutti i paesi del mondo, un assalto ai ricchi, la distruzione dei loro maledetti beni. Quello, almeno, era ciò che i giornali dicevano; più piccolo il giornale, più grande la calamità minacciata. Il più piccolo di tutti era *La voce di san Gennaro* che Maria Portalettere recava due volte la settimana nella cesta del pesce al parroco, che lo faceva poi circolare fra gli intellettuali del villaggio: leggera eco degli eventi del mondo, che risuonava nell'arcadica pace d'Anacapri. Ma questa volta non era una leggera eco, che raggiungeva gli orecchi degli intellettuali attraverso le colonne della *Voce di san Gennaro*. Era un fulmine dal cielo azzurro, che scuoteva tutto il villaggio. Era il cataclisma da lungo tempo predetto, che doveva scatenarsi il primo maggio. Arruolate dal Demonio, le orde selvagge d'Attila dovevano saccheggiare i palazzi dei ricchi e bruciare e distruggere i loro beni. Era il principio della fine, il castigo di Dio! Castigo di Dio! La notizia si sparse per tutta Anacapri con la rapidità della folgore. Il parroco nascose i gioielli di sant'Antonio e i sacri paramenti della chiesa sotto il letto, i notabili trascinarono tutto quel che potevano nelle cantine. Il popolo corse in piazza chiedendo a gran voce che il santo patrono fosse tolto dal reliquiario e portato in processione per proteggerli. La vigilia del giorno fatale, Pacciale andò a consultare il parroco. Baldassarre c'era già stato e se n'era venuto via rassicurato da quanto il parroco aveva affermato: che certamente i briganti non si sarebbero interessati affatto ai pezzi di pietra del signor dottore. Baldassarre poteva tranquillamente lasciare tutta quella roba antica dove si trovava. In quanto a Pacciale, responsabile delle vele, era in condizioni assai peggiori. Se i briganti avessero dovuto invadere l'isola, sarebbero dovuti venire con le barche, e le vele sarebbero state un bottino molto prezioso per gli uomini di mare. Nasconderle nella cantina era correre lo stesso un gran rischio, poichè agli uomini di mare piace anche il buon vino. Perchè non portarle giù nella sua solitaria masseria, sotto le rupi di Damecuta? Era proprio il posto adatto, certamente i briganti non avrebbero voluto correre il rischio di rompersi il collo, scendendo il precipizio per prenderle.

Appena buio, Pacciale, suo fratello e due fidati compagni, armati di grossi bastoni, trascinarono le mie nuove vele giù alla masseria. La notte era tempestosa, dopo poco cominciò a piovere a torrenti, la lanterna si spense; con pericolo di vita, a tentoni, scesero per le sdrucciolevoli rupi. A mezzanotte giunsero alla masseria e depositarono il loro carico nella grotta del lupo mannaro. Tutto il primo maggio rimasero a sedere sopra il fradicio mucchio di vele, facendo la guardia a turno all'entrata della caverna. Verso sera Pacciale si risolse a mandare il suo riluttante fratello in ricognizione al villaggio senza esporsi ad alcun rischio. Tornò dopo tre ore per dirgli che non c'era traccia di briganti, tutto procedeva come al solito. Tutta la gente era in piazza; nella chiesa le candele erano accese sugli altari: sant'Antonio doveva esser portato fuori a ricevere la riconoscenza di Anacapri per aver salvato ancora una volta il villaggio dallo sterminio. A mezzanotte la comitiva uscì furtivamente dalla grotta e si arrampicò di nuovo sino al villaggio con le mie vele bagnate. Quando Pacciale si accorse del disastro voleva annegarsi. Le sue figlie non osarono perderlo di vista per parecchi giorni. Non era mai più ritornato lo stesso, non parlava quasi mai. Mi ero già accorto del suo silenzio anch'io e gli avevo domandato varie volte cosa avesse. Molto prima che Giovannina avesse finito la sua confessione, non sentivo più traccia di rabbia; cercai invano Pacciale per tutto il villaggio per dirglielo. Finalmente lo trovai giù nella masseria, seduto sulla solita pietra, guardando il mare, come faceva sempre. Gli dissi che avevo vergogna di aver alzato la mano per colpirlo. Era tutta colpa del parroco. Non me ne importava un corno, delle nuove vele, le vecchie erano abbastanza buone per me. Intendevo partire l'indomani per una lunga crociera, doveva venire con me e avremmo dimenticato tutto. Egli sapeva che il suo lavoro come becchino mi era sempre dispiaciuto, sarebbe stato meglio che cedesse il posto a suo fratello e che egli tornasse al mare. Da oggi era promosso mio marinaio per custodire il cutter. Gaetano si era ridotto ubriaco fradicio due volte in Calabria e ci aveva quasi fatto naufragare; avevo già deciso di licenziarlo. Quando tornammo a casa gli feci indossare la mia maglia, appena giunta dall'Inghilterra, con « Lady Victoria R.C.Y.C. » in lettere rosse sul petto. Non se la tolse mai, ci visse e ci morì. Quando per la prima volta conobbi Pacciale era già vecchio, di quale età non so, nè lo sapevano le sue figlie nè nessuno. Avevo cercato invano di rintracciare la sua data di nascita nel registro ufficiale del Municipio. Era stato dimenticato fin dalla nascita. Ma non sarà mai dimenticato da me. Lo ricorderò sempre come il più onesto, il più candido, il più sincero uomo che io abbia mai conosciuto in qualunque paese ed in qualunque classe sociale, dolce come un bambino. I suoi figli mi raccontarono che non l'avevano mai sentito dire una parola avventata o cattiva nè alla loro madre nè a loro stessi. Era buono anche con gli animali; aveva le tasche piene di minuzzoli di pane che dava agli uccelli nel suo vigneto, era l'unico uomo nell'isola che non avesse mai cacciato un uccello o frustato un ciuco. Un devoto, vecchio domestico fa cancellare il nome di padrone. Era diventato mio amico, l'onore era tutto mio, era un uomo assai migliore di me. Benchè appartenesse ad un mondo diverso dal mio, un mondo a me sconosciuto, ci capivamo abbastanza bene. Durante le lunghe giornate e le notti che eravamo insieme e soli sul mare, mi insegnò molte cose che non avevo nè lette nei libri nè udito da altri uomini. Era un taciturno, da lungo tempo il mare gli aveva insegnato il silenzio. I suoi pensieri erano pochi ed era un bene per lui. Ma i suoi dettami erano pieni di poesia, e greca era l'arcaica semplicità dei suoi paragoni. Molte delle sue stesse parole erano greche, le ricordava dal tempo in cui aveva navigato lungo quella costa, quando faceva parte della ciurma nella nave d'Ulisse. Quando eravamo a casa, continuava la sua solita vita, lavorando nel mio giardino o giù nella sua amata masseria, in riva al mare. Mi piacevano poco queste spedizioni su e giù per le precipitose rupi; pensavo che le sue arterie si facevano molto dure, e spesso ritornava dalla lunga salita piuttosto affannato.

D'aspetto era sempre lo stesso, non si lagnava mai di nulla, mangiava i maccheroni con l'abituale appetito ed era in piedi dall'alba al tramonto. Improvvisamente un giorno rifiutò di mangiare; cercammo di tentarlo con ogni sorta di cose, ma disse di no. Ammise di sentirsi « un poco stanco », e pareva contentissimo di rimaner seduto per un paio di giorni sotto il pergolato, guardando lontano sul mare. Poi chiese con insistenza di andare alla masseria, e soltanto con gran difficoltà riuscii a farlo restare con noi. Non credo ch'egli sapesse perchè voleva andare lì, ma io lo sapevo bene. Era l'istinto dell'uomo primitivo che lo spingeva a nascondersi allo sguardo dei suoi simili e a sdraiarsi dietro una roccia per morire o sotto un arboscello o nella grotta dove molte migliaia d'anni prima altri uomini primitivi si erano adagiati per morire. Verso mezzogiorno volle sdraiarsi sul letto per un po', lui che non si era sdraiato su un letto un solo giorno della sua vita. Durante il pomeriggio gli domandai diverse volte come stava: rispondeva che stava molto bene, grazie. Verso sera feci avvicinare il suo letto alla finestra, da dove poteva vedere il sole che calava in mare. Quando tornai dopo l'Ave Maria tutto il personale, suo fratello, i suoi compagni erano nella camera, seduti intorno a lui. Nessuno aveva detto loro di venire, nemmeno io sapevo che la fine fosse così prossima.

Non parlavano, non pregavano, rimasero lì seduti l'intera notte. Come si usa qui, nessuno si avvicinava al moribondo. Pacciale stava sul letto, immobile e tranquillo, con gli occhi volti al mare. Tutto era semplice e solenne, proprio come dovrebbe essere quando una vita sta per spegnersi. Il prete venne con gli ultimi Sacramenti. Fu detto al vecchio Pacciale di confessare i suoi peccati e di chiedere perdono. Fece di sì col capo e baciò il Crocefisso. Il prete gli dette l'assoluzione. Dio Onnipotente approvò con un sorriso e disse che il vecchio Pacciale era il benvenuto in Paradiso. Credevo che già vi fosse, quando d'un tratto alzò la mano e gentilmente, quasi timidamente, mi accarezzò la guancia.

« Siete buono come il mare, » mormorò.

Buono come il mare!

Non scrivo qui queste parole con presunzione, le scrivo con meraviglia. Donde venivano queste parole? Venivano da lontano, venivano come l'eco dell'età d'oro, quando viveva Pan, quando gli alberi della foresta potevano parlare, le onde del mare potevano cantare e l'uomo ascoltare e capire.

Sono stato lontano un anno intero da San Michele; quanto tempo perso! Sono tornato con un occhio di meno di quando ero partito. Non c'è più nulla da dire, senza dubbio era per persuadermi a tale eventualità che sono nato con due occhi. Sono tornato un altr'uomo. Mi pare di guardare il mondo col solo occhio superstite da un punto di vista diverso. Non posso più vedere ciò che è brutto e sordido, posso vedere soltanto il bello, il dolce, il puro. Perfino gli uomini e le donne che mi sono d'intorno mi sembrano diversi da quello che erano. Per mezzo di una curiosa illusione ottica, non posso più vederli come sono, ma come dovrebbero essere, come essi stessi avrebbero desiderato di essere, se ne avessero avuto l'opportunità. Col mio occhio cieco vedo ancora pavoneggiarsi intorno a me una quantità di imbecilli, ma non mi urtano i nervi come una volta, non mi danno noia le loro chiacchiere, lasciamoli dire. Finora non sono andato più in là; per arrivare ad amare i miei simili, credo che prima dovrò essere privato dell'altr'occhio. Non posso perdonare loro la crudeltà verso gli animali. Credo che nella mia mente stia succedendo una specie di evoluzione a ritroso, che mi allontana sempre più dagli uomini e sempre più mi avvicina a madre natura e agli animali. Ora, tutti questi uomini e donne che mi circondano mi sembrano molto meno importanti di prima nel mondo. Sento come se avessi perso troppo tempo con loro, mentre avrei potuto farne egualmente a meno, come loro adesso possono certamente fare a meno di me. So benissimo che non ne hanno bisogno. Meglio *filer à l'anglaise* prima di essere cacciato via. Ho molte altre cose da fare e forse non c'è più molto tempo. Il mio vagare per il mondo in cerca di felicità è terminato, la mia vita di medico alla moda è terminata, la mia vita sul mare è terminata. Resterò per sempre dove sono e cercherò di tirare avanti alla meglio.

Ma mi sarà almeno permesso rimanere a San Michele? Tutto il golfo di Napoli si stende ai miei piedi sfolgorante come uno specchio, le colonne del pergolato, le logge e la cappella sono splendenti di luce, cosa mi succederà se non potrò sopportare il bagliore? Ho abbandonato il leggere e lo scrivere e mi sono messo invece a cantare: non cantavo quando tutto andava bene! Sto anche imparando a scrivere a macchina, passatempo utile e piacevole, mi dicono, per un solitario con un occhio solo. Ogni colpo di martello della macchina colpisce simultaneamente il manoscritto e il mio cranio, abbattendo ogni pensiero che si avventura ad uscire dal mio cervello. Del resto, non sono mai stato buono a pensare, sembra che vada molto meglio quando ne faccio a meno. C'era una comoda strada maestra che andava dal mio cervello alla penna che avevo in mano. Qualunque pensiero mi nascesse, brancolava per questa strada da quando cominciai ad affrontare l'alfabeto. Non c'è, quindi, da meravigliarsi che si perda in questo labirinto americano di tasti e di ruote! Fra parentesi, sarà meglio che avverta il lettore che sono responsabile soltanto di quello che ho scritto con la mia penna e non di quello che è stato tramato in collaborazione con la Corona Typewriting Company. Sarò curioso di vedere quale piacerà di più al lettore.

Ma se, per caso, perseverassi con questo rumoroso Pegaso, voglio cantare un'umile canzone al mio prediletto Schubert, il più grande cantore di tutti i tempi, per ringraziarlo di quanto gli debbo. Gli debbo tutto. Per tutto il tempo in cui rimasi sdraiato nel buio, per settimane e settimane, con poca speranza di uscirne mai, canterellavo a me stesso le sue melodie, una dopo l'altra, come un ragazzo che va fischiettando attraverso l'oscura foresta per far credere che non ha paura. Schubert aveva diciannove anni quando componeva la musica per l'*Erlkönig* di Goethe e gliela mandò con un'umile dedica. Non perdonerò mai al più gran poeta dei tempi moderni di non aver risposto almeno

410

una sola parola di ringraziamento all'uomo che aveva reso immortale il suo poema, mentre trovava il tempo necessario per scrivere lunghe lettere di ringraziamento a Zelter per la sua mediocre musica. Il gusto di Goethe in musica era cattivo quanto il suo gusto in arte; passò un anno in Italia, senza capir nulla dell'arte gotica; la serena bellezza dei primitivi gli era inintelligibile. Carlo Dolci e Guido Reni erano i suoi ideali. Perfino i capolavori della pura arte greca lo lasciavano indifferente, l'*Apollo del Belvedere* era il suo favorito. Schubert non vide mai il mare, ma nessun compositore, nessun pittore, nessun poeta, salvo Omero, ci ha fatto mai capire come lui il suo calmo splendore, il suo mistero e la sua collera. Non aveva mai visto il Nilo, ma le prime battute del suo meraviglioso *Memnon* potrebbero aver risuonato nel Tempio di Luxor. Della letteratura ellenica sapeva ben poco, all'infuori di quel che il suo amico Meyerhofer gli avrà potuto raccontare, ma il suo *Die Götter Griechenlands,* il suo *Prometheus,* il suo *Ganymede,* il suo *Fragment aus Aeschylus,* sono capolavori degni dell'età d'oro dell'Ellade. Non era stato mai amato da una donna, ma nessun grido più straziante del suo *Gretchen am Spinnræde* ha mai risuonato ai nostri orecchi, nessuna rassegnazione più commovente della sua *Mignon* mai è stata cantata, nè canzone d'amore più dolce della sua *Ständchen.* Aveva trentun anni quando morì, miserabilmente povero come era vissuto! Colui che aveva scritto *An die Musik* non aveva neppure un pianoforte suo! Dopo la morte tutto quello che di terreno possedeva, i suoi abiti, i suoi pochi libri e il suo letto furono venduti all'asta, per sessantatrè fiorini. Furono trovate in un sacco stracciato, sotto il letto, una ventina di altre melodie immortali, di un valore superiore a tutto l'oro dei Rothschild, nella loro Vienna dove egli visse e morì.

La primavera è tornata ancora una volta. L'aria ne è

piena. La ginestra è in fiore, il mirto sboccia, le viti germogliano, fiori dovunque. Rose e caprifoglio avvolgono i tronchi dei cipressi e le colonne della pergola. Anemoni, crochi, giacinti selvatici, violette, orchidee e ciclamini sorgono dall'erba profumata. Chiazze di campanula gracilis e lithospermum, azzurro come la Grotta Azzurra, spuntano da ogni roccia. Le lucertole si rincorrono fra l'edera. Le tartarughe vagano cantando vigorosamente: non lo sapete che le tartarughe possono cantare? La mangusta sembra più irrequieta che mai. La piccola civetta di Minerva batte le ali come se avesse l'intenzione di volar via per trovare un amico nella campagna romana. Barbarossa, il grande cane maremmano, è scomparso per i suoi affari personali, perfino il mio vecchio Tappio dà l'impressione che non gli dispiacerebbe una scappatella in Lapponia. Billy gira su e giù sotto il suo fico con un gran brio negli occhi e con l'aria di un don Giovanni, pronto a tutto. Giovannina fa delle lunghe conversazioni sotto il muro del giardino con il suo abbronzato amoroso: niente di male, dopo sant'Antonio si sposeranno. La montagna sopra San Michele è piena d'uccellini in viaggio di ritorno verso il loro paese per sposarsi ed allevare i loro piccoli. Quanto sono felice che possano riposarvi in pace! Ieri raccolsi una piccola allodolina, così esausta dal lungo viaggio attraverso il Mediterraneo, che non tentò nemmeno di fuggire, rimase perfettamente tranquilla nel palmo della mia mano come se capisse che era la mano d'un amico, forse d'un compatriota. Le domandai se non mi volesse cantare una piccola canzone prima di ripartire, che non c'era altro canto d'uccello che mi piacesse più del suo; mi rispose che non aveva tempo, aveva fretta di tornare in Svezia per annunciare l'arrivo della primavera. Per più di una settimana le note flautate del rigogolo dorato hanno risuonato nel mio giardino. L'altro giorno vidi la sua sposa nascosta in un arboscello d'alloro. Oggi ho visto il loro nido, una meraviglia di architettura. C'è anche un gran battito d'ali e un dolce mormorio di uccelli nel folto del rosmarino, accanto alla cappella. Fingo di non saperne nulla, ma son sicuro che c'è qualche flirt lì sotto, e mi domando che uccello possa essere. Ieri sera il segreto è stato svelato, perchè proprio quando stavo per andare a letto un usignolo cominciò a cantare la serenata di Schubert sotto la mia finestra:

> Leise flehen meine Lieder
> Durch die Nacht zu dir
> In den stillen Hain hernieder
> Liebchen, komm zu mir.

« Che bella ragazza è diventata Peppinella, » pensavo addormentandomi. « Quando la vidi l'ultima volta, era una bambina, e ora è in fioritura. Mi domando se Peppinella... »

Qui la *Storia di San Michele* improvvisamente finisce, insignificante frammento, proprio quando stava per cominciare. Finisce con il battito d'ali ed il garrire degli uccelli e l'aria piena di primavera.

Vorrei che anche la storia della mia vita finisse così, con gli uccelli che cantano sotto la mia finestra ed il cielo sfolgorante di luce! In questi ultimi giorni ho tanto pensato alla morte, non so perchè. Il giardino è ancora pieno di fiori, le api e le farfalle volteggiano ancora intorno a me, le lucertole guizzano ancora al sole fra l'edera, e la terra è ancora brulicante di vita. Non più tardi di ieri ho udito cantare a piena gola un gorgheggiatore ritardatario sotto la mia finestra. Perchè dovrei pensare alla morte? Dio, nella Sua misericordia, ha reso la morte invisibile all'occhio dell'uomo. Sappiamo che è là, alle nostre spalle, come la nostra ombra, che mai ci perde di vista e pertanto mai la vediamo e raramente vi pensiamo. Più strano di tutto è che, più ci avviciniamo alla tomba, più la morte si allontana dal nostro pensiero. Davvero ci voleva un Dio per compiere tale miracolo!

I vecchi parlano raramente della morte. I loro occhi velati sembrano non vedere altro che il passato ed il presente. Gradatamente, mentre la memoria si indebolisce, il passato diventa sempre più indistinto e si vive quasi interamente nel presente. Quindi, se i loro giorni sono tollerabilmente senza sofferenza, come vuole la natura, i vecchi sono generalmente meno infelici di quanto i giovani credono.

Sappiamo che dobbiamo morire. Non sappiamo altro di ciò che ci attende. Tutto il resto è pura supposizione, il più delle volte errata. Come bimbi sperduti nella foresta, noi brancoliamo lungo la via della nostra vita nella beata ignoranza di ciò che ci aspetta da un istante all'altro, ignorando quali pene avremo da affrontare, quali più o meno emozionanti avventure potremo incontrare, prima della Grande Avventura, la più emozionante di tutte, l'avventura della morte. Di tanto in tanto, nella nostra perplessità, arrischiamo una timida domanda al nostro destino, ma senza aver risposta, perchè le stelle son troppo lontane. Più presto ci rendiamo conto che il nostro destino è in noi stessi e non nelle stelle, meglio è per noi. Soltanto in noi stessi potremo trovare la felicità. È tempo perso attenderla dagli altri, siano essi uomini o donne. Da soli dobbiamo combattere le nostre battaglie e colpire più forte possibile, combattenti nati come siamo. La pace verrà un giorno per tutti, pace senza disonore, anche per il vinto se ha cercato di fare la propria parte finchè ha potuto.

Per me la battaglia è finita e persa. Sono stato cacciato da San Michele, opera di una vita. L'avevo costruito con le mie mani, pietra su pietra, col sudore della mia fronte; l'avevo costruito in ginocchio per farne un santuario al sole, dove avrei cercato la sapienza e la luce dal glorioso dio che ho adorato per tutta la vita. Dal fuoco, che ardeva nei miei occhi, sono stato avvertito più e più volte che non ero degno di vivere lì, che il mio posto era nell'ombra; ma non avevo dato ascolto agli avvertimenti. Come i cavalli che tornano alla scuderia incendiata, per perire tra le fiamme, ritornai un'estate dopo l'altra all'accecante sole di San Michele.

« Guardati dalla luce! Guardati dalla luce! »

Ho finalmente accettato il mio destino. Sono troppo vecchio per combattere con un dio. Mi son ritirato nella mia fortezza, nella vecchia torre, dove intendo opporre un'ultima resistenza. Dante era ancora vivo, quando i frati cominciarono a costruire la torre di Materita, mezzo monastero, mezzo fortezza, solida come la roccia sulla quale posa. « Nessun maggior dolore che ricordarsi del tempo felice nella miseria. » Quante volte questo suo amaro grido ha echeggiato attraverso le sue mura, da quando io venni qui! Ma dopo tutto, aveva ragione il savio fiorentino? È vero che non c'è maggior sofferenza che ricordare la passata felicità nella miseria? Io non credo. È con gioia e non con dolore che i miei pensieri tornano a San Michele, dove ho vissuto gli anni più felici della mia vita. Ma è vero che non amo più andarci: mi sento come un intruso su una terra sacra, sacra ad un passato che non tornerà più, quando il mondo era giovane e il sole mi era amico.

È dolce vagare nella morbida luce, sotto gli ulivi di Materita. È dolce sedere e sognare nella vecchia torre ed è quasi la sola cosa che io possa fare, adesso. La torre guarda verso l'occidente, dove il sole tramonta. Presto il sole si immergerà nel mare, poi verrà la notte.

È stata una bella giornata.


II

L'ultimo raggio di luce dorata entra attraverso la finestra gotica e gira per la vecchia torre, dai messali illuminati e il crocifisso del Trecento appeso al muro, dalle delicate Tanagre e i vetri veneziani sulla tavola da refettorio, dalle ninfe inghirlandate di fiori e le baccanti danzanti al flauto di Pan sul bassorilievo greco, ai pallidi lineamenti su fondo oro di san Francesco, l'amato santo umbro, con santa Chiara, coi gigli in mano, al suo fianco. Un'aureola d'oro circonda il placido viso della Madonna fiorentina; ora la severa dea, l'Artemide Labria, con la rapida freccia mortale nella sua

416

faretra, esce dall'oscurità; ora un radiante disco solare incorona ancora una volta la mutilata testa di Akhenaton, il regale sognatore delle rive del Nilo, il figlio del Sole. Accanto sta Osiride, il giudice dell'anima umana, e Horus dalla testa di falco, la misteriosa Iside, e Neftide, sua sorella, con Anubi, il guardiano delle tombe, accovacciato ai loro piedi.

La luce svanisce, la notte sta per giungere.

« Dio del giorno, donatore di luce, non puoi restare con me ancora un poco? La notte è così lunga per i pensieri che non osano sperare nell'alba, la notte è così scura per gli occhi che non possono vedere le stelle. Non puoi concedermi pochi secondi ancora della tua raggiante eternità, per rivedere il tuo meraviglioso mondo: l'amato mare, le erranti nubi, le gloriose montagne, i gorgoglianti torrenti, gli alberi amici, i fiori fra l'erba, gli uccelli, miei fratelli e sorelle, nel cielo, nella foresta, nei prati? Non puoi almeno lasciar pochi fiori selvatici nella mia mano, per riscaldarmi il cuore, non puoi lasciarmi qualche stella nel tuo cielo, per mostrarmi la via?

« Se non devo più vedere i lineamenti degli uomini e delle donne che mi circondano, non puoi almeno concedermi un fuggitivo sguardo al volto di un bambino o di un animale amico? Ho guardato i visi degli uomini e delle donne per lungo tempo, li conosco bene, poco più hanno da insegnarmi. È ormai una monotona lettura, dopo ciò che ho letto nel libro di Dio, nel misterioso aspetto di madre natura. Cara vecchia nutrice, che hai dissipato tanti torturanti pensieri dalla mia fronte scottante, con la tenera carezza della tua vecchia mano grinzosa, non lasciarmi solo nel buio. Ho paura del buio! Resta con me ancora un poco, narrami ancora qualche altra delle tue meravigliose fiabe, mentre metti a letto il tuo irrequieto fanciullo, per il lungo sonno notturno!

« Luce del mondo, ahimè! tu sei un dio e nessuna preghiera mortale è mai giunta al tuo cielo. Come poss'io, verme, attendere pietà da te, spietato dio Sole, da te che hai abbandonato perfino il grande Faraone Akhenaton, del quale l'immortale inno echeggiò nella vallata del Nilo, cinquecento anni prima che Omero cantasse?

*Quando tu sorgi tutta la terra è in gaudio e gioia*
*E gli uomini dicono: vederti è la vita, non vederti è la morte.*
*Ponente e levante ti lodano. Essi vivono quando tu sorgi,*
*Muoiono quando tu tramonti.*

« Eppure guardasti senza pietà, col tuo occhio splendente, mentre gli antichi Dei scagliavano nel Nilo il tempio del tuo più grande adoratore, mentre strappavano il Disco Solare dalla sua fronte ed il reale avvoltoio dal suo petto, cancellando il suo odiato nome dalla fascia di fogli d'oro intorno al suo fragile corpo, condannando la sua anima senza nome a vagare per l'eternità nelle profondità della terra.

« Molto tempo dopo che gli Dei del Nilo, gli Dei dell'Olimpo e gli Dei del Walhalla furono ridotti in polvere, un altro suo adoratore, san Francesco d'Assisi, il dolce cantore del *Cantico del Sole*, alzava le braccia al tuo cielo, immortale, pregandoti come io ti prego oggi di non togliere la tua benedetta luce dai suoi occhi sofferenti, consumati da veglie e da làgrime. Supplicato premurosamente dai suoi frati, egli viaggiò fino a Rieti per consultare un famoso oculista e si sottomise intrepidamente all'operazione consigliata. Quando il chirurgo posò sul fuoco il ferro da riscaldare, san Francesco disse al fuoco come ad un amico: " Frate Foco, prima di ogni altra cosa il più santo ha creato te, ricolmo di grazia, potenza, bellezza e utilità. Sii per me misericordioso in questa mia ora, sii cortese. Io supplico il grande Signore che ti ha creato, che temperi per me il tuo calore e che io sia capace di sopportare pazientemente la bruciatura. "

« Quando ebbe finita la sua preghiera, sul ferro scintillante per il calore fece il segno della croce e rimase immobile mentre il ferro rovente era immerso nella sua tenera carne e dall'orecchio al sopracciglio il cauterio incideva il suo segno.

« " Frate Medico, " disse san Francesco al chirurgo, " se non è ben bruciato, ponilo ancora! "

« E il medico, scorgendo nella debolezza della carne tale mirabile forza spirituale, meravigliato disse: " Vi dico, fratelli, singolari cose ho visto oggi! "

« Ahimè! Il più santo degli uomini pregò invano, soffrì invano, tu abbandonasti il Poverello come avevi abbandonato il gran Faraone. Quando i fedeli frati, nel loro viaggio di ritorno, posarono la lettiga col suo tenue fardello sotto gli ulivi, ai piedi del colle, san Francesco non vide più la sua amata Assisi, mentre sollevava le mani per impartire la sua ultima benedizione!

« Allora come posso io, peccatore, il più umile dei tuoi adoratori, sperare grazia da te, impassibile sovrano della vita? Come oso chiedere ancora a te, a te che tanto mi hai già dato con prodighe mani? Mi desti gli occhi perchè scintillassero di gioia e si inumidissero di lagrime; mi desti il cuore per palpitare di brama e sanguinare di pietà, mi desti il sonno, mi desti la speranza.

« Credevo che tutto mi avessi donato. Mi ero illuso. Era solo un prestito e adesso vuoi che ti sia reso, per darlo ad un altro essere che sorgerà a sua volta dalla stessa eternità nella quale sto per immergermi. Signore della luce, così sia! Il Signore ha dato, il Signore toglierà, benedetto il nome del Signore! »

Le campane suonavano l'Ave Maria. Un vento leggero sussurrava fra i cipressi fuori della finestra, dove gli uccelli cinguettavano prima di addormentarsi. La voce del mare si affievoliva a poco a poco e il silenzio benedetto della notte calava sopra la vecchia torre.

Sedevo nella mia Savonarola, stanco e anelando il riposo. Wolf dormiva ai miei piedi. Per giorni e notti non si era allontanato che raramente dal mio fianco. Di tanto in tanto sollevava le palpebre e mi guardava con occhi sì pieni d'amore e di tristezza, che i miei si inumidivano di lagrime. Di tanto in tanto si alzava e posava la grossa testa sulle mie ginocchia. Sapeva quello che io sapevo, capiva quello che io capivo, che l'ora della separazione si avvicinava? Accarezzai la sua testa in silenzio. Per la prima volta non sapevo che dirgli, come spiegargli il grande mistero che non sapevo spiegare a me stesso.

« Wolf, sto per partire per un lungo viaggio, in una terra lontana. Questa volta non puoi venire con me, amico mio. Tu devi restare dove sei, dove abbiamo vissuto insieme per tanto tempo, dividendo gioie e dolori. Non devi rimpiangermi, devi dimenticarmi come tutti mi dimenticheranno, perchè tale è la legge della vita. Sii tranquillo, io starò bene e tu pure. Tutto ciò che si poteva fare per il tuo benessere è stato fatto. Vivrai nei vecchi luoghi a te familiari, dove gente amica veglierà su te con la stessa mia cura amorosa. Avrai davanti a te il tuo abbondante pasto ogni giorno, quando le campane suonano mezzodì, e i tuoi succulenti ossi due volte la settimana, come prima. Il grande giardino dove scorrazzi è sempre tuo, ed anche se tu dimenticassi la legge e cominciassi a dar la caccia a un gatto sotto gli ulivi, dal luogo dove sono continuerò a volgere sull'inseguimento il mio occhio cieco, chiudendo quello sano, come usavo fare in segno di amicizia. Poi, quando le tue membra saranno irrigidite e i tuoi occhi velati, riposerai per sempre sotto l'antica colonna di marmo, nel boschetto di cipressi, presso la vecchia torre, a fianco dei tuoi compagni, che vi andarono prima di te. E dopo tutto, chi sa se non ci vedremo ancora? Grandi o piccole, le nostre probabilità sono le stesse. »

« Non andartene, resta con me o portami con te, » imploravano i fedeli occhi.

« Vado in un paese di cui niente conosco. Non so cosa mi accadrà lassù e tanto meno so cosa ti succederebbe, se venissi con me. Ho letto delle strane fiabe di questo mondo ignoto, ma non sono che fiabe, perchè nessuno di quelli che vi sono andati è mai tornato per dirci cosa ha visto. Un solo uomo avrebbe potuto raccontarcelo, ma Egli era il Figlio di Dio e tornò dal Padre con le labbra suggellate in un silenzio impenetrabile. »

Accarezzai la grossa testa, ma le mie mani intorpidite non sentivano più il contatto del morbido pelo.

Mentre mi chinavo per dargli un bacio d'addio, un'improvvisa paura balenò nei suoi occhi. Si ritirò con terrore e si trascinò alla sua cuccia, sotto la tavola fratina. Lo richiamai, ma non venne. Sapevo che cosa questo significava. L'avevo già visto. Avevo pensato che mi sarebbe rimasto ancora un giorno o due di vita. Mi alzai e cercai di andare alla finestra per prendere una boccata d'aria, ma le mie membra rifiutarono di ubbidire e sprofondai nella mia seggiola. Girai lo sguardo attorno nella vecchia torre. Tutto era scuro e silenzioso, ma mi pareva di udire Artemide, l'austera dea, che toglieva l'agile freccia dalla faretra, pronta a sollevare l'arco. Un'invisibile mano toccava la mia spalla. Un brivido sfiorava il mio corpo. Credevo di svenire, ma non sentivo nessun dolore e la mia mente era chiara.

« Benvenuto, Signore! Ho udito il galoppo del vostro nero corsiero attraverso la notte. Dopo tutto, avete vinto la corsa, poichè posso ancora vedere il vostro viso, mentre vi chinate su di me. Non mi siete sconosciuto. Ci siamo spesso incontrati, l'uno accanto all'altro, presso un letto nella Salle S.te-Claire. Allora vi chiamavo un boia crudele, che gode alla lenta tortura della sua vittima. Non conoscevo la vita allora, come la conosco adesso. Ora so che fra i due, voi siete molto più misericordioso, so che ciò che togliete con una mano, rendete con l'altra. Ora so che era la vita, e non voi, che accendeva di terrore quegli occhi sbarrati e distendeva i muscoli di quei petti ansanti per un altro angoscioso respiro, per un altro minuto di agonia.

« Oggi io non lotterò con voi. Se foste venuto quando il mio sangue era giovane, sarebbe stato diverso. Ero pieno di vita allora. Avrei lottato da buon combattente e mi sarei difeso come potevo. Ora sono stanco, i miei occhi sono velati, le mie membra sono pigre e il mio cuore è consunto, mi resta solo la mente, e questa mi dice che è inutile combattere. Quindi resterò tranquillamente nella mia Savonarola e vi lascerò libero di fare ciò che dovete. Sono curioso di vedere come vi metterete al lavoro, mi sono sempre interessato di fisiologia. Sarà meglio che vi avverta che ero fatto di buonissima stoffa, colpite quindi più forte che potete o mancherete ancora il segno, come lo mancaste già un paio di volte, se non erro. Spero, Signore, che non mi serberete rancore dei tempi passati! Ahimè! Temo di avervi dato ben da fare in quei giorni, nell'Avenue de Villiers. Per favore, Sire, non sono così coraggioso come pretendo d'essere; se prima di cominciare voleste darmi qualche goccia del vostro eterno sonnifero, ve ne sarei grato. »

« Lo faccio sempre e tu devi saperlo, tu che mi hai visto così spesso all'opera. Vorresti mandare a chiamare un prete? C'è ancora tempo. Si manda sempre a cercare un prete, quando mi si vede venire. »

« È inutile chiamare un prete, non può far più nulla per me. È ormai troppo tardi per pentirmi e per lui sarebbe troppo presto per condannarmi. Suppongo che in ogni modo ciò vi interessi ben poco. »

« Non mi importa nulla. Gli uomini, buoni o cattivi, sono tutti uguali per me. »

« È inutile chiamare un prete, che mi dirà soltanto che sono nato cattivo, che i miei pensieri e le mie azioni sono macchiati di peccato, che devo pentirmi di tutto, rinnegare tutto. Mi pento assai poco di ciò che ho fatto e non rinnego nulla. Ho vissuto seguendo il mio istinto, e credo che il mio istinto fosse sano. Ho fatto brutta figura abbastanza spesso, quando ho cercato di lasciarmi guidare dalla mia ragione. Ciò perchè la mia ragione era in fallo e ne sono già stato punito abbastanza. Vorrei ringraziare coloro che furono buoni con me. Ho avuto pochi nemici, la maggior parte dottori: mi hanno fatto poco male, seguivo la mia strada ugualmente. Vorrei chiedere perdono a coloro cui ho causato pena. Questo è tutto; il resto riguarda Dio e me stesso, non il prete, che non accetto come mio giudice. »

« Non amo i vostri preti. Sono essi che hanno insegnato agli uomini a temere il mio avvicinarsi con le loro minacce d'eternità e il loro fiammeggiante inferno; sono essi che hanno strappato le ali dalle mie spalle, trasfigurato il mio volto amichevole in un orrendo scheletro che vaga di casa in casa, con la falce in mano, come un ladro nella notte, e che danza la sua *danse macabre* negli affreschi murali dei loro chiostri, tenendo per mano i loro santi e i loro dannati. Non ho nulla che fare nè con il loro Paradiso nè con il loro Inferno. Io sono una Legge della Natura. »

« Ho sentito un rigogolo dorato cantare nel giardino ieri e proprio quando il sole tramontava un piccolo cantore venne a gorgheggiare sotto la mia finestra. Potrò mai più udirlo? »

« Dove ci sono angeli ci sono uccelli. »

« Vorrei che una cara voce potesse leggermi ancora una volta il *Fedone*. »

« La voce era mortale, le parole sono immortali, tu le udrai ancora. »

« Sentirò ancora il suono del *Requiem* di Mozart, il mio amato Schubert e i titanici accordi di Beethoven? »

« Era soltanto un'eco del cielo che udisti. »

« Sono pronto. Colpite, amico! »

« Non colpirò. Ti addormenterò. »

« Mi sveglierò? »

Nessuna risposta venne alla mia domanda.

« Sognerò? »

« Sì. Tutto è un sogno. »


« Chi sei tu, bel fanciullo? Sei tu Hypnos, l'angelo del sonno? »

Stava al mio fianco con i capelli inghirlandati di fiori e la fronte pensosa, bello come il genio dell'amore.

« Sono suo fratello, nato dalla stessa madre notte. Thanatos è il mio nome. Sono l'angelo della morte. È la tua vita che si spegne, con la luce della torcia che calpesto sotto il mio piede. »


Sognai di vedere un vecchio che avanzava faticosamente barcollando per la strada solitaria. Di tanto in tanto egli guardava in alto, come se cercasse qualcuno che gli mostrasse il cammino. Di tanto in tanto cadeva sulle ginocchia come se non potesse più proseguire. Già i prati e le foreste, i fiumi e i mari si distesero ai suoi piedi e in breve anche le montagne incappucciate di neve scomparivano nella nebbia della terra che si dileguava. Avanti, più su, andava la sua strada. Nubi tempestose lo sollevarono sulle loro potenti spalle portandolo con vertiginosa velocità attraverso l'infinito; stelle invitanti lo guidarono sempre più vicino alla terra, che non conosce notte nè morte. Finalmente fu davanti ai cancelli del Paradiso, dai cardini d'oro ribaditi nell'adamantina roccia. I cancelli erano chiusi. Fu

un'eternità, un giorno, un minuto che egli rimase inginoc-
chiato sulla soglia, sperando contro la speranza di poter
entrare? Ad un tratto, mosse da invisibili mani, le potenti
porte si spalancarono, per lasciar passare una fluttuante
forma dalle ali d'angelo e dal sereno volto di bimbo addormentato. Egli balzò in piedi e, con l'audacia della disperazione, furtivamente varcò la soglia, nel momento che i
cancelli si richiudevano.

« Chi sei tu, audace intruso? » chiamò una voce severa.
Un'alta figura, vestita di un bianco manto, le chiavi d'oro
in mano, mi stava davanti.

« Guardiano delle porte del cielo, san Pietro benedetto,
ti supplico, lasciami restare! »

San Pietro scorse rapidamente le mie credenziali, gli scar-
si ricordi della mia vita terrena.

« Mi sembrano cattive, » disse san Pietro. « Molto cattive. Come sei venuto qui? Sono sicuro che ci deve essere
uno sbaglio... »

Si arrestò bruscamente, mentre un sottile angelo messaggero scendeva velocemente davanti a noi. Piegando le sue
ali purpuree, accomodava la corta tunica di velo e di petali di rosa, scintillante di brina mattutina. Le sue piccole
gambe erano nude e rosee come petali di rosa; i suoi piedini calzavano sandali d'oro. Si pavoneggiava in un berretto di tulipani e di mughetti, poggiato su un lato della
sua testa riccioluta. Gli occhi erano pieni di brio solare e
le sue labbra riboccanti di gioia. Nelle piccole mani soste-
neva un messale miniato, che presentò a san Pietro con
sorridente aria d'importanza.

« Si rivolgono sempre a me, quando sono in pena, » borbottò san Pietro aggrottando le ciglia, mentre leggeva il
messale. « Quando tutto va bene, non ascoltano i miei consigli. Di' loro, » disse all'angelo messaggero, « di' loro che
vengo subito, di' loro di non rispondere a nessuna domanda, finchè non ci sono io. »

L'angelo messaggero alzò il roseo dito al berretto di tulipani, spiegò le purpuree ali e volò via veloce, gorgheggiando come un uccello.

San Pietro mi guardò perplesso con occhi scrutatori. Voltandosi ad un venerando Arcangelo che, appoggiato alla sua nuda spada, stava di guardia alla tenda d'oro, indicandomi disse:

« Lascialo aspettare qui intorno. È audace e furbo, la sua lingua è abile; guarda che non la sciolga con te. Abbiamo tutti le nostre debolezze, conosco la tua. C'è qualche cosa di strano in questo spirito, non posso nemmeno capire come sia venuto qui. Per quanto io sappia, egli potrebbe appartenere alla stessa tribù che ti trascinò fuori del Cielo per seguire Lucifero e che causò la tua caduta. Sta' in guardia, taci, vigila! »

Andò via. Guardai il venerando Arcangelo e il venerando Arcangelo mi guardò. Pensai che era meglio non dir nulla, ma lo sorvegliavo con la coda dell'occhio. Dopo poco, lo vidi sfibbiarsi la cintura che reggeva la spada e con grande precauzione appoggiarla contro una colonna di lapislazzuli. Sembrava proprio sollevato. La sua vecchia faccia era così buona, i suoi occhi così miti che ebbi la certezza che fosse, come me, per la pace.

« Venerabile Arcangelo, » dissi timidamente, « dovrò aspettare molto san Pietro? »

« Ho sentito le trombe nella sala del Giudizio, » rispòse, « stanno giudicando due cardinali, che hanno convocato san Pietro perchè li assista nella loro difesa. No, non credo che avrai molto da aspettare, » soggiunse con un piccòlo riso, « generalmente neanche sant'Ignazio, il più furbo avvocato del Cielo, riesce a farli ammettere. Il Pubblico Accusatore gli è troppo superiore. È un frate che si chiamava Savonarola che è stato bruciato sul rogo. »

« Dio è il Giudice Supremo, » dissi, « e Dio è misericordioso. »

« Sì, Dio è il Giudice Supremo e Dio è misericordioso, » ripetè l'Arcangelo. « Ma Dio regna sopra innumerevoli mondi molto più grandi in splendore che la quasi obliata stelluccia, donde sono venuti questi due uomini. »

L'Arcangelo mi prese per la mano e mi condusse davanti all'arcata. Con gli occhi sbalorditi vidi migliaia di stelle luminose e di pianeti, tutti pulsanti di vita e di luce, che seguivano le loro vie predestinate, attraverso l'infinito.

« Vedi quella minuscola macchia, debole come la luce di un lucignolo che si spegne? Quello è il mondo dal quale sono venuti quei due uomini, formiche che si trascinano sopra una zolla di terra. »

« Dio ha creato il loro mondo e ha creato loro, » dissi.

« Sì, Dio ha creato il loro mondo. Egli ha ordinato al sole di sciogliere le gelate viscere della loro terra, l'ha lavata con fiumi e mari, ne ha rivestito la ruvida superficie con foreste e prati, l'ha popolata di amichevoli animali. Il mondo era bello e tutto andava bene. Poi l'ultimo giorno egli creò l'uomo. Forse sarebbe stato meglio che si fosse riposato il giorno prima di creare l'uomo, invece di riposarsi il giorno seguente. Suppongo che tu sappia come andò la faccenda. Un giorno uno scimmione, impazzito dalla fame, si mise al lavoro con le sue mani callose, per fabbricarsi delle armi per uccidere le altre bestie. Cosa potevano fare i canini della Machaerodus, lunghi quindici centimetri, contro la sua arrotata selce, più affilata delle ferree zanne della tigre? Cosa potevano fare i laceranti artigli dell'Ursus Spelaeus, contro il suo randello, tempestato di spine e di schegge di verga, e ornato di conchiglie, dai bordi taglienti come coltelli? Cosa poteva fare la loro forza selvaggia contro la sua furberia, i suoi inganni, i suoi trabocchetti? Così cresceva, un bruto Protanthropos, che uccideva amici e nemici, un demonio per tutte le cose viventi, un Satana fra gli animali. Eretto sopra le sue vittime, alzava il suo insanguinato stendardo di vittoria sopra

427

il mondo degli animali, incoronandosi re del creato. La selezione raddrizzava il suo angolo facciale e allargava il suo cranio. Le sue rauche grida di rabbia e di paura diventavano suoni articolati e parole. Imparava a dominare il fuoco. Lentamente si evolveva nell'uomo. I suoi piccoli succhiavano il sangue dalla carne, ancora palpitante, delle bestie da lui uccise, e combattevano fra loro, come piccoli lupi affamati, per il midollo delle ossa che le sue formidabili mascelle avevano frantumato e sparpagliato per la tana. Così crescevano, forti e feroci come lui, ansiosi di preda, pronti ad attaccare e a divorare qualunque cosa viva attraversasse la loro strada, anche se fosse un loro fratello di latte. La foresta tremava al loro avvicinarsi: la paura dell'uomo era nata fra gli animali. Ben presto, spinti dall'avidità di uccidere, cominciarono a trucidarsi a vicenda con le scuri di pietra. La guerra feroce cominciava, la guerra che non ha avuto mai più tregua.

« L'ira brillava negli occhi del Signore. Si pentiva d'aver creato l'uomo. Egli diceva: "Io distruggerò dalla faccia della terra l'uomo, che è così corrotto e pieno di violenza."

« E ordinò alle fontane del grande abisso di scatenarsi e alle cateratte del cielo di aprirsi, per inghiottire l'uomo e la terra da lui profanata col sangue e col delitto. Magari li avesse tutti affogati! Ma nella Sua fatale misericordia ha voluto che il loro mondo sorgesse ancora una volta, lavato e purificato dalle acque del diluvio. La maledizione restò nel seme dei pochi della razza condannata, ai quali Egli aveva permesso di restare nell'Arca. L'assassinio cominciò di nuovo, l'incessante guerra ebbe di nuovo inizio.

« Dio guardava con infinita pazienza, riluttante a colpire, pronto fino all'ultimo a perdonare. Ha perfino mandato Suo figlio, nel loro malvagio mondo, ad insegnare agli uomini la mitezza e l'amore e a pregare per loro. Tu sai cosa ne hanno fatto. Lanciando la sfida contro il Cielo, presto accesero con le fiamme dell'inferno l'intero loro mondo. Con satanica furberia forgiarono armi per uccidersi, bardarono la morte per piombare sulle dimore dal loro cielo, profanarono la vita, avvelenando l'aria con vapori d'inferno. Il rombo delle battaglie scosse tutta la terra. Quando il firmamento è immerso nella notte, noi di quassù possiamo vedere la luce della loro stella rosseggiante, come se fosse tinta col sangue, e possiamo udire i gemiti dei loro feriti. Uno degli angeli che circondano il trono di Dio mi ha raccontato che gli occhi della Madonna son rossi di lagrime ogni mattina e che la ferita nel fianco di Suo Figlio è sempre aperta. »

« Ma Dio stesso, che è il Dio di grazia, come può lasciar continuare questi gridi d'angoscia? »

Il venerando Arcangelo si guardò intorno con disagio, temendo che la sua risposta fosse udita.

« Dio è molto vecchio, » sussurrò, spaventato dal suono delle sue parole, « e il suo cuore è addolorato. Quelli che lo circondano e vegliano con infinito amore, non hanno animo di disturbare il suo riposo con queste interminabili notizie d'orrore e di dolore. Spesso si sveglia dal suo sonno tormentato e domanda da dove viene il rombo che arriva ai suoi orecchi e i lampi di fosca luce che rompono le tenebre. E quelli che lo circondano gli dicono che il tuono è la voce delle sue nubi in fuga, cacciate dalle tempeste, e i lampi sono quelli dei suoi fulmini. E le sue stanche palpebre si chiudono di nuovo. »

« Meglio così, venerabile Arcangelo, meglio così! Perchè se i suoi occhi avessero visto ciò che ho visto io, e se i suoi orecchi avessero udito ciò che io ho udito, si sarebbe ancora una volta pentito d'aver creato l'uomo. Ancora una volta avrebbe ordinato alle fontane del grande abisso di scatenarsi per distruggere l'uomo. Questa volta li avrebbe affogati tutti e nell'Arca avrebbe lasciato soltanto gli animali. »

« Guardati dalla collera di Dio! Guardati dalla collera di Dio! »

« Non ho paura di Dio. Ma ho paura di quelli che una volta erano uomini, dei severi profeti, dei Santi Padri, di San Pietro, la cui dura voce mi ha ordinato di aspettare qui il suo ritorno. »

« Anch'io ho un po' paura di san Pietro, » ammise il vecchio Arcangelo. « Hai sentito come mi ha rimproverato perchè mi son lasciato traviare da Lucifero? Sono stato perdonato da Dio stesso e ammesso a ritornare nel Suo Paradiso. Saprà san Pietro che perdonare significa dimenticare? Tu hai ragione, i profeti sono severi, ma giusti. I Santi Padri possono solo leggere i pensieri di un altro uomo, attraverso la debole luce degli occhi mortali, le loro voci son voci umane. »

« Nessun uomo conosce il suo prossimo. Come possono giudicare cose che essi non conoscono, che essi non capiscono? Io mi auguro che san Francesco sia fra i miei giudici, l'ho amato durante tutta la mia vita ed egli mi conosce e mi capisce. »

« San Francesco non ha mai giudicato nessuno, ha soltanto perdonato, come Cristo stesso, che pose la propria mano in quella di lui come se fosse suo fratello. Nella Sala del Giudizio, dove tu presto sarai, san Francesco non si vede spesso e non vi è nemmeno troppo gradito. Molti fra i martiri e i santi sono gelosi delle sue sante stimmate, e più di uno fra i Grandi Signori del Cielo si sente piuttosto a disagio nel magnifico manto ricamato d'oro e di pietre preziose, quando "il Poverello" appare fra loro nella sua frusta e lacera tonaca tutta a brandelli. La Madonna cerca continuamente di accomodarla e rappezzarla meglio che può: dice che è inutile prenderne una nuova, perchè certamente egli la darebbe via. »

« Vorrei tanto vederlo, desidero tanto fargli una domanda che mi sono rivolto tutta la vita, e se c'è qualcuno che può rispondermi è lui. Forse tu, saggio venerando Arcangelo, mi potrai dire: dove vanno le anime dei buoni animali? Dov'è il loro Paradiso? Vorrei sapere, perchè, perchè ho... »

« " Nella casa del Padre mio ci sono molte dimore, " disse Nostro Signore. Dio, che ha creato le bestie, penserà a loro. Il Paradiso è abbastanza vasto per accogliere anche loro. »

« Ascolta, » sussurrava il venerando Arcangelo indicando col dito in direzione dell'arcata. « Ascolta! »

Una soave armonia di arpe e dolci voci di bimbi giungeva ai miei orecchi, mentre guardavo i giardini del Cielo, fragranti del profumo dei fiori elisi.

« Alza gli occhi e guarda, » disse l'Arcangelo, piegando il capo con reverenza.

Prima che i miei occhi potessero discernere l'aureola di pallido oro che circondava il suo capo, il mio cuore l'aveva riconosciuta. Che incomparabile pittore fu Sandro Botticelli! Ed eccola avanzarsi, precisamente come egli l'aveva sì spesso ritratta, così giovane, così pura, con quel tenero vigile sguardo di madre. Vergini inghirlandate di fiori, dalle labbra sorridenti e dagli occhi dolci, la circondavano di eterna primavera, piccoli angeli dalle ali piegate, viola ed oro, tenevano il suo manto, mentre altri stendevano un tappeto di rose ai suoi piedi. Santa Chiara, la prediletta di san Francesco, parlò in un sussurro all'orecchio della Madonna e quasi mi sembrò che la Madre di Cristo per un momento si fosse degnata di guardarmi, mentre passava.

« Non aver paura, » disse l'Arcangelo dolcemente, « non aver paura, la Madonna ti ha visto, si ricorderà di te nelle sue preghiere.

« San Pietro tarda, » aggiunse, « sta combattendo una dura battaglia con Savonarola, per la salvezza dei suoi cardinali. »

Alzò un lembo della tenda d'oro e gettò uno sguardo giù al peristilio. « Vedi quel gentile spirito con una veste bianca e un fiore infilato dietro l'orecchio? Faccio spesso una

431

breve chiacchierata con lui; è amato da tutti qui, è semplice e innocente come un bambino. Spesso lo guardo con curiosità; passeggia sempre solo, raccogliendo le piume d'angelo che sono cadute in terra, le ha legate in una specie di spolverino e quando crede che nessuno lo veda, si china a spazzare un po' di polvere di stelle dal pavimento d'oro. Sembra che non sappia perchè lo fa. Dice che non può farne a meno. Mi domando chi mai sarà stato nella vita. È venuto da poco e forse ti potrà dire quello che vuoi sapere dell'ultimo Giudizio. »

Guardai lo spirito vestito di bianco: era il mio amico Arcangelo Fusco, lo spazzino del povero quartiere italiano a Parigi! Gli stessi umili innocenti occhi, lo stesso fiore infilato dietro l'orecchio, la rosa che aveva offerta con meridionale galanteria alla contessa, il giorno che io l'avevo accompagnata ad offrire le bambole ai bimbi di Salvatore.

« Caro Arcangelo Fusco, » dissi tendendo le mani verso il mio amico, « non ho mai dubitato che tu saresti venuto qui. »

Mi guardò con serena indifferenza, come se non mi conoscesse.

« Arcangelo Fusco, non mi riconosci, non ti ricordi di me? Non ti ricordi come hai teneramente curato giorno e notte i bimbi di Salvatore, quando avevano la difterite, come vendesti il tuo abito della domenica per pagare la bara quando morì la bambina, la piccola che amavi tanto? »

Un'ombra di sofferenza sfiorò la mia faccia.

« Non mi ricordo. »

« Ah, amico mio! che tremendo segreto mi riveli con queste parole! Quale fardello togli dal mio cuore! Non ti ricordi! Ma come mai io ricordo? »

« Forse non sei veramente morto, forse sogni di essere morto. »

« Sono stato un sognatore tutta la mia vita, e se questo è un sogno, è meraviglioso. »

432

« Forse la tua memoria era più forte della mia, forte abbastanza per sopravvivere un poco al distacco dal corpo. Non so, non capisco, tutto ciò è troppo profondo per me. Non faccio domande. »

« Per questo sei qui, amico mio. Ma dimmi, Arcangelo Fusco, nessuno si ricorda quassù della sua vita sulla terra? »

« Dicono di no, dicono che soltanto quelli che vanno all'Inferno si ricordano, e per questo si chiama Inferno. »

« Ma dimmi almeno, Arcangelo Fusco, è stato arduo il processo, sono stati severi i giudici? »

« Mi sembravano piuttosto severi in principio, cominciavo tutto a tremare, avevo paura che mi domandassero i particolari del calzolaio napoletano che mi rubò la moglie e che avevo ammazzato col suo stesso coltello. Ma fortunatamente non vollero saper nulla del calzolaio. Mi domandarono soltanto se avessi maneggiato dell'oro, ed io risposi che non avevo mai avuto altro che soldi nelle mie mani. Mi domandarono se avessi accumulato beni o possessi di alcuna specie, e dissi che non possedevo che la camicia nella quale morii all'ospedale. Non mi domandarono altro e mi hanno lasciato entrare. Poi venne un angelo con un grande pacco fra le mani. "Levati la vecchia camicia e mettiti l'abito della domenica," disse l'angelo. Lo crederesti? erano i miei abiti domenicali che avevo venduto per pagare l'impresario delle pompe funebri, tutti ricamati di perle dagli angeli. Me li vedrai portare domenica prossima, se sarai ancora qui. Poi venne un altro angelo con un gran salvadanaio in mano. "Aprilo," disse l'angelo, "sono tutti i tuoi risparmi, tutti i soldi che hai regalato ai poveri come te. Tutto ciò che regali sulla terra, vien conservato per te in Cielo, tutto il risparmio è perduto." Lo crederesti? Non c'era un solo soldo nel salvadanaio; tutti i miei soldi si erano trasformati in oro.

« Senti, » aggiunse in un sussurro perchè l'Arcangelo

non sentisse, « non so chi sei, ma sembri piuttosto male in arnese; non offenderti se ti dico che saresti il benvenuto per tutto ciò che vuoi dal mio salvadanaio; l'angelo mi ha detto di darlo al primo mendicante che incontrassi. »

« Magari avessi seguito il tuo esempio, Arcangelo Fusco, non sarei così povero come sono oggi. Ahimè! Non ho regalato i miei abiti domenicali, e perciò sono in cenci ora. Davvero è un grande sollievo per me che non ti abbiano domandato i particolari del calzolaio napoletano che spedisti all'altro mondo. Dio sa di quante vite di calzolai dovrei rispondere io, che ho fatto il medico per più di trent'anni! »

La tenda d'oro fu aperta da invisibili mani e un angelo apparve.

« È giunto il tuo turno di comparire davanti ai giudici, » disse il venerando Arcangelo. « Sii umile e silenzioso, soprattutto silenzioso! Ricordati che fu la parola a causare la mia rovina, e così causerà la tua, se sciogli la lingua. »

« Senti, » sussurrò Arcangelo Fusco, strizzandomi l'occhio con furberia, « io credo che sarà meglio che tu non corra nessun rischio inutile. Se fossi in te, non direi nulla degli altri calzolai di cui hai parlato. Io non dissi nulla del mio calzolaio, poichè non me lo domandarono. Dopo tutto, forse non ne hanno mai saputo niente. Chi sa? »

L'angelo mi prese per la mano e mi condusse giù per il peristilio alla Sala del Giudizio, vasta come la sala di Osiride, con colonne di diaspro e opale e capitelli con fiori di loto d'oro e frecce di raggi solari, che sostenevano la ·sua volta immensa, tutta cosparsa di stelle del cielo.

Alzai la testa e vidi miriadi di martiri e di santi in vesti bianche. Eremiti, anacoreti e stiliti dai lineamenti bruciati dal sole nubiano, cenobiti pelosi dai corpi emaciati, profeti dai severi occhi e dalle lunghe barbe fluenti sul petto, santi apostoli con rami di palma in mano, patriarchi e padri di tutte le terre e di ogni fede, qualche papa in brillante tiara

434

e un paio di cardinali nelle loro vesti purpuree. Seduti in semicerchio davanti a me, stavano i miei giudici, severi e impassibili.

« Mi pare che vada male, » disse san Pietro tenendo le mie credenziali, « molto male! »

Sant'Ignazio, il Grande Inquisitore, si alzò dal suo sedile e disse: « La sua vita è offuscata da nefandi peccati, la sua anima è nera, il suo cuore è impuro. Come cristiano e come santo domando la sua condanna e che i diavoli tormentino il suo corpo e la sua anima per tutta l'eternità. »

Un mormorio di consenso echeggiò per la sala. Alzai la testa e guardai i miei giudici. Tutti ricambiavano il mio sguardo in severo silenzio. Chinai la testa senza dir nulla, ricordando il consiglio del venerando Arcangelo di star zitto, e d'altronde non avrei saputo cosa dire. Ad un tratto mi accorsi di un piccolo santo, che dal fondo mi faceva frenetici segni col capo. Ben presto vidi che si faceva strada timidamente fra i santi più grandi fin dove io mi trovavo, vicino alla porta.

« Ti conosco bene, » disse il piccolo santo con un'amichevole espressione nei suoi buoni occhi. « Ti ho visto venire. » E, ponendo un dito sulle labbra, aggiunse in un sussurro: « Ho visto anche il tuo fedele amico che trottava dietro di te. »

« Chi sei tu, padre gentile? » sussurrai a mia volta.

« Sono san Rocco, il santo patrono dei cani, » annunciò il piccolo santo, « vorrei poterti aiutare, ma sono un santo piuttosto piccolo qui, non vogliono ascoltare quello che dico, » bisbigliava con uno sguardo furtivo verso i profeti e i Santi Padri.

« Era un miscredente, » continuò sant'Ignazio, « un cinico bestemmiatore, un bugiardo, un impostore, un incantatore, pieno di magia nera, un fornicatore... »

Fra i vecchi profeti, diversi prestavano orecchio con attenzione.

435

« Era giovane e ardente, » patrocinava san Paolo, « è meglio di... »

« La vecchiaia non l'ha migliorato, » borbottò un eremita.

« Voleva bene ai bambini, » disse san Giovanni.

« Voleva bene anche alle loro madri, » brontolò fra la barba un patriarca.

« Era un dottore che lavorava molto, » disse san Luca, il beneamato medico.

« Mi hanno detto che il Paradiso è pieno dei suoi malati, e l'Inferno pure, » ribatteva san Domenico.

« Ha avuto l'audacia di portare con sè il suo cane, che lo sta aspettando fuori dai cancelli del Cielo! » annunciò san Pietro.

« Non avrà da aspettare a lungo il suo padrone, » sibilò sant'Ignazio.

« Un cane alle porte del Cielo! » esplose con voce furiosa un torvo vecchio profeta.

« Chi è quello? » sussurrai al santo patrono dei cani.

« Per l'amor di Dio non dir nulla, ricordati il consiglio dell'Arcangelo. Credo che sia Habakkuk. »

« Se Habakkuk è fra i miei giudici sono perduto in ogni caso, *il est capable de tout,* ha detto Voltaire. »

« Un cane ai cancelli del Cielo, » urlò Habakkuk, « un cane, una sudicia bestia. »

Era troppo per me.

« Non è una sudicia bestia, » gridai di rimando fissando rabbiosamente Habakkuk, « l'ha creato lo stesso Dio che ha creato te e me. Se c'è un Paradiso per noi, ci dev'essere un Paradiso anche per gli animali; sebbene voi, cupi, vecchi profeti, così feroci nella vostra santità, li abbiate dimenticati del tutto. E voi pure, Santi Apostoli, » continuai, sempre più perdendo la testa, « perchè avete omesso nelle vostre Sante Scritture di ricordare un solo detto del Nostro Signore in difesa dei muti fratelli? »

« La Santa Chiesa, alla quale appartenni sulla terra, non

si è mai interessata agli animali, » interruppe sant'Agostino, « nè vogliamo saperne in Paradiso. Pazzo bestemmiatore, sarà meglio che pensi alla tua anima, invece che alla loro, alla tua nera anima che sta per ritornare alle tenebre donde è venuta. »

« La mia anima venne dal Cielo e non dall'Inferno, che voi avete scatenato sulla terra. Non credo nel vostro Inferno. »

« Ci crederai presto, » ansava il Grande Inquisitore, mentre i suoi occhi riflettevano invisibili fiamme.

« La collera di Dio è sopra di lui, è pazzo, è pazzo! » esclamò una voce.

Un grido di terrore risuonò attraverso la Sala del Giudizio.

« Lucifero! Lucifero! Satana è fra noi! »

Mosè si alzò dalla sua sedia, gigantesco e tetro, i dieci comandamenti nelle vigorose mani e gli occhi lampeggianti.

« Come sembra arrabbiato, » sussurrai intimorito al santo patrono dei cani.

« È sempre arrabbiato, » bisbigliò in risposta il piccolo santo.

« Non si parli più di questo spirito, » tuonò Mosè. « La voce che ho udito è una voce che viene dalle fumanti labbra di Satana. Uomo e demone, via di qua! Jehovah, Dio d'Israele, stendi la tua mano e colpiscilo! Brucia la sua carne e asciuga il sangue nelle sue vene! Frantuma le sue ossa! Toglilo dal Cielo e dalla terra e restituiscilo all'Inferno donde è venuto! »

« All'Inferno! All'Inferno! » echeggiava la Sala del Giudizio.

Cercavo di parlare ma nessun suono usciva dalle mie labbra. Il cuore mi si gelava, e mi sentivo abbandonato da Dio e dagli uomini.

« Starò attento al cane, qualunque cosa succeda, » sussurrò il piccolo santo al mio fianco.

Improvvisamente attraverso il terribile silenzio mi parve di sentire un cinguettio di uccelli. Un piccolo cantore di giardino scese senza paura sulla mia spalla e cantò al mio orecchio: « Salvasti la vita di mia nonna, di mia zia, dei miei fratelli e delle sorelle dalla tortura e dalla morte per mano d'uomo su quell'isola rocciosa. Benvenuto! Benvenuto! »

Nello stesso momento un'allodola beccò il mio dito e garrì per me:

« Uno scricciolo, che incontrai in Lapponia, mi raccontò che quando eri ragazzo accomodasti le ali a un suo antenato e riscaldasti il suo corpo gelato vicino al tuo cuore, e mentre aprivi la mano per lasciarlo libero, lo baciasti e dicesti: " Che Dio ti accompagni, fratellino! Che Dio ti accompagni, fratellino! " Benvenuto! Benvenuto! »

« Aiutami, fratellino, Aiutami, fratellino! »

« Proverò, proverò, » trillò l'allodola mentre apriva le ali e volava via con un cinguettio di gioia, « prrrroverò! »

I miei occhi seguivano l'allodola mentre volava verso le celesti colline, che intravedevo attraverso l'arcata gotica. Come conoscevo bene queste colline dai dipinti di frate Angelico! Gli stessi olivi grigio-argento, gli stessi scuri cipressi che si stagliavano contro il cielo serale. Sentivo le campane d'Assisi che suonavano l'Angelus, ed ecco venire il pallido santo umbro, scendendo lentamente il serpeggiante sentiero, con frate Leone e frate Leonardo ai lati. Veloci uccelli svolazzavano e cantavano intorno al suo capo, altri beccavano dalle sue mani tese, altri si annidavano nelle pieghe della sua tonaca. San Francesco si fermò al mio fianco e guardava i miei giudici con i suoi meravigliosi occhi, quegli occhi che nè Dio, nè uomo, nè bestia, potevano incontrare con collera.

Mosè sprofondò nella sua seggiola, lasciando cadere i suoi Dieci Comandamenti.

« Sempre lui, » mormorò amaramente; « sempre lui, il

fragile sognatore, con i suoi stormi d'uccelli e il suo seguito di mendicanti e di reietti. Così fragile, eppure forte abbastanza per arrestare la tua mano vendicatrice, o Signore! Non sei dunque Jehovah, il geloso Dio che scese tra fuoco e fumo sul Monte Sinai per far tremare di terrore il popolo d'Israele? Non fu dunque la tua ira che mi fece stendere la bacchetta vendicatrice per distruggere tutte le erbe dei campi e abbattere tutti gli alberi, perchè tutti, uomini e bestie, perissero? Non fu la tua voce che parlò nei Dieci Comandamenti? Chi temerà il lampo della Tua folgore, o Signore, se il tuono della tua collera può essere placato dal cinguettio di un uccello? »

Il mio capo si abbandonò sulla spalla di san Francesco. Ero morto, e non lo sapevo.

# Indice